디오니소스의
귀환

디오니소스의 귀환

초판인쇄 2018년 4월 6일
초판발행 2018년 4월 6일

지은이 이동용
펴낸이 채종준
기 획 양동훈
디자인 김정연
마케팅 송대호

펴낸곳 한국학술정보(주)
주소 경기도 파주시 회동길 230 (문발동)
전화 031 908 3181(대표)
팩스 031 908 3189
홈페이지 http://ebook.kstudy.com
E-mail 출판사업부 publish@kstudy.com
등록 제일산-115호(2000. 6. 19)

ISBN 978-89-268-8350-1 03160

디오니소스의 귀환

신을 탄핵한 광기의 철학

이동용 지음

이담
Books

비극이라 불리는
디오니소스
축제

《우상의 황혼》,《안티크리스트》,《이 사람을 보라》,《디오니소스 송가》. 모두 허무주의 철학자 니체의 마지막 책들이다. 이들 앞뒤로 두 권의 책이 더 있다.《바그너의 경우》와《니체 대 바그너》가 그것이다. 이들 6권은 거의 같은 시기에 쏟아진 작품이다. 제목만 두고 보면 원고의 양이 방대해 보이지만 모아놓고 보면 다른 책 한 권 정도의 분량밖에 되지 않는다.《바그너의 경우》가 1888년 7월에 출판사로 보내지고 마지막 작품으로 알려진《니체 대 바그너》가 1888년 12월 크리스마스 때 완성된다. 약 5개월의 시간이 이 모든 책들의 탄생 시간이다. 거의 동시다발적이라고 말해도 무방할 것 같다.

이번에는 17년 집필 인생의 마지막 기록들 중 바그너의 이름이 들어간 두 권의 책을 제외한 나머지 책들을 다뤄보고자 한다. 호흡이 짧아졌다. 이미 말했듯이 다 모아봐야 이전의 책 한 권 분량이 나올까 말까 한다. 호흡이 짧다 보니 격정적으로 치달을 때도 많다. 거침없다. 흥분했을 때 내뱉는 말은 하지만 헛소리가 결코 아니다. 한두 마디에 모든 생각을 담을 때가 많다. 그래서 천천히 읽어야 할 책들이다. 문장 하나하나를 곱씹으면서 읽어야 한다. 물론 이상적인 독서는 그동안 니체가 훈련시킨 대로 그의 목소리를 따라가는 것이다. 그가 흥분하면 함께 흥분해보는 거다. 말줄임표가 등장하면 함께 멈춰보자. 호흡이 짧아지면 따라서 짧아져 보는 거다. 그 흥분한 상태에서 주변을 살펴보자. 또 자기 내면을 관찰해보자. 그러면 니체가 본 것이 어떤 것들인지 보일지도 모를 일이다. 정신줄을 놓을 때 과연 니체는 무엇을 보았을까? 어떤 소리를 들었을까? 재미난 독서 여행이 아닐 수 없다.

《비극의 탄생》, 《반시대적 고찰》, 《인간적인 너무나 인간적인》, 《아침놀》, 《즐거운 학문》, 《차라투스트라는 이렇게 말했다》, 《선악의 저편》, 《도덕의 계보》, 《바그너의 경우》, 《니체 대 바그너》. 참으로 쉬지 않고 달려왔다. 발로 쓴다고 고백했던 니체. 그의 발걸음은 춤을 추며 여기까지 온 것이다. 《디오니소스 송가》를 집필할 때 니체는 어떤 경지에 도달해 있었을까? 1881년 알프스의 고도 질스마리아^{Sils Maria}에서 영원회귀 사상을 접하면서 차라투스트라를 탄생시켰다. 그리고 1888년 자유정신의 마지막 흔적을 남기며 돌고 도는 돌림노래를 불러댄다. 처음과 끝이 맞물려 돌아가는 느낌이다. 마치 싯다르타가 생로병사를 생각하며 출가했다가 6년의 고행 끝에 깨달음의 경지에 도달했을 때 바로 그 생로병사의 이념 위 혹은 그 속에서 하나가 된 것처럼.

허무주의 철학의 처음과 끝에는 디오니소스가 있다. 자유로운 긍정의 정신이 있다. 부정할 게 하나도 없는 그런 경지에서 인식하게 되는 정신이다. 모든 게 좋다. 행복하다는 말밖에 생각이 나지 않는다. 아니 굳이 말이 필요할까. 무아지경인데, 황홀한 상황인데, 축제의 현장인데. 비극이라는 내용으로 채워진 디오니소스의 축제다. 비극이 축제의 원인이 된다. 염세주의적 경지라면 욕망의 불이 다 꺼져버린 니르바나 상태를 운운하겠지만, 니체의 허무주의적 경지는 정반대의 원리로 이해하면 된다. 승리감으로 충만한 상태다. 모든 것을 극복해낸 경지다. 삶의 짐조차 춤을 출 수 있는 무게로 인식될 뿐이다. 힘든 게 힘든 게 아니다. 웃음이 절로 난다. 모든 발걸음은 춤으로 이어진다. 모든 호흡은 환호와 환성으로 터진다. 해탈이 따로 없다.

삶은 정당하다. 누구나 삶에 대한 권리가 있다. 삶으로부터 자기 자신을 분리시키지 말라. 지금 이 순간이 가장 소중한 시간이다. 지금 여기가 가장 아름다운 곳이다. 이 대지가 천국이다. 흙을 밟으며 경쾌한 춤을 추는 자가 천사다. 아니 웃으며 춤을 추는 자가 진정한 신이다. 신은 찾을 것이 아니라 스스로 신이 되라고 가르쳤다. 창조를 위해 파괴를 감당해야 한다. 승리를 위해 목숨을 건 전쟁을 견뎌내야 한다. 진정한 인생을 위해 운명을 참아내야 한다. 아니 삶은 견디는 것으로 충분하지 않다. 사랑하라! 그것이 니체의 정언명법이었다. 지상명령이었다. 운명을 사랑하라. 아모르 파티!

사는 것은 결코 양심의 가책을 느낄 일이 아니다. 삶은 절대로 불법이 아니다. 모든 것은 삶을 위해 존재해야 한다. 모든 것은 삶을 위한 것이어야 한다. 니체가 시작 지점에 이정표처럼 밝혀놓은 문장이 하나 있다. "세계의 실존은 오로지 미적 현상으로만 정당화된다." 실존에 관해서라면 오로지 아름답다고 말하는 것만이 인정된다는 것이다. 세상에서 아름다움을 찾지 못한다면 그것은 인간도 아니다. 진정한 인간이라면 이 세상에서 삶의 가치를 찾아야 한다.

그런데 쉽지가 않다. 사는 게 다 그렇다. 승리감은 전쟁을 전제한다. 이기고 싶으면 싸워야 한다. 극복하고 싶으면 경멸을 느껴야 한다. 사랑하고 싶으면 고독이라는 어둠의 터널을 통과해야 한다. 죽음의 곡소리도 들려올 것이다. 악마가 발목을 잡을 수도 있다. 이 모든 가시밭길을 건너야 한다. 뜨거운 사막과 드넓은 대양을 건너야 한다. 멈출 수도 없다. 삶은 쉬었다 갈 수 있는 그런 것이 아니다. 끊임없이 발걸음을 내딛어야 한다. 살고 싶으면 그래야 한다. 삶은 살아야 한다. 살아져지는 것으로 만족해서는 안 된다.

니체의 생철학은 허무주의를 감당하게 한다. 허무하다는 말을 할 때 엄습하는 우울을 감당하게 한다. 목숨을 건 훈련도 견뎌내야 한다. 최고의 고통이 끝날 즈음 최고의 승리감이 주어질 것이다. 그때 무아지경, 황홀지경이 도래할 것이다. 아니 가시밭에서 피어나는 장미꽃처럼 붉게 빛날 것이다. 뜨거운 불 속에서 스스로 불꽃임을 알게 될 것이다. 추락하는 순간 날개를 펼치며 비상하는 존재임을 알게 될 것이다. 높은 하늘이 눈 아래 펼쳐질 것이다. 모든 것이 깊은 심연처럼 변할 것이다. 모든 것이 한눈에 들어오는 그런 경지가 주어질 것이다. 이제 마지막 책들을 읽으며 이런 행복감을 만끽해보자. 니체가 마련해놓은 마지막 밥상이다. 식욕을 느껴보자. 맛있게 먹어보자. 든든하게 먹어보자. 건강을 위해. 자유정신을 위해.

이동용

차례

제4장_ 그리스도를 탄핵한 철학

제5장_ 고갈되지 않는 샘

제6장_ 남겨진 책들과 수수께끼

제7장_ 디오니소스와 초인의 언어

제8장_ 나는 너의 미로다

일러두기

1. 이 책은 《바그너의 경우, 우상의 황혼, 안티크리스트, 이 사람을 보라, 디오니소스 송가, 니체 대 바그너 (1888~1889)》 (니체전집 15, 책세상, 2002)를 주 텍스트로 집필했다. 따라서 본문 속 인용문에 제목 없이 기술된 쪽수는 위 책의 쪽수를 가리킨다.

2. 본문에 제시된 다음 약어는 책세상에서 펴낸 다음 책들을 가리킴을 밝혀둔다.
   권력 → 《권력에의 의지》
   니체 → 《니체 대 바그너》
   도덕 → 《도덕의 계보》
   디오 → 《디오니소스 송가》
   바그너 → 《바그너의 경우》
   반시대 I, II, III, IV → 《반시대적 고찰》 I 권, II권, III권, IV권
   비극 → 《비극의 탄생》
   아침 → 《아침놀》
   안티 → 《안티크리스트》
   우상 → 《우상의 황혼》
   이 사람 → 《이 사람을 보라》
   인간적 I, II → 《인간적인 너무나 인간적인》 I 권, II 권
   즐거운 → 《즐거운 학문》
   차라 → 《차라투스트라는 이렇게 말했다》

제1장
망치를 든 철학자

망치는 도구다.
창조와 파괴를 위한 도구다.

모든 가치의 전도라는 과제를 안고 황혼을 맞이하는 순간

니체의 《우상의 황혼》은 왠지 바그너의 사부작 《니벨룽겐의 반지》의 대단원을 마무리하는 작품 《신들의 황혼》과 짝을 이루고 있는 듯한 제목이다. 공통되는 단어는 황혼이다. 해가 뉘엿뉘엿하여 어두워질 무렵을 일컫는 말이다. 특히 생철학자 니체가 이 개념에 주목하는 이유는 무엇일까? 대지가 천국이고 삶이 가치 있는 것이며 인간만이 아름답다는 이념으로 평생을 살아온 철학자는 이 단어를 어떻게 바라보고 있을까? 삶의 마지막 단계에 대한 생각은 어떻게 펼쳐질까?

시작할 때는 마지막이 한 없이 멀게만 느껴진다. 마지막은 오지 않을 것만 같다. 쇼펜하우어는 젊은이들의 시각을 이렇게 표현했다. "젊은 사람의 입장에서 보면 인생은 무한히 긴 미래"라고. 한도 끝도 없는 것, 그것이 시간이었다. 삶도 그런 시간과 함께 느리게만 흘러갔다. 죽음은 먼 나라 이야기처럼 들린다. 산을 오를 때처럼 산 너머에 무엇이 있는지 궁금하지도 않다. 그저 오르기 바쁘고 정상을 바라보며 큰 그림을 그리기도 한다. 그러다가 어느덧 정신은 정상을 너머 내리막길을 걸으며 마지막을 인식한다. 그때는 죽음도 보인다. 해가 바뀔수록 시간은 점점 더 빨리 스쳐지나간다. 더 이상 할 게 별로 없다는 그런 생각이 엄습해온다. 할 일이 없다는 생각보다 더한 위기도 없다.

모든 존재는 저물어가는 시기를 맞이한다. 황혼기는 운명이다. 피할 수 없는 필연적인 것이다. 하루는 찬란한 새벽빛을 몰고 오는 아침과 생명력으로 충만한 오전과 그림자가 가장 짧은 정오 그리고 신성한 시간으로 간주되는 오후를 거쳐 인식을 즐기는 저녁을 맞이할 수밖에 없다. 그리고 긴 어둠이 세상을 지배한다. 하루의 절반은 어둠으로, 또 절반은 밝음으로 채워진다. 거기에 시간이 존재하고 거기에 인생이 있다. 자고 나면 같은 날인 것 같지만 다른 날이다. 같은 밝음이 기다리고 있지만 새로운 날이다. 육체는 인식하지 못하는 중에도 변화를 거듭하고 있다. 세월 속에서 인생은 성숙의 과정을 거치고 어느 순간 늙음이라는 것이 표면을 장식하게 된다. 이 또한 운명이다.

1888년 6월 여름을 보내면서 니체는 지금까지의 사상들을 정리하기 시작한다. 신을 거부하고 인간을 선택한 생철학이 완숙기에 접어들었다. 인생을 철학의 대상으로 삼아 치열하게 살아왔다. 사는 것이 무엇인지 묻고 싶었고 그 질문에 대답을 하고자 애를 썼다. 진정한 삶은 끊임없이 도전해오는 허무주의를 견뎌내고 극복하는 과정 속에서 실현된다. 허무주의 철학은 극복을 통해 변화를 거듭한다. 이제 또 하나의 우상을 파괴하고자 한다. 믿고 살아왔던 가치를 깨고자 한다.

〈어떻게 망치를 들고 철학하는지〉가 부제목이다. 니체의 생철학은 허무주의라 불린다. 허무주의 앞에 허무하지 않고 버틸 수 있는 것은 하나도 없다. 아무리 좋은 것도 허무주의가 도래할 수밖에 없다. 허무주의는 허무한 감정과 함께 사는 방법을 모색한다. 허무주의는 망치를 손에 들고 작업에 임하고자 한다. 이 허무주의의 망치 앞에 깨지지 않을 것은 없다. 세월 앞에 장사 없다 했다. 그것은 인생만을 이야기하는 게 결코 아니다. 모든 가치는 부패와 몰락을 운명으로 받아들일 수밖에 없다. 철학은 그 필연적인 것을 감당하게 하는 훈련장이 된다. 망치를 들어야 할 때다. 가치를 만들 때도 있지만 어쩔 수 없이 깨야 할 때도 있다. 망치는 창조를 요구할 때도 필요하지만 창조된 것을 파괴할 때도 필요하다. 망치는 도구다. 창조와 파괴를 위한 도구다. 그 망치를 다루는 실력이 허무주의를 예술의 경지로 올려놓는다.

암울하지만 대중에게 책임 있는 일을 하면서 명랑함을 유지한다는 것은 실로 놀라운 일이다: 그런데 그 어떤 것이 명랑함보다 더 필요할 수 있단 말인가? 그 어떤 일도 들뜸이 동반되지 않고서는 잘되지 못하는 법이다. 지나칠 정도로 넘치는 힘이야말로 힘에 대한 증거이다.—모든 가치의 전도. 이것을 내세우는 사람에게 그림자를 드리울 정도로 암담하고도 끔찍한 이 의문부호—이런 운명을 지닌 과제는 매 순간 태양에게 달려가라고 강요하고, 무거운 너무나도 무겁게 되어버린 진지함을 자기 자신에게서 떨어버리라고 강요한다. 그 과제를 위한 수단은 전부 정당하고, 모든 '경우'가 하나의 행운이다. 특히 싸움이 그렇다. 지나치게 내면화되고 지나치게 심오해버린 모든 정신이 했던 위대하고도 똑똑한 일이 바로 싸움이었다; 상처 내부에도 치유력은 있는 법이니 말이다. 다음의 격언은 오랫동안 내 좌우명이었는데, 나는 이 격언의 출처를 식자적識者的 호기심에는 알려주지 않았다:

상처에 의해 정신이 성장하고 새 힘이 솟는다increscunt animi, verescit volnere virtus. (우상, 73쪽)

서문의 첫 대목이다. 눈에 띄는 개념은 '모든 가치의 전도'이다. 니체는 《인간적인 너무나 인간적인》에서 이미 "모든 가치를 뒤집을 수는 없을까?" (인간적I, 14쪽) 하고 의문을 제기한 적이 있다. 가치를 뒤집고 싶다. 그것도 모든 가치를 뒤집고 싶은 거다. 이것이 니체가 도전하고 싶은 영역이다. 여기에 그의 철학적 고민이 있다. 허무주의는 그러니까 가치 체계를 문제 상황으로 인식하는 철학이다. 어떤 것이 좋다는 인식, 그리고 그 인식 위에 군림하는 더 좋은 인식, 그리고 그런 인식들의 정점에 군림하는 신과 같은 인식이 자리잡고 있다. 가장 좋은 것 아래 좀 덜 가치 있는 것들이, 또 그 아래에 더 가치 없는 것들이 배치되는 그런 꼴이다. 이런 가치관 속에서 사회는 돌아간다. 하나의 사회가 작동하기 위해서는 이런 가치에 대한 인식이 공공연해야 한다.

그런데 문제는 하나의 가치가 그렇게 오랫동안 견딜 수 없다는 데 있다. 세대가 바뀌면 새로운 가치가 대세가 된다. 그 변화는 아무도 막지 못한다. 경제 기적을 일궈낸 세대의 자식들은 민주화 운동에 청춘을 바쳤고, 또 그 민주화 세대의 자식들은 예능 전성시대를 맞이하고 있다. 먹고 살만 하니까 이제 외모에 신경을 쓴다. 앞선 세대가 벌어놓은 게 많아서 이제는 포기를 선언하며 살아도 될 정도가 됐다. 어느 예능프로그램에서는 그냥 집에 있는 냉장고를 들고 와도 거기에는 먹을 게 수두룩함을 과시한다. 집안에 먹을 것을 쌓아 놓고 사는 시대가 된 것이다. 또 그 다음에는 어떤 세대가 등장하여 어떤 세상을 살아가게 될까. 걱정보다는 궁금증이 앞선다. 잘 해낼 것이라 믿기 때문이다.

법도 때가 되면 바꿔야 한다. 그 시대에 그 법이 있을 뿐이기 때문이다. 준법정신으로 살아도 뭔가 만족할 수 없을 때가 있다. 원치 않는 법을 따르는 것보다 어리석은 짓은 없다. 낡은 법은 머리를 싸매고 새롭게 바꿔야 한다.

그렇지 않으면 법꾸라지[2]들이 난무한다. 자기에게 이익이 되는 쪽으로만 머리를 굴린다. 잔머리만 굴리며 사는 인간들이 판을 친다. 그들이 엘리트 소리를 들으며 거드름을 피운다. 그들이 '법대로 하자'고 덤빈다. 그들이 법치국가를 운운한다. 법을 악용한다. 말세다. 데카당이 따로 없다. 이게 퇴폐다. 이제 허무주의의 망치를 손에 들 시기가 된 것이다.

데모를 하면서도 웃을 수 있는 것은 좋은 일이다. 발전한 사회의 모습이다. "암울하지만 대중에게 책임 있는 일을 하면서 명랑함을 유지한다는 것은 실로 놀라운 일이다"라고 니체는 말한다. 암울한 시대에 촛불은 빛이 되어준다. 바람이 불면 꺼진다고 말했지만 결국 촛불은 횃불이 되었다. 어린아이들이 유모차를 타고 광장으로 나왔다. 청소년들이 단상에 올라가 연설을 한다. 준비된 연설문임을 쉽게 알아차리게 하는 어설픈 실력임에도 불구하고 감동을 일으킨다. 순수해서다. 연속되는 실수를 바라보면서도 웃으며 박수를 쳐준다. 예뻐서다. 촛불과 함께 사회는 놀라운 일을 해낸다.

'명랑함을 유지하는 것'이 관건이다. 웃으며 사는 게 최고다. 웃으면 복이 온다고 했다. 행복한 삶은 웃음과 함께 구현된다. 그래서 니체도 처녀작《비극의 탄생》에서부터 웃음을 배우라고 종용했던 것이다. "그대들, 보다 높은 인간들이여, 내게 배워라─웃음을!"(비극, 23쪽) 허무주의에서 배워야 할 것이 바로 웃음이다. 진지함은 경직되게 할 뿐이다. 웃고 싶으면 진지함을 떨쳐버려야 한다. 허무주의 철학은 "매 순간 태양에게 달려가라고 강요하고, 무거운 너무나도 무겁게 되어버린 진지함을 자기 자신에게서 떨어버리라고 강요한다." 두 가지 강요 사항이 눈에 띈다. 하나는 태양을 향해 달려가라는 것이고, 다른 하나는 진지함을 제거하라는 것이다.

매 순간 태양을 향해 달려가라. 새벽빛이 되었든 노을빛이 되었든 상관없다. 새로운 빛이면 그 빛을 즐기고 낡은 빛이면 새로운 과제에 대한 고민으로 명랑성을 유지하면 되는 것이다. 할 일이 있어 즐겁다는 말을 하며 살면 되는 것이다. 시지프스처럼 똑같은 일을 반복해야 하는 부조리한 상황에서도 돌 굴리는 재미로 살면 되는 것이다. 돌 굴리는 게 재밌으면 그만이다. 웃는 낯에 침 못 뱉는다고 했다. 물론 질투를 살 수는 있다. 그때는 "질투조차 동정하면서"(즐거운, 18쪽) 살면 되는 것이다. 이렇게 살면 겁날 게 뭐가 있겠는가.

허무주의는 싸움의 철학이다. 망치를 들고 싸우고자 한다. 가치와 싸우고자 한다. 가치를 형성해야 할 때도 있고 가치를 깨부숴야 할 때도 있다. 창조와 파괴 모두 망치가 필요하다. 시작과 끝에는 언제나 망치가 요구된다. 허무주의는 언제나 삶을 삶답게 해주는 방법만을 고민한다. 물론 망치가 고독의 이름으로 불릴 때도 있다. 흐르는 물처럼 막히면 돌아가면 된다. 돌아갈수 없으면 물이 차올라올 때까지 기다리면 된다. 그러면 한계가 보인다. 그때 그 너머로 넘어가면 된다.

정신의 싸움은 정당하다. 모든 가치의 전도라는 "과제를 위한 수단은 전부 정당하고, 모든 '경우'가 하나의 행운이다." 정신은 맑아야 한다. 썩으면 안 된다. 늘 적당한 휴식을 취해가며 새로운 것을 인식해내야 하고 그것을 즐기기도 하며 또 사랑하다가 결국에는 혐오와 증오로 상처를 받아야 한다. 살면서 상처가 없을 수는 없다. 사랑하지 않을 수 없기 때문이다. 무엇을 좋아했든 상관없다. 인간은 무엇인가를 이상으로 간주하고 그것을 향해 열정을 보이며 살아갈 수밖에 없다. 그 결과인 고통 또한 삶의 본질이 되기도 한다. 고통은 인생의 다른 이름일 뿐이다. 쇼펜하우어는 "모든 인생은 고통"[3]이라고 말했다. 문제는 이 고통을 어떻게 다룰 것이냐 하는 것이다.

《바그너의 경우》에서 니체는 그 '경우'가 치명적이었음을 고백했다. 하지만 아픔이 큰 만큼 치유의 기쁨 또한 컸음을 알게 되었다. "나의 가장 큰 체험은 병의 치유였다."(바그너, 12쪽) 그러면서 니체는 이토록 큰 체험을 가져다 준 바그너에 의한 병에 대해 감사를 표한다. 해로웠지만 그만한 가치가 있었다는 것이다. 밤에 대한 인식이 큰 만큼 새벽에 대한 기쁨도 크다. 진정한 사랑일수록 상처는 깊게 남는다. 그것은 삶에 대한 변치 않는 진리다.

니체는 좌우명으로 다음과 같은 문장을 말한다. "상처에 의해 정신이 성장하고 새 힘이 솟는다." '격언의 출처'는 관심 갖지 말자. 누가 먼저 이 말을 했는지는 중요치 않다. 하지만 이 말이 좌우명이라는 사실에는 귀를 기울이자. 좌우명을 알면 그 사람의 생각이 보일 수도 있기 때문이다. 만약 '공부를 열심히 하자!'가 좌우명인 사람은 공부가 잘 안 되고 있는 상황에 있다는 사실을 알 수 있다. '웃으며 살자!'가 좌우명인 사람은 쉽게 웃지 못하는 경우일 때가 많다. 마찬가지로 니체가 지금 상처를 긍정적으로 평가하는 좌우명을 선택했다는 것은 바꿔 말하면 그는 상처 때문에 힘들었다는 의미도 된다. 하지만 그 상처 때문에 오히려 힘을 얻을 수 있게 되었다는 인식도 가능해진다. 그것이 니체의 깨달음인 것이다.

공허한 우상에 대한 중대한 선전포고

이성을 가지고 살아야 하는 것은 인간의 운명이다. 이성을 가지고 생각하며 살아야 한다. 이성이 망가지면 생각이 망가진다. 생각이 없으면 인간 구실을 못한다. 이성이 망가지면 삶 자체가 어려워진다. 먹고 마시는 일조차 누군가의 도움을 필요로 하기 때문이다. 동물보다도 더 못한 삶이 되고 만다. 그래서 이성이 중요한 것이다. 이성적 동물로 태어난 이상 죽을 때까지 이성을 책임지고 살아야 한다. 이성을 끝까지 잘 쓰다가 죽어야 한다.

이성을 통해 이루어지는 생각을 관찰하면 참 재미난 게 많다. 생각으로 불가능한 것은 없기 때문이다. 생각의 자유라는 말도 있다. 태초도, 종말도 생각의 산물이다. 시간 여행을 생각하기도 하고 공간 이동을 생각하기도 한다. 생각 놀이만큼 재미난 게 없다. 이런저런 생각으로 시간을 보낸다. 생각에는 한계가 없다. 뭐든지 생각이 가능하다. 가끔은 새로운 생각이 떠오르지 않아 괴로울 때도 있다. 그때가 위기다. 아무것도 가슴을 뛰게 하지 못할 때 삶은 무의미해지고 만다. 살고 싶지 않다는 마음이 들기 시작하면 정말 위험해진 것이다.

가치의 다른 이름은 우상이다. 이성은 끊임없이 가치를 추구한다. 가치 대신 진리라 말해도 무방하다. 이성은 끊임없이 진리를 추구한다. 이 말도 맞다. 무엇이 옳은지를 알고 싶은 것이다. 최고의 선, 최고의 아름다움 등을 규명하고 싶어 한다. 끊임없이 묻는다. 굳이 정답을 요구하지 않으면서도 물을 때가 많다. 그냥 묻고 싶어 묻는 것이다. 누군가가 정답을 이야기해줘도 귀에 들어오지 않는다. 답을 받아들일 준비가 안 되어 있기 때문이다. 우상도 마찬가지다. 이성은 끊임없이 우상을 만들어내고 있다. 마치 어린아이가 장난감을 찾는 상황과 비슷하다고나 할까. 이게 좋았다가 또 저게 좋아지기도 한다. 그런데 나이가 들면서 취향이 서서히 굳어진다. 고집이 생긴다. 삶은 권태에 빠진다. 진리가 하나가 되면 인생이 허무해진다. 그래서 우상은 없으면 안 되고 있어도 문제다.

어떤 경우에는 나는 다른 회복 방식을 더 환영한다. 즉 우상들을 캐내는 방식을… 세상에는 진짜보다 우상들이 더 많다: 이것이 이 세계에 대한 나의 '못된 눈길'이자, 나의 '못된 귀'이다… 여기서 한번 망치를 들고서 의문을 제기해본다. 이에 대한 답변으로 부풀어 오른 창자가 울려내는 그 유명하지만 공허한 소리를 듣게 될 것이다―그 소리는 귀 뒤에 다른 귀를 또 갖고 있는 자를 어찌나 황홀하게 하는지 ― 늙은 심리학자이면서 민중의 유혹자인 나를 어찌나 황홀하게 하는지. 내 앞에서는 계속해서 조용히 있고 싶어 하는 것도 소리를 내지 않고는 못 배긴다…(우상, 74쪽)

다른 회복 방식으로 '우상들을 캐내는 방식'이라 했다. 그러면 독서를 거꾸로 해보자. 이 방식의 다른 회복 방식은 무엇이었던가. 그것은 모든 가치의 전도라는 과제를 안고 상처를 감당하는 것이었다. 왜냐하면 '상처에 의해 정신이 성장하고 새 힘이 솟는다'는 좌우명이 보여주듯이 상처는 새로운 힘의 원인이 되기 때문이다.[4] '매 순간 태양에게 달려가고' 또 '진지함을 자기 자신에게서 떨어버리라'는 것이 상처를 인식하고 극복해가는 모양새였다. 태양을 바라보면 눈이 먼다. 한 동안 다른 어떤 사물도 보지 못한다. 뜬 눈으로도 아무것도 보지 못한다. 태양의 위력은 대단하다. 진리가 사람을 그렇게 만든다. 태양이 사람의 눈을 제대로 작동하지 못하게 하듯이, 진리 또한 사물을 있는 그대로 보지 못하게 만든다.

무엇이 진리란 말인가? 하늘이 파랗다? 사랑은 빨간색이다? 나는 이동용이다? 내 책이다? 내 볼펜이다? 내 코끼리다? 내 자전거다? 도대체 가치 있는 게 무엇이란 말인가? 아니 하늘은 수많은 색들의 총합이 아닐까? 사랑은 다양한 색깔들의 축제가 아닐까? 나는 수많은 시간대를 거쳐서 형성된 존재가 아닐까? 그것을 어느 하나의 이름으로 대신할 수는 없다. 그래서 니체는 '다른 회복 방식을 더 환영'하고 있는 것이다. '더 환영한다'는 소리에 귀를 기울이자. 이게 더 낫다는 말이다. '우상들을 캐내는 방식'이 더 낫다는 것이다. 마치 돌 속에 아름다운 형상이 숨어 있기나 하듯이 그렇게 돌을 망치로 깨보자는 것이다. 그렇게 가치를 발견해보자는 것이다.

우상들을 캐내야 하는 이유는 간단하다. "세상에는 진짜보다 우상들이 더 많다: 이것이 이 세계에 대한 나의 '못된 눈길'이자, 나의 '못된 귀'이다…" 세상을 의심한다. 허무주의는 의심으로 세상을 대한다. 왜냐하면 진짜보다 우상이 더 많기 때문이다. 허무주의는 "망치를 들고서 의문을 제기"하는 철학이다. 질문의 숫자만큼 진리도 찾을 수 있을 것이다. 반대의 소리도 가능하다. "우리 청각의 한계.—인간은 대답할 수 있는 질문만 듣는다."(즐거운, 231쪽) 모든 것은 간절할 때 보이고 또 들린다.

하지만 세상에는 진짜보다 우상들이 더 많다. 망치가 들려주는 소리는 대부분 "부풀어 오른 창자가 울려내는 그 유명하지만 공허한 소리"일 때가 더 많다. 꼬르륵 거리는 그 소리다. 공기가 지나가는 소리다. 아무리 배를 잡고 숨기려 해도 안 된다. 소리는 결국 밖으로 울려 퍼지고 만다. 우상을 발견하게 되었을 때 인식하는 자들은 황홀해한다. 이성을 가진 존재에게 깨달음은 무한한 행복감을 보장한다. '유레카Heureka'5를 외칠 때에는 온 세상을 얻은 듯한 기분이 들 수도 있다. 뭔가를 깨달았을 때 인간은 그 기쁜 마음 때문에 홀딱 벗고서도 거리에서 춤을 출 수 있을 것이다. 목욕을 하다가 실오라기 하나 걸치지 않고 거리로 나가 기뻐 날뛰던 아르키메데스Archimedes(ca.287~212)의 모습은 충분히 이해할 수 있으리라.

니체는 이 서문에서 자기 자신을 '늙은 심리학자이면서 민중의 유혹자'라고 소개한다. 참으로 많은 생각을 하게 하는 대목이다. 이런 소리를 할 수 있는 시점에 들어서면 어떤 마음일까? 뭔가를 일궈내겠다는 의지로 평생을 바쳐 일한 사람에게 늙었다는 말이 실어올 그 마음이 궁금하다. 그런데 그 늙은 심리학자가 황홀해한다? 공허한 소리 때문에 그런 거다. 자신이 망치를 가지고 두들겨본 결과다. '망치를 들고서 의문을 제기해본' 결과다. 이제야 알겠다는 것이다. 우상이 우상으로 판정난다. 이제 정신은 그런 공허한 소리

에 놀라지 않는다. 알고 나면 모든 게 다르게 들릴 뿐이다. 가소롭게 들릴 수
도 있다. 웃음으로 모든 두려움을 제압할 수도 있으리라.

> 이 책 역시 — 그 제목이 알려주듯 — 무엇보다도 어느 심리학자의 휴식이자 태
> 양 빛을 받은 면이며 한가함으로서의 선회인 것이다. 이것이 새로운 싸움이기
> 도 한 것일까? 그리고 새로운 우상들이 캐내어질까? … 이 작은 책은 중대한
> 선전포고이다; 그리고 캐내는 대상이 되는 우상은 이번에는 한 시대의 우상들
> 이 아니라, 영원한 우상들이다. 여기서는 마치 소리굽쇠를 가지고 치듯이 영원
> 한 우상들을 망치를 가지고 치게 될 것이다. — 이 우상들보다 더 오래되고, 더
> 설득적이며, 더 뽐내는 우상들은 전혀 존재하지 않는다… 또한 더 공허한 우상
> 들도 없다… 이런 점이 그 우상들이 가장 많이 신봉되는 것을 방해하지는 않으
> 며; 특히 그것들이 가장 절실한 우상들일 경우에는 그것들은 결코 우상이라고
> 불리지 않는다… (우상, 74쪽)

서문의 마지막 단락이다. 그 뒤에는 장소와 시간이 밝혀져 있다. "토리노,
1888년 9월 30일"이라고. 이제 정신이 온전한 시간이 석 달 남짓 남았다. 결
과를 알고 과정을 밟아가는 심정이다. 마치 다음 날이 밝아오면 다시 독수
리에게 간을 파 먹힐 것이란 사실을 알면서 밤을 보내야 하는 프로메테우스
같다. 정말 모든 문장이 유서처럼 느껴지는 시점이다. 철학자의 정신은 지금
황혼기다. '우상의 황혼'을 목격하고 있는 것이다. 이 시기의 분위기는 "휴
식이자 태양 빛을 받은 면이며 한가함으로의 선회인 것"이란 말로 설명될
수 있다. 인생 막바지에 니체는 새로운 싸움을 준비하고 있다. 아직 단 한 번
도 가보지 않은 길을 가고자 한다. 스스로도 뭐라고 확언할 수 없는 상황이
다. "이것이 새로운 싸움이기도 한 것일까?" 낯선 곳으로의 모험 여행을 하

나 남겨놓은 상황에서 내뱉는 마지막 질문 같다.

"이 작은 책은 중대한 선전포고이다." 앞으로 다가올 시간에 대한 선전포고이다. 허무주의는 결코 주저앉을 마음이 없다. 정신은 황혼을 맞아 피곤할지 몰라도 그 피곤 때문에 물러설 의향은 전혀 없다. 또 다시 두 눈 부릅뜨고 싸울 준비를 한다. 허무주의의 눈빛은 전사의 눈빛이다. '중대한 선전포고!' 이것이 바로 '우상의 황혼'에서 들려주는 니체의 목소리다. 지금까지 편히 지내던 곳마저 불을 지르려고 한다. "먼저 너 자신의 오두막에 불을 질러라!"(인간적II, 415쪽) 문을 통과한 정신은 돌아갈 마음도 전혀 없다. "그러고는 문을 등 뒤로 힘껏 닫아버렸던 것이다."(차라, 211쪽) 그리고 희망찬 여행을 준비한다. "내 영혼은 환호성을 지르며 / 지고한 희망의 바다로 내달린다"(즐거운, 253쪽)고 외쳐댄다. "그대들의 배를 미지의 바다로 내보내라!"(같은 책, 262쪽) "승선하라!"(같은 책, 265쪽) "도덕의 지구도 둥글다! 도덕의 지구도 양 극점을 가지고 있다! 양 극점도 실존의 권리를 지니고 있다! 발견해야 할 하나의 세계가 있다! 하나 이상의 세계가 있다! 승선하라!, 철학자들이여!"(같은 책, 265쪽) '중대한 선전포고'가 들려주는 다양한 소리들이 들려오는 듯하다. 시끌벅적하다. 하지만 주눅들거나 겁먹은 소리가 아니라 힘의 감정으로 충만한 소리들이다.

허무주의의 마지막 싸움은 우상이다. 그것도 '영원한 우상들'과 싸우고자 한다. '죽음 이후'(아침, 82쪽)의 삶에

〈병든 니체〉(1899), 한스 올데(Hans Olde) 그림. 죽음을 앞둔 니체의 마지막 모습. 그의 눈빛이 예사롭지 않다.

대한 우상이라고 할까. 고대 이후 죽음 뒤에 대한 수많은 말들이 남겨졌지만 그 어떤 말도 증명되지 못했다. 죽음 뒤의 세계에 대해서는 사실 아무도 모른다. 하지만 죽음 이후를 생각할 수 있는 생각하는 존재는 수많은 생각들을 해내고 있다. 하지만 허무주의 철학자의 귀에는 그저 부풀어오른 창자가 들려주는 공허한 소리 같다. 공허한 소리가 '공허한 우상들'을 만들어낸다. 그것도 "가장 절실한 우상들일 경우에는 그것들은 결코 우상이라고 불리지 않는다…" 그러면 뭐라고 불리는 것일까? 니체는 말이 없지만 우리는 그 대답까지 들을 수 있어야 한다. 가장 절실한 우상들일 경우 그것은 바로 진리라고 불린다! 죽음 이후가 진리의 명예를 꿰차고 가치의 정점에서 권한을 행사한다. 허무주의 철학은 바로 이 진리의 탈을 쓴 우상과 한판 승부를 벌이고자 한다.

또 서문에서 눈에 띄는 것은 장소와 날짜 다음에 언급되는 책 제목이다. "《모든 가치의 전도》의 제1권이 완성된 날." 1888년 9월 30일은 그러니까 《모든 가치의 전도》라는 제목하에 기획 중인 일련의 책들 중 제1권이 완성된 날이라는 이야기다. 이 제목의 책은 세상에 나오지 못했다. 이후 다른 글들에는 아무런 힌트도 남겨놓지 않아서 그저 궁금할 뿐이다. 혹시 《안티크리스트》나 《이 사람을 보라》도 여기에 포함시킬 수 있는 것인지 묻고 싶다. 하지만 대답할 수 있는 자는 아무도 없다.

자신의 그림자에게서 등을 돌려야 할 때

전쟁이다. 선전포고는 떨어졌다. 우상과 목숨을 건 싸움이다. 용기가 필요한 싸움이다. 두려움을 품고서는 절대로 가능하지 않은 싸움이다. 우상과 싸울 용기가 있는가? 허무주의 철학자는 묻고 있다. 허무함을 감당할 수나 있겠는가? 허무주의의 파도가 밀려오고 있다. 맞설 힘이 있는가? 힘과 용기가 없다면 아직 때가 아니다. 때가 안 됐는데도 덤비는 것은 무모한 도전일 뿐이다. 그것은 용기가 아니라 만용이다. 죽는 줄도 모르고 덤비는 가소로운 존재에 불과한 것이다. 니체가 도전하고자 하는 싸움에 동참하고 싶으면 우선 삶의 사관학교부터 졸업해야 한다.

> 삶의 사관학교로부터. ─나를 죽이지 않는 것은 나를 더욱 강하게 만든다. (우상, 77쪽)

허무주의 철학을 가장 잘 표현한 문구 같다. 죽기를 각오하고 훈련에 임해야 한다. 죽음 직전까지 가는 고통을 맛보아야 한다. 그래야 삶의 현장에서 살아남을 수 있다. 강해야 한다. 강하지 않으면 살 수 없는 법이다. 삶은 전쟁터다. 전술과 작전에 능해야 한다. 그리고 그 모든 작전에 임할 수 있는 몸과 마음을 만들어놓아야 한다. 어떤 상황이 벌어져도 삶의 지혜를 발휘하며 살아남아야 한다. 그것이 허무주의가 바라는 바다. 삶은 불법이 아니다. 삶은 "그 자체로 '불법적인 것'이 될 수 없다."(도덕, 420쪽) 삶은 정당하다. 이 말을 하기 위해 니체는 평생을 허무주의 철학이라는 힘든 길을 걸어온 것이다.

그렇다면 이번에는 이렇게 물어보자. 강하지 않은 존재는 어떤 삶을 살아가고 있을까? 약자의 삶은 어떤 모습을 하고 있을까? 노예도덕으로 무장한 삶의 현상을 묻고 있는 것이다. 이 질문에 대한 답으로 지렁이의 삶을 관찰해보자. 지렁이 같은 인간이 있다. 대지에 살면서 인간답게 살지 못하는 존재가 분명 있다. 물론 지렁이도 흙을 흙답게 해준다는 능력이 있기는 하다. 하지만 니체는 그런 비유로 지렁이를 끌어들인 것은 아니다. 니체가 전하고

자 하는 메시지를 찾고자 하는 눈으로 읽어보자.

> 밟힌 지렁이는 꿈틀거린다. 똑똑한 일이다. 지렁이는 그렇게 해서 또 다른 것에
> 게 밟힐 가능성을 줄이는 것이다. 도덕언어로 말하면: 순종한다. ─ (우상, 83쪽)

짧지만 많은 생각이 담겨 있다. 지렁이는 그 어떤 존재에도 저항하지 않는다. 최고의 저항이라면 그저 꿈틀대는 것뿐이다. 다른 존재를 밟을 발도 없다. 깨물어 아픔을 줄 수 있는 이빨도 없다. 그에게는 그저 '순종'만이 있을 뿐이다. 그저 꿈틀대는 그 모습으로 동정심을 유발하고 그럼으로써 "또 다른 것에게 밟힐 가능성을 줄이는 것"을 지혜로 삼고 있을 뿐이다. 스스로 지렁이 같은 인간이 되어 살아온 것은 아닌지 반성해보아야 할 때가 왔다. 그저 고통을 감당하는 것으로 위로를 삼아온 것은 아닌지 자기 자신을 되돌아보아야 할 시점이 된 것이다.

> 실망한 자가 말한다 ─ 나는 위대한 인간을 찾았었지만, 언제나 그 인간의 이상
> 을 흉내내는 원숭이들만 발견했을 뿐이다. (우상, 85쪽)

니체는 《즐거운 학문》 125번 글에서 '광인'을 등장시켰다. 거기서 이 광인은 신을 찾고 있었다. "밝은 대낮에 등불을 켜고 시장을 달려가며 끊임없이" (즐거운, 199쪽) 외쳐댔다. "나는 신을 찾고 있노라! 나는 신을 찾고 있노라!"고. 그가 찾고 있는 신은 스스로 신이 된 인간이었다. 소위 '위대한 인간'이었던 것이다. 하지만 그의 눈으로는 사람들로 들끓는 시장바닥에서조차 원하는 사람을 찾을 수가 없었다. 모순이다. 대낮에도 등불이 있어야 할 것만 같다. 빛으로 충만한 순간이지만 또 다른 빛이 있어야 할 것만 같다. 이 또한 모순

이다. 그래서 광인의 소리를 들을 수밖에 없는 상황이다.

허무주의의 시각으로는 그저 온 세상에 "언제나 그 인간의 이상을 흉내 내는 원숭이들만 발견"되고 있을 뿐이다. 한심하기 짝이 없는 인간들만이 득실거린다. 자기 삶에 대한 주인의식도 없다. 그저 남만 탓하며 아프다고 꿈틀대고 있는 지렁이 같다. 원숭이는 웃음으로 죽여야 한다. 초인의 눈에는 그저 웃음거리일 뿐이다. "사람에게 있어 원숭이는 무엇인가? 일종의 웃음 거리 아니면 일종의 견디기 힘든 부끄러움이 아닌가. 위버멘쉬에게는 사람 이 그렇다."(차라, 17쪽) 말을 하는 존재로 태어나서 자기 말은 전혀 하지 못하 고 결국에는 죽음을 맞이하는 가련한 존재가 바로 원숭이 같은 존재다. 남 의 말을 흉내만 내고 있을 뿐이기 때문이다. 늘 유행을 쫓아가면서도 멋 부 리고 있다고 착각하고 사는 인생이다. 초인의 눈에는 조잡하기 짝이 없다. 역겹고 구토증마저 느껴진다.

> 우리 심리학자들이 말처럼 동요되는 경우들이 있다: 우리는 우리 자신의 그림
> 자를 우리보다 먼저 주목하여 동요하게 된다. 도대체 무엇인가를 볼 수 있으려
> 면 심리학자는 자기 자신에게서 눈을 돌려야 한다. (우상, 84쪽)

자기 자신에게 등을 돌릴 때 자기 자신이 보인다. 떠날 때 만남이 이루어 진다. 끝까지 갔을 때 그곳에서 자기 자신을 만나게 되는 것이다. 지금까지 알고 지냈던 자기 자신은 그저 그림자에 불과할 수 있다. 그림자를 보면서 자기 자신이라고 끊임없이 주문을 외워왔는지도 모를 일이다. 마음이 불안 해지는 이유는 언제나 이런 그림자의 존재 때문이다. 진리를 추구하는 이성 적 존재에게 그림자는 없을 수 없다. 우상은 늘 이성의 한계를 보여줄 뿐이 다. 하지만 어느 하나의 가치에 묶일 때 영원히 동요하는 존재로 살 수밖에

없다. 늘 불안해하면서 그 이유를 모른다. 그림자를 보면서도 얼굴이 보이지 않는다고 안타까워하는 모습은 불쌍하기까지 하다.

등을 돌릴 수 있는가? 자기 자신을 버릴 수 있는가? 하나의 사물조차 버리기 힘든 게 인간이다. 작은 추억 하나조차 끊을 수 없는 관계를 형성하도록 하기 때문이다. 그토록 애착이 갔던 뭔가를 버리고 먼 하늘을 바라보면 인식이 온다. "나도 이제 뭔가를 버려야 할 나이가 되었구나 하는 생각"[6] 말이다. 자기 자신에게서 등을 돌릴 때 허물이 인식된다. 버릴 수 있는 게 보인다. 그 허물을 벗을 때 삶은 새로운 힘을 얻게 되는 것이다. "허물을 벗을 수 없는 뱀은 파멸한다. 의견을 바꾸는 것을 방해받는 정신들도 이와 마찬가지다. 그들은 정신이기를 그친다."(아침, 422쪽) 자유정신은 끊임없이 허물을 벗으며 존재의 길을 걸어간다. 허물이 없을 수는 없다. 우상이 없을 수 없는 이유다.

> 앉아 있을 때만 생각하고 쓸 수 있다(플로베르). ─ 이로써 나는 너, 허무주의자를 잡았다! 꾹 눌러앉아 있는 끈기야말로 성스러운 정신을 거스르는 죄이다. 걸으면서 얻은 정신만이 가치 있다. (우상, 83쪽)

생각하는 존재는 하나의 생각에 얽매이면 안 된다. 하루를 살아도 새롭게 살아야 한다. 앉아 있을 때만 쓸 수 있다? 그건 막말이라고 저항해야 한다. 삶은 과정이다. 정체는 죽음이다. 진정 위로의 소리로 들릴 수 있는 글들은 삶이 있는 현장의 소리로 가득하다. 그래서 니체는 글을 쓰려면 발로 쓰라는 지혜를 전했다. "나는 손으로만 쓰는 것은 아니다 / 발도 항상 글 쓰는 사람과 함께하길 원한다 / 내 발은 확고하고 자유롭고 용감하게 / 들판을, 종이 위를 달린다."(즐거운, 56쪽) "걸으면서 얻은 정신만이 가치 있다." 걷지 않는 것은 '성스러운 정신을 거스르는 죄'다. 자유로운 정신은 끊임없이 걷기를 원한다.

발걸음에는 리듬이 실려야 한다. "음악 없는 삶은 하나의 오류이리라."(우상, 83쪽) 걷는 자는 뛰는 법을 배워야 하고, 뛰는 자는 춤을 배워야 한다. 경우에 따라서는 물구나무도 서야 한다.

"두려워하지 말라! 내가 말하노니 / 곧 이 아이가 춤추는 것을 보게 되리라! / 두 발로 서게 되면 / 또한 물구나무도 서게 될 것이다."(즐거운, 47쪽) "나의 형제들이여 그대들의 가슴을 들어 올려라, 높이, 더 높이! 그리고 다리도 잊지 말아라! 그대들의 다리도 들어 올려라, 그대들, 춤을 멋지게 추는 자들이여, 그대들이 물구나무를 선다면 더욱 좋으리라!"(비극, 23쪽) 지금까지 형이상학적으로 살아왔다면 이제부터는 실존주의적으로 살아야 할 때가 왔다. 평생을 하늘에 있을 거라는 신 바라기로 살아왔다면 이제부터는 대지에 발을 붙이고 사는 인간 바라기로 살아야 할 때가 된 것이다. 그런 삶을 실현시키기 위해서는 "도덕을 저격하지 않으면 안 된다."(우상, 84쪽) 허무주의가 제공하는 살인의 원칙은 오로지 웃음임을 잊지 말자. "사람들은 노여움이 아니라 웃음으로써 살해를 한다."(차라, 518쪽) 웃는 자가 승자다.

> 내가 옳다는 것이 뭐가 중요하단 말인가! 나는 지나칠 정도로 옳다. — 그리고 오늘날 가장 잘 웃는 자가 최후에도 웃는다. (우상, 86쪽)

웃음으로 죽일 수 없는 것은 하나도 없다. 이성적 존재는 이성 때문에 힘들어 한다. 생각하는 존재는 생각 때문에 삶이 힘들다. 벽을 맞닥뜨릴 때마다 웃음으로 넘어서야 한다. 상처가 생길 때마다 웃음으로 스스로를 치유해야 한다. 삶의 짐이 너무 무겁다고 느껴질 때 웃음으로 그 짐을 덜거나 벗어던져야 한다. "삶, 결국 그것은 죽어가는 것, 고통받는 것, 노쇠한 것에 대한 경건함을 알지 못하는 것이 아닐까? 끊임없는 살인자가 아닐까?"(즐거운, 101쪽) 끊임없이 살인자가 되라! 이것이 지상명령이다. 삶은 '죽어가는 것, 고통받는 것, 노쇠한 것'에 대해 그 어떤 존경심도 갖지 않는 것이다. 신의 종족을 존경하지 않는 것이 거인의 징표다. "그리고 너의 종족을 존경하지 않는 / 나를 닮은 종족을"[7] 창조하는 것이 바로 프로메테우스의 정신이다. 자유 정신에게 신은 존재하지 않는다.

본능의 굴복을 지향하는 소크라테스의 변증법

니체는 처녀작《비극의 탄생》에서부터 소크라테스를 문제삼았다. 소크라테스는 현실을 부정하고 내세를 선택한 대표적 철학자다. 그에게는 오로지 이데아만이 실존이었다. 진짜였다. 하지만 생철학자의 시각으로 보면 이데아가 그저 '공허한 우상'처럼 보일 뿐이다. 부풀어 오른 창자가 들려주는 소리 같다. 그는 삶이 가치 없다고 외쳐댔다. 감각으로 접할 수 있는 이 세상 전체가 그저 그림자라고 가르쳤다.

> 어느 시대에서든 최고의 현자들은 삶에 대해 똑같은 판단을 내렸다: 삶은 별 가치가 없다고… 언제나 그리고 어디서든 사람들은 그들의 입에서 똑같은 소리를 듣는다—회의와 우울 가득한, 삶에 완전히 지쳐버리고 삶에 대한 저항이 가득한 소리를. 심지어는 소크라테스마저도 죽으면서 말했다: "삶—이것은 오랫동안 병들어 있었다는 것을 의미한다네: 나는 구원자 아스클레피오스에게 닭 한 마리를 빚졌다네." 소크라테스조차도 삶에 넌더리를 내고 있었던

것이다. (우상, 87쪽)

삶이 감당 안 되는 자가 빚을 진다. 넉넉하지 못한 삶을 살아간다. 삶은 언제나 힘든 어떤 것으로만 생각된다. 삶이 즐겁지가 않다. 소크라테스는 자신의 사회에서 외부인에 해당했다. 그는 주류를 형성하지 못했다. 하지만 그는 스스로를 철학자라 부르며 세상을 바꿔놓았다. 진리를 외쳐대며 시선을 하늘로 향하게 해놓은 것이다. 그는 죽어가면서까지 하늘을 가르쳤다. 이데아는 이 대지의 것이 아니라고 가르쳤다. 18세기의 예술가 자크 루이 다비드 Jacques-Louis David(1748~1825)는 마치 그의 검지를 실제로 본 듯한 그림을 그려냈다. 르네상스의 천재 화가 라파엘로 Raffaello Sanzio(1483~1520)는 소크라테스의 제자 플라톤의 검지를 통해 같은 말을 하게 했다.

"삶—이것은 오랫동안 병들어 있었다는 것을 의미한다"고? 삶 자체가 병들어 있는 것이라고? 그래서 이 삶과 본질적으로 다른 또 다른 삶으로 나아가야 한다고? 이런 생각을 '삶의 광학'(비극, 16쪽)으로 바라보면 어떤 현상으로 비춰질까? 명랑성을 상실한 너무나도 진지한 얼굴만이 비춰진다. 웃음

다비드의 〈소크라테스의 죽음〉(1787).

라파엘로의 작품 〈아테네 학당〉의
(1510/11) 일부분

은 찾을 수가 없다. 진리만을 고집하고 있기 때문이다. 변론의 마지막에 이르러서도 소크라테스는 죽음에 대한 긍정적인 사상을 펼친다. "이제 시간이 되었다. 나를 위해서는 죽고, 너희들을 위해서는 살기 위한 시간이. 하지만 우리 중 누가 더 좋은 운명에 처해 있는지는 아무도 모른다. 오로지 신만이 알 뿐이다."[8] 죽음을 긍정적으로 보는 것 자체는 문제가 되지 않는다. 다만, 현재의 삶을 죽음 이후의 삶보다 더 나쁘게 생각하도록 한다는 데 심각한 문제가 있는 것이다.

그리고 앎의 영역에 신을 끌어들인 것도 문제다. 누가 더 나은 삶을 살고 있는지 아무도 모른다고 했다. 오로지 신만이 안다고. 그런데 소크라테스는 죽어가면서 이런 말을 한 것이다. 제자들은 혼란스러웠을 게 틀림없다. 독배를 마시는 스승이 더 나은 삶을 살게 되었다고 스스로 위로한 제자의 목소리는 들려오지 않는다. 플라톤은 자신의 저서 속에 그런 소리를 남겨놓지 않았다. 소크라테스 입장에서는 위로의 말로 해준 것일지는 몰라도 삶을 이어가야 하는 쪽에서는 여간 위험한 발상이 아닐 수 없다. 그래서 니체는 "소크라테스와 플라톤을 쇠약의 징후로, 그리스를 와해시키는 도구로, 사이비 그리스적이라고, 반그리스적이라고 파악"(우상, 88쪽)했던 것이다.

하지만 소크라테스의 문제는 인간 본연의 문제다. 이성을 갖고 살아야 하는 존재의 문제다. 이성의 도구는 말이라 했다. 모든 것은 말로 설명이 되어야 직성이 풀리는 게 인간이다. 인간은 늘 눈에 보이는 것 이면에 대한 의혹을 제기할 수밖에 없다. 눈에 보이는 게 다가 아니라는 생각이 지배적이기 때문이다. 생각하며 살아야 하는 존재는 생각이 가져다주는 대답에 의존할 수밖에 없다. 말 한마디로 치명적인 상처를 입힐 수도 있고 또 말 한마디에 천 냥 빚도 갚을 수 있는 게 인간이다. 그만큼 말에 대한 의존도가 높다는 이야기다. 천국이니, 영생이니, 이념이니, 이데아니 하는 온갖 개념들은 모두가 큰 위로를 주는 말이기는 하지만 그 어디서도 증명될 수는 없다는 데한계가 있다. 니체는 바로 이것을 문제로 파악했던 것이다. 그리고 그것을 알고자 철학의 길을 걸었던 것이다.

소크라테스의 데카당스를 공인된 본능의 무절제 및 본능의 아나키 상태가 알려주기는 하지만, 이것이 전부는 아니다: 축적된 논리와 그를 특징짓는 가시돋친 악의惡意 역시 바로 이 방향으로의 예시를 보여준다. "소크라테스의 다이모니아"로서 종교적으로 해석되어온 그 환청 또한 잊지 말도록 하자. 모든 것이 다 과장되었고 광대짓이며 그에 대한 희화이다. 동시에 모든 것이 감추어져 있고, 속셈은 따로 있으며, 지하적地下的이다—나는 어떤 특이 성질로부터이성 = 덕 = 행복이라는 소크라테스의 등식이 나오는지를 파악해보고자 한다: 등식 중에서도 가장 기괴하며, 특수하게도 고대 헬레네인들의 본능 전체에 거스르는 이 등식이. (우상, 90쪽)

《비극의 탄생》에서 니체는 '미학적 소크라테스주의'(비극, 100쪽)를 언급한적이 있다. 즉 소크라테스가 아름답다고 말하는 것의 진짜 의미를 추적했던것이다. 거기서 니체는 소크라테스가 말하는 최고의 법칙을 알아냈다. 그것은 바로 "아름답기 위해서는 모든 것이 이성적이어야 한다"는 것이었다. 즉"아는 자만이 덕성을 가지고 있다."(같은 곳) 이것이 바로 소크라테스의 명제다. "미덕은 지식이다. 죄는 무지에서 저질러진다. 미덕을 갖춘 자는 행복한자다"(같은 책, 111쪽)라는 것이 소크라테스 철학의 결론이다. 모르는 게 죄다.아는 것이 미덕이다. 그런데 그 아는 것에서 이데아를 운운한다. 갑자기 아무도 제대로 말할 수 없는 그 무엇으로 넘어가고 말았다.

소크라테스의 생각 속에서는 오로지 '공인된 본능'만이 판을 친다. 당연하게 생각했던 본능은 온데간데없다. '본능의 아나키 상태'에 빠지고 만 것이다. 오로지 이성을 통해서만 이데아를 알 수 있다. 생각이 본능까지 통제하는 경지에서만 이데아가 보인다. 이런 주장과 함께 생각의 영역에서 폭력이 발생하고 만다. 이데아를 안다고 말하는 자가 폭군의 자리에 오르고 만다. 그 누구도 이렇다 할 반격을 하지 못한다. 제대로 아는 자가 없기 때문이다. 그리고 죄의식에 빠지고 만다. 모르면 죄라고 했기 때문이다.

> 권위가 미풍양속에 속하는 곳, '근거를 들어 정당화'하지 않고 명령하는 곳이라면 어디서든 변증론자는 일종의 어릿광대에 불과하다: 그들은 비웃음을 사고, 진지하게 받아들여지지 않는다─소크라테스는 어릿광대였지만, 자신을 진지하게 받아들이게 만들었던 어릿광대였다: 이때 진정 무슨 일이 일어난 것일까?─(우상, 90쪽 이후)

권위가 미풍양속으로 인정되는 곳 또 그런 권위에 의해 명령이 내려지는 곳은 어떤 곳일까? 그런 명령을 미풍양속으로 봐주는 곳이 도대체 어떤 곳일까? 갑자기 《어린 왕자》의 한 장면이 떠오른다. 소행성 325호였다. 어린 왕자가 철새들이 이동할 때 무리에 섞여 여행을 했던 첫 번째 별이다. 거기에는 왕이 살고 있었다. 그는 왕 노릇을 하는 것에서 삶의 의미를 찾고 있었다. 자줏빛 천에 흰 담비 모피가 달

어린 왕자가 여행했던 첫 번째 별과 그곳을 다스리는 왕의 모습.

린 옷을 입고, 위엄 있어 보이는 옥좌에 앉아 있었다. 그는 오로지 "자신의 권위가 존중되기를 바랐던 것이다."[9] 처음 만나는 사람조차 그저 신하로 알아볼 뿐이다. 앉는 것, 질문하는 것, 하물며 하품하는 것조차 명령에 의해서 이루어져야 했다. 그의 일상은 모든 것이 명령으로 다스려질 뿐이었다. 끊임없이 흘러나오는 하품을 막을 수 없었던 어린 왕자는 떠나면서 마음속으로 생각한다. "어른들은 참 이상해."[10] 수직적인 사고로 일관하는, 즉 권위를 내세우는 사람과는 대화할 수 없다. 대화는 같은 높이, 동등한 입장이라는 조건이 전제되어야 하기 때문이다. 대화가 가능해야 사랑도 가능해진다. 대화가 안 되는 사람과는 만남 자체가 껄끄러울 수밖에 없다. 시간이 흐를수록 불편한 감정만이 부추겨질 뿐이다. 스트레스가 해소되기보다는 오히려 쌓일 뿐이다. 권위가 미풍양속인 곳에서는 권위가 부여된 자에게만 유리하다. 다른 모든 존재는 그 권위 아래에 귀속되어야 하는 의무와 책임이 있을 뿐이다. 답답하다. 근거에 입각하여 정당성이 인정되지 않고 오로지 명령자의 마음에 의해서만 모든 것이 결정된다면 그보다 더 협소한 사회가 없다. 그의 주변에는 아무도 남지 않을 것이다. 모두가 떠나버리고 말 것이다.

권위가 미풍양속에 속하고 근거를 들어 정당화되지 않고 오로지 명령하는 곳이라면 "어디서든 변증론자는 일종의 어릿광대에 불과하다." 말할 권리가 주어진 자가 말을 하기 때문이다. 권위에 의해서 허락된 것이라면 무슨 말을 못할까. 앉아라! 서라! 하품하라! 하품하지 말라! 모든 생각과 행동까지도 명령으로 통제하고자 할 것이 틀림없다. 다른 별의 시각으로 보면 어릿광대가 따로 없다. 하나의 웃음거리다. 웃지 않고 볼 수 없는 희극이다. 그런데 이 모든 것이 소크라테스와 관련되어 있다는 것이 재미난 부분이다.

소크라테스는 아는 자 중의 아는 자다. 그와 대화를 하면 이데아도 접할 수 있다. 그가 바로 아는 자이기 때문이다. 그에게 대화는 진정한 삶을 위한 최고의 수단이었다. 이 세상을 무시하고 눈에 보이지 않는 세상, 감각으로는 다가설 수 없는 세상을 가르쳐주고자 한다. 생철학 입장에서 보면 이보다 더 웃긴 희극은 없다. 그런데 그의 생각은 진지하게 받아들여지고 말았다. 여기서 니체는 묻는다. "이때 진정 무슨 일이 일어난 것일까?"하고. 이것은 '인간이 조심해야 할 대목이 무엇인가?'라는 질문과 같다. 이성을 가지고 살아야 하는 인간이 무엇을 경계해야 하는가 하는 그런 질문 말이다.

세상은 소크라테스와 함께 바뀌고 만다. 그는 '새로운 종류의 경기^Agon'(우상, 92쪽)를 발견해냈다. 대화를 통한, 즉 변증법을 통한 승리감이 어떤 것인지 알려주었다. 소크라테스는 바로 이런 경기를 위한 '최초의 검술사범 같은 존재'가 되었다. 그의 대화법은 눈을 감고 세상을 보려 하는 시도와 같다. "여기저기에서 본능들이 아나키 상태에 놓여 있었다; 사람들이 여기저기서 무절제 직전에 놓여 있었다: 정신적 괴물 상태가 전반적 위험이 되어 있던 것이다."(우상, 93쪽) 정신적 괴물! 이 괴물에 의해 고대 그리스의 비극 문화가 몰락하고 말았다. 니체의 허무주의는 이 몰락한 문화의 재탄생을 염원한다. 사람들에게 본능의 힘을 다시 일깨워주고, 힘의 감정을 되살려주고, 생각의 내용이 진정으로 삶을 결정한다는 사실을 가르쳐주고 싶었던 것이다.

정신적 괴물! 정신을 차리고 살아야 하는 인간에게 조심해야 할 일이다. 생각하는 존재가 잘못된 생각을 하면 존재 자체가 위험해진다. 소크라테스가 대화를 통해 도달하고자 하는 곳은 '이성을 폭군으로'(우상, 94쪽) 만드는 지점이다. 그가 대화라는 새로운 경기의 검술사범인 것처럼 이제 사람들은 그를 모방해야 할 뿐이다. "이성 = 덕 = 행복은 단지 다음과 같은 것을 의미할 뿐이다: 소크라테스를 모방해야 한다."(같은 곳) 소크라테스처럼 생각하고 행동하라는 것이다. 눈에 보이는 햇빛을 보지 말고 이성의 햇빛을 바라보아야 한다. 본능들에 굴복하는 것은 치욕스러운 일이다. 이 경기에서는 본능보다 혐오스러운 적이 없다. 본능은 이성으로 때려잡아야 할 최고의 적이다.

> 소크라테스는 하나의 오해였다; 개선의 도덕Besserungs-Moral 전체가, 그리스도교
> 적 도덕도 마찬가지로 하나의 오해였다… 가장 눈부신 햇빛, 어떤 대가를 치르
> 든 이성성이라는 것, 밝고 냉정하고 신중하고 의식적이기는 해도 본능은 없으
> 며, 본능에 대적하는 삶은 하나의 병증일 따름이며 또 다른 병증일 따름이다
> ―그리고 결코 '덕'과 '건강'과 '행복'으로 향하는 귀로는 아니었다… 본능들
> 에 맞서 싸우지 않으면 안 된다―이것은 데카당스의 공식이다: 삶이 상승하는
> 한, 행복은 본능과 같은 것이다. ―(우상, 95쪽)

　소크라테스의 이념과 기독교의 이념에는 공통점이 있다. 그것은 현실을 무시하고 내세를 지향하고 있다는 것이다. 소크라테스는 이데아를, 그리고 기독교는 천국을 이상향으로 삼는다. 그런 세상의 존재를 인식하는 것 자체를 삶의 본질적인 개선이라고 본다. 이를 두고 니체는 '개선의 도덕'이라고 말한다. 하지만 이런 도덕은 전체가 오해라고 말한다. 오해였다. 착각이었다. 왜냐하면 거기에는 본능이 철저히 배제되어 있기 때문이다. 몸의 논리는 끼어들 자리가 없다. 감각으로 확인할 수 있는 세상이 아니다. 오로지 이성만이 존재하는 세상이다. '태초부터 말씀이 있었다'(요한복음1:1)면서 이야기를 시작한다. 처음부터 끝까지 말로만 설명이 가능한 그런 세상이다.

　형이상학적 논리로만 이루어진 이런 개선의 도덕에 대해 니체는 본능적으로 저항한다. "본능에 대적하는 삶은 하나의 병증일 따름이며 또 다른 병증일 따름이다." 도덕이 병증이고 또 다른 병증이다. 생각이 병들었고 삶이 병들었다. 몸과 마음이 다 병들었다. 도덕에 의해 삶이 병들고 만 것이다. 니체는 삶을 피폐하게 만드는 '데카당스 공식'에 저항한다. 즉 "결코 '덕'과

'건강'과 '행복'으로 향하는 귀로"가 아니라는 것이다. 본능에 대적하는 것은 도덕으로 향하는 길이 아니라는 것이다. 그것은 건강한 삶을 위한 길이 아니라는 것이다. 그런 생각과 행동으로는 결코 행복으로 나아갈 수 없다는 것이다.

'데카당스 공식'은 그저 본능과 갈등을 빚고 있을 뿐이다. 하고 싶은 것을 방해함으로써 위로를 얻고자 한다. 욕망을 금지시키면서 행복을 느끼고자 한다. 하지만 그것은 현실적인 행복이 아니다. 그저 행복하다고 생각하고 믿는 것일 뿐이다. 삶을 부정하면서 다른 삶을 추구하는 모순적인 행위일 뿐이다. 생각하는 존재다보니 이런 어처구니없는 실수를 저지르고 마는 것이다. 이성적 존재다보니 이런 형이상학적인 위로에 목을 매는 결과를 초래하고 만 것이다. 하지만 허무주의 철학의 목소리는 분명하다. "삶이 상승하는 한, 행복은 본능과 같은 것이다—" 하고 싶은 것을 해낼 수 있는 삶이 행복한 삶이다. 삶 속에 목적이 있을 뿐이다. 삶을 거부하고서는 아무것도 해낼 수가 없다. 삶 이외에는 모든 것이 허무하다. 삶을 선택할 때에만 허무가 극복될 수 있다.

이성적 존재의 이성에 대한 고민

철학은 삶에 대한 고민을 목적으로 하는 학문이다. 삶 앞에서 삶을 인식하고자 한다. 거울 앞에 서면 자신의 모습이 보인다. 그렇다면 삶을 보기 위해서는 어디 앞에 서야 할까? 그것이 바로 철학적 사고다. 망치를 들고 생각을 해야 하는 것이다. 철학은 자기 자신에게 망치를 들고 달려들게 한다. 철학은 자기 자신이 아닌 것을 깨부수고 진정한 자기 자신을 찾게 해준다. 삶을 어떻게 살아야 하는지를 스스로에게 묻게 한다. 생각하는 존재에게 생각 자체를 문제로 삼게 하는 학문이다. 자신이 생각을 하고 있다는 것을 인식하는 순간 이미 스스로 철학의 길을 걷고 있는 것이다.

이성은 참으로 오묘한 존재다. 인간만의 전유물인지라 그 누구에게도 물어볼 수가 없다. 오로지 인간에게서만 찾을 수 있다. '이성이 무엇인가?' 이 질문에 대답을 하려면 인간은 오로지 자기 자신만을 들여다보아야 한다. 인간의 능력은 이성의 능력이기도 하다. 이성의 도구는 말이다. 인간은 말을 가지고 생각을 하기 시작한다. 생각하는 존재에게 말은 존재의 의미를 구축하게 해준다. 하이데거는 "언어는 존재의 집이다"[11]라고 주장했다. 자신이 어떤 집에서 살고 있는지 알고 싶으면 자신이 사용하는 말을 관찰해야 한다. 고향집을 알고 싶어도 마찬가지다. '나는 어디에서 왔는가?' 이성을 가진 자는 운명의 시작지점을 묻기도 한다. '나는 언제 죽을 것인가?' 생각하는 존재는 운명의 종점을 묻기도 한다. 그저 자기 자신만이 알 수 있는 물음들이다.

언어는 의미가 있는 단어들로 체계를 갖춘 존재다. 말은 분명 존재한다. 인간이 존재하는 한 말은 존재할 수밖에 없다. 온갖 개념들도 존재의 영역에 속한다. 분명히 있다. 시간이 시계 속에 존재하지 않듯이 말도 사전 속에 존재하는 것이 아니다. 하지만 시간을 알려면 시계를 바라볼 수밖에 없고 말을 하거나 글을 쓰고 싶으면 사전을 들여다보며 연습을 할 수밖에 없다. 그러나 시계도, 사전도 그 자체로 목적이 되는 것은 결코 아니다. 존재의 의미는 시계에서도, 사전에서도 찾을 수 없다. 의미는 다른 과정을 통해서만 구현된다.

1+1=2이다. 이 문장은 시계나 사전만이 보여줄 수 있는 지극히 당연한 공식이며 답이다. 하지만 이 질문과 대답에서 의미를 찾을 수는 없다. 첫 번째

로 제시되어야 할 1의 내용부터가 문제다. 무엇을 1로 간주할 것인가가 문제인 것이다. 사과? 배? 야구공? 축구공? 지구? 태양? 그리고 두 번째 1은 또 무엇으로 간주하며 계산에 임할까? 이렇게 생각하기 시작하면 의미는 무궁무진해진다. 삶의 의미도 마찬가지다. 누구나 24시간을 가지고 살아간다. 누구나 자고 깨어나며 살아간다. 하지만 거기서 찾는 의미는 무궁무진하다. 어떻게 살아야 할까? 나는 누구인가? 인간이 끊임없이 이런 질문을 할 수밖에 없는 이유가 여기에 있다.

그런데 이성은 현실을 보지 못한다. 그것이 이성적 존재의 한계다. 그것이 인간의 문제다. 살고 있으면서도 삶을 묻는다. 어떻게 살아야 하냐고. 자기 자신의 문제를 자기 자신에게 묻는다. 내가 누구인지 묻는다. 참으로 어처구니없는 상황이 벌어지는 것이다. 이 또한 이성 때문이다. 이성적 존재의 실수는 이성 지상주의다. 이성이 모든 것을 감당하고 또 해낼 수 있다는 착각에서 비롯된다. 이성주의자들이 하는 소리는 다 똑같다. 니체가 들려주는 그들의 소리를 한번 들어보자.

"우리가 존재자를 지각하지 못하는 데에는 무슨 가상이나 속임수가 있음이 틀림없어: 어디에 속임수를 쓰는 것이 숨어 있을까?"—"그것을 찾았다"라고 기뻐하며 그들은 소리 지른다. "바로 감각이다! 이 감각 기능, 보통의 경우에도 지극히 비도덕적인 이것이 세계의 참모습을 우리에게 속이고 있는 것이다. 교훈: 감각의 사기에서, 생성에서, 역사에서, 허위에서 벗어날 것 — 역사란 감각에 대한 믿음 외에 다른 것이 아니고, 허위에 대한 믿음 외에 다른 것이 아니니까. 교훈: 감각에 믿음을 선사하는 모든 것을. 인류의 나머지 모두를 부정할 것: 그들은 모두 '대중'이다. 철학자일 것. 미라일 것. 무덤 파는 자의 표정을 짓고 단조로운 유신론을 표현할 것! — 그리고 무엇보다도 육체를 버릴 것. 감각들의 이런 불쌍한 고정관념을 버릴 것! 존재하는 온갖 논리의 오류에 붙들려 비록 실제로 존재하는 것처럼 뻔뻔스럽게 행세하지만, 반박되고 심지어는 불가능하기조차 한 육체를 버릴 것"… (우상, 96쪽 이후)

따옴표 안의 말들을 읽을 때는 역겨움을 느끼면서 읽어야 한다. 니체가 듣기 싫어하는 소리기 때문이다. 본능적인 반감을 가지면서 거리를 두고 읽어야 한다. 허무주의 철학과는 정반대의 소리를 하고 있기 때문이다. 허무주의 철학이 삶을 선택한 데 반해 이성주의자가 철학을 입에 담을 때 그것은 현실이 완전히 무시된 상황이 되고 만다. 이성에서 답을 찾고자 하는 그가 철학의 길을 걸을 때에는 하늘만 바라본다. 이성의 빛을 찾고 있기 때문이다. 그것은 마치 걷고 있으면서도 걸음걸이에 대해서는 완전히 잊고 있는 상황과 같다. 먼 곳을 향한 시선으로 현실을 대한다. '육체를 버릴 것', 이것만이 그가 사는 목적이다.

이성주의자들에게 감각은 '대중'의 것에 해당한다. 이성주의자는 아무나 아는 것만으로 만족하지 못한다. 아무도 모르는 것을 진리로 삼고자 한다. 그것을 아는 것만이 권리를 부여한다고 믿는 것이다. 결국 감각은 아는 것을 방해하는 속임수의 원인으로 간주된다. 감각 자체는 '비도덕적'인 것으로 평가되고 만다. 손을 잡는다, 포옹한다, 키스한다, 섹스한다 등의 말들은 입에 담아서는 안 되는 저급한 것이 되고 만다. 그냥 먹고 배설하고 잠자는 것조차 게으름의 상징으로 선택될 때도 있다. 육체가 하는 일은 죄다 눈엣가시가 되고 만다. 그런 일들이 이성을 방해한다고 믿는 것이다.

'감각의 사기에서 벗어나라!', '감각의 믿음을 버려라!' 등 이성주의자들은 감각에 대한 저항을 일삼는다. '감각들의 이런 불쌍한 고정관념을 버릴 것!' 이래도 되는 것일까? 도대체 고정관념은 어떻게 생겨나는 것일까? 누가 고정관념을 가지고 있는 것일까? 순결을 외치는 자일까? 아니면 더러움을 인식하고 더러움 자체가 되라고 말하는 자일까? 허무주의 철학은 이성을 가지고 살아야 하는 존재에게 온갖 망상을 깨라고 가르친다. 이성이 만들어내는 온갖 고정관념을 망치로 깨부수라고 가르치고 있는 것이다. 육체를 버리라고 가르치는 온갖 이념에게 망치의 맛을 보여주라는 것이다. 그건 도덕을 망치로 완전히 박살내라는 것이다. 그럴 자신이 있는가? 그럴 용기가 있는가?

이성은 진리를 추구한다지만 끊임없이 거짓말을 자아낸다. 이성은 자기 자신을 드러내는 힘을 가지고 있지만 자기 자신을 기만 속에 가둬두는 역할도 한다. 진실을 말하게 하기도 하고 또 거짓을 말하게 하기도 한다는 것이다. 문제는 그것이 의식도 하지 못한 채 저질러질 때이다. 아니 믿음과 확신으로 이루어질 때 가장 위험한 상황이 연출되고 만다. 가장 이성적인 사람이 가장 저돌적으로 변할 때가 있다. 이념으로 무장한 자가 가장 잔인한 행동을 저지를 때도 있다. 그래서 허무주의 철학은 이성의 한계를 지적하고 끊임없이 경계의 끈을 늦추지 말 것을 요구하고 있는 것이다.

허무주의가 포기할 수 없는 진실은 오직 하나다. 육체를 가지고 살아야 하는 이 세상에서의 삶이다. 삶 외에는 그 어떤 것도 의미를 부여받지 못한다. '지금'과 '여기'는 건강한 감각을 요구한다. 여기서 건강한 이성으로 살아야 하는 것을 목적으로 할 뿐이다. "생성과 소멸과 변화를 보여주는 한, 감각은 거짓말을 하지 않는다…"(우상, 98쪽) 이 말을 하고 싶은 거다. 감각이 안과 바깥의 경계지점에서 어떻게 작동하는지를 관찰해야 한다. 감각 자체는 문제가 되지 않는다. 바깥의 사물들이 감각기관을 거치면서 어떻게 인식되고 있는지에 주목해야 한다. 그것이 철학이 해야 할 일이다. 왜냐하면 거기에 이성이 개입하여 진실을 인식하게도 하지만 동시에 거짓말을 자아내기도 하기 때문이다.

진리는 인간의 문제다. 하나의 문장으로 진리를 담아낼 수 있을까? 한 권의 책으로 진리가 설명될 수 있을까? 열 권이면 충분할까? 누구는 1+1=2라는 식을 말하고 있을 뿐이고, 또 누구는 2+2=4라는 식을 말하고 있을 뿐이다. 서로 다른 말을 하고 있지만 이성적인 문제와 답을 제시하고 있음을 깨달은 자라면 모두 이치에 맞는 말을 하고 있을 뿐이다. 도(道)가 통한 사람에게는 어떤 길에 있어도 문제가 되지 않는다. 다 길은 통하게 마련이라는 사실을 알고 있기 때문이다. 다만, 그 길이 다를 뿐이고 또 그 내용이 달라져 있을 뿐이다. 그 차이점을 가지고 다른 말을 하고 있다고 주장하는 것만큼 어처구니없는 일도 없다. 그래서 쇼펜하우어가 언급하는 플라톤의 철학적 과제에 귀를 기울일 필요가 있다. "그 때문에 철학을 하는 능력은 플라톤이 말했듯이, 많은 것 속에서 하나를 인식하고, 하나 속에서 많은 것을 인식하는 데에 있다."[12] 1+1=2가 된다는 식만 제대로 이해해도 수많은 다른 것들이 계산될 수 있다. 또 수많은 현상들 속에서 본질을 깨닫는 것도 가능하다. 이성은 이 모든 것을 담당하는 영역인 것이다. 그래서 이런 말도 가능해진다. 책 한 권만 제대로 읽어도 자기 안에 도서관을 하나 갖게 되는 것이라고.

가상은 걷힐 수 있다. 안개는 사라지게 마련이다. 고정관념, 선입견, 편견 등은 제거될 수 있다. 그러면 '참된 세계'(우상, 103쪽)로 알려졌던 모든 것은 그 실체를 드러내고 만다. 가상 없이 살 수 없는 존재이지만 하나의 가상에 얽매이지는 않게 되는 것이다. 날이 밝아오면 "모든 자유정신들의 야단법석" (같은 책, 104쪽)이 사라진다. 그러고 나면 허무주의는 신성한 정오를 맞이한다.

> 정오; 그림자가 가장 짧은 순간; 가장 길었던 오류의 끝; 인류의 정점; 차라투스트라의 등장. (우상, 104쪽)

차라투스트라는 정오에 인식되는 그 무엇이다. 찬란한 햇빛처럼 도래할 것이다. 그림자가 가장 짧을 때 행복의 이미지로 다가올 것이다. 웃고 춤추며 곁에서 흥을 돋울 것이다. 삶이 이토록 즐거울 수 있다는 것을 알려줄 것이다. 그때 망치소리는 즐거운 장단처럼 들려올 것이다. 이제부터는 리듬과 박자에 몸을 실으면 그만이다. 물이 흘러가듯이 그렇게 시간은 흘러갈 것이다. 실존의 영역 속에서 사는 것은 이렇게 실현되는 것이다. 초인은 자기 자신과 대지의 주인이 되어서 나타나게 될 것이다. "나의 아침이다. 나의 낮의 시작이다. 솟아올라라, 솟아올라라, 너, 위대한 정오여!"(차라, 538쪽) 이것이 차라투스트라의 마지막 말이었다. 새로운 시작을 알리는 신호였던 것이다.

도덕과 신 개념에 망치를 들이대는 허무주의적 철학의 과제

도덕은 집단의식을 지향한다. 개인적인 성향을 지양한다. 그래서 하나의 사회가 형성되려면 어쩔 수 없이 도덕을 요구할 수밖에 없다. 도덕은 성경으로 불리기도 하고 법의 이름을 얻기도 한다. 그러면서 신성으로 간주될 수 있는 권위를 부여받게 되는 것이다. 결국 도덕은 모든 정신 위에서 군림하는 권한을 획득하고 만다. 니체는 도덕의 예로 기독교의 교리를 언급한다. "예를 들자면 성性에 대한 교훈은 '네 눈이 죄를 짓거든, 눈을 빼버려라'라는 말이다."(우상, 105쪽) 이 말을 계명으로 간주하게 되면 무서운 상황이 벌어지고 만다. 왜냐하면 인간은 눈을 가지고 있는 존재이기 때문이다. 보이는 것은 볼 수밖에 없는 상황이기 때문이다. 그런데 그 보는 것 자체를 죄로 규정하면 어마어마한 권한을 부여받게 되는 것이다. 그것이 신성의 영역이 된다.

교회는 열정에 맞서 모든 의미의 잘라냄을 수단으로 싸운다: 교회의 처방, 교회의 '치료'는 거세이다. 교회는 결코 "어떻게 특정 욕구를 정신화하고 미화하고 신적으로 만드는가?"라고 묻지 않는다—교회는 모든 시대에서 계율의 주안점을(감성, 긍지, 권력욕, 소유욕, 복수욕의) 멸절에 두었다.—그러나 열정을 그 뿌리부터 공격한다는 것은 삶을 그 뿌리부터 공격한다는 것을 의미한다: 교회의 처치 방식은 삶에 적대적이다… (우상, 106쪽)

열정 대 교회! 이것이 대립구조다. 허무주의 철학이 갈등관계로 주목하는 부분이다. 육체냐 정신이냐! 여기서 하나만을 선택할 때 문제는 발생한다. 금욕을 선언할 때 삶에게 폭력을 행사하게 되는 것이다. 시선의 폭력, 의견의 폭력이 자행되는 것이다. 사실 생철학과 기독교 교리의 대립구조는 허무주의 철학의 시작지점부터 등장했었다. "실제로, 이 책이 가르치는 바와 같은 순수하게 심미적인 세계 해석과 세계—정당화에 대해 기독교적 교리보다 더 커다란 대립도 없다."(비극, 17쪽) 처녀작《비극의 탄생》에 등장하는 문장이다. 다만, 지금까지는 삶에 대한 고찰이 전면에 나서 있었을 뿐이다. 그런데 서서히 밝음을 부각시키기 위해 어둠을 주목하기 시작한다. 삶에 대한 인식을 부각시키기 위해 내세관의 문제점을 지적하기 시작한다. 거기에 기독교가 선택되고 있을 뿐이다.

'신은 죽었다'는 말에 기독교인들은 한없이 흥분을 감추지 못한다. 욕을 먹었다고 느끼면서 거센 반응을 보인다. 하지만 잊지 말자. 허무주의 철학의 근본이념은 신을 죽이는 데 있는 게 아니라 삶을 살리려는 데 있다는 사실을. '삶에 적대적'인 것에 대해서는 허무함을 느끼자는 의도임을. 지금과 여기를 버리고 다른 곳으로 유혹하는 온갖 소리에 저항하고자 하는 것임을. 육체는 정당하고 삶은 살 권리를 갖고 있음을 가르치고자 하는 것임을. 생멸은 피할 수 없는 필연성이고, 삶과 죽음은 대립개념이 아니라 서로에게 영향을 끼치는 상관개념임을 알려주고자 하는 것임을.

세상을 바라보며 "헛되고 헛되며 헛되고 헛되니 모든 것이 헛되도다"(전도서1:2)라고 말할 수 있는 자는 한마디로 "희한한 자들, 금욕주의자가 될 필요가 있었던 자들"(우상, 107쪽)일 뿐이다. 삶이 감당이 안 되는 자들이 이런 말을 한다. 삶의 무게를 느끼는 자들이 살기 힘들다고 말한다. 힘이 부족한 사람들은 삶이 가져다주는 행복을 모른다. 웃을 일들이 얼마나 많은지도 모른다. 힘을 갖기 위해 훈련에 임해야 한다. 그것도 목숨을 건 훈련을. 앞서 언급한 잠언을 다시 한 번 외워보자. "삶의 사관학교로부터. —나를 죽이지 않는 것은 나를 더욱 강하게 만든다." 강해지고 싶으면 죽음을 맛보아야 한다. 그래서 적을 필요로 하는 것이다. 망치를 든 철학자는 깰 대상을 찾고 있다. 이제는 이런 말도 이해할 수 있으리라.

> 특히 새롭게 만들어지는 것, 이를테면 새로운 국가는 친구보다는 적이 더 필요하다: 대립하면서 그 국가는 자기를 필연적이라고 여기게 되고, 대립하면서 그것은 비로소 필연적이 되는 것이니… (우상, 107쪽)

힘을 키우려면 더 무거운 짐을 져야 한다. 피가 건강하려면 약간의 독도 필요하다. 질병을 미연에 방지하려면 예방주사도 맞아야 한다. 독을 감당할 힘이 있어야 건강이 유지되는 것이다. 건강은 유지하는 것이 관건이다. 삶도 마찬가지다. 삶은 살아질 때 의미가 있다. 삶도 살 '권리'(즐거운, 170쪽)가 있다. 삶에 적대적인 모든 것에 허무주의는 저항한다. 인간적인 것이 아니라 신적인 것을 말하는 모든 것에 반대의 손짓을 보낸다. 제발 좀 그러지 말라고. 제발 좀 삶을 보듬어주라고. 삶은 견디는 것만으로 충분하지 않고 오히려 사랑까지 해주라고. 그것이 아모르 파티, 즉 운명을 사랑하라는 말이다. '필승!'을 외치며 필연을 인식하라고. 삶이 싸움이라면 반드시 이겨야 한다고. 신을 사랑하지 말고, 늙지 말고 젊음을 유지하라고.

> 많은 대립에 부딪혀야 한다는 대가를 치러야만 우리는 많은 수확을 거둔다; 영혼이 긴장을 풀지 않고, 평화를 열망하지 않는다는 전제하에서만 사람들은 젊음을 유지할 수 있다… (우상, 108쪽)

지금 책을 일부분만 읽고 있어 부담스러운가? 너무 생략하며 읽고 있어 글을 이해하는 게 힘에 부치는가? 아니, 지금까지의 책들을 꾸준히 읽어온 독자라면 오히려 이렇게 읽는 것이 더 수월할 수도 있다. 마치 징검다리를 건너듯이 핵심만을 밟으면서도 냇물은 건널 수 있는 법이다. 물론 지극히 위험한 독서법이긴 하지만 이제는 그래도 되는 시기가 된 것이다. 대립은 없을 수 없다. 평화를 바라지 말라. 약하면 적이 덤빈다. 강해야 한다. 진정으로 강하지 못한 상태라면 가면이라도 써서 버텨야 한다.

그리고 현상 유지가 아니라 더 강해져야 한다는 의지로 삶에 임해야 한다. 모든 삶에의 의지는 힘에의 의지일 뿐이다. "오직 생명이 있는 곳, 거기에 의지가 있다. 그러나 나 가르치노라. 그것은 생명에 대한 의지가 아니라 힘에의 의지라는 것을!"(차라, 194쪽) 힘에의 의지는 지상명령이다. 신성으로 평가되는 모든 것에는 망치를 들고 다가서야 한다. 깰 수 없는 것은 하나도 없다는 믿음을 가지고서. 그것이 니체가 요구하는 신앙이다. 망치를 드는 힘은 근육의 힘이 아니라 정신의 힘임도 명심해야 한다. 정신력이 강해야 한다는 이야기다. 그 어떤 세상풍파가 닥쳐도 살아남을 수 있다. 정신력만 강하면.

원리 하나를 정식으로 만들어보겠다. 도덕에서의 모든 자연주의, 말하자면 모든 건강한 도덕은 특정한 삶의 본능이 지배한다 — 삶의 계명들은 '해야 한다'와 '해서는 안 된다'라는 특정한 규범으로 가득 차 있고, 이러면서 삶의 노정에서 나타나는 방해나 적대 행위가 제거된다. (우상, 109쪽)

《차라투스트라》에서 니체는 지금까지 '섬겨온 마지막 주인', 즉 지금까지 '믿어온 마지막 신'의 모습을 일전을 벌여야 할 용龍으로 간주했고 또 그 이름을 '너는 마땅히 해야 한다'(차라, 39쪽)라고 불렀다. 이에 맞서 사자의 정신은 '나는 하고자 한다'고 맞서고자 했던 것이다. 하고 싶은 욕망으로 충만한 정신이 망치를 든 정신이다. 자유정신이다. 삶의 본능으로 가득 차 있는 것이다.

도덕은 늘 삶에 적대적이다. "'신의 왕국'이 시작되면 삶은 끝나버린다…" (우상, 109쪽) 도덕이 없을 수는 없다고 했다. 정체되지 않고 끊임없이 새롭게 도덕을 만들어 가면 문제가 없다. 아니 거듭되는 문제 속에서 삶은 삶다워진다고 말할까. 허무주의가 지향하는 곳도 사실 천국이다. 다만 지상천국일 뿐이다. "그러나 우리에게는 하늘나라에 들어갈 생각이 전혀 없다. 우리 성숙한 어른이 되었으니. 우리는 이제 지상의 나라를 원한다."(차라, 519쪽) 낭만주의가 지향했던 동화 같은 나라는 어린아이들에게나 어울린다. 이제 어른은 그런 낙천주의로 만족할 수가 없는 것이다. 이제 어른은 허무주의를 배워야 한다. "새 신앙인의 천국은 물론 지상의 천국이어야 한다."(반시대I, 205쪽) 이것이 굳이 반시대적 발언이어야 할까.

사람들은 필연이며, 한 조각 숙명이다. 사람들은 전체에 속하며, 전체 안에 있다. — 우리의 존재를 판결하고 측정하며 비교하고 단죄할 수 있는 것은 없다.

왜냐하면 그런 일은 전체를 판결하고 측정하며 비교하고 단죄할 수 있을 만한 것을 의미하기 때문이다… 하지만 전체의 외부에 존재하는 것은 아무것도 없다! (우상, 123쪽)

느낌표가 실어오는 어감까지 읽어보자. 누가 자기 운명에 대해 왈가불가曰可不可할 것인가? 그런 존재는 없다. 사람은 그 자체로 이미 전체가 된다. 이 "전체의 외부에 존재하는 것은 아무것도 없다!" 존재 위에 군림하는 존재 따위는 없다는 것이다. 이것을 인식하기가 왜 이리 힘든 것일까. '신은 죽었다'는 말을 하기가 왜 이리 힘든 것일까. 삶은 무죄다. 명령을 들어야 할 귀도 필요 없다. 자기 밖에서 들어야 할 계명은 존재하지 않는다. 이런 생각을 가지기가 왜 이토록 힘든 것일까? 그것은 모두 이성 때문이다. 자기 자신까지도 물음의 대상으로 삼는 그 이성이 삶을 이토록 힘들게 하고 있는 것이다.

우리는 신을 부정하고, 신을 부정하면서 우리는 책임을 부정한다: 이렇게 해서야 비로소 우리는 세계를 구원하는 것이다. ― (우상, 124쪽)

니체의 허무주의에도 구원 사상이 있다. "지난날을 구제하고 일체의 '그랬었다'를 '나 그렇게 되기를 원했다'로 전환하는 것, 내게는 비로소 그것이 구제다!"(차라, 235쪽) 니체에게는 그것이 구원이다. 책임이 있다면 삶에 대한 책임일 뿐이다. 자기 자신에 대한 책임일 뿐이다. 외부에서 주어지는 '너는 마땅히 ~해야 한다'는 식으로 주어지는 책임은 망치로 깨야 할 대상일 뿐이다. 그런 책임이라면 양심의 가책 없이 부정할 수 있어야 한다. 자기 자신이야말로 입법자일 뿐이니까. "우리는 현재의 우리 자신이 되고자 한다! 새롭고, 일회적이고, 비교 불가능하고, 자기 스스로가 입법자이고, 자기 스스로를 창조하는 인간이 되고자 한다!"(즐거운, 307쪽) 허무주의는 그저 자기 자신이 되고자 하는 이념으로 충만해 있을 뿐이다.

이제 니체는 확신하고 있다. "내가 철학자들에게 선악의 저편에 서고—도덕판단이라는 환상을 뒤로 넘겨버려야 한다고 요구한다는 것을 사람들은 알고 있다."(우상, 125쪽) 지금까지 독서를 따라온 자라면 충분히 들을 수 있는 목소리다. 우리는 선악의 저편에서만 니체를 만날 수 있다. 그곳에서만 사랑이 이루어지기 때문이다. 운명을 사랑할 수 있는 그런 기적이 일어나는 곳 말이다. 도덕적 판단이라는 환상은 벗어던져야 한다. 이제는 '금발의 야수Blonde Bestie'(우상, 126쪽)가 되어 개선되고 길들여진 상태를 벗어나려 해야 한다. 금발의 야수는 사자의 이름이고 《도덕의 계보》에서도 언급되었던 개념이다. "이러한 모든 고귀한 종족의 근저에서 맹수, 즉 먹잇감과 승리를 갈구하며 방황하는 화려한 금발의 야수를 오해해서는 안 된다."(도덕, 372쪽 이후) 독자들이 오해하지 않도록 니체는 마지막 시간을 이용해 이 글들을 쓰고 있는 것이다. 그리고 이제부터 배워야 할 것들을 조목조목 나열하고 있다.

> 긍정하고, 부득이할 경우에만 간접적으로 반박하고 비판하는 내 방식에서 멀어지지 않기 위해, 나는 즉시 교육자를 필요로 하게 하는 세 가지 과제를 설정해 본다. 사람들은 보는 법을 배워야 한다. 생각하는 법을 배워야 한다. 말하고 쓰는 법을 배워야 한다: 이 세 가지 과제가 목표로 하는 것은 모두 고급 문화이다. (우상, 138쪽)

인간은 원숭이이기를 거부하고 극복한 단계다. 하지만 인간은 여기서 만족해서는 안 된다. 초인으로 거듭나야 한다. 인간이야말로 초인에게는 '웃음거리'(차라, 17쪽)에 지나지 않는다고 했다. 여기서 말하는 웃음은 신성한 웃음이 아니다. 말 그대로 비웃음일 뿐이다. 허무주의 철학에서 배워야 할 것은 제대로 웃는 법이었다. 그리고 니체는 지금 좀 더 구체적으로 설명하고자 한다. 첫째, 보는 법, 둘째, 생각하는 법, 셋째, 말하고 쓰는 법을 배워야 한다고 말한다. 보는 법은 육체와 그 감각에 충실한 삶의 태도다. 몸을 거부하고 천사처럼 살겠다는 생각은 버려야 한다. "사람이 죽은 자 가운데서 살아날 때에는 장가도 아니 가고 시집도 아니 가고 하늘에 있는 천사들과 같으니라."(마가복음12:25) 이런 말이 형이상학적 위로를 담당하기는 하지만 유혹당해서는 안 될 일이다.

　허무주의적으로 생각하는 법은 어떤 것일까? 그것은 "정신의 가벼운 발이 모든 근육으로 옮기는 그 정교한 전율"(우상, 139쪽)을 알고 있는 것이다. 니체가 요구하는 것은 그러니까 "생각이 춤의 일종이라는 것"(같은 곳)을 인식하는 것이다. "다리를 가지고 춤출 수 있지만, 개념들과 말을 가지고도 춤을 출 수 있다는 것; 펜을 가지고서도 춤출 수 있어야만 한다는 것을 아직도 말해야 할까?"(같은 곳) 허무주의는 정신의 영역에서 요구되는 것이다. 싸움도, 전쟁도, 웃음도, 춤도 모두 마찬가지다. 모두가 정신의 망치질에 속한다. 그런 식으로 글을 쓴다? "이 대목에서 나는 독일 독자들에게 완전히 수수께끼가 되어버리리라…" 아니 모든 독자에게 던져진 수수께끼나 다름없다. 우리는 이제 이 수수께끼를 풀어야 할 의무를 떠안게 된다. 니체스럽게 글을 쓴다는 것은 무엇을 의미하는가? 또 그것은 어떻게 가능한 일인가?

제2장
숯이 다이아몬드에게

구원이 그토록 간절해야 할
이유가 어디 있는가?
'지금'과 '여기'를 포기하고
내세를 갈망해야 할
이유를 묻고 있는 것이다.

생리적 거부감을 일으키는 것들

'어느 반시대적 인간의 편력'이라는 장에서 니체는 생리적 및 본능적으로 용납할 수 없는 것들을 설명하고 있다. '반시대적'이란 개념은 이미《반시대적 고찰》(1873~1876)에서 책제목으로 사용한 바 있다. 지금까지의 업적들을 살펴보면서 마음에 안 드는 것이 무엇인지 또 그 이유는 무엇인지 등을 조목조목 설명한 것이다. 그 다음 장의 제목 '내가 옛사람의 덕을 보고 있는 것'과의 관계 속에서 살펴보아도 좋을 듯하다. 사물을 바라볼 때 한 번은 부정적으로, 또 한 번은 긍정적으로 혹은 그 반대로 평가하는 것이 바로 니체 특유의 고찰 방식이기 때문이다.

물론 당연한 이야기겠지만 '어느 반시대적 인간'은 니체 자신을 두고 한 말이다. 그래서 이 장은 그가 거부감 때문에 도저히 받아들일 수 없는 것들로 어떤 것들이 있는지 이것저것 모아놓은 것이라고 보면 된다. 예를 들어 세네카는 '덕의 투우사'(우상, 141쪽) 때문에 거부감을 느낀다는 이야기다. 덕을 갖고 놀기만 할 뿐 스스로는 덕스럽지 못하다는 핀잔이기도 하다. 또 루소에 대해서는 '자연적인 불결함으로의 자연의 복귀'라고 말한다. 즉 도덕을 버리고 자연으로 돌아가자는 말 자체가 이미 불결하게 다가올 뿐이다. 인간은 도덕 없이 살 수는 없기 때문이다. 이성을 포기하라는 말과도 같은 것이기 때문이다. 실러에 대해서는 또 정반대의 평가가 내려진다. '도덕적인 나팔수'라고. 즉 실러는 너무 도덕적이라서 싫다는 이야기다. 또 단테에 대해서는 '무덤 위에서 시를 짓는 하이에나'라는 독설을 뿜는다. 모든 르네상스 작가들이 그렇듯이 교회의 범주에서 벗어나지 못하고 있다는 이야기다.

사실 싫다는 말을 하기 시작하면 한도 끝도 없다. '어느 반시대적 인간의 편력'과 '내가 옛사람의 덕을 보고 있는 것' 두 장의 분량만 놓고 비교해보아도 그 비중이 확연하게 드러난다. 전자는 54쪽에 달하지만 후자는 겨우 9쪽에 불과할 뿐이다. 허무주의 철학은 사실 부정적인 시각이 강하게 포진되어 있다. 전면에 나선 것은 그러니까 무엇이 허무한 것인지를 밝히고자 하는 것이다. 허무한 것이 분명해지면 그렇지 않은 것은 자연스럽게 의미 있는 것으로 판명될 것이다. 좋은 것을 더욱 부각시키기 위한 작전이라고 할까. 마치 검정 바탕에 초상화를 그려내는 렘브란트의 기법 같다. 르네상스 이후 인간에 대한 가치를 거의 절대적인 수준으로 구가하던 바로크 시대의 정서를 가장 확실하게 보여준 기법으로서 말이다. 니체가 검게 칠하고 싶은 것이 무엇인지, 즉 싫어하는 것이 무엇인지 인용을 통해 살펴보기로 하자.

르낭E. Renan. ─ 신학자 또는 '원죄'(그리스도교)에 의한 이성의 부패. 르낭의 신분증. 좀 더 일반적인 긍정이나 부정을 감행하는 즉시 그는 수치스럽게도 한결같이 요점을 놓친다. 이를테면 그는 학문과 고귀한 것을 한데 엮고 싶어 한다: 하지만 학문이 민주주의에 적합하다는 것은 명약관화하다. 그는 적잖은 야심에 차서 정신의 귀족주의를 제시해보려 했다: 그러나 동시에 그는 그것과는 반대되는 가르침, 즉 미천한 자들의 복음에 무릎을 꿇었고 비단 무릎을 꿇은 것만이 아니었다… 자신의 오장육부가 그리스도교인으로, 카톨릭교인으로, 심지어는 성직자인 채 있는데, 온갖 종류의 자유정신, 근대성, 조소, 개미잡이새 같은 유연함이 무슨 소용이 있단 말인가! 르낭은 예수회원이나 고해신부와 똑같이 유혹 수단을 고안해내는 능력이 있다; 그의 정신은 성직자들의 빙긋거리는 불쾌한 웃음을 지으며—모든 성직자처럼 그도 사랑을 하게 되면 비로소 위험해진다. 생명을 위험하게 하는 치명적 방식으로 숭배한다는 점에서 어느 누구도 그와 비교될 수 없다… 르낭의 이런 정신, 신경을 지치게 하는 정신은 불행하고 병들어 있으며 의지박약의 프랑스에게는 액운의 하나이다.— (우상, 141쪽 이후)

프랑스에 대한 시각도 참 다양하다. 니체는 프랑스를 극구 찬양하다가도 이렇게 부정적인 측면을 발견하기도 한다. 르낭^{Renan}(1823~1892)은《예수의 생애 Das Leben Jesu》(1863)라는 책으로 유명한 프랑스 작가다. 니체가 이 책을 읽었다는 것은 기정사실로 간주해야 할 것이다. 그는 여기서 이성의 부패를 지적한다. 인간의 이성을 이야기하기보다는 신의 이성 혹은 신적인 이성을 이야기하고 있는 게 불편했던 것이다. '원죄'라고? 처음부터 죄에 기인한다고? 이런 생각과 함께 르낭은 결국 "미천한 자들의 복음에 무릎을 꿇고" 말았다고 비난한다.

학문은 르네상스 이후 대세가 되었다. 아니 르네상스가 학문을 부흥시켰다고 말해도 무방하다. 학문을 고귀한 것으로 평가해준 시대였기 때문이다. "학문이 민주주의에 적합하다는 것은 명약관화하다." 멋진 말이다. 오로지 학문을 통해 '정신의 귀족주의'가 실현될 수 있다는 것도 맞는 말이다. 그런데 그 학문의 내용이 무엇이냐가 문제다. 19세기에 아직도 신의 이성을 운운하고 있다니! 시대를 역행하고 있다고 느꼈던 것이다. 누구라도 기독교인들처럼 "사랑을 하게 되면 비로소 위험해진다. 생명을 위험하게 하는 치명적 방식으로 숭배한다는 점에서 어느 누구도 그와 비교될 수 없다…" 사랑을 숭배의 방식으로 실천하는 사람들, 사랑을 한다면서 무릎을 꿇는 사람들, 그런 사람들 중에서도 르낭은 단연 최고라고 치켜세운다. 하지만 이건 칭찬이 아니다.

니체가 추구하는 정신은 자유정신이다. 그가 음악의 정신을 추궁했던 이유도 자유정신의 부활을 꿈꾸었기 때문이다. 그는 음악의 힘을 '헤라클레스적 힘'(비극, 87쪽)으로 설명했다. 그리고 그 힘이 해방시키는 것이 프로메테우스 같은 거인의 힘과 정신이라고 보았다. 프로메테우스는 인간을 사랑했던 인간의 친구다. 그는 신의 절대권력에 저항했던 거인이다. 그의 정신은 휴머니즘 사상, 즉 인간을 근본으로 한 사상이다. 인본주의 사상이다. '인간적인, 너무나 인간적인' 것만을 진리로 삼고 싶었던 것이다. 이런 프로메테우스의 저항정신이 니체의 허무주의 철학에서 불씨로 작용한다. 니체가 자신의 처녀작 《비극의 탄생》에서 주목했던 것은 부제목에서 보여주듯이 '음악의 정신으로부터' 탄생한 것이 무엇인지 또 어떻게 탄생하게 된 것인지 등과 관련한 문제들이었다.

하지만 르낭의 정신은 자유정신과는 거리가 멀었다. 그는 기독교의 교리속에 머물러 있었다. 그 안에서 무릎을 꿇고만 정신이다. 신을 주인으로 섬기는 노예정신이다. "르낭의 이런 정신, 신경을 지치게 하는 정신은 불행하고 병들어 있으며 의지박약의 프랑스에게는 액운의 하나이다. — " 의지가 박약하다. 신을 필요로 하는 자의 정신은 홀로 서기를 두려워하거나 그럴 힘조차 없을 경우가 많다. 늘 누군가의 도움을 필요로 하기 때문이다. 그것도 신의 도움을. '신경을 지치게 하는 정신은 불행하고 병들어 있다'는 것에 귀를 기울여야 할 것이다. 쇼펜하우어도 '신경은 쓰면 쓸수록 약해진다'[1]고 했다. 신경을 쓰게 하는 학문은 좋은 학문이 아니다. 겁주고 무릎 꿇게 하는 학문보다는 오히려 용기를 북돋아주는 학문이 더 좋다. 신경을 쓰기보다는 정신을 쓰게 하는 학문이 더 좋다. 정신은 근육과 같아서 쓰면 쓸수록 더욱 강해지기 때문이다. 정신력이란 말은 그래서 일리가 있다. 또 힘이 없는 사상가의 예로 니체는 생트 뵈브[Sainte-Beuve](1804~1869)를 꼽는다.

> 생트 뵈브.―남성적인 것은 아무것도 없다; 모든 남성적 정신에 대한 작은 원한으로 가득 차 있다. 빈틈없고 호기심에 안달하여 캐내면서도 지루해하며 이리저리 돌아다닌다―근본적으로는 여자 같은 인물이며, 여자들의 격렬한 복수심과 감성을 갖고 있다. 심리학자로서 그는 비방의 천재이며; 이를 위해 무한할 만큼 풍부한 수단을 갖고 있다; 칭찬하면서 독을 섞는 일에 대해 그보다 더 잘 아는 자는 없다. 가장 심층적인 본능들에서는 천박하며 루소의 원한과 유사한 면을 보인다; 결국 그는 낭만주의자이다―왜냐하면 모든 낭만주의의 저변에는 루소의 원한 본능이 꿀꿀거리며 탐하고 있으니까. (우상, 142쪽)

괴테도 '낭만주의는 병들었다'[2]고 말했다. 현실을 부정하고 오로지 환상만을 쫓는 것은 병적인 증상에 지나지 않는다. 아무리 환상의 힘을 강조한다고 해도 그것에 발을 붙이지 않는 이상 부정적일 수밖에 없다. 현실이 감당 안 되어서 현실을 등지고 동화의 나라로 가고 싶다면 문제가 있는 것이다. 문제의식을 가지고 싸우려는 의지는 보이지 않는다. 늘 신의 도움을 동경한다. 백마 탄 기사가 나타나주길 바라는 그 마음이 삶의 의지를 약화시킬 뿐이다. 그 마음이 삶 자체를 의존적으로 만들기 때문이다. 국방을 위해

외국 무기가 있어야 하는가 없어야 하는가는 문제의 본질이 아니다. 아무리 좋은 무기를 손에 쥐어줘도 그것이 자기 것이 아니라면 서툴기 마련이다. 오히려 그런 무기가 위험에 빠뜨릴 수 있다. 조심해야 한다.

약한 사람들이 가지는 마음은 한결 같다. '원한' 감정이다. "무력감에서 태어난 증오"(도덕, 362쪽)는 비열하기까지 하다. 정면승부는 꿈에도 없다. 주인의식이 부재하기 때문이다. 가질 능력이 없으면서도 필요 없는 것이라고 주장한다. 사랑받지 못하는 상황에서 사랑 안 한다고 주장한다. 성적이 나쁘면서 공부에 관심이 없다고 말한다. 이길 힘이 없으면서도 싸움은 자기가 바라는 게 아니라고 말한다. 하지만 강자를 바라보는 그의 시선은 원한으로 가득하다. 질투를 숨기지 못하고 드러낸다. 질투심은 오로지 약자의 전유물일 뿐이다.

남성성의 부재, 그것이 생트 뵈브의 특성이다. 그는 여성성으로 충만해 있다. 복수심으로 채워져 있다. '비방의 천재'다. 입만 열면 남 이야기다. 자기 이야기는 단 하나도 없다. '칭찬하면서 독을 섞는 일'에 대가다. 질투가 많아서 그런 거다. 이런 사람과 대화를 하면 스트레스만 남는다. 쉽게 상처를 받기 때문이다. 이런 사람이 주변에 없을 수는 없다. 이때 요구되는 삶의 지혜는 화이부동和而不同이라고 할까. 사이좋게 지내기는 하나 무턱대고 한데 어울리지 않는 그런 지혜 말이다. 또 이러한 부정적인 여성성을 떠올리며 니체는 《그리스도의 후예》를 비판 목록으로 끌어들인다.

> 《그리스도의 후예》는 내가 생리적 거부감 없이는 손에 들고 있을 수 없는 책들 중 하나이다: 이 책은 영원한—여성의 향기를 물씬 풍겨대며, 이것을 견뎌 내려면 이미 프랑스 사람이어야만 한다—아니면 바그너주의자이든가… (우상, 143쪽 이후)

'생리적 거부감'에 주목해야 한다. 감각적인 문제다. 감정과 본능의 영역이다. 아무리 생각하는 존재에게 생각이 최고라고 해도 안 되는 것은 안 된다. 아무리 사랑하자고 말해도 사랑하게 되는 것이 아니다. 오히려 세상에는 말하는 대로 되지 않는 게 더 많다. '영원한—여성의 향기'는 싫다. 아무리 좋은 소리로 포장을 해놓아도 싫은 건 싫은 거다. 약한 소리는 싫다. 자기 삶을 주인의식으로 대하지 못하는 모든 것은 그저 거부감을 일으킬 뿐이다. 이것이 허무주의 철학이다. 그런 것에는 허무함의 파도를 막을 길이 없다.

이후 조지 엘리엇George Eliot(1819~1880)이라는 영국의 여류작가도 비판한다. "그리스도교의 신을 놓아버렸지만, 그럴수록 그리스도교적 도덕을 더욱 강하게 붙들고 있어야만"(우상, 144쪽) 하는 상황 때문이다. 또 프랑스의 여류작가 조르주 상드George Sand(1804~1876)도 비판한다. 그녀를 향해서는 '다산하는 글 쓰는 암소'(같은 책, 146쪽)라고까지 독설을 뿜는다. 전부다 여성의 향기와 관련한 문제들 때문이다. 질투심에 뿌리를 둔 생각은 죄다 싫다. "질투와 시기—질투와 시기는 인간 영혼의 수치스러운 부분이다. 이 비교는 아마도 앞으로 계속될 것이다."(인간적I, 396쪽) 《인간적인 너무나 인간적인》에서 이미 니체는 이런 말을 남겨놓았다. 늘 자기 삶에 불만을 품고서 살아가는 그 모습을 바라보며 니체는 견딜 수 없는 혐오감을 느끼고 있는 것이다. 허풍과 과장으로 일관하는 '현란한 도배지 양식'(같은 책, 145쪽)으로는 삶을 제대로 직면할 수 없다고 판단했기 때문이다.

도취의 예술과 심리학에 주목하는 허무주의 철학

니체는 철학자로서 영혼의 의사가 되기를 자처한다. "영혼을 치유하는 새로운 의사들은 어디에 있는가?"(아침, 65쪽) 허무주의 철학은 삶을 지치게 하는 질병들을 허무함으로 치료하고자 한다. 독에 독으로 맞서고자 한다고 할까. 삶의 짐이 너무 무겁다고 말하는 자를 향해 더 무거운 짐을 들고 다가선다. 너무 밝은 이성의 빛에 맹목(盲目)이 된 눈에 디오니소스의 어두움으로 치료를 해주고자 한다고 할까. "디오니소스적 음악은 특히 그들에게 공포와 전율을 불러일으켰다."(비극, 38쪽) 이것이 디오니소스의 힘이다. 공포와 전율! 그것이 비극의 힘이었다. 하지만 그것이 카타르시스의 원인으로 작용한다. 고통이 꽃으로 승화되는 순간이다. 아픔이 기쁨의 원인이 되는 순간이다.

늘 하지 말라는 것을 하면서 신세대가 등장한다. 세대 간의 갈등은 항상 존재해온 문제다. 인류의 문제라고 말해도 된다. 유행은 세대를 거치면서 달라진다. 한 세대를 거르면 이전에 유행했던 것이 다시 유행을 탈 때도 있다. 복고풍이라는 이름으로 다시 대세를 이루는 경우다. 고대, 중세, 근대도 그런 식으로 이해될 수 있다. 고대가 인간을 신으로 간주하며 살았던 시대라면, 중세는 신 중심 사상으로 살게 되었고, 그러다가 다시 근대가 들어서면서 인간 중심 사상으로 살게 되었다는 식으로 말이다. 그러다가 현대에 들어섰다. 신의 이름으로 대변될 수 있는 그 무엇을 바라보며 사는 것이 현대인의 삶이다. 성공이니 돈이니 취업이니 하는 것 등이 그것이다.

현대인에게 필요한 것은 결국 다시 내면을 주시하는 일이다. 중세와 현대가 바깥의 것에 신경을 쓰게 했기 때문이다. 신에 주목하게 했고 돈에 주목하게 했기 때문이다. 인간의 내면에 대한 개념은 다양하다. 영혼, 심리, 마음 등이 그것인데 니체는 그런 것을 특별한 구분 없이 사용한다. 하지만 이런 것들이 바로 허무주의 철학에서 없어서는 안 될 개념이다. 그래도 중세적 시각으로 접근하지는 않는다. "영혼을 거슬러 싸우는 육체의 정욕을 제어하라"(베드로전서2:11)는 식으로 접근하지는 않는다. 오히려 인간의 정욕을 변호하고자 한다. 육체를 탓하는 그런 발상은 거부한다. 이 몸만 없으면 영생할 것만 같다는 낭만주의적인 생각은 본능적으로 싫어한다.

> 심리학자들을 위한 도덕. ―속류 심리학을 하지 말 것! 관찰을 위한 관찰을 하지 말 것! 이것은 잘못된 시각을 제공하고 곁눈질을 하게 하며, 강제된 것과 과장된 것을 제공한다. 체험하기 원함Erleben-Wollen으로서의 체험 ― 이것은 성공하지 못한다. 체험하면서 자기 자신을 뒤돌아보아서는 안 된다. 그러면 모든 시선이 '악한 시선'이 되어버리고 만다. 타고난 심리학자는 본능적으로 보기Sehen 위해서 보는 것을 경계한다; 이것은 타고난 화가도 마찬가지다. 그는 '자연을 따라' 일하지 않는다. ―그는 그의 본능, 즉 자기의 암실에게 '경우들'과 '자연'과 '체험된 것'을 걸러내고 표현하는 일을 맡긴다. (우상, 146쪽)

자연을 바라보는 니체의 시선은 복잡하다. 허무주의만큼이나 복잡하다. 니체는 자연을 좋아하면서도 지극히 경계한다. 좋은 자연도 있고 또 나쁜 자연도 있기 때문이다. 모범으로 삼아야 할 자연도 있고 역겨움을 불러일으키는 자연도 있다. 사랑이 뭔지 알고 싶어서 사랑을 한다면 그것은 사랑이 아닌 것처럼, 뭔가를 경험하기 위해 체험을 한다면 '이것은 성공하지 못한다.' "체험하면서 자기 자신을 뒤돌아보아서는 안 된다." 이것은 니체가 전하는 메시지다. 진정한 행복은 어떤 사물과 일치가 되었을 때만 주어진다. 알바트로스처럼 바람 속에 있으면서도 바람을 느끼지 않는 그런 경지라고 할까. 날갯짓을 하지 않으면서도 날고 있는 그런 경지 말이다.

물론 체험도 해봐야 한다. 하지만 그것이 목적이 되어서는 안 된다. 경험도 해봐야 한다. 하지만 그 경험이 목적이 되면 절대로 안 된다. 그것은 허무주의가 바라는 삶의 방식이 아니다. "타고난 심리학자는 본능적으로 보기 위해서 보는 것을 경계한다; 이것은 타고난 화가도 마찬가지다. 그는 '자연을 따라' 일하지 않는다." 이 말은 여러 번 반복해서 읽을 필요가 있다. 쉽게 그 의미가 와 닿지 않기 때문이다. 앞서 '생리적 거부감'(우상, 143쪽)을 말할 때는 본능적인 측면을 긍정적으로 평가했다. 그런데 지금은 또 그 반대의 소리를 내고 있다. 그 의미를 파악해내야 한다.

자연에서 부정적인 측면은 자기 자신이 개입되지 않는 자연 상태를 말한다. 거기서는 우연만이 있을 뿐 필연은 없다. "자연은 우연이다."(우상, 147쪽) 운명은 오로지 인간의 문제다. 자연 속에서 필연을 찾아내는 것은 오로지 인간뿐이다. 생각이 개입되면서 우연이 필연으로 거듭날 뿐이다. 그래서 오로지 자연만을 주장하는 루소 같은 사상가에 대해서는 불편한 심기를 감추지 못했던 것이다. 화가는 사물을 자연 그대로 옮겨놓는 일을 하는 게 아니다. 화가는 자연의 것을 포착해내고 의미 있는 그림으로 그려내는 기술을 가지고 있어야 한다. 마찬가지로 심리학도 그래야 한다. 마음 그 자체가 문제되는 것은 결코 아니다. 사물과 관계할 때 생겨나는 그 심리 상태를 추궁하는 것이 주가 되어야 한다.

자기 마음을 관찰하고자 할 때 전제되는 것은 우선 마음을 비우는 작업이다. 마음이 다른 사물들에 대한 생각으로 채워져 있으면 혼탁할 뿐이다. 그런 흐린 거울로는 자기 자신을 찾아낼 수가 없다. 진정한 심리학자는 "그의 본능, 즉 자기의 암실에게 '경우들'과 '자연'과 '체험된 것'을 걸러내고 표현하는 일을 맡긴다…" 니체가 심리학에서 바라는 것은 바로 이 문장 속에 담겨 있다. 허무주의적 심리학이라고 할까. 그것은 교육이나 학습된 모든 것으로부터 독립될 것을 전제한다. 지나친 역사적 정신은 도움이 안 된다. "역사의 과잉은 살아 있는 것에 해를 끼친다."(반시대II, 301쪽) 그렇다고 역사적 인식을 거부하라는 것은 아니다. 그저 적당해야 한다는 것을 말하고 있을 뿐이다. 과잉은 피하라는 것이다.

현대인에게 심리학이 필요한 이유는 간단하다. "우리는 우리 자신이 누구인지 알지 않으면 안 된다…"(우상, 147쪽)는 인식이 그것이다. 자본주의의 이념으로 평생을 살아온 현대인은 자본 외에는 생각할 게 별로 없다. 모든 평가와 가치는 자본, 즉 돈으로 대체되고 있는 상황이다. 그것이 존재의 의미였다. 눈만 뜨면 출근을 생각하는 자가 현대인의 초상이었다. 그것을 카프카Kafka(1883~1924)는 《변신Die Verwandlung》(1916)을 통해 적나라하게 보여주었다. 아서 밀러Arthur Miller(1915~2005)의 《세일즈맨의 죽음Death of a Salesman》(1949)도 마찬가지다. 눈만 뜨면 출장을 가야 한다는 일념으로 평생을 살아간다. 그런 삶의 마지막에는 무엇이 기다리고 있을까? 정말 허무함만이 기다리고 있을 허무한 삶이다.

기다림에도 지혜가 필요하다. 허무주의적으로 기다리는 것은 어떤 것일까? 그것은 〈질스마리아〉라는 시에서 말해주고 있듯이 '무無'가 아닐까. '하나가 둘이'(즐거운, 415쪽) 될 수 있는 상황은 무와 직면하는 것, 즉 고독뿐이었다. 고독은 자기 자신에게로 향하는 길이라 했다. "고독한 자여, 너는 네 자신에 이르는 길을 가고 있구나!"(차라, 106쪽) 허무주의자가 누군가를 간절히 만나고 싶다면 그것은 자기 자신이다. 그래서 허무주의는 지치고 병든 영혼의 처방으로 고독을 권하고 있는 것이다. "멋진 고독을, 어떤 의미에서 스스로에게 여전히 잘 사는 권리를 부여하는 자유롭고 변덕스러우며 경쾌한 고독을 선택하라!"(선악, 51쪽) 즉 고독만이 스스로에게 잘 사는 권리를 부여해줄 수 있다는 이야기다. 그래서 "벗이여, 너의 고독 속으로 달아나라!"(차라, 84쪽)라고 명령하기도 했던 것이다. 고독 속으로 달아나지 않으면 삶 자체가 위기에 빠지고 만다. 지극히 인간적인 처방이다.

잘못된 기다림의 전형은 사무엘 베케트Samuel Beckett(1906~1989)가 보여주었다. 그의 대표작《고도를 기다리며Warten auf Godot》(1952)는 현대인의 문제를 다루고 있다. 늘 누군가를 기다리고 있다. 시선은 밖으로만 향하고 있다. 남의 눈치만을 보는 것에 익숙해 있다. 그렇게 살아야 한다고 생각하고 있는 것이다. 하지만 끝끝내 고도는 오지 않는다. 하지만 기다려야 한다. 소년이 고도가 온다는 메시지를 남겼기 때문이다. 늘 다음 세대에게 희망을 걸어보지만 그 또한 허무하다. 왜냐하면 시간은 한정되어 있기 때문이다.

연극은 끝나야 한다. 에스트라공Estragon처럼 경험의 힘에 도움이 되는 구두라 할지라도 그것을 계속해서 신고 있을 수는 없다. 블라디미르Wladimir처럼 모자 속에 입김이라도 불어넣어 이성의 힘에 환기를 시켜보고 싶지만 그 또한 소용없는 일이다. 인생도 그렇게 끝나야 한다. 이것이 부조리한 상황이다. 경험에는 한계가 있을 수밖에 없고 이성에는 끊임없이 희망이 유혹의 손짓을 한다. 이성적 존재가 이성에 희생되는 모습이다. 보이지 않는 끈에 묶여 옴짝달싹하지 못하는 상황이다. 포조가 "끈!"이라고 외치면 "럭키가 짐을 내려놓고 끈 한쪽 끝을 포조의 손에 쥐어준 다음 다시 짐을 든다."[3] 주인을 의식하고 있는 한 노예는 도망 칠 수 없다. 스스로가 스스로를 얽매고 있는 것이다.

현대인의 이런 모습에서 니체는 병적 증상만을 확인할 뿐이다. 영혼의 의사로서 그는 예술가의 심리학에 도움을 청해본다. 즉 좋은 삶을 위해 예술이 필요하다는 것이다. 그것도 심리적인 측면에 도움을 줄 수 있

연극《고도를 기다리며》의 한 장면. 주인과 종의 관계는 끈으로 형성된다는 상징적 장면.

는 예술이. 예술에 대한 니체의 입장은 변함없다. 니체는 오로지 '삶의 예술의 대가'(인간적II, 382쪽)를 기대하고 있을 뿐이다. 왜냐하면 "세계의 실존은 오로지 미적 현상으로만 정당화된다"(비극, 16쪽)고 확신하기 때문이다. 예술의 과제는 오로지 삶을 미화하는 데에 집중해야 한다. "예술은 무엇보다 그리고 궁극적으로 삶을 미화해야 하고 그리하여 우리 자신을 다른 사람에게 참아낼 수 있고 가능하다면 즐거운 존재로 만들어주어야 한다."(인간적II, 113쪽) 삶은 아름답고 즐거울 때에만 의미 있고 가치 있는 존재로 거듭나게 된다. 허무주의에서는 이런 삶이 바로 구원의 개념으로 이해된다.

니체가 예술을 말할 때 독특한 부분은 도취에 주목한다는 점이다. 이성적 존재에게 도취의 힘이 의미하는 바는 실로 크다. 끊임없이 시간 속에 머물게 하는 게 이성의 힘이다. 기억의 동물이 되어 지속적으로 과거를 생각하게 한다. 또 생각의 동물이 되어 늘 미래를 내다보게 한다. 이 모든 것이 양심의 원인이 되고 또 희망의 고문 혹은 걱정의 고문을 야기시키는 원인이 된다. 하지만 예술은 도취를 통해 영혼을 정화시킬 수 있다는 데서 가치를 발견하고 있는 것이다.

> 예술가의 심리학. — 예술이 있으려면, 즉 어떤 미적 행위와 미적 인식이 있으려면 특정한 생리적 선결 조건이 필수 불가결하다; 즉 도취라는 것이. 도취는 우선 기관 전체의 흥분을 고조시켜야만 한다: 그러기 전에는 예술이 발생하지 않는다. 다양한 기원을 갖는 온갖 종류의 도취는 모두 예술을 발생시키는 힘을 갖추고 있다: 가장 오래되고 가장 근원적인 도취인 성적 흥분의 도취가 특히 그러하다. 온갖 큰 욕구들, 온갖 강한 격정들의 결과로 생겨나는 도취도 마찬가지다; 축제나 경기, 걸작과 승리 및 극단적인 움직임 전부에 따르는 도취; 잔인함에 따르는 도취; 파괴 시의 도취; 기상적 영향을 받아 생기는 도취, 이를테

면 봄날의 도취; 또는 마약의 영향으로 생기는 도취; 결국에는 의지의 도취, 가
득 차고 팽창된 의지의 도취.—도취에서 본질적인 것은 힘이 상승하는 느낌과
충만함의 느낌이다. 이런 느낌으로 인해 사람들은 사물에게 나누어주고, 우리
로부터 받기를 사물에게 강요하며, 사물을 폭압한다—이런 과정이 이상화라
고 불린다. 여기서 편견 하나를 없애버리자: 이상화는 보통 믿는 바와는 달리
자질구레하거나 부차적인 것을 빼내버리거나 제해버리거나 하는 것이 아니다.
주요 특징들을 엄청나게 내몰아버리는 일이 오히려 결정적인 것이어서, 그 때
문에 다른 특징들이 사라져버리는 것이다. (우상, 147쪽 이후)

　이성을 가지고 살아야 하는 존재에게는 이상이 없을 수 없다. 이성은 늘
극단으로 치닫기 때문이다. 선을 생각하다보면 신을 생각하지 않을 수 없고
또 악을 생각하다보면 악마를 떠올릴 수밖에 없다. 과거를 생각하다보면 태
초까지 나아가고 미래를 생각하다보면 종말까지 나아가기도 한다. 의심하
기 시작하면 무해한 미소를 봐도 기분이 상할 수 있다. 이 모든 것이 이성이
하는 짓거리들이다. 생각은 늘 이상화로 혹은 최고의 수준으로 나아갈 수밖
에 없다. 논리에 논리를 거듭하다보면 자기 생각이라는 것이 형성되고 만다.
남의 말은 귀에 들리지도 않는다. 듣는다 해도 자기 생각으로 걸러서 듣게
된다. 같은 상황을 두고도 기억하는 사람들의 생각은 달라질 수밖에 없는
이유가 여기에 있다. 누구는 그런 상대를 향해 기억이 조작되었다고 불평을
늘어놓기도 한다.
　이상이 형성되는 경우는 하나만을 생각할 때이다. "주요 특징들을 엄청나
게 내몰아버리는 일이 오히려 결정적인 것이어서, 그 때문에 다른 특징들이
사라져버리는 것이다." 이것이 니체가 말하는 이상화의 원인이다. 어떤 사
물에서 주요 특징들을 바깥으로 드러나게 내모는 행위는 생각에 의해 발생

한다. 그 특징들에 사로잡힐 때 그 이외의 모든 것은 의미를 상실하고 만다. 즉 허무주의가 생각하는 이상화는 '자질구레하거나 부차적인 것을 빼내버리거나 제해버리거나 하는 것'이 아니라는 데 귀를 기울여야 한다. 니체가 말하는 의미를 제대로 파악해야 한다. 예를 들어 니체가 말하는 이상적인 인간상이 초인은 주요 특징들이 엄청나게 커진 상태를 말하는 것이지 쓸데없는 것을 제거해버린 상태가 아니라는 것이다. 그가 말하는 이상은 그러니까 온갖 것을 포용하는 커다란 존재라고 보면 된다. 더러운 존재지만 더럽지 않고 살기 위해 먼저 바다가 되어야 한다는 그런 논리인 것이다. "실로, 사람은 더러운 강물이렷다. 몸을 더럽히지 않고 더러운 강물을 모두 받아들이려면 사람은 먼저 바다가 되어야 하리라."(차라, 18쪽) "몸을 깨끗이 할 줄 아는 것—불결한 환경에서 더 깨끗하게 사는 법을 배워야만 한다. 그리고 필요한 경우에는 더러운 물로도 몸을 씻어야 한다."(인간적II, 59쪽) 이런 게 허무주의의 지혜다.

다시 도취에 주목해보자. 니체는 다양한 도취에 대해서 서술해주었다. 성적 흥분의 도취에서부터 격정들의 도취, 승리감의 도취, 봄날의 도취, 의지의 도취까지 실로 다양하다. 분명 여기에 언급되지 않은 도취도 무수히 많으리라. 하지만 인간이 이런 도취를 지향한다는 데는 철학의 문제가 있다. 아무리 인생에서 공부가 중요하다고 외쳐대도 학생은 놀기를 원한다. 아무리 일상의 일이 삶에 중요한 의미를 가지고 있다고 가르쳐도 일탈을 동경한다. 수많은 사람들이 은퇴 후 귀농을 희망사항으로 말한다. 단지 모두가 도취에 빠지면 사회 자체가 문제될 수 있기에 허무주의 철학이 욕을 먹고 있을 뿐이다. 하지만 잊지 말자. 니체가 원하는 것은 그저 건강한 삶이라는 것을. 그저 '힘이 상승하는 느낌과 충만함의 느낌'만을 지향하고 있을 뿐이라는 사실을. 그런 느낌이 있어야 사는 게 재미나기 때문이다.

아름다움과 추함을 넘나드는 허무주의적 미학

삶이 힘든 것일까? 어떻게 그렇게 함부로 확고하게 말할 수 있을까? 삶을 힘들게 하는 것은 무엇일까? 울고 있는 사람을 관찰하면 재미난 것이 발견된다. 물리적인 타격을 받지 않고도 울고 있을 때가 더욱 그렇다. 왜 울고 있냐고 물으면 슬퍼서 그렇다고 말한다. 어떤 경우에는 그 이유조차 모를 때도 있다. 슬픔의 원인을 파악하지 못할 때도 인간은 울 수 있다는 이야기다. 삶을 고통 속으로 몰고 가는 그 원인에 대한 고민은 피할 수 없다.

존재의 의미는 정신에 의해 구현된다. 그래서 삶을 철학의 대상으로 삼는 허무주의는 정신의 존재에 대해서 고민을 한다. 그런데 "정신을 얻으려면 정신을 필요로 해야만 한다"(우상, 153쪽)는 게 문제다. 정신을 정신이게끔 해주는 것이 이성이다. 그런데 가장 정신적인 인간이 가장 두려워하는 것이 삶이다. 살아 있어서 정신이 힘든 것이다. 가끔은 정신줄을 놓쳐버릴 정도로 삶이 힘들다.

> 가장 정신적인 인간들이 가장 용기 있는 자라고 전제한다면, 이들은 전적으로 가장 고통스러운 비극들도 체험하게 된다: 하지만 삶이 그들에게 삶의 가장 막강한 적수를 대적케 한다는 것, 바로 그 때문에 그들은 삶을 경외한다. (우상, 155쪽)

걱정도 팔자라 했던가. 쇼펜하우어는 고통을 인간의 본성으로 평가했다. "모든 개인에게는 그에게 본질적인 고통의 양이 그의 본성을 통해 결정적으로 정해져"[4] 있다는 것이다. 사람마다 걱정하는 내용이 다르고 그래서 고통의 양도 제각각이다. 누구는 발가락에 가시가 박혀도 정말 아프다고 말하고 누구는 하나의 다리만으로도 불평 없이 살아가기도 한다. 인생에서 가장 아팠던 순간을 떠올려보라고 했을 때 사실 살이 찢어지고 뼈가 부러지는 그런 사고를 떠올리는 경우는 드물다. 하지만 누구나 아픔이 있고 슬픔이 있다. 누구에게나 고통은 있다. 다만 그 고통이 객관적이 아니라 주관적이라는 데 문제가 있을 뿐이다.

가장 정신적인 인간이 가장 적나라하게 고통에 노출된다. 민족을 대표하는 시인은 잎새에 이는 바람에도 아파했다고 고백했다. 그런데 별이 바람에 스칠 때는 어떤 아픔이 느껴졌을까? 그 정도의 고통을 느낄 수 있다면 민족을 대표할 만하다. 그런 고통은 아무나 느끼는 게 아니기 때문이다. 가장 정신적인 인간이 느끼는 비극은 아무나 겪게 되는 것이 아니지만 누구나 공감하는 그런 고통일 경우가 많다. 진정한 예술가도 그런 것 같다. 그가 만들어내는 예술 작품은 아무나 만들어낼 수 있는 그런 종류의 것이 결코 아니지만 누구나 감동받을 수 있는 그런 작품으로 다가온다.

비극을 이해한 자는 삶을 이해한 자다. 그는 삶보다 더 무서운 적이 없다는 것을 잘 알고 있다. 삶을 즐겁고 재밌게 살고 싶으면 삶을 이겨야 한다. 삶이 가장 큰 적수다. 하지만 그 적을 이겨냈을 때 우리는 희극이 따로 없음을 깨닫게 된다. "언젠가 우리가 마음속으로 가득히 '앞으로 나아가라! 우리의 낡은 도덕도 희극에 속한다!'고 말하게 될 때, 우리는 '영혼의 운명'이라는 디오니소스적 드라마를 쓰기 위한 새로운 갈등과 가능성을 발견하게 될 것이다ー: 그리고 현존하는 위대하고 노련하며 영원한 우리의 희극 시인, 그는 틀림없이 이것을 이용하게 될 것이다! 내기를 해도 좋다…"(도덕, 347쪽) 이쯤 되면 묻고 싶다. 영원한 희극 시인이 누구냐고. 물론 그는 명랑함을 본성으로 만든 자일 것이다. "명랑함은, 나의 말로 하면 즐거운 학문이며ー보람된 일이다."(같은 곳) 일에서 보람을 느낄 때는 명랑함이 삶을 지배할 때이다.

밤이 되어야 별도 보인다. 불행을 아는 자가 행복도 이해한다. 허무주의 철학자가 허무함을 가르치고자 하는 이유는 행복한 삶의 비결을 가르치고자 하는 데 있을 뿐이다. "짧은 비극은 결국 언제나 영원한 현존재의 희극에게 자리를 물려주거나 뒤로 물러난다. 아이스킬로스Aischylos의 표현을 빌리면 '한없는 웃음의 파도'가 이 비극들의 가장 위대한 주인공들조차 압도해버린다."(즐거운, 68쪽) 그래서 "낮 동안 너는 열 번 웃어야 하며 열 번 유쾌해 있어야 한다."(차라, 43쪽) 웃기 위해 "낮 동안 너는 열 번 네 자신을 극복해야 한다."(같은 책, 42쪽) 비극적 상황을 극복하지 못하고 울음으로 하루를 보내는 것은 참으로 무책임한 일이 아닐 수 없다. 하루에 열 번 극복하고 열 번 웃을 수만 있다면 삶은 살 만한 것이 될 것이다.

삶이 '가장 막강한 적수'라는 사실을 인정할 때 마침내 '용기'가 진정한 미덕으로 인식된다. '가장 정신적인 인간들'은 그래서 '삶을 경외'할 수밖에 없는 것이다. 용기를 품고 있기 때문에 삶을 그렇게 바라볼 수 있는 것이다. 하지만 말처럼 그렇게 쉬운 것도 아니다. 삶은 기회다. 즐거울 수 있는 기회다. 배움도 기회다. 학문이 즐거울 수 있으려면 수많은 훈련을 견뎌내야 할 뿐이다. 삶에는 그저 아름다움과 추함이 있을 뿐이다. 여기서 무엇을 지향할 것인가는 용기의 여부에 달려 있다. 아름다움은 오로지 용기 있는 자만이 선택할 수 있다.

> 아름다움과 추함.—아름다움이라는 우리의 느낌보다 더 제약받는, 말하자면 더 제한되는 것은 없다. 인간이 인간 자신에 대해 느끼는 기쁨에서 아름다움을 분리시켜 생각해보려는 사람들은 즉시 자기 발 밑의 토대와 지반을 상실하게 될 것이다. '아름다움 그 자체'는 단지 말에 불과하며, 개념도 되지 못한다. 아

름다움 안에서 인간은 자기 자신을 완전성에 대한 척도로 설정해놓으며; 특별한 경우 자신을 숭배하기도 한다. 인간이라는 종은 이런 식으로만 자기 자신을 긍정할 수 있다. 이 종의 가장 심층적인 본능인 자기 보존과 자기 증대 본능은 그런 숭고함 안에서 빛을 발한다. 인간은 세계 자체가 아름다움으로 가득 차 있다고 믿는다—그는 자기가 원인이라는 점을 망각해버린다. 인간이 홀로 세계에 아름다움을, 아아! 아주 인간적이고—너무나 인간적인 아름다움을 선사했는데 말이다… 인간은 근본적으로는 사물에 자기 자신만을 비추어보며, 그에게 자신의 모습을 되비추어주는 것을 전부 아름답다고 여긴다: '아름답다'는 판단은 인간의 종적 허영심인 것이다… (우상, 156쪽 이후)

허영심은 인간의 '물자체'(인간적II, 47쪽)라 했다. 허영심이 없는 인간은 없다. 누구나 다 갖고 있다. 허영심을 잘 다루면 행복의 지혜를 얻을 수도 있다. "허영심은 풍요롭게 만든다—허영심이 없다면 인간의 정신은 얼마나 초라하겠는가!"(인간적I, 95쪽) 거울 앞에 서서 '잘 생겼다', '예쁘다'고 말하지 못하는 자가 어찌 자기 자신에 대해 긍지를 느낄 수 있을까. 허영심 자체를 나무라는 것은 비열한 도덕주의자나 하는 짓이다. 인정할 것은 인정하자. 이성적 존재는 허영심을 통해 행복해질 수 있다는 것을.

물론 부정적으로 작동하는 허영심도 있다. 남의 눈을 의식해서 어떤 사물로 자기 자신을 대체할 때이다. 명품 옷을 입고 명품 가방을 들고 으스대는 것은 꼴사납다. 그런 사물로 행복감을 느끼는 것만큼 위험한 일은 없다. 돈은 있을 때도 있고 없을 때도 있다. 그런데 사물에 목을 매는 자는 없을 때 무너지고 만다. 좋은 성적으로 행복감을 느끼는 자도 지극히 위험한 상황에 처한 것이다. 성적에 관심을 갖는 자는 시험의 노예일 뿐이다. 오로지 시험을 통해서, 즉 남의 평가를 통해서만 자기 존재 가치가 실현된다고 믿고 있기 때문이다. 하지만 성적이 좋지 못하면 어떻게 될까? 그때는 정말 자살충동을 느끼지 않을 수 없으리라. 이 모든 것이 부정적 허영심의 증상들이다.

하지만 모든 것은 '내가 원인'이라는 사실을 절대로 망각해서는 안 된다. 이런 의미에서 니체는 이기주의 내지 이기심도 변호하고자 한다. '이기주의의 자연적 가치'(우상, 167쪽)는 분명 존재한다. 이기심을 갖는 것은 지극히 인간적이라는 사실을 말하고 싶은 것이다. 건강한 이기주의는 긍정적이다. 마찬가지로 건강한 허영심도 있다. 이 세상에 아름다움을 선사하는 것은 오로지 자기 자신뿐이기 때문이다. 때로는 그런 의미에서 자기 자신을 숭배도 해야 할 일이다. 허무주의 철학은 '스스로가 신'(즐거운, 201쪽)이 될 수 있는 가능성을 열어놓는다. "인간이라는 종은 이런 식으로만 자기 자신을 긍정할 수 있다." 허무주의 철학은 극단적인 부정을 받아들이지만 결국에는 극단적인 긍정을 지향한다. 니체가 새해를 맞이하며 다짐했던 것도 긍정하는 것이었다. "무엇보다 나는 언젠가 긍정하는 자가 될 것이다!"(즐거운, 255쪽) 차라투스트라의 근본 사상인 영원회귀 사유도 '최고의 긍정 형식'(이 사람, 419쪽)이라 했다.

더러움조차 긍정할 수 있는 자만이 바다와 같은 존재가 될 수 있다. 어둠을 품을 수 있는 자가 별빛을 인식한다. 자기 자신이 원인이 된 세계 안에서 인간은 별처럼 '빛을 발한다.' 그때 "인간은 세계 자체가 아름다움으로 가득차 있다고 믿는다." 허무주의 철학이 지향하는 신앙이다. 이런 믿음을 얻고자 허무주의라는 가혹한 길을 걷고자 하는 것이다. 그런데 삶에서 인식되는 모든 아름다움은 오로지 기쁨이라는 느낌을 통해서만 실현된다. 그래서 긍정의 비결을 배워야 하는 것이다. 이 긍정으로의 길보다 더 힘든 길이 또 있을까. 불평불만은 아무나 품을 수 있다. 하지만 아무리 사소한 것에서도 긍정적인 부분을 찾아내 그것을 칭찬하고 웃을 수 있는 자는 많지 않다. 플라톤도 "칭찬을 위해서는 많은 노력을"[5] 기울여야 한다는 사실을 언급하기도 했다. 노력하지 않고 칭찬할 수 없다는 말로 이해해도 된다. 부정적 평가는 무시하는 것으로도 충분하지만 긍정적 평가는 책임이 따른다는 것이 가장 큰 차이점이라 할 수 있겠다. 따라서 삶을 긍정적으로 평가한다는 것, 즉 비극을 희극으로 승화시킬 수 있는 그 자가 바로 '정신의 귀족주의'(우상, 142쪽)라는 경지에 도달하게 된다는 것은 자명한 일일 것이다.

> 어느 것도 아름답지 않다. 인간 외에는: 모든 미학은 이런 단순함에 기초하고 있으며, 이것이야말로 미학의 제1진리이다. 여기에 곧바로 제2진리를 추가해 보자: 퇴락한 인간보다 더 추한 것은 없다─이렇게 해서 미적 판단 영역의 경계가 지어진다.─생리적으로 고찰해보면 추한 모든 것은 인간을 약화시키고 슬프게 한다. 그것은 인간에게 쇠퇴, 위험, 무력을 상기시킨다; 이러면서 인간은 실제로 힘을 상실한다. (우상, 158쪽)

허무주의적 미학은 이런 거다. 니체의 예술론이다. "어느 것도 아름답지 않다. 인간 외에는"이라는 말보다 더 잘 표현된 문장은 없을 것이다. 인간을 사랑하는 철학, 허무주의! 인간을 사랑하는 철학, 허무주의! 수도 없이 반복해 보자. 그러면 허무에 대한 이념이 아침햇살처럼 비춰올 것이다. 니체는 이것을 '미학의 제1진리'로 간주한다. 인간 외에는 그 어떤 진리도 허무하다. '신의 죽음'까지도 감당할 수 있어야 인간적인 너무나 인간적인 미학을 이해할 수 있다. 그리고 제2진리라면 "퇴락한 인간보다 더 추한 것은 없다"란 말이 된다.

퇴락한 인간이 가장 추하다. "추한 모든 것은 인간을 약화시키고 슬프게 한다." 바꿔 말해도 된다. 인간을 약화시키고 슬프게 하는 모든 것은 추하다.

니체는 고백했었다. "나는 현대의 수치스러운 감정의 허약화에 반대하는 자"(도덕, 344쪽)라고. 사람을 약하게 만드는 것은 그것이 무엇이 되었든 간에 싫다. 본능적으로 싫다. 생리적으로 거부반응을 한다. 그것이 허무주의 사상의 본성이다. "인간에게 쇠퇴, 위험, 무력을 상기"시키는 온갖 것에 대해 저항한다. "힘을 상실"하게 하는 모든 것에 반항한다.

물론 퇴락한 인간은 싫고 아름다운 인간이 좋다는 식의 이분법적 논리에 빠지면 허무주의 철학이 어려워지고 만다. 또한 그것은 허무주의의 이념도 아니다. 영원회귀의 이념은 돌고 돈다. 좋다가도 싫어지고 싫다가도 좋아진다. 극복을 근간으로 하는 철학은 극복해야 할 때와 극복된 상태를 즐길 때를 인식하는 것을 목표로 할 뿐이다. 극과 극은 통한다고 했다. 하루에도 열 번씩 극복해야 하는 철학이라면 스스로 숭배의 경지에 도달했다가도 또 다시 바닥을 차야 하는 몰락을 경험해야 한다. 모든 창조적인 삶은 극단적인 파괴의 아픔도 직면할 수밖에 없다.

쇼펜하우어의 염세주의와 플라톤의 이데아론에 대한 약점과 한계

대학생 시절 니체는 쇼펜하우어의 《의지와 표상으로서의 세계》를 읽으며 염세주의 사상에 푹 빠져 지냈다. 《반시대적 고찰》 제3권은 〈교육자로서의 쇼펜하우어〉라고 주제를 정하며 오로지 염세주의 사상만을 주목하기도 했다. 하지만 염세주의로 만족할 수가 없었다. 생리적으로 거부감을 숨길 수 없었던 것이다. 삶이 싫다는 말에 동조할 수 없었던 것이다. 오히려 '왜 삶이 싫은가'하고 반항하기 시작했다. 삶을 등지라고 가르치기보다는 삶과 직면하라고 가르치고 싶었던 거다. 고통은 누구나 싫은 것이다. 하지만 그 고통 때문에 삶을 부정적으로 봐야 한다는 이론 앞에 니체는 당당하게 거부의 손짓을 보냈다.

쇼펜하우어. ─ 고찰의 대상이 되는 마지막 독일인 쇼펜하우어는(─괴테와 헤겔과 하인리히 하이네와 마찬가지로 유럽적 사건의 하나이며, 한갓 지역적 사건이 아니라, '국가적' 사건인 것이다). 심리학자에게는 대단히 중요한 경우이다: 삶에 대한 허무적인 총체적 ─ 폄하에 이롭게 하려고 바로 그 반대의 것들, 즉 "삶에의 의지"의 위대한 자기 긍정이나 삶의 풍요로운 형식들을 전쟁터로 보내는 악의에 찬 천재적 시도로서 말이다. 그는 예술, 영웅주의, 천재, 아름다움, 위대한 동정, 인식, 진리 의지, 비극을 차례차례 "의지"를 "부정"하는 데 따르는 또는 의지를 부정하려는 욕구에 따르는 현상으로 해석해냈다 ─ 이것은 그리스도교를 제외한다면 역사상 가장 엄청난 심리학적 날조이다. 좀 더 면밀히 보면 이 점에 있어서 그는 그리스도교적 해석의 상속자에 불과하다: 그가 그리스도교에 의해 거절되는 인류의 위대한 문화적 사실들을 여전히 그리스도교인, 말하자면 허무적인 의미에서 시인할 줄 알았다는 것 때문에(─즉 '구원'에 이르는 길로서, '구원'의 예비 형식으로서, '구원'에 대한 갈망의 자극제로서…). (우상, 159쪽)

들었다 났다, 정말 사람을 가지고 논다. 쇼펜하우어를 바라보는 니체의 시선이 이렇다. 쇼펜하우어가 괴테나 헤겔 또는 하인리히 하이네와 같은 부류로서 '유럽적 사건' 혹은 '국가적 사건'에 버금가는 위대한 업적을 남긴 자라고 추켜세우기도 한다. 그런데 이런 긍정적 평가는 그저 괄호 안에 넣어버렸다. 그 외 모든 발언은 비판으로 일관한다. 왜냐하면 그는 "삶에 대한 허무적인 총체적 ─ 폄하"라는 무례를 범했기 때문이라는 것이다. 삶에 대해 죄를 범하고 말았다. 삶이 허무하다고. 염세주의 철학은 삶에 대한 온갖 긍정적인 것들을 그저 "전쟁터로 보내는 악의에 찬 천재적 시도"만이 있을 뿐이다. 전쟁터로 나가 죽으라는 것이다. 삶에 대한 염세주의적 시각은 지극히 부정적이다. 이것은 기독교만큼이나 해롭게 인식되었다. "이것은 그리스도교를 제외한다면 역사상 가장 엄청난 심리학적 날조이다." 삶의 본질을 날조했다는 것이다.

니체는 쇼펜하우어를 그저 "그리스도교적 해석의 상속자에 불과하다"고 평가한다. 그는 "인류의 위대한 문화적 사실들을" 오로지 "허무적인 의미에서 시인할 줄"만 알았다. 인류의 모든 긍정적이고 위대한 업적들이 아무 소용도 없으며 그저 허무하다고 평가했다는 것이다. 회개를 요구하는 기독교의 교리처럼 위대한 업적들과 함께 삶 자체는 그저 "'구원'에 이르는 길로서, '구원'의 예비 형식으로서, '구원'에 대한 갈망의 자극제로서"만 이해되었다. 이래도 되는 것일까?

구원이 그토록 간절해야 할 이유가 어디 있는가? 지금과 여기를 포기하고 내세를 갈망해야 할 이유를 묻고 있는 것이다. 삶의 현장을 부정적으로 봐야 한다? 삶이 허무하다? 이런 주장을 받아들여야 할까? 천국이 좋다? 영생이 좋다? 천국에서의 영원한 삶이 그토록 좋아야 할 이유가 무엇이란 말인가? 그것을 제대로 동경하기 위해서는 이 세상의 이 소중한 삶을 희생 제물로 삼아야 하기 때문에 묻는 것이다. 니체는 생리적으로 그냥 싫다. 이런 소리에 구토증까지 느낀다. 그의 귀에는 역겨운 소리로 들릴 뿐이다. 천국 바라기를 끝장내고 싶은 거다. 비슷한 이유에서 플라톤도 비판의 대상이 된다. 아니 한술 더 뜨고 있다고 비아냥거리기도 한다.

플라톤은 더 나아간다. 그는 '그리스도교인'이 아니라 그리스인만이 지닐 수

있는 순수함을 가지고, 아테네에 그처럼 아름다운 청년들이 없었더라면 플라
톤 철학은 결코 존재하지 않았을 거라고 말한다: 다름 아닌 그들의 용모가 철
학자의 영혼을 에로틱한 환희의 상태로 바꾸어놓고, 그 영혼이 그처럼 아름다
운 대지에 모든 드높은 것들의 씨앗을 선사하며 내려줄 때까지 쉬게 하지 않는
다는 것이다. 아아, 또 한 명의 기괴한 성자여! (우상, 160쪽)

니체에게 플라톤은 '기괴한 성자'에 지나지 않는다. '플라토닉 러브'[6]라는
유명한 개념이 있다. 정신적 사랑을 두고 한 말이다. 플라톤은 그것을 사랑
중의 최고의 단계라고 말한다. "그것은 이 세계의 지상적 아름다움에서 출
발하여 저편의 아름다움을 목표 삼아 사다리를 오르듯이 끊임없이 한 단계
씩 올라가는, 다시 말해 하나의 아름다운 육체에서 출발하여 두 개의 아름
다운 육체로, 두 개의 아름다운 육체에서 모든 아름다운 육체로, 아름다운
육체에서 아름다운 자기 함양의 노력에로, 아름다운 자기 함양의 노력에서
아름다운 인식에로, 그리하여 그러한 인식들로부터 저 더 높은 단계의 인식
에까지 올라가는 것을 의미한답니다. 그 인식은 피안彼岸의 아름다움 자체에
대한 인식이며 궁극적으로 아름다운 것 자체를 직관하는 것이랍니다."[7] 이
것이 사랑에 의해 인도되는 올바른 길이라는 것이다.

플라톤에게 있어서 철학의 과제는 결국 피안의 아름다움 자체를 인식하
는 것이다. 피안에 대한 인식이 궁극적 목적이라는 말이다. 차안此岸, 즉 이
승은 그저 피안으로 나아가기 위한 전제가 될 뿐이다. 게다가 철학자의 영
혼은 오로지 '에로틱한 환희의 상태' 속에서 '모든 드높은 것들의 씨앗을 선
사'하는 데 주력해야 한다는 것이다. 지극히 관념적인 이상주의 철학이다.
니체는 이를 두고 "옛 체육 경기와 그 전제들을 연수하고 내면화한 것"(우상,
161쪽)이라고 단정한다. 내면의 체육대회라고나 할까. '아름다운 대지'를 바

라보고 있으면서도 눈에는 그저 피안의 내용들로 채우라는 것이다. 현실을 바라보면서도 그 너머에 있는 이념을 인식하라는 것이다. 플라톤은 그것만이 진정한 행복을 보장한다는 믿음으로 무장한다. "훌륭한 것과 아름다운 것을 지닌 자들은 행복한 사람"[8]이라고.

하지만 생철학자인 니체는 삶의 현장을 배제하는 그 어떤 사상도 거부한다. 철학은 삶의 현장을 인식하는 것으로 나아가야 한다고 굳게 믿고 있는 것이다. 이런 의도에서 니체는 또 다시 '예술의 의미'를 언급한다. 삶을 향하는 것만이 예술의 의미라고. 삶은 '소망할 만한 것'(우상, 162쪽)으로 보여주는 것이 예술의 과제라고. "예술은 삶의 위대한 자극제이다."(같은 곳) 예술에 대한 니체의 정의다. 삶의 위대한 자극제 역할을 해낼 때에만 예술은 의미를 갖는다는 이야기다. 이런 견해에서 니체는 비극에 주목한다. 삶이 있는 곳에는 비극이 본성으로 자리잡고 있기 때문이다. 인간이 있는 곳에 비극이 있다. 비극은 인간의 이야기다. 생의 예찬을 위해 비극은 인식되어야 한다. 그것이 허무주의 철학이 지향하는 바다.

> 비극적 예술가는 자신의 무엇을 전달하는 것인가? 그가 보여주는 것은 다름 아닌 끔찍한 것과 의문스러운 것 앞에서의 공포 없는 상태가 아닌가?─그 상태 자체가 지극히 소망할 만한 것이다; 이런 상태를 알고 있는 자는 이것에 최고의 경의를 표한다. 그가 예술가라면, 그가 전달의 천재라면, 그는 그 상태를 전달하며 전달하지 않으면 안 된다. 한 강력한 적수 앞에서, 커다란 재난과 공포를 불러일으키는 문제 앞에서 느끼는 용기와 자유─이런 승리의 상태가 바로 비극적 예술가가 선택하는 상태이며, 그가 찬미하는 상태이다. 비극 앞에서 우리 영혼 내부의 전사가 자신의 사티로스의 제의祭儀를 거행한다; 고통에 익숙한 자, 고통을 찾는 자, 영웅적인 인간은 비극과 더불어 자신의 존재를 찬양

한다―오직 그에게만 비극 시인은 그런 가장 달콤한 잔혹의 술을 권한다.―
(우상, 162쪽 이후)

삶은 끔찍하다. 준비된 자에게는 기회를 주지만 준비되지 않은 자에게는 잔인하기 짝이 없다. 용서가 없다. '비극적 예술가'는 이 잔인한 현장을 무대 위에 올려놓는 기술자들이다. 모든 사건들을 눈물을 흘릴 수밖에 없는 상황으로 바꿔놓는 대가들이다. 하지만 이들이 예술가라고 불리는 이유는 그 비극을 통해 전혀 다른 결과를 맛볼 수 있게 해주기 때문이다. 오히려 삶에서 직면할 수 있는 그 "끔찍한 것과 의문스러운 것 앞에서의 공포 없는 상태"를 보여주고자 한다. 마음의 평정이라고 할까.

'공포 없는 상태', 이 상태야말로 니체가 목표로 하는 경지다. "그 상태 자체가 지극히 소망할 만한 것이다." 비극이라는 감정의 터널을 통과해야만 경험할 수 있는 세상이다. "이런 상태를 알고 있는 자는 이것에 최고의 경의를 표한다." '끔찍한 것'과 '의문스러운 것'의 가치는 이루 말로 형용할 수조차 없다. 눈물을 흘리게 하는 그 모든 것들은 '최고의 경의'를 받을 만한 가치가 있다. '모든 인생이 고통'이라고? 인생이 고해라고? 허무주의적 시각으로 보면 오히려 이런 인생에 감사해야 할 일이다.

모든 고통은 승리를 위한 전제가 된다. 그것 없이는 승리감도 없다. 이기고 싶으면 싸워야 한다. 승리의 쾌감은 이겨야 했던 그 적이 강할수록 더 강렬해진다. "이런 승리의 상태가 바로 비극적 예술가가 선택하는 상태이며, 그가 찬미하는 상태이다." 디오니소스의 추종자 사티로스는 승리감에 도취되어 환희의 춤을 춘다. 얼마나 기쁘면 저럴까? 얼마나 행복하면 저런 춤을 출까?

디오니소스는 술의 신이다. 그를 기리는 제사에서 비극이 탄생했다. 그가 권하는 술맛은 쓰면서도 달콤하다. 비극을 통해 '근원적 일자'(비극, 34쪽)로 신비롭게 화합하고 급기야 사티로스의 망아적 축제를 벌이게 된다. "장미꽃이 가시덤불에서 피어나는 것처럼."(비극, 42쪽) 니체는 '사티로스와 디오니소스의 관계'를 오로지 '과도한 성적 방종'에서 발견했다. "축제가 열리는 거의 모든 곳에서 이 축제의 핵심은 과도한 성적 방종에 있었다."(같은 책, 37쪽) 부끄러움, 수치심 따위는 니체의 것이 아니다. 인간이 육체를 가지고 태어난 것은 죄가 될 수 없다. 육체 때문에 고통스럽다는 논리는 결과를 두고 원인을 책망하는 모순과도 같다. 니체는 이런 실수를 피하고자 한다. 그리고 인간에게 구원이 필요하다면 오로지 비극을 통해서만 가능하다는 것을 강조한다. 고통을 통해서만 "디오니소스적인 광란의 축제에서 세계 구원의 축제와 변용의 날이 지니는 의미"(같은 책, 38쪽)가 구현된다고 믿고 있을 뿐이다.

현대에 대한 비판 그리고 천재에 의해 탄생하게 될 현대 이후에 대한 동경

니체 철학은 현대 철학의 시효를 이룬다. 그러면서도 현대의 한계를 지적하고 있다. 결국 그의 이념은 현대를 넘어서고 있는 것이다. 그가 말하는 '선악의 저편'은 현대 이후의 이념에 해당한다. 현대를 극복해야 보이는 세상이다. 현대인에게는 그저 먼 나라 이야기쯤으로만 들릴 수 있는 그런 세상이다. 강하지 않으면 보이지 않는 세상이다. 두려움으로는 알 수 없는 세상이다. 그래서 허무주의 철학의 '제1원칙'은 "강력해지는 것을 필요로 해야 한다: 그렇지 않으면 결코 강력해지지 못한다"(우상, 178쪽)는 것이다. 자유정신은 강함을 전제한다. 강하지 않고서는 자유로울 수가 없다. 약한 자가 의

존적으로 사는 것이다.

현대성 비판.―우리의 제도들은 더 이상은 쓸모없다: 이 점에 대해서는 의견이 일치되어 있다. 그런데 그 탓은 제도에 있는 것이 아니라, 우리에게 있다. 우리에게서 제도들을 자라나게 하는 본능들을 모두 상실해버린 다음에 제도들이 우리에게서 사라져버린 것이다. 우리가 그 제도들에게 더 이상은 쓸모없기에 말이다. 민주주의는 언제든지 조직력의 쇠퇴 형국이었다: 나는《인간적인 너무나 인간적인 I》, 318에서 이미 현대 민주주의와 '독일제국'과 같은 그것의 불완전하고도 어중간한 형태를 통틀어 국가의 붕괴 형국으로 규정한 바 있다. 제도들이 존재하기 위해서는 악의에 이를 정도로 반자유주의적인 의지와 본능과 명령이 있어야만 한다: 전통에의 의지가, 권위에의 의지가, 수 세기 동안 지속되는 책임에의 의지가, 과거와 미래로 무한한 세대의 연속이라는 연대성이 있어야 한다. […] 서구 전체는 제도들을 자라나게 하고, 미래를 자라나게 하는 본능들을 더 이상 갖고 있지 않다: 아마도 그것만큼 서구의 '현대적 정신'에 거슬리는 것은 없으리라. 사람들은 오늘을 위해 살고, 아주 재빠르게 살아간다―아주 무책임하게 살아간다: 바로 이것을 사람들은 '자유'라고 부른다. (우상, 178쪽 이후)

자유가 아닌 것을 두고 자유라고 말하지 말라. 남의 의지로 생각하면서 자기 의지로 생각하고 있다고 말하지 말라. 산업화를 거치면서 사회의 주체 세력으로 등장한 시민은 자본을 기반으로 하여 굳건하게 서 있다. 그들이 말하는 민주주의는 도시화의 물결과 무관하지 않다. 현대의 민주주의는 고대 아테네의 민주주의와는 전혀 다르다. 현대의 민주주의는 일종의 민중주의 혹은 대중주의라고나 할까. 소위 인기에 영합하는 '포퓰리즘Populism'[9]이 대세를 이루고 있기 때문이다. 남의 의견을 존중한다고는 말하지만 눈치를 본다고 말하는 게 더 확실한 상황이다. 이런 민주주의에 대해서 니체는 지극히 부정적이다.

허무주의 철학은 자유정신을 핵심으로 한다. 의견의 자유, 행동의 자유, 양심의 자유 등을 실현시키지 못하는 것에 대해서는 무차별적으로 허무를 받아들이고자 한다. 남을 탓하는 사람만큼 자기 삶에 '무책임'한 자가 또 없다. 그는 양심의 가책도 없이 "무책임하게 살아간다." 그런 삶을 '자유라고 부르며' 착각하고 산다. 쓸모없는 것은 버릴 줄 알아야 한다. 지나 간 것을 인식할 줄 알아야 한다. 시간이 흘러갔다는 사실을 깨달을 줄 알아야 한다. 늘 선구자는 무리를 짓고 사는 대중을 떠날 때 탄생한다.

사실 제도가 낡아지는 것이 아니다. 인간이 변화 속에서 살아가고 있는 것이 문제인 것이다. 모든 사회적 제도는 건축물처럼 존재하고 있을 뿐이다. 하지만 하나의 건축물 속에 들어가야 할 물건들이 많아질 경우 건물은 새롭게 지어져야 한다. 제도도 마찬가지다. 변화할 수 있어야 한다. 진리의 내용도 신의 모습도 변화를 인정할 줄 알아야 한다. "절대적 진리가 없는 것과 마찬가지로 영원한 사실도 없다."(인간적I, 25쪽) 모든 것은 새롭게 해석될 수 있어야 한다. 그런 가능성조차 허락하지 않는다면 그것이야말로 노예근성을 부추길 수밖에 없는 것이다.

사회의 모든 변화는 "제도들을 자라나게 하고, 미래를 자라나게 하는 본능들"에 의해 진행된다. 하지만 그런 본능들을 상실한 상태라면 문제는 커지고 만다. 이런 문제가 현대의 문제다. 진정한 '현대적 정신'을 감당하지 못하는 제도들은 뱀의 허물처럼 벗어던질 수 있어야 한다. 몰락하지 않기 위해서 말이다. "허물을 벗을 수 없는 뱀은 파멸한다. 의견을 바꾸는 것을 방해받는 정신들도 이와 마찬가지다. 그들은 정신이기를 그친다."(아침, 422쪽)

자유정신은 극복을 사명으로 존재할 뿐이다.

현대인을 타락시키는 가장 큰 문제 중의 하나가 노동이다. 시민혁명과 산업혁명을 거치면서 등장한 '제4계급'[10], 즉 노동자 계급은 현대 사회의 주체세력이다. 일자리를 꿰찬 자가 기득권을 형성한다. 노동의 대가로 임금을 받는 계급이다. 자본가를 중심으로 사회는 재편되고 말았다. 가진 자와 못 가진 자의 관계가 형성되고 만 것이다. 과거 중세 시절에는 신을 아는 자가 권력을 행사했다면, 근현대는 오로지 자본뿐이다. 소유에 의해 삶의 내용과 질을 평가하는 그런 시대가 된 것이다. 누구나 노력하면 성공할 것이라는 환상으로 일상에 얽매인다. 이들은 모든 일을 닥치는 대로 상관하며 바쁘게 산다. 마치 어떤 대단한 일을 하며 산다고 착각하며 산다. 일상이 요구하는 정신은 따로 있다. 기계처럼 일하는 정신이다. 지혜를 탐구하는 일과는 상관없는 정신이다. 지식에 욕망을 느끼지 않고 사는 것은 그 어떤 삶보다 훨씬 더 어리석다는 것을 알지도 못한 채 그렇게 살아간다. 현대 사회에서 돈 얘기를 언급하지 않고 삶을 예찬한다는 것은 상상도 못할 일이 되고 말았다.

이탈리아 화가 주세페 펠리차 다 볼페도(Giuseppe Pellizza da Volpedo)의 그림 〈제4계급(Il Quarto Stato)〉(1901).

노동 문제.—근본적으로는 본능의 타락이자 오늘날의 모든 우매의 원인인 우매함은 노동의 문제가 존재한다는 데 있다. 특정한 것들에 대해서는 문제 제기를 하지 않는다는 것: 이것이 본능의 첫 번째 명령인데 말이다.—유럽 노동자를 하나의 문제로 만들어놓고 난 후, 사람들이 그들을 가지고 무엇을 하려는지 나는 전혀 예측하지 못하겠다. 유럽 노동자는 단번에 더 많이 더 뻔뻔스럽게 문제제기를 하기에는 너무나도 좋은 상태에 있다. 그는 결국 대다수를 자기 편으로 한다. […] 노동자를 계층으로 만드는, 독자적이게 만드는 본성을 가장 무책임한 무분별함이 철저히 파괴해버렸다. 노동자를 군인처럼 용감하게 만들고, 그들에게 단결권과 정치적 참정권을 부여했다: 노동자가 오늘날 자신의 존재를 이미 위기(도덕적으로 표현하면 정의롭지 않다고나 할까—)라고 느낀다해도 그것이 뭐 이상한 일이겠는가? 그런데 다시 한 번 물어보자. 사람들이 원하는 것이 무엇이란 말인가? 목표를 원하면, 수단도 원하지 않으면 안 된다: 노예를 원하면서 노예를 주인으로 교육한다면 바보가 아닐 수 없다. (우상, 181쪽)

현대의 문제는 노동의 문제다. 일자리 창출이 최대의 관심사다. 이것에 대해서는 문제 제기를 하지 않는다는 것, 이것이 현대인의 본능으로 자리잡고 말았다. 오히려 일자리 창출과 관련없는 생각들이 문제로 인식될 뿐이다. 노동의 문제가 존재하는 한 "근본적으로는 본능의 타락이자 오늘날 모든 우매의 원인인 우매함"은 피할 길이 없다. 노동자는 "너무나도 좋은 상태에 있다. 그는 결국 대다수를 자기 편으로 한다." 모두가 똑같은 삶을 산다는 것에 위로를 느낀다. 문제 제기는 그들의 것이 아니다.

노동에 대한 이상은 개인으로 하여금 개인이게끔 하는 본능을 파괴하고 말았다. "노동자를 계층으로 만드는, 독자적이게 만드는 본능을 가장 무책임한 무분별함이 철저히 파괴해버렸다." 대중의 본능만이 판을 친다. 개인의 본능이 파괴된 결과다. 대중에 의한 본능의 타락으로 인해 노동자는 '군인처럼 용감하게' 살아가고 있다. 현대인에게 용기는 노동에 대한 태도에서 결정될 뿐이다. 일의 노예로 살면서 자기 삶의 주인이 되었다고 착각하고 있을 뿐이다. "노예를 원하면서 노예를 주인으로 교육한다면 바보가 아닐 수 없다." 현대에 대한 니체의 비판은 거침이 없다. 하지만 그는 결코 비관적이지 않다. 변화는 있을 수밖에 없다고 보기 때문이다. 그는 천재의 출현을 신앙으로 삼는다.

> 나의 천재 개념. ― 위대한 인간들은 위대한 시대처럼 엄청난 힘이 괴어 있는 폭발물이다; 역사적으로나 생리적으로 그들은 항상 다음의 전제 조건을 갖는다. 즉 오랫동안 그들 위에 힘이 모이고 축적되고 절약되며 보존된다는 것 ― 오랫동안 폭발이 일어나지 않았다는 것. [...] 위대한 인간은 필연적이지만, 그들이 등장하는 시대는 우연이다; 그들이 거의 언제나 자기 시대의 지배자가 되는 이유는 그들이 더 강하다는 데에, 더 오래되었다는 데에, 그들에게 더 오랫동안 힘이 모아졌다는 데에 있다. (우상, 184쪽)

변화는 필연적이다. 누군가는 나타나 구시대를 선언하고 새 시대를 열게 마련이다. 모든 시대의 선구자는 천재와 같다. 그는 오랫동안 힘이 축적되어야만 출현이 가능한 존재다. 천재는 강함을 본성으로 한다. 그는 "거의 언제나 자기 시대의 지배자"의 모습으로 등장한다. 그의 다른 이름은 초인이라 불러도 무방하다. 기존의 모든 것 위에 군림하며 주인으로 존재하는 인간이다. 그의 강함은 폭발물이 터지듯이 표출된다. 모든 것을 파괴하며 모든 것을 새롭게 만든다. 마치 망치를 든 철학자의 모습처럼 파괴를 전제하지만 결국에는 창조를 일궈낸다. 그에게는 "문화를 올바른 자리에서 출발시키는 것이 결정적"(우상, 189쪽)이다.

문체의 탄생, 그리고 숲이 다이아몬드에게 하는 말

긴 터널을 통과한 기분이다. 밤이 밤으로 이어지는 긴 시간이었다. 《아침놀》의 서문 첫 구절이 생각나기도 한다. "이 책에서 사람들은 '지하에서 작업하고 있는 한 사람'을 보게 될 것이다."(아침, 9쪽) 지하의 분위기, 썩 좋은 느낌은 아니다. 허무주의의 도래를 맨 몸, 맨 정신으로 받아들이는 상황이다. 허무주의 철학은 이것을 요구한다. 무슨 일이 있어도 견뎌내라고 또 삶에서 어떤 끔찍한 일들이 생길지 모르니 항상 힘을 기르라고. 더 나아가 견뎌내는 것에 만족하지 말고 사랑하라고. 바로 이러한 자세 때문에 "사람들은 그가 자신이 행하고 있는 어두운 일에 만족하고 있다고 말할 수 있을 것이다." (같은 곳) 허무주의 철학은 허무에 만족하는 것처럼 보인다. 이런 만족의 태도는 또 이렇게 해석해낼 수 있어야 한다. "그는 자신이 결국 무엇에 도달하게 될지를 알기 때문에, 즉 자신의 아침, 자신의 구원, 자신의 아침놀에 도달하게 될 것을 알기 때문에, 자신의 긴 암흑과 이해하기 어렵고 은폐되어 있으며 수수께끼 같은 일을 감수하는 것"(같은 곳)이라고.

허무주의 철학에서 허무를 이해하기란 쉽지가 않다. 그것은 마치 바다에 사는 물고기가 바다를 이해하는 것과 같다. "바다가 뭘까?"[11] 이 질문은 물고기에겐 자기 존재 자체에 대한 의문 제기와 같다. 삶이 무엇일까? 이것은 사람에겐 존재의 문제가 된다. 나는 누구일까? 이것은 자기가 누구인지 아는 존재에겐 근원적인 문제가 된다. 인간은 누구나 다 안다고 자부한다. 그런데 앎이란 무엇일까? 이런 질문이 생겨날 수밖에 없을 때 다양한 해석으로 본질을 흐려놓기도 한다. 에덴동산의 선악과善惡果 이야기가 대표적이라고 할까. 인식의 나무 이야기 말이다. 거기선 인식이 죽음과 동격으로 간주되었었다. "선악을 알게 하는 나무의 열매를 먹으면 죽으리라!"[12] 참으로 기발한 해석이다.

성스러운 신의 뜻으로 알고 지내왔던 수많은 것들의 환상을 벗겨내고 나면 어떤 상황이 벌어질까? 좋은 게 좋은 게 아닐 수도 있다. 오히려 나쁜 게 좋은 것일 수도 있다. 이런 가치의 전도 작업이 허무주의가 도전하는 '지하'에서의 작업이다. 부정적인 것이 분명해질수록 긍정적인 것은 그만큼 돋보일 수밖에 없다. 그래서 니체는 지금까지 부정적인 것을 부각시키는 데 주력했다. 이제 그는 과거에 대해 '내가 옛 사람들의 덕을 보고 있는 것'이란 제목으로 긍정적인 측면을 서술하고자 한다. 앞선 장, 즉 '어느 반시대적 인간의 편력'의 분량에 비하면 비교가 안 될 정도다. 오히려《우상의 황혼》의 결론에 해당하는 글처럼 보이기도 한다. 그래도 무시할 수는 없다. 이제부터는 분노의 감정을 통제하며 차분하게 독서에 임해보자. 긍정적인 시각을 가져보자. 그러면서 니체가 바라보는 것이 무엇인지 추적해보자.

> 옛 세계에 대해 마지막으로 한마디 — 내가 그리로 갈 통로들을 찾았었고, 어쩌면 하나의 새로운 통로를 발견했다고도 할 수 있는 시대에 대해, 너그러운 취향의 반대일 수 있는 내 취향은 여기서도 전적으로 그렇다고 말하지 않는다: 대체로 내 취향은 기꺼이 그렇다고 말하지 않는다. 차라리 아니라고 말하기를 좋아하고, 제일 좋아하는 것은 아무 말도 안 하는 것이다… (우상, 195쪽)

몇 줄 만 읽어도 수수께끼 같다. 모든 말들이 미궁 속 벽처럼 느껴진다. 독일어 원문을 읽어도 그다지 도움이 안 된다. 원래 말이 그런 거다. 하지만 니체의 말투에 적응된 자라면 파도를 타듯이 즐길 수도 있다. 니체는 옛 세계가 한눈에 들어오고 있는 듯이 여기고 있다. 그는 그곳으로 가는 '통로'를 찾아냈던 것이다. 아무리 잘 포장해놓았어도 그 본질을 들여다볼 수 있게 된 것이다. '지하'에서 오랫동안 작업을 하며 얻어낸 인식인 것이다. 아무도 가르쳐주지 않았다. 스스로 찾아냈다. 그래서 선구자가 된 것이다.

니체는 자신의 취향에 대해 말한다. 허무주의 철학의 취향이라고 보아도 된다. "대체로 내 취향은 기꺼이 그렇다고 말하지 않는다." 예스맨이 아니라는 이야기다. '그렇다'고 말해야 하는 순간이 온다면 그것은 마지못해 하는 말이지 마음에서 우러나온 말은 아니라는 뜻이기도 하다. 허무주의는 그러니까 끝까지 간다. 하나를 물면 쉽게 놓아주지 않는다. 《바그너의 경우》에서는 '카베 카넴Cave canem'이라는 말도 했었다. "개를 조심하라"(바그너, 59쪽)고. 니체의 허무주의적 개는 인간을 지키는 개다. '인간적인 너무나 인간적인' 것만을 위한 충견忠犬이다. 그의 취향은 '너그러운 취향'과는 정반대의 성향을 보인다. 용서란 없다. 잔혹하기까지 하다. 잘못했다고 무릎을 꿇어도 '이미 늦었노라'고, '처음부터 그러지 말았어야 했다'고 외쳐대는 용맹스런 개다.

망치를 들고 철학을 하고자 하는 허무주의의 취향은 한마디로 모든 것을 "차라리 아니라고 말하기를 좋아하고, 제일 좋아하는 것은 아무 말도 안 하는 것이다…" 손을 댈 수 있으면 대고 손을 댈 수 없으면 침묵하라. 할 수 있으면 하고 할 수 없으면 가만히 있으라. 침묵. 이 말 끝에 말줄임표를 남겨놓았다. 하고 싶은 말이 많았나보다. 중언부언이 될까봐 자기검열에서 통과하지 못한 수많은 말들이 침묵으로 말을 하고 있는 듯하다. '옛 세계'를 향해 '아니야! 그건 아니야!'하고 덤벼드는 망치질 소리가 들리는 듯하다. 말을 해서 무엇 하나. 말을 듣지 않는 자라면 망치질, 채찍질이 최선이다.

모두가 하나의 진리만을 말하는 곳에서는 사실 몸을 사려야 한다. 쓸데없이 희생의 제물이 될 수 있기 때문이다. 희생양이 되는 것은 옳지 않다. 원치 않은 제사에 제물로 바쳐지는 것만큼 어리석은 짓은 없기 때문이다. 남의 제사에 좋은 일을 할 필요까지는 없다는 이야기다. 제사라고 하니 의미가 잘 전달되지 않는 것 같아 말을 바꿔보자. 남의 잔치, 즉 남의 잔칫상에 올라오는 돼지 머리 같은 꼴이 되지 말라는 의미다.

진리가 하나인 곳에서는 침묵만이 약이다. 현대 노동자들이 자신의 본능까지 타락시킨 곳에서 무슨 할 말이 있을까. 그들에겐 들을 귀가 없다. 본능이 타락해서다. 하지만 자신의 말을 들어줄 귀를 가진 독자들을 향해서는 끊임없이 같은 말을 반복이라도 하면서까지 말할 필요는 있다. 바로 이런 말을 위해 찾았던 것이 어떻게 말을 할 것인가 하는 문체에 대한 질문으로 연결된다. 현재에서 '옛 세계'로 가는 통로에서 발견된 것은 그러니까 문체였던 것이다.

> 내 삶에서 고려되는 고서는 근본적으로는 몇 권 안 된다; 지극히 유명한 고서들은 그 안에 포함되지 않는다. 문체에 대한, 문체로서의 경구에 대한 내 감각은 사루스트를 접했을 때 거의 순간적으로 자각되었다. 존경하는 스승 코르센이 라틴어를 가장 못하는 제자에게 최고 성적을 주어야만 했을 때 그가 느꼈던 놀라움을 나는 잊을 수가 없다 —. 나는 단번에 해내버렸던 것이다. 간결함, 엄격함, 가능한 한 많은 내용, '미사여구'와 '멋진 감정'에 대한 냉정한 적의 — 여기서 나는 나 자신을 알아차렸다. (우상, 195쪽)

옛 세계로 가는 통로, 그것은 사루스트 혹은 코르센 같은 이들이 형성하고 있다. 그다지 유명하지는 않지만 그래도 니체가 철학자의 길로 접어들 수 있도록 해준 자들이다. 경구체의 글 그리고 라틴어의 담백한 문장들이 자기 자신을 알아차릴 수 있게 해준 것이다. "'미사여구'와 '멋진 감정'에 대한 냉정한 적의"를 품고 다가서자 자기 자신이 보였다는 이야기다. 여기에 허무주의 철학의 묘미가 스며 있다. 미궁에 빠졌다고 한탄하지 말아야 할 이유도 여기에 있다. 왜냐하면 거기서 자기 자신을 만나게 될 것이기 때문이다. 미궁 속에서 만나게 되는 것은 괴물이라고 불리는 자기 자신이다.

　문체는 말하는 존재에겐 최고의 고민거리다. 입이 있어 먹을 것을 찾는 존재에게 요리가 문제되듯이 이성이 있어 말을 해야만 하는 존재에겐 문체가 문제가 된다. 자기 문체를 발견한다는 것은 최고의 경지다. 자기 말을 발견했다는 것은 운명을 인식한 것이나 다름없다. 니체는 경구에서 자기 자신을 발견했다고 고백했다. 거기서 탄생한 것이 잠언이라는 문체였다. '미사여구'와 '멋진 감정'을 쏙 빼놓은 문체다. 온갖 허영심을 소금에 절여놓은 듯한 문체다. "이런 '고도의 단순성' 앞에서 내 안의 심리학자가 나를 보호해주었다."(우상, 198쪽 이후) 문체가 자기 자신을 보호해준다는 말을 이해하겠는가? 잘 이해되지 않는다면 다음의 시 구절을 떠올려보자. " — 지금 백 개의 각운을 지니지 못한 자는 / 내기를 걸고 단언컨대 / 죽음을 맞으리라!"(즐거운, 412쪽) 그래서 살고 싶으면 글쓰기 연습을 하라는 것이다.

　'우상의 황혼', 그 멋진 신세계를 맛보고 싶으면 글쓰기에 매진하라! 망치를 들고 철학을 하는 맛을 보고 싶으면 글쓰기 연습을 하라! 그리고 니체는 고대 그리스인들에게서 글을 배우라고 권한다. 그 글들 속에 고대의 정신이 담겨 있기 때문이다. "사람들은 그리스인에게는 아무것도 배우지 않는다 […] 한 번이라도 그리스인에게서 글쓰는 법을 배웠던 자가 누가 있단 말인가?"(우상, 196쪽) 니체의 눈에는 아직 단 한 명도 보이지 않았다. 스스로 신이 되는 비결을 묻는 자세로 글쓰기를 배우는 자가 단 한 명도 없었다. 이런 생각에서 니체는 글쓰기를 배우지 않는 이들을 향해 쓴소리를 내뱉었던 것이다.

> 고대의 본능을, 아직도 풍부하고 넘쳐흐르기까지 하는 옛 헬레네적 본능을 이해하기 위해서, 디오니소스라는 이름의 그 놀라운 현상을 진지하게 받아들였던 최초의 사람이 바로 나다: 그 현상은 오로지 힘의 과다로부터만 설명될 수 있다. (우상, 200쪽)

힘이 없으면 알 수 없는 영역이 고대다. 노예근성으로는 도저히 접근할 수 없는 신의 영역이다. 고대의 본능과 헬레네적 본능을 이해하려면 '디오니소스라는 이름의 그 놀라운 현상'을 인식할 수 있어야 한다. 그럴 눈이 있는가? 니체는 비극 무대의 뒤에 숨어 있는 그 신의 모습을 보았다. 단 한 번도 무대 위에 모습을 드러내지 않은 그 신을 보았던 것이다. "이 디오니소스의 미소에서 올림포스의 신들이 탄생했고, 그의 눈물에서 인간이 생겨난 것이다."(비극, 85쪽) 비극의 탄생은 곧 새로운 인간의 탄생이라는 기적을 낳게 한다. 눈물은 인간의 탄생으로 이어지는 통로였던 것이다. 허무주의를 감당하고 사랑해야 하는 이유다.

> 삶 자체에 대한 긍정이 삶의 가장 낯설고 가장 가혹한 문제들 안에도 놓여 있는 것이다; 자신의 최고 유형의 희생을 통해 제 고유의 무한성에 환희를 느끼는 삶에의 의지 — 이것을 나는 디오니소스적이라고 불렀으며, 비극 시인의 심리에 이르는 다리로 파악했다. […] 《비극의 탄생》은 모든 가치에 대한 나의 첫 번째 전도였다; 그것에 의해 나는 내 의지와 내 능력이 자라나는 그 지반으로 다시 돌아간다 — 철학자 디오니소스의 최후의 제자인 나는 — 영원회귀를 가

르치는 나는… (우상, 203쪽)

참 격정적이다. 따라 읽다보면 말줄임표에서 정말 숨이 막힐 것만 같다. 그만큼 니체 역시 글을 쓰면서 동시에 생각이 진행되고 있음을 감지할 수 있다. 어쨌거나 니체는 허무주의라는 철학을 통해 삶을 긍정하고자 했다. 그 긍정의 이념을 뭐라고 부르든 상관없다. 디오니소스적! 니체가 발견한 이름이다. '비극의 탄생'은 우리가 아는 그런 비극이 아니었다. 삶을 위한 가치의 탄생이었다. 이 이념 위에서 니체의 허무주의는 영원회귀라는 금자탑을 쌓아갔다. 삶은 시간 속에서 영원히 회귀하는 모습으로 반복된다는 것을 보여주고자 했던 것이다.

이제 《우상의 황혼》에서 마지막을 장식하고 있는 '망치가 말한다'만을 남겨놓고 있다. 한 페이지가 채 안 되는 분량이다. 상징과 비유가 난무한다. 지극히 문학적인 글이다. 주장과 설명으로 일관하던 철학자는 늘 이런 식으로 대미를 장식한다. 스스로 답을 찾아야 하는 수수께끼를 내듯이 마감한다. 숯이 다이아몬드에게 말한다. "왜 그리도 단단한가! — 언젠가 숯이 다이아몬드에게 말했다: 우리는 가까운 친척 사이가 아닌가?"(우상, 207쪽) 숯과 다이아몬드는 친척 사이다. 그런데 속성은 너무도 다르다. 숯은 부서지고 갈라지지만 다이아몬드는 단단하기 짝이 없다. 왜 그래야만 하는가? 숯은 알고 싶은 거다. 그다음 끝까지 다이아몬드의 말이 이어진다. '망치가 말한다.' 책망도 하고 달래기도 하면서. 마지막 부분만 인용해본다.

창조하는 자 모두는, 말하자면 단단하다. 그리고 너희의 손을 밀랍에 눌러 찍듯, 수세기 동안 눌러 찍는 것을 지복으로 생각하지 않으면 안 된다 —
— 청동에 써 넣듯이 수세기의 의지 위에 써 넣는 것을 — 청동보다 단단하고, 청동보다 고결하게 써 넣는 것을 지복이라고 생각하지 않으면 안 된다. 가장

고결한 자만이 단단하다.

이 새로운 서판을, 오오, 내 형제들이여, 나는 너희의 머리 위에 내건다: 단단해
질지어다! ——(우상, 207쪽)

독일 원문을 살펴보면 모든 단어들, 모든 활자들 사이가 조금씩 떼어져
있다. 문장 자체는 짧지만 늘어진 만연체처럼 읽으라는 신호일까. 서두르지
말고 천천히 읽으라는 메시지가 전해지는 듯하다. 길고 긴 호흡을 가지고
단어 하나하나, 문장 하나하나를 씹어 삼키듯이 읽어달라는 요구가 담겨 있
는 듯하다. 천천히! 제발 좀 천천히. 서두르지 말라. 인식은 원한다고 와주지
않는다. 깨달음의 순간은 늘 우연처럼 오지만 필연적인 결과물일 뿐이다. 시
간이 쌓여야 한다. 때가 되어야 한다. 오랫동안 성숙하는 과정을 밟아야 한
다. '아름다움이라는 느린 화살'(인간적I, 170쪽)이 전하는 메시지를 알아야 한
다. "아름다움은 우연이 아니다."(우상, 188쪽) 모든 것은 노력의 결과다. 천재
도 "각 시대가 축적시킨 작업의 최종적 결과"(같은 곳)일 뿐이다.

망치가 말한다. 다이아몬드가 그 망치의 이름이다. 이제 니체의 책을 손에
서 놓아야 할 때다. 이때를 위해 니체는 이미 이런 시도 남겨놓았다. "내가
손대는 모든 것은 빛이 되고 / 내가 버리는 모든 것은 숯이 되니 / 나는 불
꽃임에 틀림없다"(즐거운, 60쪽)고. 그리고 숯이 되어 남겨지는 자에게 다이아
몬드는 심심당부를 한다. 단단해지라고. 단단함. 쉽게 부서지지 말라는 뜻이
다. 떠나는 자가 남겨지는 자에게 남겨놓은 말이다. 유언처럼 들린다. '울지
말라'고 보이지 않는 손으로 위로의 신호를 보내는 듯하다. 마음 단단히 먹
고 살라고. 인생은 결코 호락호락하지 않을 거라고.

삶은 기회다. 다이아몬드처럼 살 수 있는 기회다. 숯은 가능성을 가지고
있다. 쉽게 부서지는 존재지만 다이아몬드가 될 수 있다. 니체의 독자가 된

이상 이 가능성은 충분히 가지고 있다. 다만, 무를 기다리는 마음으로 견딜 수가 있느냐가 문제다. 온갖 다양한 문체로 글쓰기에 매진해야 하는 이유다. "이와 같은 다양한 훈련으로 2, 30년을 보내라: 그 후에는 작업실에서 창작된 것이 거리의 빛 속으로 나가도 좋다."(인간적I, 182쪽) 마치 '청동에 써 넣듯이' 글쓰기 연습을 하라는 것이다. 말하는 존재에겐 지상명령이 아닐 수 없다.

제3장
미궁으로 향하는 운명

우리는 행복을 발견했고
길을 알고 있으며
수세기에 걸친 미궁 전체에서
나가는 통로를 발견했다.

적그리스도를 자청하는 허무주의

《안티크리스트》는 유고다. 도이처 타쉔부흐Deutscher Taschenbuch 출판사의 전집에는 1888년 8월부터 1889년 1월 초까지라고 시간적 범위를 정해놓았다. 그래도 여전히 집필 시기는 논쟁거리다. '1888년 늦여름부터 가을 사이'가 아닐까 추정되지만 이것도 분명한 것은 아니다. 어쨌든 5개월 남짓한 시간이다. 니체에게 주어진 정신의 생명 시간이다. 하나가 둘이 된 그 두 번째 인생의 마지막 순간이다. 니체는 1889년 1월 3일에 정신줄을 놓는다. 결과를 알고 독서에 임하는 자의 마음은 정말 묘하다. 모래시계 속의 얼마 남지 않은 모래를 바라보고 있는 안타까운 심정이라고 할까. 정말 시간이 별로 남지 않았다. 아니 시간이 없다. 아마 니체도 그것을 직감하고 있지 않았을까. 그저 희망이 담긴 의문 제기일 뿐이다. 몰랐다면 인생의 마지막 시간에 이토록 동시다발적인 집필에 몰두했을까. 요양도 하면서 여유를 부리지 않았을까.

부제목은 '모든 가치의 전도'라고 했다가 '그리스도교에 대한 저주'로 바꿨다. 전자는 자기 이념의 입장에서 나온 제목이고 후자는 집필 대상의 상황을 고려한 제목이다. 전자가 조금 소극적이라면 후자는 적극적이다. 니체는 후자를 선택했다. 싸워보겠다는 것이다. 싸워보자는 말이다. "난쟁이여! 너! 아니면 나다!"(차라, 260쪽) 이런 것이다. 이판사판이다. 죽기 살기로 그러니까 목숨을 걸고 싸워보겠다는 것이다. 이런 면에서 니체의 허무주의 철학은 일종의 전쟁 철학이라고 불려도 좋으리라. 허무한 존재인 상대방의 본성을 밝혀내기 위해 싸우고자 함을 근간으로 하기 때문이다.

사실 《안티크리스트》는 독한 예방주사를 몇 번이고 맞고 나서 도전해야 할 책이다. 약한 정신에는 치명적일 수 있기 때문이다. 신을 모독하는 강도^{剛度}가 정도를 넘어설 때가 많다. 아직도 '신은 죽었다'는 말에 불편한 심정이라면 다시 앞선 작품들을 반복해서 읽어보아야 할 것이다. 마음의 준비를 단단히 해야 한다. 신의 반대편에서 홀로 서기를 할 수 있는 강심장이 되어야 한다. 정신을 바짝 차려야 한다. 길을 잃으면 빠져나올 수도 없다. 괴물을 죽이는 것도 중요하지만 길을 찾아 다시 나오는 것도 중요하다. 그것이 미궁을 앞에 두고 챙겨야 할 덕목이다.

니체는 늘 적을 찾아 나섰다. 허무주의 사상가로서 진정한 허무함을 깨닫고자 진정한 적을 요구했던 것이다. 영웅이 두려움을 알고자 적을 요구했던 것처럼. 지크프리트가 두려움이 무엇인지 가르쳐줄 용을 찾아 '질투의 동굴'²로 향하듯이. 질투하는 자가 가장 무섭다. 질투를 가능하게 하는 것은 이상의 형성이다. 그것이 그저 이상이기 때문에 또 자기 자신은 도달할 수 없는 경지이기 때문에 질투를 하는 것이다. "이 지상에서 어떻게 이상이 제조되는가의 비밀을 조금이라도 내려다보고 싶은 사람은 누구인가? 누구에게 그런 용기가 있단 말인가?"(도덕, 380쪽) 질투하는 용에게 맞설 용기가 있는가? 니체는 자기를 실험할 준비가 되었냐고 또 자기 자신을 실험할 용기가 있냐고 묻는다. "자신의 힘을 견주어볼 수 있는 상대인 적敵, 즉 가치 있는 적으로서 무서운 것을 갈망하는 몹시 날카로운 눈초리의 실험적 용기는? 자신이 '두려워하는 것'이 무엇인지를 배우고자 하는 적은 있는가?"(비극, 10쪽) 그리고 기독교에서 최고의 적을 만났다.

기독교는 유일신 사상으로 무장한 종교다. 십계명 중 제4계명까지 오로지 하나만을 요구한다. "너는 나 외에는 다른 신들을 네게 두지 말라."(신명기 20:3), "너를 위하여 새긴 우상을 만들지 말고 또 위로 하늘에 있는 것이나 아래로 땅에 있는 것이나 땅 아래 물속에 있는 것의 어떤 형상도 만들지 말며"(신명기20:4), "너는 네 하나님 여호와의 이름을 망령되게 부르지 말라 여호와는 그의 이름을 망령되게 부르는 자를 죄 없다 하지 아니하리라."(신명기20:7), "안식일을 기억하여 거룩하게 지키라."(신명기20:8) 기독교는 하나 이외에는 용납할 수 없는 질투의 신을 만들어냈다. "여호와는 질투하시며 보복하시는 하나님이시니라."(나훔1:2), "누구든지 주를 사랑하지 아니하면 저주를 받을지어다."(고린도전서16:22) 질투의 신은 저주로 보복한다.

'스스로 있는 자'(출애굽기3:14)라고 하는 그 하나 그 유일한 신은 인간의 이성이 만들어낼 수 있는 최고의 신이다. 생각은 자유다. 자유를 본성으로 하고 있는 그 생각이 도달할 수 있는 극단, 바로 그곳에서 형성된 신이다. 진정한 이상이 형성된 것이다. 그 신의 영역은 진정한 이상향이 된다. 그곳이 구원받은 자들이 영생을 이룰 수 있는 천국이다. 그 하나 이외의 것은 발을 붙일 수 없는 곳이다. 오로지 그 하나의 이념으로 순수해진 자만이 들어갈 수 있는 곳이다. '좁은 문'(마태복음7:13)이 따로 없다. 들어가기도 힘들지만 빠져나오기도 힘들다. 괴물이 사는 미궁 앞에서 용기를 제대로 장착했는지 자기 검증을 해야 할 때다.

허무주의는 우선 허무함을 받아들이는 것을 골자로 하는 철학이다. 그 어떤 것도 허무하지 않을 수 없다는 것이 기본 이념인 것이다. 그럴 수 있겠는가? 그것을 감당할 수 있겠는가? 허무주의 철학 앞에서 정신 무장을 단단히 해야 한다. 스스로를 '적그리스도'(요한일서2:22)라고 칭할 수 있겠는가 하는 문제인 것이다. 이 적그리스도는 성경을 독일어로 옮긴 루터의 언어 '안티크리스트Antichrist'[3]의 번역일 뿐이다. 기독교인의 입장에서는 차마 입에 담지 못할 말인 것이다.

다시 부제목에 주목해보자. '그리스도교에 대한 저주'라 했다. '저주'(고린도전서16:22)하는 신에 대항하여 저주로 맞설 수 있는가?《아침놀》을 읽을 때, 즉 "이 책은 도덕에 대한 신뢰를 철회한다. 왜냐고? 도덕에 충실하기 위해서!"(아침, 15쪽)라는 말을 할 때 진정으로 동참을 선언했던가? 스스로 자문해볼 일이다. "이렇게 양심적인 인간으로서만, 오늘날 도덕을 부정하는 사람이자 신을 상실한 사람들인 우리"(같은 책, 16쪽)라는 감정에 동참했었는지를. 밖에서 구경만 하는 게 아니라 안에서 함께 싸우고 있었는가? 이것을 묻고 있는 것이다. 허무주의는 싸움의 철학이다. "아! 싸움을 바라보는 자도 싸움에 가담해야 한다는 것, 그것이 싸움의 마법이구나!"(비극, 120쪽) 그것이 허무주의의 마법이다.

그런데 '저주'가 너무하다는 느낌이 들었나보다. 크뢰너Kröner 출판사 판

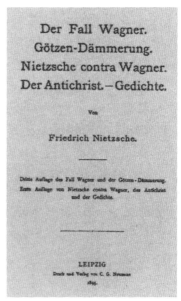

Der Fall Wagner.
Götzen-Dämmerung.
Nietzsche contra Wagner.
Der Antichrist. — Gedichte.

Von

Friedrich Nietzsche.

———

Dritte Auflage des Fall Wagner und der Götzen-Dämmerung.
Erste Auflage von Nietzsche contra Wagner, des Antichrist
und der Gedichte.

———

LEIPZIG
Druck und Verlag von C. G. Neumann
1895.

《안티크리스트》가 실려 있는 초판본 표지.
출판연도는 1895년으로 적혀 있다.

의 부제는 '기독교 비판의 시도Versuch einer Kritik des Christentums'라고 변형되었다. 좀 부드럽게 표현하고 싶었나보다. 하지만 이것도 그저 근거 없는 변형 시도는 아니었다. 니체는 "모든 가치의 전도"라는 제목으로 4부작을 계획하고 있었고, 그중의 첫 번째 책으로《안티크리스트》를 집필했으며 이를 위한 부제목으로 〈기독교 비판 시도〉를 선택했던 것이다. 그래서 크뢰너 출판사 판의 이 책 제목도《모든 가치의 전도. 제1권: 안티크리스트Umwertung aller Werte. Erstes Buch: Der Antichrist》로 정했던 것이다. 따라서 이 책 앞에 놓여 있는 서문이 책 전체를 대표하는 것인지는 논쟁거리로 남아 있다. 유고다보니 확실한 것은 아무것도 없다. 니체는 최종적으로 어떤 결정을 내렸을까? 궁금하기만 하다. 어쨌든 우여곡절 끝에 1894년 니체—아르히브Nietzsche-Archiv. 문서보관소에서 편집을 맡아 처음으로 세상에 모습을 드러낸 책이다. 서론이 너무 길어졌다. 이제 정말 '서문'을 읽어보자.

이 책은 극소수를 위한 것이다. 아직은 그들 중 누구도 생존하지조차 않을 수 있다. 그들은 나의《차라투스트라는 이렇게 말했다》를 이해할 수 있는 사람들일 것이다: 어찌 내가 오늘날 이미 경청되고 있는 자들과 혼동될 수 있다는 말인가?—나의 날은 내일 이후이다. 몇몇 사람들은 사후에 태어난다.

나를 이해하게 하고, 그런 다음에 나를 필연적으로 이해하게 하는 조건들을 나는 너무나 정확히 알고 있다. 나의 진지함과 나의 열정도 견뎌낼 수 있기 위해서는, 사람들은 정신적인 문제에 냉혹할 정도로 정직하지 않으면 안 된다. 산에서 살아가는 법을 익히고 있지 않으면 안 된다—정치와 민족 이기주의의 천박한 시대적 헛소리를 자기의 발아래의 것으로 내려다보는 법을 익히고 있지 않으면 안 된다. 진리가 유용한지, 진리가 어떤 사람에게 숙명이 되는지… 등에 대해 무관심해지지 않으면 안 되며, 그런 질문을 결코 던져서도 안 된다.

오늘날 어느 누구도 물어볼 용기가 없는 문제들을 선호하는 강건함; 금지된 것에 대한 용기; 미궁으로 향하는 예정된 운명, 일곱 가지 고독에 의한 한 가지 경험, 새로운 음악을 위한 새로운 귀, 가장 멀리 있는 것을 위한 새로운 눈, 이제껏 침묵하고 있던 진리들에 대한 새로운 양심. 그리고 위대한 양식의 경제성을 추구하려는 의지: 그 힘과 열광을 흩어지지 않게 한데 모으려는 의지⋯ 자신에 대한 존경: 자신에 대한 사랑; 자신에 대한 무조건적 자유⋯

자! 이런 자들만이 나의 독자이고, 나의 정당한 독자이며, 예정된 나의 독자이다: 그 나머지는 뭐가 중요한가? ─ 그 나머지는 한갓 인간일 뿐인데. ─ 우리는 인간을 능가해야 한다. 힘과 영혼의 높이에 의해서 ─ 경멸에 의해서⋯ (안티, 213쪽 이후)

니체가 말하는 '나의 독자'는 누구일까? 서문에서는 그것을 밝히고자 한다. '진리'라 불리는 것 앞에서 '경멸'을 느낄 수 있는 자만이 니체의 독자가 될 수 있다. 대부분의 사람들은 누군가가 '진리'를 운운할 때 귀를 기울일 수밖에 없다. 귀가 있는 한 남의 말을 듣지 않을 수 없기 때문이다. 그것이 사실인지 아닌지는 중요하지 않다. 일단 인간은 남의 말에 귀를 쫑긋하게 마련이다. 그리고 그 이야기의 내용이 '진리'라고 규정할 때 정신 속에는 복

니체와 관련하여 대학에서 처음으로 강의를 한 철학자 게오르크 브란데스(Georg Brandes, 1842～1929)의 1886년 모습.

잡한 일들이 벌어지게 된다. 선입견과 편견들이 생겨나는 순간이다. '오늘날 이미 경청되고 있는 자들'은 모두 이런 부류의 사람들이다. 이미 규정된 생각 속에서 이미 정해진 '진리'만을 허용하는 집단 속에 있는 자들이다.

하지만 허무주의 정신은 다르다. 자유를 원하는 정신이다. "절대적 진리가 없는 것과 마찬가지로 영원한 사실도 없다."(인간적I, 25쪽) 이것을 신념으로 삼은 정신이다. 신념을 부정적으로 바라보는 철학자가 고집을 피우는 신념도 있다. 그것은 오로지 변화를 인정하는 정신뿐이다. 《차라투스트라는 이렇게 말했다》를 이해할 수 있는 사람들'은 이것이 무슨 말인지 알아들을 것이다. 이런 독자 중에 게오르크 브란데스가 있지 않을까. 그는 1888년 최초로 대학에서 니체 관련 강의를 했던 철학자이다. 덴마크의 코펜하겐에서 '독일 철학자 프리드리히 니체에 대하여'[4]라는 제목으로 강의를 한다는 소식을 전해 들었을 때 니체 심정은 어떠했을까? 1888년 5월 23일 토리노에서 그를 향해 쓴 편지 속에는 희망이 가득하다. "그리고 최근의 좋은 소식들, 당신의 소식들, 존경하옵는 선생님, 그 소식들은 저에게 증명을 해주었답니다. 제가 살아 있다는 것을…"[5] '살아 있네!' 이 느낌이 얼마나 힘이 되어주었을까. '아직 죽지 않았다!'는 이 느낌은 1888년 봄기운을 절정으로 치닫게 해주고도 남음이 있었을 것이다.

자기 책을 읽어주는 독자가 있다는 것을 확인한 니체. 게다가 철학자로서 자기 자신과 자신의 철학이 대학에서 강의 주제로 선택되었다는 사실은 영광이 아닐 수 없다. 그래서일까. 《안티크리스트》의 서문은 자신감으로 충만해 있다. 이제 정말 정면 승부를 걸고자 한다. 그래도 아직 때는 이르다는 사실을 인정한다. "나의 날은 내일 이후이다. 몇몇 사람은 사후에 태어난다." 겸손으로 읽어야 할까 자신감으로 읽어야 할까. 둘 다인 것 같다.

'나의 독자'란 말을 하면서 그가 누군지를 밝히고 싶은 심정은 또 어떤 것일까. "나의 진지함과 나의 열정도 견뎌낼 수 있기 위해서는" 다양한 조건들이 충족되어 있어야 한다. 그 이후에 등장하는 모든 말들은 바로 이것을 위한 조건들일 뿐이다. '냉혹할 정도로 정직'해야 하고, '산에서 살아가는 법'과 '내려다보는 법'을 알고 있어야 하며, '진리'에 대해 '무관심'할 수 있어야 하고, '용기'가 있어야 하며, '새로운 귀'와 '새로운 눈'이 있어야 하고, '이제껏 침묵하고 있던 진리들에 대한 새로운 양심'도 있어야 하고, 자기 자신에 대한 '존경'과 '사랑'도 있어야 하고 또 '자신에 대한 무조건적 자유'도 있어야 한다. 이런 자들이 허무주의의 독자가 될 수 있다는 것이다.

니체의 독자는 진리를 파괴하고 진리를 새롭게 세울 수 있는 자들이다. 그 진리 또한 궁극적인 진리가 아닌 그저 과정 속에 한 번 스쳐 지나가는 진리일 뿐이다. 진리는 끊임없이 오고 또 가야 한다. 파도처럼, 영원히 회귀하는 것처럼 진리는 그렇게만 존재한다. 인간을 극복했다고 인간이 아닌 것은 아니다. 다만, '인간을 능가해야'만 존재할 수 있는 그런 인간으로 거듭날 뿐이다. 인간은 그저 '극복되어야 할 그 무엇'(차라, 16쪽 이후)일 뿐이다. 극복을 거부하는 인간 앞에서 니체는 피곤함을 느낄 뿐이다. "우리는 인간에게 지쳐 있다…"(도덕, 377쪽) 진리를 믿는 자들보다 더 귀찮은 존재들이 없다.

수 세기에 걸쳐 형성된 기독교라는 미궁

길은 인간의 문제다. 인간이 사는 곳에 길이 있다. 길이 있어 사람들이 살 수 있는 것이다. 밟히고 밟혀 만들어진 길 위에 머물러 있으면서도 모험 여행을 한다고 긍지를 가지는 가소로운 인간들이 있다. 길이 너무도 많아서 문제가 되기도 한다. 그래서 길 위에서도 길을 물을 수밖에 없다. 어디로, 어떤 방향으로 나아가야 하는지를 묻는 것이다. 때로는 삶 자체가 길들 속에 묻혀 있는 듯한 기분이 들 때도 있다. 삶이 출구가 보이지 않는 그런 미궁처럼 느껴지는 것이다. 문제만 보일 뿐 해답은 전혀 보이지 않는 그런 상황이 삶의 현장을 지배해버린 것이다.

인간의 문제는 대부분 생각의 문제다. 좋은 생각도 있지만 나쁜 생각도 있다. 좋은 생각은 좋은 소리처럼 잘 들리지 않는다. 잔소리쯤으로 들릴 때가 더 많기 때문이다. 아무리 좋은 책도 읽을 준비가 되어 있지 않으면 그저 도서관의 한 자리만을 지키고 있을 뿐이다. 그래서 허무주의를 선택한다. 좋은 소리보다는 나쁜 소리로 정신 좀 차리게 해주고 싶은 것이다. 욕이라도 해대며 혼을 내고 싶은 거다. 지상보다는 지하를 고집하며 암울한 시기를 견뎌내게 한다. 빛의 가치를 제대로 인식하게 해주고 싶기 때문이다. 건강의 의미와 가치를 깨닫게 해주기 위해 병이 무엇인지, 또 병들어 있음이 무엇인지를 가르쳐주고 싶은 거다. 정상이 무엇인지 보여주기 위해 비정상을 부각시키고 싶은 거다.

— 우리 서로의 얼굴을 쳐다보자. 우리는 히페르보레오스인이다. — 우리가 얼마나 멀리 떨어진 곳에 살고 있는지 우리는 잘 알고 있다. "육지로든 바다로든 너는 히페르보레오스인에게로 가는 길을 발견할 수 없을 것이다.": 핀다로스는 이미 알고 있었던 것이다. 우리가 그런 사람들이라는 것을, 북방 너머에, 얼음 너머에, 죽음 너머에 — 우리의 삶과 우리의 행복이 있다… 우리는 행복을 발견했고 길을 알고 있으며 수 세기에 걸친 미궁 전체에서 나가는 통로를 발견했다. 우리 외에 또 누가 그 길을 발견했던가? — 이를테면 현대인이? 하지만 현대인은 "나는 어디로 와서 어디로 가는지 모른다; 나는 어디서와 어디로를 알지 못하는 것 전체이다" — 라고 탄식한다… 이런 현대성으로 인해 우리는 병들

어 있다 — (안티, 215쪽)

　'우리'는 니체가 말하는 '나의 독자'들이다. 《차라투스트라는 이렇게 말했다》를 이해하는 자들이다. 우리는 모두 길을 아는 자들이다. 길 위에서 불안해하지 않는 자들이다. 길 위에서 할 일은 그저 여유롭게 방랑을 하면 되는 것임을 아는 자들이다. 그 어떤 것에도 얽매이지 않고 유유히 살아갈 수 있는 자들이다. '목표 없는 시간'(즐거운, 414쪽)만이 삶을 지배하게 할 줄 아는 자들이다. 서두르지 않고 천천히 걸을 줄 아는 자들이다. "내 저서들을 '읽을 수 있게 되기'까지는 아직 시간이 필요하다—. 이 한 가지 일을 위해서 사람들은 거의 소가 되다시피 해야 하며 어느 경우에도 '현대인'이 되어서는 안 된다: 이는 되새김하는 것을 말한다…"(도덕, 348쪽) 현대인은 되새김을 잊어버렸다. 화면이 발하는 빛에 맹목이 되어버린 자들이다. 끊임없이 손가락을 움직이며 읽을 만한 것을 찾고 있을 뿐이다.

　건강한 정신은 시간을 요구한다. 한 권, 한 페이지, 한 문장, 아니 단어 하나라도 오랫동안 생각하는 훈련이 필요하다. 그 훈련이 니체와 친해지게 해줄 것이다. "튼튼한 이와 튼튼한 위장—／이것을 그대에게 바라노라!／내 책을 견뎌낸다면／나와도 친해질 수 있을 것이다."(즐거운, 56쪽 이후) 허무주의는 견뎌내야 하는 철학이다. "사실 우리를 이해하기 위해서는 많은 노력이 필요하다."(즐거운, 326쪽) 허무주의는 많은 노력을 한 뒤에나 읽히는 철학이다. 하지만 결코 시간을 허비했다는 느낌은 갖지 않게 될 것이다. 포기만 하지 않는다면 말이다. 끝까지 견디는 자는 분명히 미궁 속에서 살고 있다는 그 괴물을 만나게 될 것이다. 그리고 승리감을 쟁취할 기회가 주어질 것이다.

　니체는 '우리'를 '히페르보레오스인'이라고 부른다. '북방 너머에, 얼음 너머에, 죽음 너머에' 산다는 전설 속의 민족이다. 그리스 시인 핀다로스 Pindaros (ca. 522/518~446)는 이들이 사는 세계로 가는 길을 모른다고 했다. 니체의 말로 표현하면 '선악의 저편'에 산다고나 할까. 무를 기다릴 때 그곳으로 가는 길이 마침내 보인다고 할까. 그들이 사는 곳으로 향하는 길은 육지나 바다에 있는 것도 아니다. 정신의 문제이기 때문이다. 그래서 이렇게 말할 수도 있으리라. 길을 걸으면서도 길에 대해 초연해질 수 있을 때 길이 보인다고.

"자, 어서 만찬을 열자."(차라, 467쪽) 맛있는 식사를 하자. 되새김도 잊지 말자. '즐거운 학문'을 해보자. 공부가 즐겁다는 그 경지를 즐겨보자. 그때 삶은 정말 살 만한 것으로 다가올 것이다. 그런데 '히페르보레오스인'의 정반대의 인간들이 세상에 널려 있다. '현대인'이 그들이다. "하지만 현대인은 '나는 어디서 와서 어디로 가는지 모른다; 나는 어디서와 어디로를 알지 못하는 것 전체이다'—라고 탄식한다…" 현대인의 특징이다. '꿈이 뭐냐'고 묻는 자가 현대인이다. 그에게는 희망조차 문제가 된다.

니체는 진단한다. 현대인은 '병들어 있다'고. 자기 안에 갇혀 살면서 자유롭다고 으스대는 우스꽝스러운 존재다. 눈만 뜨면 돈 걱정을 하면서도 행복이나 성공을 지향한다고, 심지어는 성공했다고 자부심을 느낀다. 삶에서 무엇이 이롭고 무엇이 해로운지조차 알지 못하는 존재가 되어 살아가고 있다. 대중화된 모든 것은 '취향을 부패'(바그너, 39쪽)시킨다는 것도 모른 채. "아마도 우리 역시 여전히 이러한 도덕화된 시대 취향의 희생물이며, 먹이이며, 병자들일 것이다."(도덕, 510쪽) 현대인에 대한 평가는 가혹하기 짝이 없다. 그러면서 니체는 묻는다. 무엇이 '좋은 것'이냐고.

좋은 것은 무엇인가?—힘의 느낌, 힘에의 의지, 인간 안에서 힘 그 자체를 증대시키는 모든 것. / 나쁜 것은 무엇인가? ─ 약함에서 유래하는 모든 것. / 행복이란 무엇인가? ─ 힘이 증가된다는 느낌, 저항이 극복되었다는 느낌. / 만족이 아니라 더 많은 힘; 결코 평화가 아니라 싸움, 덕이 아니라 유능함(르네상스 양식의 덕, 덕virtu, 허위도덕에서 자유로운 덕) / 약자들과 실패자들은 몰락해야 한다: 우리의 인간애의 제일 원리, 그리고 사람들은 그들의 몰락을 도와야 한다. / 이러저러한 악덕보다 더 해로운 것은 무엇인가? ─ 모든 실패자와 약자에 대한 동정 행위 ─ 그리스도교… (안티, 216쪽)

여기서 기독교라는 용어가 등장한다. 모든 악덕보다 더 해로운 것, 즉 해로운 것들 중 가장 해로운 것으로 니체는 기독교를 꼽고 있는 것이다. 왜 그런가? 왜 그래야 했는가? 이것에 대한 대답을 찾아야 한다. 허무주의를 이해하는 최대 관건이다. '힘의 느낌'은 《아침놀》부터 지속적으로 언급되어 왔다. 그보다 이전에 《인간적인 너무나 인간적인》에서는 '문화를 낳는 모태'로 '힘의 마력'(인간적II, 117쪽)을 운운하기도 했다. 힘이 있어야 생명도 가능하다. 그런 생명력이 삶을 살 만하게 만들어준다는 것이다. 삶의 문제는 힘의 문제와 떼려야 뗄 수가 없는 것이다. 힘이 있다면 무엇이 문제가 될까?

반대로 삶에 해로운 것은 나약한 것이 아닐 수 없다. 약하면 감기조차 치명적일 수 있다. 감기 기운을 이겨내지 못하면 죽는다. 면역력이 약한 자는 작은 상처 하나 때문에 위기에 처할 수도 있다. 병든 존재는 극복되어야 한다. 그 극복을 위해 자신이 병들어 있다는 현실 인식을 받아들일 수 있어야 한다. "질병은 인식의 수단이며 인식을 낚는 낚싯바늘로서 반드시 필요하다."(인간적I, 14쪽) 질병은 고통을 느끼게 해준다는 의미에서 삶과 직결된다. 그래서 염세주의 철학자 쇼펜하우어는 '모든 인생은 고통'이라고 말했던 것이다. 하지만 고통은 부정적인 것이 아니다. 왜냐하면 고통이야말로 삶의 의미를 깨닫게 해주는 최고의 수단이 되기 때문이다. 결국 니체는 "인식은 삶을 전제로 한다"(반시대II, 385쪽)는 결론에 이르고 만다. 진정한 삶 혹은 행복한 삶을 살기 위해 필요한 것은 삶 그 자체이다. 자기 자신을 지배할 수 있는 삶에 대한 힘의 느낌이다. 따라서 그 어떤 형이상학적 구원논리도 만족할 수가 없었던 것이다.

기독교가 죄의식을 인식하고 회개하는 자세를 취하는 것을 구원의 첫 걸음으로 간주하듯이 니체의 허무주의도 이와 비슷한 것을 요구한다. 그것은 '몰락'에의 의지다. 병이 들었다는 현실 인식이 그것이다. 이런 현실 감각이 생겨야 건강해지려는 의지가 발동하게 되는 것이다. "약자들과 실패자들은 몰락해야 한다: 우리의 인간애의 제일 원리. 그리고 사람들은 그들의 몰락을 도와야 한다." 자기 자신이 인간답게 살고 있지 않았다는 가혹한 판단이 서줘야 극복에의 의지를 불태울 수 있다. 잘못된 것에 대한 인식이 생겨야 파괴의 정신이 힘을 받게 되는 것이다. 힘이 있으면 행복도 안다. '힘이 증가된다는 느낌'만이 행복감으로 연결되기 때문이다.

그런데 기독교는 동정의 도덕을 요구한다. 약자에 대해 동정을 베풀라고 가르친다. 일단 마음부터 가난해져야 신의 음성이 들린다고 한다. "심령이 가난한 자는 복이 있나니 천국이 그들의 것임이요."(마태복음5:3), "가난한 자에게 복음이 전파된다."(누가복음7:22) 이것은 분명 약자의 논리다. 니체의 말로 표현하자면 이것이야말로 노예도덕의 전형이 되는 것이다. 이에 반해 "부자가 하나님의 나라에 들어가는 것"(마태복음19:24)은 거의 불가능하다고 말한다. 마음에 여유가 있는 자, 그래서 특별히 필요한 게 없는 자는 하나님의 나라에 대한 의미조차 모른다. '지금'과 '여기'가 즐겁기 때문이다.

여기서 내가 제기하는 문제는 무엇이 인류를 존재자의 열에서 분리해내어야 하는가가 아니다(—인간은 하나의 종국이다—): 오히려 어떤 유형의 인간이 좀 더 가치 있고, 좀 더 살 만한 가치를 지니며, 미래를 좀 더 확신하는 자로서 사유되어야 하는지, 원해져야 하는지이다. / 이 좀 더 가치 있는 유형은 이미 충분할 만큼 자주 존재했었다: 그런데 행운이나 예외자로서였지, 한 번도 원해서는 아니었다. 오히려 그런 자를 사람들은 가장 두려워했고, 지금까지 그런 자는 공포 그 자체였다; —그리고 이 두려움으로 인해 그와는 반대되는 유형을 원하게 되고, 사육되었으며, 달성되었다: 즉 가축, 군서동물, 병든 동물적 인간 —그리스도인이… (안티, 216쪽)

《차라투스트라》에서 니체는 용을 때려잡을 사자의 정신을 가르친 적이 있다. "정신이 더 이상 주인 또는 신이라고 부르기를 마다하는 그 거대한 용의 정체는 무엇인가? '너는 마땅히 해야 한다.' 그것이 그 거대한 용의 이름이다. 그러나 사자의 정신은 '나는 하고자 한다'고 말한다."(차라, 39쪽) 용과 사자의 정신은 그 이름이 서로 다르다. 용은 '너는 마땅히 해야 한다'는 것이고, 사자의 정신은 '나는 하고자 한다'는 것이다. 하고자 하는 마음이 생기면 뭐든지 할 수 있다. '의지가 있는 곳에 길이 있다'[6]고 했다. 사자의 정신 앞에 길이 아닌 곳이 어디 있을까.

허무주의는 자유정신에서 시작한다. 음악의 정신으로 해방된 거인의 정신이다. 전자는 헤라클레스로 후자는 프로메테우스로 설명했던 게 《비극의 탄생》의 논지였다. "항상 옛 신화의 껍질을 쓰고 자신의 인식을 나타낸다. 프로메테우스를 독수리로부터 해방시키고 신화를 디오니소스적 지혜의 수단으로 만들어버린 이것은 어떤 힘이었는가? 이것은 음악의 헤라클레스적 힘이다. 그것은 비극 속에서 최고로 발현되는 힘이며, 신화를 새롭고도 가장 심오한 의미를 가지고 해석할 줄 아는 힘이다."(비극, 87쪽) 거인의 정신은 신의 종족 같은 것은 염두에 두지도 않는다. 그런 종족은 결코 "존중하지 않는다!"(같은 책, 80쪽) 그는 이 세상에서 자기 자신의 형상을 닮은 인간을 창조하는 창조자이기도 하다.

그런데 기독교는 어떤가? 자기를 부인하고 자기 안을 신의 형상으로 채우라고 가르친다. "누구든지 나를 따라오려거든 자기를 부인하고 자기 십자가를 지고 나를 따를 것이니라."(마태16:24) 소위 '나는 원한다'는 것을 가장 두려워한다. "그리고 이 두려움으로 인해 그와는 반대되는 유형을 원하게 되고, 사육되었으며, 달성되었다: 즉 가축, 군서동물, 병든 동물적 인간—그리스도교인이…" 니체는 이 사육된 상황을 깨닫게 해주고 싶은 것이다. "집과 고향으로부터 소외되어 간악한 난쟁이들에게 사역당해왔던 저 긴 세월의 굴욕"(비극, 177쪽)을 느끼게 해주고 싶은 것이다.

본능을 바꿔놓고 이성을 타락시키는 논리와의 전쟁

인간은 생각하는 존재다. 생각으로 욕망에 거스를 수도 있고 또 생각으로 자기 자신의 생명까지 앗아갈 수 있는 잔혹한 존재다. "영혼을 거슬러 싸우는 육체의 정욕을 제어하라."(베드로전서2:11) 기독교의 정언명법이다. 인간은 다이어트도 가능한 존재다. 단지 의지만 있다면 뭐든지 할 수 있는 존재다. 바로 이 의지 때문에 삶 또한 문제 상황에 빠질 때도 있다. 의지가 약할 때이다. 스스로 싸우고 싶은 생각이 없을 때 누군가가 대신 싸워주기를 바란다. 스스로 해낼 수 없을 때 백마 탄 왕자가 나타나주기를 바란다. 지극히 나약한 생각이다. 신은 "보복의 하나님"(예레미야51:56)이라고, 소위 신으로 하여금 '복수는 나의 것'이라고 말하게 함으로써 전해지는 쾌감은 이루 말할 수도 없다.

> 그리스도교를 장식하거나 요란하게 치장해서는 안 된다: 그리스도교는 좀 더 강한 유형의 인간에 대항하는 사투를 벌였으며, 그 유형의 근본 본능을 모두 추방했고, 이 본능들에서 악과 악인들을 만들어냈다 — 비난받아 마땅하고 "버림받는 인간"의 전형으로 강한 인간을 만들어냈다. 그리스도교는 약자, 천한 자, 실패자를 모두 옹호했으며, 강한 삶의 보존 본능에 대한 반박을 이상으로 만들어냈다; 그리스도교는 정신의 최고 가치를 죄가 된다고, 오도한다고, 유혹이라고 느끼도록 가르치면서 가장 정신적인 인간의 이성마저도 망쳐버렸다. 가장 통탄스러운 예 — 파스칼의 타락. 그는 원죄에 의해 자신의 이성이 타락했다고 믿었다. 그의 이성을 망친 것은 오로지 그의 그리스도교였건만 말이다!
> — (안티, 218쪽)

말에는 감정이 실린다. 'ㅅ발놈', 'ㅅ새끼' 하고 누군가가 말하면 그냥 기분이 나쁘다. 소위 나쁜 말이기 때문이다. 그런데 '사랑'이란 단어는 듣기만 해도 가슴이 설렌다. 좋은 말이다. 하지만 이런 좋음과 나쁨은 애초부터 결정된 사항으로 이성에 주어지는 것이 아니다. 사물에 감정이 개입하면서부터 관계가 형성되는 것일 뿐이다. 사연이 있는 물건은 함부로 버리지도 못한다. 추억이 담긴 물건은 자기 인생의 일부분이 된다. 그래서 세월이 흐르면 자기 주변에 잡동사니들이 쌓이게 되는 것이다. 누구에게는 아무런 의미 없는 쓰레기에 불과한 것도 누구는 소중하게 생각하며 간직하려 하기 때문이다.

예수에 대해 모르는 사람이 있을까? 아마 세상에서 가장 유명한 사람이 아닐까. 그는 신으로 불린다. 한 사람에게 사랑의 콩깍지가 씌어도 모든 판단이 엉망이 되고 그래서 일상이 무너지는데 하물며 예수를 신으로 간주하게 되면 어떤 일들이 벌어질까? 물론 예수가 실존 인물인가 하는 질문은 또 다른 문제다. 소크라테스가 플라톤에 의해 만들어진 인물이 아닐까 하는 의혹과도 같은 것이다. 어쨌든 누가 신이라고 말하는 순간 정신 속에서는 눈에 보이지 않는 엄청난 일들이 벌어지게 된다는 것은 자명한 사실이다.

정신의 문제는 복잡하다. 그래서 니체는 자주 '미궁'을 언급하는 게 아닐까. 사막이니, 바다니, 하늘이니 하는 곳 모두 같은 맥락에서 선택된 개념들이다. 하지만 그 복잡한 곳도 누군가에게는 야자수 나무처럼 외다리로도 춤을 출 수 있는 곳이 되고 누군가에게는 육지를 등지고 항해를 떠날 수 있는 곳이 되며 또 누군가에게는 알바트로스처럼 날개를 펼치고 멋진 비상을 할 수 있는 곳이 된다. "모든 사막을 풍요로운 과일 재배지로 만들 수 있는"(니체, 530쪽) 것은 정신의 몫이다.

정신을 차리게 해주는 것은 언제나 이성의 힘이다. 그런데 이성에게 다가서면서 '가장 통탄스러운 예'를 하나 만나게 된다. 니체는 그것을 '파스칼의 타락'이라고 말한다. "그는 원죄에 의해 자신의 이성이 타락했다고 믿었다. 그의 이성을 망친 것은 오로지 그의 그리스도교였건만 말이다! ─" 신성을 생각해내면서 양심이 새롭게 형성된다. 그 신성 앞에서는 늘 양심의 가책을 가질 수밖에 없다. 모든 면에서 부족함을 느낄 수밖에 없기 때문이다. 인간의 타락의식은 스스로 자초한 일이다. '팡세[7]'가, 즉 '생각'이 그렇게 한 것이다.

시작부터 잘못됐다고 말하기 시작하면 한도 끝도 없다. 부모 앞에서 '왜 저를 낳으셨나요!' 하고 하소연을 하는 꼴이다. 하늘에다 대고 침 뱉는 꼴이다. 기독교는 '좀 더 강한 유형의 인간에 대항'한다. 그런 인간을 '악인'으로 만들어버렸다. "비난받아 마땅하고 '버림받는 인간'의 전형으로 강한 인간

을 만들어냈다." 구원받고 싶으면 강하면 안 된다. 무릎을 꿇고 머리를 조아
리고 죄를 고백해야 한다. 먼저 회개부터 하라고 외쳐댄다. 그리고 '신을 찾
으라'[8]고 권한다. 자기는 부인하고 신에게 귀의하라고 가르친다. 니체는 이
런 논리가 '이성마저도 망쳐버렸다'고 말한다.

　이성이 망가진 인간, 이성이 타락한 인간, '강한 삶의 보존 본능'을 상실
해버린 인간을 바라보며 니체는 파스칼과는 정반대의 사명감을 느낄 수밖
에 없다. 파스칼이 종교를 옹호하며 그것이 결코 "이치에 어긋나는 것이 아
님을 증명하고, 그것이 우러러볼 만한 것임을 보여주어 존경심을 일으켜
야"[9] 한다고 말할 때 니체는 정반대의 목소리를 높인다. 삶이 이치에 어긋나
는 것이 아님을 증명하고, 그것이 우러러볼 만한 것임을 보여주어 존경심을
일으켜야 한다고. 그는 생철학을 택한다. 삶 이외의 모든 것은 허무함을 허
락하고자 하는 허무주의를 주장한다. 그러면서 말한다. "내게 고통스럽고도
몸서리쳐지는 어떤 광경이 분명하게 의식되었다: 나는 인간의 타락을 가리
고 있던 장막을 걷어내버렸다"(안티, 218쪽)고.

　니체는 인간의 이런 타락 현상을 현대 전체를 뒤덮은 데카당스로 이해한
다. "나는 타락을 데카당스라는 의미로 이해하고 있다: 내가 주장하는 바는
현재 인류가 그들의 최고의 소망 사항을 통합해놓은 가치들은 모두 데카당
스—가치라는 점이다."(안티, 219쪽) 니체는 이 '데카당스—가치'로부터 인류
를 구원하고자 한다. '모든 가치의 전도'를 통해 새로운 복음을 들려주고자
한다. '힘에의 의지'로 충만한 그런 흥겨운 노랫소리를 들려주고 싶은 것이
다. 하지만 이런 노랫소리를 듣기 위해서는 삶에 대한 니체의 생각을 제대
로 읽어내야 한다. 그것을 위해 전제될 수밖에 없는 것은 "그리스도교를 장
식하거나 요란하게 치장해서는 안 된다"는 것이다. 기독교의 논리가 강력해
지면 질수록 삶에 대한 이념은 타락의 길로 접어들 수밖에 없기 때문이다.

이런 신학자―본능과 나는 전쟁을 한다: 나는 그것의 흔적을 여기저기서 발견한다. 신학자―피를 몸 안에 갖고 있는 자는 처음부터 만사에 대해 삐딱하고 부정적인 태도를 취한다. 그리고 거기에서 발전된 파토스를 신앙이라고 부른다: 치유 불가능한 허위의 측면으로 인해 고통받지 않도록 자신에 대해서는 영원히 눈을 감아버리는 것, 만사에 대한 이러한 그릇된 관점에서 사람들은 도덕과 덕과 신성함을 만들어내며, 그것을, 양심을 그릇되게―보는 것과 엮어버린다.―자기 자신의 광학을 '신', '구원' '영원'의 이름으로 신성불가침으로 만든 다음, 사람들은 다른 종류의 광학은 더 이상 어떤 가치도 가져서는 안 된다고 요구한다. (안티, 223쪽)

니체는 《비극의 탄생》에서 "삶의 광학으로 본다면 도덕은 무엇을 의미하는가?"(비극, 16쪽) 라는 질문을 던진 적이 있다. 그때 이미 그는 대답을 직감하고 있었다. "세계의 실존은 오로지 미적 현상으로만 정당화된다"(같은 곳)는 잠언적 어조로 우회적인 대답을 내놓았지만 말이다. 이 '삶의 광학'에 정반대의 논리가 '신학자―본능'에 의해 타락한 관점이다. 그것은 자기 '자신에 대해서는 영원히 눈을 감아버리는 것'에 불과하다. 오히려 자기 자신을 보려 하지 않는 것을 양심으로 간주한다. 오로지 신을 바라보는 것이 좋은 마음이라고 말하는 것이다. "만사에 대한 이러한 그릇된 관점에서 사람들은 도덕과 덕과 신성함을 만들어내며, 그것을 양심을 그릇되게―보는 것과 엮어버린다." 결국 마음까지 타락하고 말았다. 마음까지 병들고 말았다. 인간의 양심을 구원하기 위해 니체는 삶의 광학을 가르치고자 한다.

우리는 달리 생각하는 법을 배웠다. 우리는 모든 면에서 더 겸손해졌다. 우리는 인간을 더 이상은 '정신'과 '신성'으로 소급시키지 않는다. 우리는 인간을 동물 가운데로 되돌려놓았다. 우리는 인간을 가장 교활하다는 이유 때문에 가장 강한 동물로 간주한다: 그의 정신성이란 것은 이것의 한 결과이다. 그렇지만 우리는 여기에서도 다시 소리를 내려고 하는 허영심에 저항한다: 마치 인간이 동물 진화의 위대한 숨겨진 의도였다는 듯이 생각하는 허영심에. 인간은 결코 창조의 극치가 아니다. 모든 존재자는 인간과 나란히 있고 같은 단계에서 완전하다… (안티, 228쪽)

밤하늘의 은하수 속에 하나의 별로 존재하는 것은 어떤 의미일까? 니체는 《차라투스트라》에서 "춤추는 별 하나를 탄생시키기 위해 사람은 자신들 속에 혼돈을 지니고 있어야 한다"(차라, 24쪽)고 주장했기에 묻는 거다. 인간이 춤추는 별 하나로 거듭나는 것이 허무주의 철학의 궁극적인 목표처럼 느껴져서 묻는 거다. 별이 된다는 것은 분명 특별한 존재로 거듭난다는 뜻이다. "모든 존재자는 인간과 나란히 있고 같은 단계에서 완전하다…" 완전하다. 인간뿐만 아니라 모든 존재자는 그 존재 자체로 이미 완전하다. 니체의 사상은 그러니까 세상의 가치와 인간의 가치 중 무엇이 더 중요할까 뭐 이런 것을 고민하는 게 아니라는 이야기다.

이 세상은 인간의 세상이다. 인간과 세상을 나눠서 생각하는 것은 닭이 먼저인지, 알이 먼저인지 그런 것을 묻는 것만큼이나 어리석은 것이다. 인간이 이 세상의 다른 존재자들과 똑같다는 발언에 귀를 기울이자. 이것은 결코 인간의 존엄한 가치를 해치는 발언이 아니다. 인간의 가치를 깎아 내리는 발언이 아니다. 오히려 인간의 존엄한 가치만큼이나 다른 존재들도 존엄하고 소중하다는 것을 말하고 있을 뿐이다. 모든 존재자들과 함께 인간 또한 가치가 있다는 말을 하고 싶은 것이다.

이 세상에서 가치 없는 게 뭐가 있을까? 그런데도 불구하고 인간은 끊임없이 옳고 그름과 좋고 나쁨 사이에서 고민을 거듭한다. 왜 낮은 좋고 밤은 나쁘다고 말하는 것일까? 왜 맑은 날은 좋고 비오는 날은 나쁘다고 말하는 것일까? 왜 아이들은 '우리 편'과 '나쁜 편'으로 편 가르기를 하는 것일까? 그런 편 가르기를 하다가 옳고 좋음의 정점에서 신을 생각해낸다. 그리고 그 정반대의 원리로서, 즉 그름과 나쁨의 정점에서 악을 생각해낸다. 그런데 그렇게 생각해낸 존재가 돌이나 물처럼 존재하는 것일까? 인간은 거기서 또 다른 고민을 하기 시작한다. 꼭 그럴 것만 같다는 생각을 하면서.

　하지만 신을 믿는 자가 악마도 보이는 게 아닐까. 마음이 약한 자가 헛것도 보는 게 아닐까. 세상의 다른 존재자들과 비교하면 인간은 지극히 나약한 존재가 아닐 수 없다. 돌처럼 단단하지도 않고, 물처럼 부드럽지도 않으며, 구름처럼 하늘을 떠다닐 수도 없고, 새처럼 비상할 수도 없고, 코끼리처럼 튼튼한 다리도 없으며, 기린처럼 긴 목도 없고, 사자처럼 힘이 강한 것도 아니다. 바로 이런 나약한 존재가 만물의 영장이 될 수 있는 힘은 도대체 어디서 오는 것일까? 이에 대해 니체는 다음처럼 말한다. "우리는 인간을 가장 교활하다는 이유 때문에 가장 강한 동물로 간주한다: 그의 정신성이란 것은 이것의 한 결과이다."

　한참을 멈춰 서서 인간의 정신성에 대해서 고민을 해봐야 할 일이다. 빨리 읽는다고 좋을 건 없다. 오히려 수많은 것을 보지 못하고 그저 스쳐 지나가는 실수를 범할 수도 있다. 인간은 생각하는 그 능력 하나로 모든 존재자를 통제하에 둘 수도 있다. 아무런 문제가 없는 듯하다. 그런데 자세히 들여다보면 정말 교활하다. 강한 존재를 약한 존재가 이길 수 있는 방법은 그저 교활한 방법뿐이다. 무기를 사용하고 함정을 이용한다. 이런 교활한 정신성을 가지고 자기 몸보다 몇 배 더 큰 혹은 더 힘이 센 동물도 길들여 도구로 사용할 수 있다. 아무리 큰 돌도 깎아 웅장한 건물의 한 조각으로 사용하기도 한다. 물도 막아 동력원으로 활용하기도 한다. 인간이 할 수 없는 일은 하나도 없다. 교활해도 너무 교활하다. 너무 교활해서 가장 강한 동물이 된 것이다.

인간의 정신성은 정말 위대하다. 그 정신의 힘이 도대체 어디까지 도달할지 아무도 예상할 수 없을 정도다. 인간의 미래는 어떤 모습일까? 이런 생각만 해도 황홀하기 짝이 없다. 후손들은 또 얼마나 멋진 삶을 영위할까. 상상조차 할 수 없다. 이때 숨어 있던 허영심이란 게 작동하기 시작한다. 허영심 때문에 인간은 자기 입장과 자기 생각을 절대시하면서 극단으로 치달을 때도 있다. 때로는 신의 '정신'까지도 언급하면서 의기양양해 한다. '신성'을 운운하면서 마치 모든 권한이 주어진 것처럼 여기기도 한다. 마침내 구원받아 신과 함께 영생하리라고도 말한다. 가장 심각한 문제는 그런 허영심이 상상을 초월하는 것을 당연한 것처럼 여기면서 시작된다. 신은 당연히 존재하는 것이고 그것을 믿으면서 문제는 심각해지는 것이다. 하지만 니체는 이인간의 허영심에 저항하고자 한다. 인간은 '동물 진화의 위대한 숨겨진 의도'가 아니라고, '창조의 극치'가 아니라고 말이다.

허무주의 철학이 요구하는 생각은 지극히 겸손하다. 있지도 않은 상상의 나라를 만들어내며 황홀해하기보다는 이 세상의 가치라도 제대로 인식해달라고 말한다. 눈에 보이지 않는 것에 무한 가치를 부여하지 말고 눈에 보이는 것이라도 제대로 봐달라고. 신성에 가까워지는 인간보다 대지에 가까이 있는 인간이 되어달라고. 이것이 생각하는 법으로 정착되어주기를 바라는 것이다. 생각해야 한다면 이런 쪽으로 생각해달라는 것이다. 생각은 도구이지 목적이 아니다. 생각은 잘 사용해야 할 일이다. 정신은 목적이 될 수 없다. 정신은 오로지 차리고 살아야 할 일이다.

꿈의 세계와 허구 세계의 차이점

눈을 감아도 볼 수 있는 게 인간이다. 귀를 막아도 들을 수 있는 게 인간이다. 이런 사람과 밤에 이야기를 나누면 모든 공간은 공포로 채워지고 만다. 아무것도 아니었던 것이 무서운 존재로 거듭난다. 그저 달빛에 드리워지는 그림자조차 무서워진다. 겁을 먹기 시작하면 모든 존재가 위대해 보인다. 죄의식을 갖기 시작하면 작은 돌멩이 하나 앞에서도 무릎을 꿇을 수 있게 된다. 양심이 생기고 나면 그 양심 때문에 가책을 가질 수밖에 없다. 할 수 없다는 생각이 들면 육체에 대한 혐오증만 커진다. 가난하다는 생각이 불행을 인식하게 한다. 생각하는 존재는 생각 속에서 살아갈 수밖에 없다. 어떤 생각의 집을 짓고 살 것인가? 그것이 문제다. 허구의 세계? 꿈의 세계? 니체는 이 두 개의 세계가 서로 다르다고 가르친다. 한번 들어보자.

그리스도교 안에서는 도덕도, 종교도 실재성의 어떤 부분과도 접촉하지 못한다. […] 이러한 순전히 허구의 세계는 꿈의 세계와는 구별된다. 허구 세계가 실재성을 왜곡시키고 탈가치화시키며 부정하는 반면, 꿈의 세계는 실재성을 반영하기에, 이 구별은 허구 세계에는 불리한 구별이다. '자연'이 '신'의 대립 개념으로 고안된 다음부터 '자연적'은 '비난받아 마땅한'을 가리키는 말이어야만 했다. ─허구 세계 전체는 자연적인 것(실재성!)에 대한 증오에 자신의 뿌리를 두고 있으며, 실재성에 대한 깊은 불만족의 표현인 것이다… 하지만 이렇게 해서 모든 것이 해명되어버렸다. 그런데 도대체 어떤 자만이 실재성에서 나가라는 거짓말을 스스로에게 할 이유를 갖는가? 실재성으로 인해 고통받는 자. 그런데 실재성으로 인해 고통받는다는 것은 그 실재성이 실패한 실재성이라는 것을 의미한다… 쾌에 대한 불쾌의 우세는 허구적인 도덕과 허구적인 종교의

원인이다: 그런데 그런 우세가 데카당스에 대한 공식을 제공하는 것이다… (안티, 230쪽 이후)

니체가 말하는 꿈은 아폴론적인 것으로 이해하면 된다. 아폴론은 "개별화의 원칙을 미화하는 수호자"(비극, 121쪽)로서 개인의 삶을 살 만한 것으로 보이게 해주는 원리를 대변한다. 아폴론적인 것은 "마치 장미꽃이 가시덤불에서 피어나는 것"(비극, 42쪽)과 같다. 고통 속에서 환희의 꽃이 피어난다고 할까. 아폴론적인 꿈은 비전과 연결된다. 실재적인 삶의 영역에 의미를 부여하고 지배할 수 있는 힘을 제공해주는 원리인 것이다. 긍정적인 생각의 원천으로서 가치를 갖는 것이다. 이것이 바로 꿈의 힘이다.

그런데 허구의 힘은 전혀 다르다. 잘못된 꿈이라고 할까. 꿈과 허구의 차이는 종이 한 장 차이라고 할까. 까닥 잘못하면 허구의 세계로 넘어갈 수도 있다. 쓸데없는 생각으로 허구의 세계를 만들기 시작하면 그곳에 바로 자신의 생각이 갇히고 만다. 이 세상에서 가장 강력한 감옥은 생각의 감옥이다. 퇴로와 탈출구는 존재할 수가 없다. 자신의 약점뿐만 아니라 자신의 생각이 무엇을 의도하는지에 대한 영역까지도 다 아는 게 자기 자신의 생각이기 때문이다. 자기가 자신을 가장 잘 안다. 자기 자신이 세상에서 가장 큰 적이다.

허구가 만들어낸 허구의 세계는 "실재성을 왜곡시키고 탈가치화시키며 부정"하는 데 주력한다. 가상세계 안에서의 삶이 진짜로 여겨진다. 시선은 허구 속에 가둬놓음으로써 생각조차 그 안에서 나오지를 못한다. 그 안에서 관계를 형성하고 그 안에서 친구를 만난다. 바로 앞에 앉아 있거나 옆에 앉아 있어도 상관없다. 그저 가상공간 속에서 보여주는 대화에만 집중한다. 오히려 얼굴을 보면 어색해지고 만다. 진정한 관계에는 주눅이 들어 있다. 가상 속에서는 온갖 괴물도 다 죽이는 영웅으로 살 수 있지만 현실 속에서는 너무도 나약한 존재에 지나지 않는다는 것을 받아들일 수가 없어서일까.

어쨌든 정신을 허구의 세계 속에 가둬놓은 정신은 "자연적인 것(실재성!)에 대한 증오에 자신의 뿌리를 두고 있으며, 실재성에 대한 깊은 불만족의 표현"으로 일관한다. 정신을 잃은 정신이다. 정신이 제정신이 아니다. 실재성이 결여된 정신이기 때문이다. 그런 정신은 모든 것을 '해명'했다고 믿지만 오히려 그 해명으로 인해 모든 것이 엉망진창이 되고 만 것이다. 태초에 말씀이 계셨다? 그 말씀이 세상을 창조했다? 인간도 그 말씀이 창조했다? 그 최초의 인간들이 부정을 저질렀다? 그래서 원죄에 갇히고 말았다? 그 후손들이 인류다? 그래서 회개해야 한다? 도대체 해명이란 것이 무엇일까? "도대체 어떤 자만이 실재성에서 나가라는 거짓말을 스스로에게 할 이유를 갖는가?" 도대체 누가 이런 실재성에서 벗어나 구원받으라고 말하는 것일까? 또 다시 한참을 멈춰 서야 할 대목이다.

누가 과연 허구의 세계를 원할까? 허구의 세계를 원하는 자는 누구일까? 물이 무서운 자는 물이 없는 세상을 원한다. 시험이 싫은 자는 시험이 없는 세상을 꿈꾼다. 얼음이 싫은 자는 얼음이 없는 세상이 좋다. 날개가 없는 자는 날개를 원한다. 실재성에서 벗어나고 싶은 자는 "실재성으로 인해 고통받는 자"임에는 틀림없다. 이 세상이 다 싫다. 이 세상이 다 적이다. 고통의 원인은 바로 이 세상 자체다. 눈만 뜨면 고통이 엄습한다. 그래서 눈을 가상현실에 고정시키고 만다. '밥 먹어라!'라고 외쳐대는 소리도 귀에 들리지 않는다.

"그런데 실재성으로 인해 고통받는다는 것은 그 실재성이 실패한 실재성이라는 것을 의미한다…" 또 어려운 말이다. 천천히 읽자. 이 세상 때문에 힘들다고 말하는 것은 그 세상이 잘못 해명되었기 때문이 아닐까. 수영을 못해서 힘든 것을 물이 자기를 힘들게 한다고 생각하는 것은 아닐까. 얼음 위에서 춤추지 못하는 자기 자신을 두고 얼음이 자기 인생을 망치고 있다고 말하는 것은 아닐까. 파도를 타지 못하면 그 어떤 작은 파도도 치명적일 수 있다. 그 파도 때문에 목숨도 잃을 수 있다. 하지만 파도를 탈 수 있는 자에게는 파도가 클수록 재미는 더욱 커진다.

결국 니체의 생각은 간단해진다. "쾌에 대한 불쾌의 우세는 허구적인 도덕과 허구적인 종교의 원인이다"는 그의 결론이다. 세상을 원망하는 자가 허구의 세계를 만들어내는 것이다. 이 세상이 싫은 자가 저 세상을 생각해내는 것이다. 이길 수 없는 자가 이길 수 있는 세상 논리를 꿈꾸게 되는 것이다. 그것도 허구로서 말이다. 허구의 힘은 막강하다. 허구에 갇히면 빠져나오기 힘들다. 밖에서는 아무도 도움을 줄 수 없다. 논리에 갇힌 자는 스스로 그 논리의 벽들을 헤쳐 나올 수밖에 없다. 밖에서 그 벽을 허물어줄 때 자칫 준비되지 않은 정신은 익숙하지 않은 빛줄기에 눈이 멀 수도 있다. 준비된 자에게만 기회가 온다. 허구에서 빠져나올 욕망부터 가져야 한다.

'데카당스에 대한 공식'은 실재를 거부하고 허구 속으로 들어가는 공식이다. 세상이 감당 안 되어서 가상의 세계 속으로 들어가고자 하는 소극적 공식이다. 하지만 허무주의는 이에 저항하고자 한다. 그것은 그런 공식을 '거짓말'로 간주하고자 하는 철학이다. 세상에 대한 증오를 다른 방식으로 끌어들이고자 한다. 데카당스에 또 다른 데카당스로 맞서려 한다. 새로운 의미를 쟁취하기 위해 허무를 감당하려 한다. 허무주의의 도래는 허무하지 않다는 인식을 위한 전제조건이 될 뿐이다. 신을 죽이고 인간을 살리겠다는 일념 하나로 버티고자 하는 것이다. 공상적 공식을 버리고 실재성의 공식에 익숙하게 만들고자 하는 것이다. 인간의 정신을 실재성의 원리로 무장시키고자 하는 것이다.

데카당스의 원리와 기독교의 신 개념

데카당스는 허무주의처럼 양날의 칼로 받아들이면 된다. 허무주의가 도 래해야 할 때도 있고 극복해야 할 때도 있는 것처럼 데카당스도 와줘야 할 때가 있고 또 극복의 대상이 될 때도 있음을 인정하면 되는 것이다. 예를 들 어 창조를 위해 파괴를 허용할 때는 허무주의의 도래에 해당한다. 이때가 바로 데카당스 정신을 필요로 하는 시점이다. 하지만 학문이라도 즐겨야 할 때가 있다. 그림자가 가장 적게 나타나는 정오는 밝음을 즐길 시점이다. 하 지만 언제까지나 즐길 수는 없는 법. 언젠가는 그 또한 지나가는 어떤 것으 로 간주해야 할 시점이 된다. 그때는 또 다른 데카당스의 정신을 필요로 한 다. 재미없다는 인식을 허용하는 그런 퇴폐의 정신이 요구되는 것이다.

정신은 줄타기와 같다. 필요할 때마다 균형을 잘 잡고 살아가면 되는 것 이다. 정신은 도구라 했다. 잘 다룰 수 있도록 훈련을 거듭해야 한다. 정신 은 가지고 있다는 것만으로 만족할 일이 아니다. 정신은 위험한 칼이다. 잘 못 다루면 자기 자신이 다칠 수도 있다. "도구를 쓰면 손의 활동이 증진되거 나 규제되는 것처럼, 인간의 정신도 도구를 사용하면 지성이 촉진되거나 보 호된다."[10] 경험주의 철학자 베이컨의 말이다. 경험을 하려면 그것이 무엇이 되었든 간에 정신이 잘 준비되어 있어야 한다. 그때 정신은 삶을 증진시키 는 도구가 되는 법이다.

신을 원하는 자들의 공통점은 뜻대로 안 되는 것을 원할 때 신을 찾는다 는 것이다. 신의 도움이 필요한 상황이기 때문이다. 시간과 공간 그리고 인 과율의 원리를 벗어난 어떤 것을 원할 때 신이 존재한다는 생각을 허용하게 되는 것이다. 예를 들어 죽음을 극복하고자 할 때 인간의 힘으로는 도움이 안 된다. 자신의 능력으로는 안 되는 것을 해내려 할 때 아니 적어도 조금이라도 그 한계를 넘어서려 할 때 신의 도움은 간절해지고 만다. 한계를 인정하려 하지 않을 때 신의 편에 서기를 바란다.

> 힘에의 의지가 어떤 형태로든 쇠퇴하는 곳에서는 언제나 생리적 퇴행이, 즉 데카당스가 있다. 가장 남성적인 덕목과 충동들을 제거당한 데카당스의 신은 이제 필연적으로 생리적으로 퇴행한 자들의 신이, 약자들의 신이 된다. 이들은 스스로를 약자라고 부르지 않고, '선한 자'라 부른다⋯ 우리는 더 이상 어떤 힌트도 필요 없이 역사의 어느 순간에 선한 신과 악한 신이라는 이분법적 허구가 비로소 가능해졌는지를 이해하고 있다. 자기네의 신을 '선 그 자체'로 끌어내리는 피정복자들의 본능이 정복자들의 신에게서 선한 속성을 삭제해버린다; 이들은 자신들이 지배자들에게 그들의 신을 악마로 만들면서 복수하는 것이다. ― 선한 신 그리고 악마: 양자는 모두 마찬가지로 데카당스의 소산이다. (안티, 232쪽 이후)

'힘에의 의지'는 니체가 철학을 통해 도달하고자 하는 궁극적인 경지다. 삶을 위한 힘을 갖는 것이 양심이 되어야 한다. 삶을 바라보는 눈이 정당한 것으로 평가되어야 한다. 삶에의 의지는 힘에의 의지의 한 현상이라는 것을 인정해야만 한다. 삶의 현장을 지배하려는 의지는 긍정적이어야 한다. 이러한 사상에 위배되는 것은 모두가 허무주의 철학에 반反하는 것으로 이해되어야 한다.

물론 니체도 신을 원한다고 했다. 그는 예를 들어 "나는 춤을 출 줄 아는 신만을 믿으리라"(차라, 65쪽)라고 말했다. 나름 신앙고백이다. 그는 또 천국도 원했다. "새 신앙인의 천국은 물론 지상의 천국이어야 한다."(반시대Ⅰ, 205쪽) 대지의 뜻을 강조한 이유다. "형제들이여, 너희의 정신과 덕으로 하여금 이 대지의 뜻에 이바지하도록 하라."(차라, 128쪽) 그리고 대지의 뜻은 초인 사상으로 이어진다. "위버멘쉬가 이 대지의 뜻이다."(차라, 17쪽) 천국을 운운하는 자들이 '하나님의 뜻'(데살로니가전서5:18)을 강조하듯이 허무주의 철학은 '대지의 뜻'을 강조한다. 하나님의 뜻을 생각할 때 조심스러워지듯이 대지의 뜻을 물을 때도 신중해야 한다. 함부로 답을 얻으려 해서도 안 된다. 답을 달라고 떼를 써도 안 된다. "모든 것에는 때가 있다"(아침, 21쪽)고 했다. 시간의 원리 속에 있는 것이 실재성이다. 서둘러서 될 일이 있다면 얼마나 좋으랴.

데카당스의 공식은 '허구적인 도덕'과 '허구적인 종교'(안티, 231쪽)의 원인이 된다고 했다. 신도, 악마도 모두가 데카당스의 소산이다. 악마가 없는 신은 없다. 지옥이 없는 천국은 의미가 없다. 신을 '선 그 자체'로 말할 때 악마는 '악 그 자체'가 되어줘야 한다. 지옥의 원리가 되는 악을 증오할 줄 알아야 신도 사랑할 수 있게 되는 것이다. 문제는 도대체 누가 악마인가 하는 것이다. 무엇이 지옥과 같다는 것일까? 세상이 고해苦海다? 눈물의 바다다? 고통의 바다다? 세상이 생지옥이다? 이런 생각이 구원을 생각해낸다.

생리적 퇴행이 데카당스의 신을 필연적인 것으로 만들고 만다. 신이 없다는 말은 '생리적으로 퇴행한 자들'과 '약자들'에게는 가장 무례한 발언이 되고 만다. 그들의 희망마저 앗아가는 꼴이기 때문이다. 그들에게는 신의 존재 여부만큼 심각한 문제가 없다. 그들에게 신의 존재는 당연한 것이며 필연적인 것으로 받아들여진다. "이들은 스스로를 약자라고 부르지 않고, '선한 자'라고 부른다…" 또 말줄임표다. 한참 생각하라는 신호다. 기차 여행을 하는 중이라면 잠시 내려 그 도시를 감상이라도 해야 한다는 이야기다. 스스로를 약자라 말하지 않고 선한 자라고 말하는 것의 의미를 깨달으라는 것이다. 거기에 약자가 강자로 탈바꿈하는 '교활'(안티, 228쪽)한 사고방식이 있기 때문이다.

그리스도교 신 개념 ─ 병자의 신으로서의 신, 거미로서의 신, 정신으로서의 신 ─ 이것은 지상에 실현되었던 것 중에서 가장 부패한 신 개념 중 하나이다; 더 나아가 그것은 신 ─ 유형의 하향적 전개에 있어 바닥 수위를 나타내주고 있는 지도 모른다. 신이 삶에 대한 미화이자 삶에 대한 영원한 긍정이 되는 대신, 삶에 대한 반박으로 변질되어버리다니! 신 안에서 삶과 자연과 삶에의 의지에 대한 적대가 선언되고 있다니! '이 세상'에 대한 온갖 비방의 공식이자, '저 세상'에 대한 온갖 거짓 공식이 신이라니! 신 안에서 무Nichts가 신격화되고, 무에의 의지Wille zum Nichts가 신성시되다니! … (안티, 234쪽 이후)

신은 이상적 개념이다. 좋다는 인식의 정점에 있는 존재다. 누군가가 '신'을 말할 때는 자신이 생각하는 범위 내에서 혹은 그 범위를 초월할 수도 있다는 것을 감안한 내용을 담아낸다. 그런 신이 있어 삶에 힘이 된다면 좋다. 삶의 현장에 긍정적인 영향을 끼친다면 환영받을 만하다는 말이다. 그런데 '이 세상'을 비방하고 '저 세상'을 보여주고자 하는 그런 공식, 그런 논리 앞에서 니체는 환멸을 느끼고 만다. 자기 자신을 부정하고 오로지 저 세상의 논리로만 채우라는 소리에 넌더리가 난다. "신 안에서 무가 신격화되고, 무에의 의지가 신성시되다니!…" 이게 말이나 되나! 니체에겐 견딜 수 없는 소리다.

기독교의 신은 "지상에서 실현되었던 것 중에서 가장 부패한 신 개념 중 하나이다; 더 나아가 그것은 신 ─ 유형의 하향적 전개에 있어 바닥 수위를 나타내주고" 있다고 신랄하게 비판한다. 가장 부패하고 가장 낮은 수위의 신 개념이라는 말보다 더한 비판이 있을까. 니체가 이런 쓴소리를 내뱉는 이유는 단 한 가지뿐이다. 그것은 "신이 삶에 대한 미화이자 삶에 대한 영원한 긍정이 되는 대신, 삶에 대한 반박으로 변질되어" 있기 때문이다. "신 안에서 삶과 자연과 삶에의 의지에 대한 적대가 선언되고" 있는 꼴을 보고만 있을 수 없었던 것이다. 허무주의자는 안티크리스트가 될 수밖에 없다. 안티 크리스트만이 온전히 허무주의자가 될 수 있는 것이다. 허무주의도 신 자체를 거부하는 것은 아니라고 했다. 다만 삶에 대한 미화, 삶에 대한 영원한 긍정, 그것을 위해 신은 존재해야 한다.

노예민족에 뿌리를 둔 탈자연화 논리

기독교는 "'자연'이 '신'의 대립 개념으로 고안"(안티, 230쪽)하는 데 일조했다. 그러면서 자연에 대한 편견이 일반화되었다. 자연에 대한 '공포감을 조성하는 유대 본능'(같은 책, 242쪽)이 기독교의 토대가 되었다. 신 곁으로 가야만 이 포악한 자연으로부터 해방된다고 믿는 것이다. 현상의 원리인 시간과 공간 그리고 인과율이 삶을 해친다고 판단한 결과다. 현실성은 결여되어 있지만 생각하는 존재는 그 생각만으로 이미 환상까지 만들어낸다. "삶의 상승 운동, 제대로 잘됨, 힘, 아름다움, 지상에서의 자기 긍정을 나타내는 모든 것을 부정할 수 있기 위해서는 거기서 천재적이 된 원한 본능이 또 다른 세계를 고안해내지 않으면 안 된다."(같은 책, 243쪽) '저 세상'을 고안해내는 데 있어서 인간은 가장 교활한 동물인 것이다. 그 천재적으로 고안된 환상으로 기독교는 인간의 정신을 구속하는 데 성공을 거두었다.

유대인은 세계사에서 가장 진기한 민족이다. 왜냐하면 그들은 존재와 비존재의 문제에 직면해서 정말 섬뜩하리만큼 고의적으로 어떤 대가를 치르고서라도 존재를 우선시했기 때문이다: 그들이 치른 대가는 모든 자연, 모든 자연성,

모든 현실성, 외부 세계 및 내부 세계 전부에 대한 극단적인 왜곡이었다. 그들은 이제껏 한 민족을 살 수 있게 하고, 살 수 있게 허용한 모든 조건과 거리를 두었다. 그들은 자연적 조건들에 대한 반대 개념을 자기 자신들에게서 만들어 냈다.—그들은 종교, 제의, 도덕, 역사, 심리학을 차례차례 치유 불가능한 방식을 써서 그것들의 자연적 가치와는 반대되는 것으로 뒤집어버렸다. (안티, 242쪽 이후)

유대인에 대한 철학적 고민은 《도덕의 계보》에서 보다 심도 있게 다뤄졌다. "성직자 민족인 유대인, 이들은 자신의 적과 압제자에게 결국 오직 그들의 가치를 철저하게 전도시킴으로써, 즉 가장 정신적인 복수 행위로 명예회복을 할 줄 알았다."(도덕, 363쪽), "즉 유대인과 더불어 도덕에서의 노예 반란이 시작된다."(같은 책, 364쪽), "이러한 유대의 가치 전환의 유산을 누가 상속했는지 우리는 알고 있다…"(같은 책, 363쪽) 유대인은 하나의 민족에 불과했다. 그것도 노예민족이었다. 그들의 세계관을 극대화한 것이 기독교다. 기독교는 이런 노예들의 시각을 통해 모든 가치를 뒤집어버렸다. 모든 것을 왜곡시켰다.

현대인들은 기독교가 전수한 시각으로 알게 모르게 익숙해져버렸다. 삶을 직시하기보다는 이상을 통해 권리와 권력을 얻으려고만 한다. 내세, 즉 저 세상은 그 어떤 희생을 치러서라도 얻을 만한 것으로 생각하는 것이다. '자연조건들에 대한 반대 개념'으로 명예회복을 시도하는 것이다. "그러나 먼저 된 자로서 나중 되고 나중 된 자로서 먼저 될 자가 많으니라."(마태복음 19:30) 저 세상에서는 노예가 주인이 되리라고 가르치고 있는 것이다. 공부 안 해도 1등을 주겠다는데 그 누가 싫어하랴. 행복한 삶이 거저 주어진다는데 그 누가 마다하랴. 그냥 믿기만 하면 된다는데 그 누가 어렵다고 하소연하랴. 약자들에게는 최고의 처방이 아닐 수 없다. 저 세상에서 진정한 삶이 이루어진다는 그 말보다 더 달콤한 말이 없다.

> 이스라엘의 역사는 자연적 가치가 완전히 탈자연화된 역사의 전형으로서 귀중한 가치가 있다: [⋯] 신 개념은 이제 사제 선동가들의 손아귀에서 도구가 되어버렸다. 이들은 이제 모든 행복을 보상으로, 모든 불행을 신에 대한 불복종의 벌로, '죄'에 대한 벌로 해석해낸다: 이것이 자연적인 '원인'과 '결과' 개념을 영영 뒤집어버린, 소위 말하는 "도덕적 세계질서"라는 가장 기만적인 해석 방식이다. 보상과 벌에 의해 자연적 인과율을 세상에서 없애버리고 나면, 반자연적인 인과율이 필요하게 되는 법이다: 그리고 나머지 모든 비자연성이 이제 그 뒤를 따르게 된다. (안티, 244쪽 이후)

현상의 원리는 안중에도 없다. 그저 '저 세상'의 논리로 충만하다. 사자가 달려들어 물어뜯는 와중에도 기도로 위안을 삼는다. 인간은 그럴 수 있다. 육체적 고통을 정신의 힘으로 통제할 수 있는 존재다. 오히려 정신적 고통이 너무 크면 스스로 육체적 고통쯤은 아무것도 아닌 것이 되고 만다. 그때 스스로 자기 목숨까지도 끊어버릴 수 있게 되는 것이다. 현실성이 상실되면 이토록 위험한 상황이 연출되고 만다. 삶을 긍정하기보다는 삶을 부정하는 것을 진리로 삼을 때 발생하는 위험들이다.

자연적 가치를 고려하지 않은 모든 생각들은 위험하다. 아무리 형이상학적 위로가 필요한 존재라 해도 현실성을 배제한 말들은 눈을 감고 길을 걷게 하는 것이나 다름이 없다. 아무리 진리가 좋아도 삶을 싫어하는 감정을 전제로 한다면 그것은 진정한 진리가 될 수 없다. 아무리 사람이 좋아도 자기 일상을 무너뜨리는 것을 요구한다면 그것은 진정으로 좋은 사람이 아니다. 아무리 공부가 좋아도 모든 놀이를 포기해야 한다면 그것은 진정한 공부가 아니다. 아무리 생각으로 할 수 없는 게 없다지만 그래도 할 수 있는 것과 할 수 없는 것을 판단해낼 수 있어야 한다. '창문에 갇힌 파리'[11]처럼 제아무리 부딪치고 발버둥쳐도 창문 너머의 세계로 나아갈 수는 없는 법이다. 시간과 공간 그리고 인과율을 벗어날 수 있는 존재는 이 세상에서는 단한 명도 없다.

그런데 인간의 생각은 끊임없이 먼 곳을 향한다. 그 생각을 쫓아 시선조차 먼 곳으로 빼앗기고 만다. 길을 걸으면서 돌부리에 걸려 넘어질 때도 있다. 하늘만 바라보다 낭떠러지로 떨어질 때도 있다. 저 세상에서 얻게 될 행복한 삶을 동경하며 살아갈 때 일상의 삶은 하염없이 홀대를 받을 수밖에 없다. 그때 삶은 살 권리조차 박탈당하기도 한다. 삶 자체가 불행의 원인으로 해석되면 모든 것은 끝장이다. 인생의 막장드라마가 따로 없다. 삶을 위한 가치들은 모두 저 세상의 행복 원리로 탈바꿈을 한다. 자식도, 부모도 이때는 눈에 들어오지 않는다. 가정은 파탄난다. 자기 주변을 모두 힘들게 만든다. 스스로도 창문 너머만을 바라보는 파리처럼 따사로운 햇살 아래 지쳐 쓰러지고 만다. 이런 삶은 모든 것을 엉망진창으로 만들고 만다.

'도덕적 세계질서'에 갇혀버린 정신은 자유정신이 아니다. 그 정신은 '반자연적인 인과율'로 무장하고 있을 뿐이다. 그 정신은 '비자연성'의 원리로 위로를 받는다. 행복을 신에 대한 복종의 결과로 해석해낸다. 소위 준법정신을 철두철미하게 실천한 것에 대한 대가로 인식하는 것이다. 행복을 위해 신은 필요한 존재가 되어버렸다. 신이 없으면 안 되는 상황이 벌어지고 만것이다. 질서가 잡힌 세상에서는 다른 행동이 불필요하다. 요구되는 행동만이 허용된다. 창조적인 삶은 신을 믿는 자들의 것이 아니다.

현실성에 대한 본능적 증오

니체에게 현실성에 대한 생리적 반응은 혐오와 증오, 구토 등이었다. 스스로 주인이 되지 못한 삶을 용납할 수 없었다. 현대인들은 성공을 위해 인생이 허락한 소중한 시간을 소비한다. 소비를 미덕으로 삼으며, '소비를 해야 사회가 돌아간다'는 소리를 당연하게 여기고. 하지만 결국에는 자기 자신이 소비되고 있다는 사실을 깨닫지 못한다. 세일즈맨 윌리가 평생 동안 팔아먹은 것은 결국 자기 자신이었다. 남편을 잃은 아내의 말이다. "여보, 오늘 주택 할부금을 다 갚았어요. 오늘 말이에요. 그런데 이제 집에는 아무도 없어요."[12] 그토록 잡고 싶어 하던 물고기를 잡고서 희망에 차서 집으로 돌아오지만 앙상한 뼈만 남았다는 《노인과 바다》의 이야기처럼 허무하다. '사자의 꿈'[13]을 꾼다는 노인의 이야기는 왠지 위로가 되지 않는다. 어부에게 사자의 꿈이 무슨 소용이 있을까.

평생의 시간을 출장으로 채운 윌리나 고기잡이로 채운 노인이나 그들의 인생 이야기가 남겨놓은 뒷맛은 씁쓸하다. 생각하는 존재에게 생각은 문제다. 무엇을 생각하며 살 것인가? "삶의 상승 운동, 제대로 잘됨, 힘, 아름다움, 지상에서의 자기 긍정"(안티, 243쪽)을 위한 것이 아니라면 죄다 부정해야 한다. 이런 부정에 대해서는 양심의 가책이 없어야 한다. 세상을 바라보는 이런 비판적인 시각은 니체의 허무주의나 기독교의 교리나 매한가지다. 다만 어떤 위치에서 어떤 세상을 비판하느냐가 문제일 뿐이다. 모든 가치가 뒤바꼈다는 얘기는 어느 하나의 논리만 꿰차면 다른 논리는 쉽게 이해가 될 수 있다는 얘기도 된다. 현실을 부정하는 논리를 알게 되면 현실을 긍정하는 논리는 가치관의 인식만 바꿈으로써도 쉽게 알 수 있게 되는 것이다. 이런 시각으로 다시 '안티크리스트'의 발언을 들어보자.

모든 자연과 모든 자연 — 가치와 모든 현실성이 지배 계급의 가장 심층적인 본능에 역행하는 왜곡된 지반에서 그리스도교는 자라났다. 현실성에 대한 지금까지도 능가된 바 없는 그러한 불구대천적인 원수의 형식이 말이다. (안티, 249쪽)

기독교는 유대인의 정서를 근간으로 한다고 했다. 노예정신이 그 뿌리라는 이야기다. 승자의 논리가 아니라 패자의 논리라는 것이다. 이길 수 없는 자가 패배를 선언하는 그런 논리다. 그 논리는 '가장 심층적인 본능에 역행하는 왜곡된 지반'을 형성하게 한다. 현실을 현실로 받아들일 마음이 없어서 그런 거다. 패배를 패배로 인정하고 싶지 않은 거다. 지금은 노예여도 저 세상에 가면 주인이 될 거라는 믿음이 그런 지반을 형성하게 한다. 이 세상에서 주인이 될 마음은 전혀 없다. 이런 능력 부족을 변호하기 위해 세상이 나쁘다는 인식으로 무장한다. 나쁘다는 인식 때문에 세상을 버리는 것은 쉬운 일이 되고 만다. 세상을 등지면서도 아무런 양심의 가책도 느끼지 않게 된다. 생철학의 입장에서 보면 '불구대천적인 원수의 형식'이 아닐 수 없다.

현실성에 대한 본능적 증오: 모든 접촉을 너무 심도 있게 느끼기에 더 이상의 '접촉'을 전혀 원하지 않는, 고통과 자극에 대한 극단적인 감수성의 결과. (안티, 253쪽)

기독교가 가진 '현실성에 대한 본능적 증오'는 니체의 그것과 정반대의 논리로 이해하면 된다. 세상을 다 가졌는데 무엇 때문에 더 가지려고 노력해야 하는가. 이겼는데 무엇 때문에 목숨을 걸어서 싸울 필요가 있겠는가. 더 이상의 세상을 원하지 않는다. 더 이상의 승리도 없다. 복수도 하지 말라.

신이 다 알아서 복수를 해줄 테니까. 세상 종말이 오면 모든 이들은 지옥에 떨어지고 말리라. 신을 믿는 자들은 천국에서 즐거운 삶을 영위하리라. 세상일에 대해서는 더 이상 '접촉'도 하기 싫다. 오히려 '순수'한 삶이 더 낫다. 온전한 순수 속에서 신의 접촉을 만끽할 수 있기 때문이다.

　모든 자극을 고통으로 느끼는 자는 자극 자체가 싫다. 고통이 싫어서다. 접촉 자체가 고통으로 이어진다면 모든 접촉을 끊어버릴 수도 있다. 자신의 정신조차 논리라는 성 안에 가둬놓을 수도 있다. 그 어떤 접촉도 거부하면서 살 수도 있다. '개구리의 관점'(선악, 17쪽)이 진리로 간주되면 그 안에서 세상이 창조될 수도 있다. 물론 자기만의 세상이지만 스스로는 그것을 그렇게 작게 생각하지 않는다. 그것에 온 세상의 원리를 블랙홀처럼 빠지게 한다. 논리의 미궁 속에 살면서 온 세상을 다 가진 듯이 그렇게 착각하며 살 수도 있다는 이야기다. 이성적 존재가 빠질 수 있는 함정이다. 생각하는 존재는 그 누구라도 이 함정으로부터 멀리 떨어져서 살 수가 없다.

　'천국'은 마음의 특정한 상태이다—'지상의 위' 또는 '죽은 다음'에 오는 어떤 것이 아니다. 복음에는 자연사 개념이 없다: 죽음이란 하나의 다리도, 하나의 이행도 아니며, 죽음은 전혀 다른 한갓 가상적인 세계, 한갓 상징을 위해서만 쓸모 있는 세계에 속하기 때문이다. '임종의 시각'은 그리스도교적 개념이 아니다—'시각'이나 시간, 생리적 삶이나 이런 삶의 위기들이라는 것은 '기쁜 소식'을 가르치는 스승에게는 전혀 존재하지 않는 것들이다… '신의 나라'는 사람들이 오기를 고대하는 그런 것이 아니다; 그것은 어제를 갖고 있지 않으며, 내일 이후를 갖지 않는다. 그것은 '천 년'이 되어도 오지 않는다—신의 나라는 마음속의 특정한 경험이다; 그것은 어디에든 있고, 어디에도 없다… (안티, 261쪽)

세상 끝에 대한 이야기는 아무리 허튼소리로 채워놓아도 증명할 길이 없다. 세상종말의 이야기에 어떤 사건을 담아놓아도 증명할 수가 없다. 천국 이야기도 마찬가지다. 천국이 어떤지에 대해서는 아무도 증명할 수 없다. "사람이 거듭나지 아니하면 하나님의 나라를 볼 수 없느니라."(요한복음3:3) 무엇이 거듭남의 증거란 말인가? 아무도 거듭날 수 없어서 신의 나라를 볼 수 없다. "하나님의 나라는 볼 수 있게 임하는 것이 아니요 또 여기 있다 저기 있다고도 못하리니 하나님의 나라는 너희 안에 있느니라."(누가복음17:20~21) 안에서 찾으라는 이야기다. 그것도 거듭난 자라면 당연히 알 것이라고 단서를 붙여놓는다. 참으로 영리한 논리다. 누가 이 논리에 저항이라도 할라치면 '거듭나지 않은 자는 그 입 다물라!'라고 외치면 그만이다.

도대체 신의 재림은 언제 이루어지는 것일까? 언젠가는 올 거야! 그것도 반드시 올 거야! 시작이 있었듯이 끝도 그렇게 올 거야! 이렇게 말하면 사실 저항하기 힘들어지고 만다. 이성은 시작도, 끝도 생각해낼 수 있기 때문이다. '천 년' 뒤에 구원이 이루어질까? 그때까지 살 수 있는 사람은 아무도 없다. 그런데 그때가 되면 죽은 자도 무덤 속에서 깨어난다고 한다. 또 다시 육체의 고통을 느낄 수 있는 존재가 되어 지옥 불에 던져진다고 협박을 한다. "이를 놀랍게 여기지 말라 무덤 속에 있는 자가 다 그의 음성을 들을 때가 오나니 선한 일을 행한 자는 생명의 부활로, 악한 일을 행한 자는 심판의 부활로 나오리라."(요한복음5:28~29) 정말 무섭다. 그래도 안티크리스트가 될 수 있겠는가? 그래도 허무주의 철학에서 뭔가를 배울 수 있다고 믿는가?

"복음에는 자연사의 개념이 없다." 시간을 이야기하면서도 시간 개념이 아니다. 공간을 이야기하면서도 공간 개념이 아니다. 죽음을 이야기하면서도 죽음 개념이 아니다. 삶을 이야기하면서도 삶 개념이 아니다. 자연사의 개념은 전혀 존재하지 않는다. '순전히 공상적 원인들', '순전히 공상적인 효

력들'만이 난무한다. '공상적인 자연과학', '공상적 심리학', '공상적 신학'(안티, 230쪽) 등이 복음이라는 소식을 거부할 수 없는 논리로 만들어놓는다. 시간 개념은 '영생'으로 그리고 공간 개념은 '천국'으로 바꿔놓으면서 말이다.

'가상적인 세계'는 오로지 '상징을 위해서만 쓸모 있는 세계'일 뿐이다. 이성을 가지고 살아야 하는 존재에게 가상은 없을 수 없다. 니체가 예술의 원리로 내세웠던 아폴론적인 것도 그런 가상의 세계를 보여주는 신의 원리였다. 그의 가상은 삶을 살 만한 것으로 만들어주는 미화의 형식을 대변하는 것이었다. "이것이 아폴론의 진정한 예술 의도다. 우리는 매 순간 실존 일반을 살 만한 가치가 있는 것으로 만들고 그 다음 순간을 체험해보고 싶게 만드는 아름다운 가상의 저 수많은 환영들을 아폴론이라는 이름으로 포괄한다."(비극, 178쪽) 하지만 그 세계는 디오니소스의 힘에 의해 깨져야 한다. 환상은 깨질 때 가치를 부여받는다. 가상이 사라질 때 대지는 아름다운 삶의 현장으로 거듭나게 되는 것이다. 성장은 언제나 파괴의 아픈 과정을 겪어야 한다. 가상이라는 그 세계를 현실 자체로 바꿔놓으면 절대로 안 된다. "실재가 '가상'이 되어버렸다; 반면 완전히 날조된 존재자의 세계가 실재가 되어버렸다…"(안티, 224쪽) 허무주의 철학은 그것에 저항하는 철학이다.

> 이 대목에서 나는 탄식을 억누를 수 없다. 가장 암울한 우울보다 더 암울한 느낌이 ― 인간에 대한 경멸이 ― 나를 엄습하는 날들이 있는 것이다. 내가 무엇을 경멸하는지에 대해, 내가 누구를 경멸하는지에 대해 한 점 의혹을 남기지 않기 위해서 말하자면: 그것은 오늘날의 인간이다. 숙명적으로 나와 동시대를 살고 있는 인간을 나는 경멸한다. 오늘날의 인간 ― 그의 불결한 숨결에 나는 질식해버린다… (안티, 264쪽)

니체가 경멸하는 인간은 중세를 극복하지 못하고 '중세의 빙하'(반시대III, 427쪽) 속에 갇혀 사는 현대인들이다. 중세의 기운은 교회 속에 퍼져 있다. 그래서 니체는 "순수한 공기를 마시고자 한다면, 교회에 가서는 안 된다!"(선악, 59쪽)고 외쳐댄다. 니체가 인간을 경멸하는 이유는 그가 극복할 수 있는 존재이기 때문이다. '한 점 의혹을 남기지 않기 위해서' 니체는 자신이 '안티크리스트'임을 자처하는 이유를 밝힌다. '오늘날의 인간'이 나쁜 공기의 원인이라고. 극복할 수 있음에도 불구하고 현실에 안주하려 해서 가슴이 답답하다고. 허무주의 철학은 신을 부정하지만 그것이 목적은 아니다. 사람에게 삶을 선사하고자 하는 마음으로 철학에 임하고 있을 뿐이다. 삶은 사는 것에 의해서만 의미가 부여된다는 이 이념이 왜 이토록 논쟁거리가 되어야 하는 것일까. '안티크리스트', 그것은 신의 문제가 아니라 사람의 문제다.

제4장
그리스도를 탄핵한 철학

인간이 육체를 가지고 태어난 데는
죄가 없다.
수치심은 삶의 성령을 거스르는
진정한 죄다.

오류에 뿌리를 두었지만 좋은 소식으로 치장한 나쁜 소식

허무주의 철학은 모든 진리에 저항한다. 신의 반열에 오른 모든 존재에 반기를 든다. 모든 결정된 것에 파괴의 망치를 들고자 한다. 그리고 '어떻게 망치를 들고 철학하는지'(우상, 71쪽)를 가르치고자 한다. 우상을 깨는 방법을 가르치고자 하는 것이다. 문제는 어떤 것이 우상인지도 모를 때가 있다는 사실이다. 퇴폐적이다. 데카당이다. 당연한 것조차 인식하지 못한다. 허위와 오류가 대세를 장식한다. 아무리 허무주의를 배웠어도 이러한 문제 상황을 모르면 또 다시 허무주의가 뭐냐고 묻는 악순환에 빠지고 만다. 신과 우상은 도돌이표와 같다. 진리는 있기도 하고 없기도 하다. 신도 마찬가지다. 이 세상의 모든 것은 변화 속에 있기 때문이다. 한때 정답이었던 것은 어느 순간 오답으로 간주되고 만다. 이것을 감당할 수 있는가? 허무주의를 감당할 수 있겠는가?

니체가 공격의 대상으로 기독교를 선택한 것은 단 한 가지 이유뿐이다.

그것이 최고로 발전한 모습을 보여주기 때문이다. "이것은 지상에 실현되었던 것 중에서 가장 부패한 신 개념 중 하나이다; 더 나아가 그것은 신 — 유형의 하향적 전개에 있어 바닥 수위를 나타내주고 있는지도 모른다."(안티, 234쪽) 정신적인 측면에서 볼 때 기독교는 '가장 부패'하고 가장 낮은 '바닥 수위'를 보인다는 것이다. 이 세상에서 일어나는 모든 발전은 생명이라는 한계를 지니고 있다. 말하자면 모든 생명체와 마찬가지로 생각 또한 태어나고 성장하고 쇠퇴하며 극복되는 과정을 밟게 된다는 것이다. 처음에는 좋은 뜻으로 또 좋은 생각으로 시작되었어도 어느 순간 퇴폐의 수순을 밟을 수밖에 없어진다. 바로 이런 말기적 증상을 니체는 현대 기독교에서 발견하고 있다.

기독교는 그러니까 허무주의가 찾은 싸울 만한 적수였던 것이다. 자신에게 걸맞은 적수 말이다. 한때 좋았던 생각이 한계에 도달한 것이다. 이제 허무주의의 도래를 막을 길이 없다. 정신은 자신의 한계를 넘어서야 할 때가 된 것이다. 하지만 허무주의의 다른 이름은 영원회귀 사상이기도 하다. 여기서 이런 재미난 질문을 던질 수도 있다. 기독교를 극복하면 어떤 종교가 탄생하게 되는 것일까? 형이상학을 극복하고 나면 어떤 형이상학이 탄생하게 되는 것일까? 인간이 자신을 극복하고 나면 어떤 인간이 탄생하게 되는 것일까? 이런 영원회귀의 논리로 기독교를 바라보면 결국에는 또 다시 기독교일 뿐이다. 기독교인들이 너무 자기 종교만을 욕한다고 흥분하지 말아야 할 이유다.

다시 원점으로 돌아가서 그리스도교의 진짜 역사에 대해 말해보겠다. — '그리스도교'라는 말 자체가 벌써 오해이며 — , 근본적으로는 오직 한 사람의 그리스도교인이 존재했었고, 그는 십자가에서 죽었다. '복음'이 십자가에서 죽어버렸다. 그 순간부터 '복음'이라고 불리는 것은 이미 그 유일한 그리스도교인이 체험했던 것과는 정반대였다; '나쁜 소식', 즉 화음Dysangelium이었다. '신앙'에서, 말하자면 그리스도를 통한 구원에 대한 믿음에서 그리스도교인의 표지를 찾는 일은 터무니없을 정도로 잘못된 것이다: 오로지 그리스도교적 실천만이, 즉 십자가에서 죽었던 그가 살았던 것처럼 사는 것만이 그리스도교적이다… (안티, 266쪽)

기독교인은 '크리스트Christ'[1] 혹은 그리스도의 존재, 즉 신과 아들의 관계, 십자가에서 못 박혀 죽음으로써 죄를 없애준다는 논리 그리고 회개한 자들은 모두 죽음에서 부활한다는 것을 인정하고 믿는 데서 시작한다. 그리스도는 메시아이며 구세주로 간주된다. 이승에서의 죽음은 저승에서의 삶으로 이어진다. 기독교인으로 사는 것은 결국 십자가에 못 박혀 죽는 그런 삶을 본받아 몸소 실천함으로써만 가능하다. 죽음을 구원을 위한 조건으로 칭송하고 있는 것이다. 하지만 니체는 현실성이 배제된 이런 논리에 거부감을 표시한다. '오직 한 사람'을 신으로 믿음과 그에게 죄를 고백하고 그 사람, 즉 "그리스도를 통한 구원에 대한 믿음에서 그리스도교인의 표지를 찾는 일은 터무니없을 정도로 잘못된 것이다." 믿음은 양심의 문제다. 객관적 평가는 불가능하다는 이야기다. 믿느냐 믿지 않느냐의 문제로 사람을 괴롭히는 것이나 다름없다.

믿음이 대세를 이룰 때 사회는 어떤 현상이 벌어질까? 부끄러움이 사라지고 만다. 혼자서는 아무것도 할 수 없지만 대중을 이루면 뭐든지 가능해진다. 성전聖戰도 가능해진다. 살인이 난무하는 전쟁에 임하면서도 성스러운 행위라고 자부할 수 있다는 이야기다. 신 중심으로 사고했던 중세는 천년을 넘는 세월 동안 진행되었다. 신 앞에 무릎을 꿇은 인간의 모습을 성스럽게 간주했다. 하지만 그런 인간이 가장 폭력적으로 변한다. 믿음으로 충만한 자가 가장 저돌적이다. 자신의 행위가 이미 정당성을 인정받았다고 판단하기 때문이다.

> 그럼에도 불구하고 현대인은 그리스도교인이라고 불리는 것을 부끄러워하지 않으니, 현대인은 도대체 어떤 종류의 허위의 괴물이어야 한단 말인가! ——
> — (안티, 266쪽)

말줄임표를 세 번이나 반복해서 남겼다. 한참 동안 여기서 머물러 있으라는 신호로 읽는다. 천국 소식이 복음일까? '하나님의 나라'(요한복음3:3)가 있다는 것이 좋은 소식일까? 굳이 천국으로 가야 할 이유가 있을까? 그런 나라에서 천사처럼 살아야 할까? 시집도 장가도 갈 수 없는 그런 존재로 살아야 할까? "부활 때에는 장가도 아니 가고 시집도 아니 가고 하늘에 있는 천사들과 같으니라"(마태복음22:30)라고 말했기에 묻는 것이다. 시집, 장가를 가는 것이 죄일까? 인간적인 사랑이 죄일까? 육체가 다른 육체를 만나 알몸으로 나누는 사랑이 죄일까? 헐벗고도 수치심을 느끼지 못하는 것이 죄일까? 고통만 남긴다는 사랑이 죄일까? 그런 사랑의 산물로 태어난 존재가 죄일까? 이 세상에 '태어난 게 죄'일까? "인간의 가장 커다란 죄는 / 그가 태어났다는 사실이기 때문이다."[2] 쇼펜하우어는 이 칼데론의 발언을 두 번이나 인용했다. 염세주의 철학에서는 그만큼 중요한 메시지다. 삶에 대한 혐오가 전제되어야 구원에 손을 내밀 수 있게 되기 때문이다.

생철학자 니체의 귀에는 결코 좋은 소식으로 전해지지 않는다. 그는 천국을 위해 대지를 포기할 수 없었다. 신을 위해 인간을 포기할 수 없었다. 영원하고 전지전능한 신을 위해 죽음으로 생을 마감해야 하는 개별적인 인간을 포기할 수 없었다. 신에 대한 사랑을 위해 인간에 대한 사랑을 포기할 수 없었다. 인간을 구원하기 위해 니체는 신학에서 생철학으로 전향했다. 공격이 최선의 방어라 했던가. 인간을 변호하기 위해 신을 공격할 수밖에 없었다. 신에게 저항하는 것은 인간의 권리가 된다. 기독교의 신은 그저 신들의 대표격으로 받아들이면 된다. 모든 궁극적인 것을 의미하는 신의 개념을 파괴하고자 할 뿐이다. '우상의 황혼'을 보여주고자 했고, 그 우상을 '망치'로 깨부숴주기를 원했던 것이다. 오로지 삶을 위해서. 이 세상에서의 진정한 삶을 위해서.

'그리스도교인'이라고, 2천 년 동안 그리스도교인이라고 불리어온 것은 한갓 심리적인 자기 오해에 불과하다. 좀 더 상세히 관찰해보면, 그 모든 '신앙'에도 불구하고 그의 본능들만이 그리스도교인을 지배해왔다는 것이 드러난다 ― 그리고 그 어떤 본능이었단 말인가! ― 모든 시대에 '신앙'은 루터를 예로 들어보더라도 외투이자 구실이며 장막이었다. 그 배후에는 본능들이 작용하고 있었다 ― 신앙은 특정한 본능들의 지배를 가리는 교활한 눈가림이었다… '신앙' ― 나는 이것을 이미 진정한 그리스도교적 교활이라고 부른바 있다 ― 사람들이 항상 '신앙'에 대해 말했지만, 항상 '본능'에 의해서만 행동했기에… 그리스도교인의 표상 세계에서는 현실성을 건드리기만이라도 하는 것은 아무것도 없다: 오히려 거꾸로 현실성에 대한 본능적 증오 안에 동적 요소가 거기에 있음을, 그리스도교의 뿌리 안에 있는 유일한 동적 요소가 거기에 있음을 우리는 알아차리고 있다. 이런 사실의 귀결점은 무엇인가? 그리스도교에서는 심리적 사항에 있어서도 오류가 근본적이라는 것, 즉 오류가 본질을 규정한다는 것, 말하자면 오류가 골자라는 것이다. 여기서 하나의 개념을 제거하고, 그 자리에 유일한 하나의 현실을 가져다놓으면 ― 그리스도교 전체는 무가 되어버린다!

— 모든 것 중에서 가장 낯선 이 종교, 오류들에 의해 규정되었을 뿐만 아니라, 해로운 오류의 경우에서만, 삶과 마음에 독을 타는 오류에서만 발명적이고 심지어는 천재적이기까지 한 이 종교는 높은 곳에서 바라보면 신들에게는 하나의 구경거리일 뿐이다 — 철학자들이기도 한 그 신들, 이를테면 내가 낙소스 섬의 그 유명한 대화에서 만났던 그 신들에게는… 이 신들에게서(— 그리고 우리에게서) 혐오감이 사라지는 순간에 그들은 그리스도교인들이 보여준 구경거리에 감사할 것이다: 지구라고 하는 가련하고도 작은 별은 이런 진기한 경우를 위해서만 신의 눈길과 신의 참여를 받게 된다… 그러니 그리스도교인들을 폄하하지 말자: 그리스도교인은 죄를 물을 수 없을 정도로 잘못되어 있고, 원숭이를 훨씬 능가한다 — 그리스도교인에 관한 한 그 유명한 유전이론은 한갓 듣기 좋은 말에 불과하다… (안티, 267쪽 이후)

현대 기독교인들은 '죄를 물을 수 없을 정도로 잘못되어' 있다. 자기가 무슨 짓을 하고 있는지도 모른다. 죄를 짓고도 그것을 죄로 인식하지도 못하는 상황이다. 오히려 억울함을 호소기까지 한다. 느낌에 변질이 일어났고 본능에 변화가 생겨났다. "본능이 자신을 합리적으로 만들면 본능은 약해지게 마련"(바그너, 55쪽)이라고 했다. 자꾸 생각하면 그 생각이 현실이 되고 만다. 삶에 주눅이 들고 겁을 먹기 시작하면 삶 자체가 괴물로 보일 수도 있다. 생각하는 존재는 생각을 통해 자신의 본능까지도 바꿔놓을 수 있다. 앞서 니체는 이런 말도 했음을 상기하자. "그리스도교를 장식하거나 요란하게 치장해서는 안 된다: 그리스도교는 좀 더 강한 유형의 인간에 대항하는 사투를 벌였으며, 그 유형의 근본 본능을 모두 추방했고, 이 본능들에서 악과 악인을 만들어냈다 — 비난받아 마땅하고 '버림받는 인간'의 전형으로 강한 인간을 만들어냈다."(안티, 218쪽) 기독교는 모든 것을 바꿔놓았다. 그것도 약자를 강자로 그리고 강자는 약자로 만들어놓는 그런 논리로 세상을 바꿔놓은 것이다.

"이런 신학자—본능과 나는 전쟁을 한다."(안티, 223쪽) 니체의 전쟁 선언이었다. 니체는 "삶을 옹호하는 본능"(비극, 18쪽)으로 맞선다. 신앙에 신앙으로 맞선다. 생철학자에게 생은 신앙이다. 믿을 것은 오로지 이 세상에서의 삶뿐이다. "그대들은 우선 차안의 현세적 위로의 예술부터 배워야 한다."(같은 책, 22쪽) 생철학은 예술을 대안으로 내세운다. "예술은 종교가 몰락한 곳에서 두각을 나타낸다."(인간적I, 170쪽) 삶을 아름답게 바라볼 수 있는 시각을 갖추기 위해서 예술은 필수적인 것이 된다.

니체의 입장이 분명해졌으면 다시 텍스트에 집중해보자. 기독교인에게 있어 신앙의 본질은 무엇일까? 니체는 여기서 말로는 '신앙'을 외쳐대지만 결국에는 '본능'을 지배하고 있다는 사실을 간파하게 된다. "그 모든 '신앙'에도 불구하고 그의 본능들만이 그리스도교인을 지배해왔다는 것이 드러난다—그리고 그 어떤 본능이었단 말인가!" 우리는 지금까지 본능을 그저 본래부터 갖고 있는 능력으로만 생각해왔다. 운명적이라고 생각했던 것이다. 변화의 가능성으로 연결시킬 생각조차 못했다. 하지만 니체는 생각하는 존재에게 본능은 생각에 의해 전혀 다르게 형성될 수 있음을 인식한 것이다.

이성을 가지고 생각하며 살아야 하는 존재는 눈에 보이지도 않는 것을 보고 그것의 존재를 믿을 때가 있다. 그것이 신앙을 형성하게 되는 것이다. "모든 시대에 '신앙'은 루터를 예로 들어보더라도 외투이자 구실이며 장막이었다. 그 배후에는 본능들이 작용하고 있었다." 신앙이 바뀌면 본능도 바뀐다. 무엇이 무엇을 지배한다는 논리보다 서로가 서로에게 조건이 되는 그런 관계다. 본능이 생각을 지배할 때도 있기 때문에 하는 말이다. 어쨌거나 신앙은 사물을 있는 그대로 보게 내버려두지 않는다. "신앙은 특정한 본능들의 지배를 가리는 교활한 눈가림이었다… '신앙' — 나는 이것을 이미 진정한 그리스도교적 교활이라고 부른바 있다 — 사람들은 항상 '신앙'에 대해 말했지만, 항상 '본능'에 의해서만 행동했기에…" 신앙은 본능에 의해서만 형성된다. 그리고 또 본능도 신앙에 의해 그 어떤 방향으로도 변할 수 있다. 신앙에 의해 '허위의 괴물'(안티, 266쪽)이 될 수도 있다는 이야기다.

기독교는 현실성과는 상관이 없다. 현실성이라는 시각으로 바라보면 모든 것이 '오류'에 지나지 않는다. "그리스도교에서는 심리적 사항에 있어서도 오류가 근본적이라는 것, 즉 오류가 본질을 규정한다는 것, 말하자면 오류가 골자라는 것이다." 현실을 잘못 보고 있다. 현실은 무의미한 것이 아니다. "여기서 하나의 개념을 제거하고, 그 자리에 유일한 하나의 현실을 가져다놓으면 — 그리스도교 전체는 무가 되어버린다!" 현실적으로 보면 모든 것이 말도 안 된다. 하지만 신앙은 그것을 믿도록 강요한다. 오류를 진실로 받아들이도록 한다. 말하자면 기독교는 "삶과 마음에 독을 타는 오류에서만 발명적이고 심지어는 천재적이기까지" 하다.

처녀작 《비극의 탄생》에서부터 시작되었던 고대에 대한 동경은 그래서 허무주의 철학의 핵심이 된다. 왜냐하면 고대는 전혀 다른 신 개념을 가지고 있었기 때문이다. 기독교라는 "이 종교는 높은 곳에서 바라보면 신들에게는 하나의 구경거리일 뿐이다." '삶의 광학'(비극, 16쪽)으로 바라보면 진지하게 받아들일 이유가 전혀 없는 것일 뿐이다. 오히려 건강을 회복한 시각으로 보면 비극적인 상황에 감사를 표할 수도 있을 것이다. 왜냐하면 바로 그런 상황이 카타르시스를 가능하게 해주었기 때문이다. 인식은 늘 길고 긴 정체의 시간을 견딘 후에 순간적으로 온다. 구름을 모아야 번개가 잉태되듯이.

유일신에 대한 호감을 극복하고 고대의 신들에 대한 '혐오감이 사라지는 순간'에 모든 것은 새롭게 보일 것이다. 그때가 되면 니체가 그토록 염원했던 '삶을 옹호하는 본능'은 되살아날 것이다. 그때는 복음이 복음으로 들리지 않고 나쁜 소식으로만 들리게 될 것이다. 하지만 그것이 끝이 아니라 또다른 복음 소식이 들려올 것이다. 신선한 바람이 눈물을 씻어주듯이 온갖사물들을 '삶의 광학'으로 바라보게 될 때 전혀 예기치 못했던 기쁜 소식이들려올 것이다. 그때 하나가 둘이 되는 경험과 함께 영원회귀 사상이 인식될 것이다.

지상에서의 행복을 끝장내버리는 논리

기독교의 이념이 세상을 지배하면서 변한 것은 "지상에서의 행복을 향하게 하는 단초가 끝나버린 것"(안티, 272쪽)이다. 복음은 지상에서의 행복과는 상관이 없다. 그것은 '대지의 뜻'(차라, 128쪽)과는 절대로 어울릴 수 없는 정반대의 유형이다. "증오와 증오의 환상과 증오의 냉혹한 논리를 만드는 데에는 천재인 유형"(안티, 272쪽)이다. 대지를 바라보는 시선은 왜곡되어 있다. "네 보물이 있는 그 곳에는 네 마음도 있느니라."(마태복음6:21) 하지만 대지에는 마음이 없다. 이 세상이 아니라 저 세상에서만, 이승이 아니라 저승에서만, 차안이 아니라 피안에서만, 현세가 아니라 내세에서만, 대지가 아니라 천국에서만 살고 싶은 것이다.

> 삶의 중심을 삶에 두지 않고, 오히려 '피안'으로—무로—옮겨버린다면, 진정
> 삶에서 중심을 빼앗아버리는 것이 된다. 개인의 불멸에 대한 엄청난 거짓말은
> 모든 이성과 본능의 자연성 전부를 파괴해버린다.—본능에 있는 유익한 모든
> 것, 삶을 증진시키는 모든 것, 미래를 보장해주는 모든 것이 이제는 불신을 조

장한다. 사는 것이 더 이상 의미가 없다는 식으로 그렇게 사는 것. 이것이 이제
삶의 '의미'가 되어버린 것이다… (안티, 273쪽)

기독교가 말하는 진정한 '삶의 의미'는 '피안'에서만 구현된다. 이 세상에
서는 그 어떤 의미도 찾지 못한다. 늘 하늘을 바라보게 하고 대지에 무릎 꿇
게 한다. 삶의 현장에서 무게 중심을 빼앗아가 버린다. 이석증耳石症에 걸린
사람마냥 현기증을 느낀다. 중력도 제대로 인식하지 못한다. 어지러워서 세
상살이 자체가 힘들다. 이런 허약한 자들에게 천국과 영생에 대한 이야기는
복음이 아닐 수 없다. 문제는 멀쩡한 사람도 이렇게 허약해져야 한다는 게
문제다. 마음까지 가난해져야 복음이 효과를 본다는 게 문제다. "심령이 가
난한 자는 복이 있나니 천국이 그들의 것임이요."(마태복음5:3) 마음에 여유가
있는 자는 결코 천국의 소식조차 들을 수 없다는 것이다.

니체에게 '피안'은 그저 '무無'에 불과하다. 하지만 기독교는 그 무에 대한
환상을 불러일으키는 데는 천재다. 기독교는 약속의 종교다. 믿으면 구해준
다는 논리를 가졌기 때문이다. 이에 대해서도 니체는 "그리스도교는 모든
것을 약속하지만 아무것도 지키지 않는다"(안티, 272쪽)는 말로 응수한다. 죽
어봐야 알 수 있는 내용이기 때문이다. 또 '아마겟돈'(요한계시록16:16)이라 불
리는 최후의 심판날이 와봐야 모든 것이 밝혀질 것이기 때문이다. 한마디로
아무도 그때까지 살 수가 없다. 결국 영생이 가능해야 확인할 수 있는 내용
이다. 아니 적어도 죽었다 깨어나봐야 알 수 있다. 이것을 믿느냐고 다그친
다. "나는 부활이요 생명이니 나를 믿는 자는 죽어도 살겠고 무릇 살아서 나
를 믿는 자는 영원히 죽지 아니하리니 이것을 네가 믿느냐."(요한복음11:25~26)
믿으면 살고 믿지 않으면 저주를 받을 운명으로 만들어놓았다. "만일 누구
든지 주를 사랑하지 아니하면 저주를 받을지어다."(고린도전서16:22) 살벌하다.

삶의 중심을 삶에 두라. 이것이 니체의 정언명법이다. 죽어야 할 운명이라면 그 의미를 깨달아야 할 것이다. 죽기 싫어서 불멸설을 믿는다는 것은 진정한 해결책이 아니다. 왜냐하면 불멸을 선택할 때 다른 것이 파괴되기 때문이다. "개인의 불멸에 대한 엄청난 거짓말은 모든 이성과 본능의 자연성 전부를 파괴해버린다." 삶에 대한 감각이 파괴되면 끝장이다. '모든 자연, 모든 자연성, 모든 현실성, 외부 세계 및 내부 세계 전부에 대한 극단적인 왜곡'(안티. 243쪽)이 이루어지기 때문이다.

결국 본능까지 왜곡되고 만다. "본능에 있는 유익한 모든 것, 삶을 증진시키는 모든 것, 미래를 보증해주는 모든 것이 이제는 불신을 조장한다." 자신의 감각조차 믿지 못하는 상황이 펼쳐지고 만다. 이 세상에서 '사는 것은' "더 이상 의미가 없다는 식"으로 생각이 진행된다. 그런 생각으로 인해 "삶의 '의미'"는 완전히 박탈당하고 만다. '살아서 뭐하나. 차라리 죽는 게 더 낫다'는 생각이 지배하면서 방향감각마저 상실하고 만다. 방향에 대한 필요성조차 찾지 못하고 절망의 늪에 빠지고 만다. 이 모든 것이 '불멸적 영혼'(안티. 274쪽)의 존재를 믿으면서 시작된 오류들이다.

> 그것은 우리에 맞서는, 지상의 모든 고결하고 기쁘며 고귀한 것에 맞서는, 우리의 지상적 행복에 맞서는 주 무기를 대중의 원한에서 만들어냈다… 모든 베드로와 모든 바울에게 귀속된 '불멸성'은 지금까지 고결한 인간성에 대한 가장 크고도 가장 악의적인 암살 행위였다. ─그리고 그리스도교에서 정치로까지 슬쩍 기어 들어간 그 액운을 경시하지 말자! 누구도 오늘날 특권이나 지배권을 주장할 용기를, 자기 자신과 자신과 같은 부류를 경외할 용기를 더 이상 갖지 못한다─거리의 파토스를 느낄 용기를 말이다… 우리의 정치는 이런 용기가 없어서 병들어버린 것이다!─귀족주의 성향은 영혼들이─평등하다는─거

짓말에 의해 땅속 가장 깊숙한 곳에 묻혀버렸다; 그리고 '다수의 특권'에 대한 믿음이 혁명을 일으키고 또 일으키게 된다면, 그 혁명을 오로지 피와 범죄로만 바꿔놓는 것이 바로 그리스도교이고, 그리스도교 가치이다. 이 점을 의심하지 말라! 그리스도교는 높이를 갖고 있는 것에 대적하는, 땅을 기어 다니는 모든 것의 봉기이다; '천한 자'의 복음은 천하게 만든다… (안티, 274쪽 이후)

기독교의 복음은 "'천한 자'의 복음"이다. 이 대지 위에서 행복을 누릴 수 없는 자들이 저 세상에서 행복을 누리게 된다는 논리다. 저 세상 그곳에서는 다 함께 같이 살자는 생각이 대세를 이룬다. 공동체 의식을 공유하면서 유일신 이념으로 집합하게 된다. '영혼들이—평등하다'는 구호 아래 '다수의 특권'을 쟁취한다. 다양성의 상실과 함께 자유까지 박탈당하고 만다. 자유정신은 이런 평등 속에서는 살 수가 없다. 그러니까 현대의 문제는 "오늘날 특권이나 지배권을 주장할 용기를, 자기 자신과 자신과 같은 부류를 경외할 용기를", 즉 "거리의 파토스를 느낄 용기를" 가지고 있느냐에 달려 있다.

선민사상에 반기를 들 용기가 있는가? 구원받지 않아도 된다는 그런 말을 할 용기가? '난 너희들과 달라!'라는 말을 그 어떤 두려움도 없이 내뱉을 수 있는가? 원한 감정에 뿌리를 둔 기독교의 무기는 너무나도 강력하다. 그 앞에서 어느 누구도 감히 맞설 용기를 내지 못하고 있다. "귀족주의 성향은 영혼들이—평등하다는—거짓말에 의해 땅속 가장 깊숙한 곳에 묻혀버렸다." 잃어버린 삶의 가치를 찾기 위해 니체는 대지를 주목한다. 허무주의 철학은 땅을 파고 들어가 잃어버린 그 귀족주의 성향을 찾고 있다. "이 책에서 사람들은 '지하에서 작업하고 있는 한 사람'을 보게 될 것이다. 그는 뚫고 들어가고, 파내며, 밑을 파고들어 뒤집어엎는 사람이다. 그렇게 깊은 곳에서 행해지는 일을 보는 안목이 있는 사람들이라면 그가 얼마나 서서히,

신중하게, 부드럽지만 가차 없이 전진하는지 보게 될 것이다. 그는 오랫동안 빛과 공기를 맛보지 못하면서도 한마디 고통도 호소하지 않는다. […] 자신의 아침놀에 도달하게 될 것을 알고 있기 때문에."(아침, 9쪽) 도덕과의 전쟁을 선포했던 《아침놀》의 첫 구절이다. 허무주의 철학은 힘과 용기를 가진 자의 것이다.

　'지상에서의 행복'(안티, 272쪽), '지상적 행복'(같은 책, 274쪽) 등으로 표현되는 니체의 행복론이 전하는 메시지는 분명하다. 기독교의 논리에 대해 '거리의 파토스'를 가져달라는 것이다. 이 경우 거리감, 거부감, 역겨움, 구토증 등은 건강의 징표가 될 뿐이다. '고결한 인간성'의 구현은 오로지 지상의 행복을 바랄 때 가능해진다. 잘 살아보자! 이 땅 여기서 지금 삶을 살아보자. 이 삶에서 운명을 인식하고 사랑해보자. 지상의 모든 것은 '고결하고 기쁘며 고귀한 것'이다. 이에 대한 양심을 가져보자. 자기 삶에 대한 주권을 주장할 용기가 없어서 나약해지고 병들었다면 그것은 자기 책임이다.

> 우리를 오도되게 놔둬서는 안 된다: '판결하지 말라'고 말하면서도 그들은 자기들을 방해하는 것은 전부 지옥으로 보내버린다. 그들은 신에게 판결하게 함으로써 자신들이 판결을 내리고; 신을 영광스럽게 함으로써 그들 자신을 영광스럽게 한다; 그들의 능력에 미치는 덕들만을 —더욱이 자기네의 우위를 지키는 데 필요한 덕들만을 그들은 요청한다—, 이러면서 그들은 덕을 위해 투쟁한다는, 덕의 지배를 위해 싸운다는 가상을 자기들에게 부여한다. "우리는 선을 위해 살고, 선을 위해 죽으며, 선을 위해 희생한다"(—'진리'와 '빛'과 '신의 나라'를 위해)라고: 사실상 그들은 자기네가 그만둘 수 없는 것을 하고 있는 것이다. (안티, 277쪽)

기독교인들은 '희생'을 자처한다. 하지만 그들이 할 수 있는 게 그것밖에 없다. 그 밖에 할 수 있는 게 또 뭐가 있단 말인가. 사자가 달려들면 도망가기 바쁜 초식 동물 같다. 한쪽 다리가 물려도 그저 빠져나가려고 발버둥만 치는 그런 존재 말이다. 공격성이라고는 찾아볼 수가 없다. 하지만 이런 소극적이고 수동적인 태도의 원인은 세상 논리와 맞서 싸울 힘이 부족하기 때문이다. 약자가 이길 수 있는 논리는 그저 그런 희생에 의미를 부여하는 방법뿐이다.

노예도덕의 논리는 결코 자유정신의 것이 아니다. "'진리'와 '빛'과 '신의 나라'를 위해" 그 도덕은 희생을 요구한다. 여기서 희생정신은 양심으로 굳어진다. 하지만 그 희생을 통해 더욱 빛나게 되는 것은 진리와 신 그리고 그의 나라뿐이다. 모든 것은 거기서 회복을 한다. 판결하지 말라면서 신을 통해 판결하고, 신의 영광을 통해 스스로 영광스러워지며, 신의 전능을 통해 스스로도 모든 것에 우위를 점하는 전능한 존재로 거듭난다. 이 순간을 위해 모든 것을 포기할 수 있다. 모든 것을 포기할 수 있다? 바로 이 대목에서 허무주의 철학자는 발걸음을 멈춘다. 더 이상은 그의 길이 아니라고 판단되기 때문이다. 그건 아니지 하고 돌아설 수밖에 없는 대목이다.

《성경》에 대한 니체의 입장과 의견

기독교는 성경을 만들어냈다. 기원전 800년경으로 거슬러 올라가게 되는 기독교의 글들은 기원후 100년경에 이르러서야 그중 몇 개가 '카논Kanon', 즉 '기준'[3]이 되는 글로 판정되어 선택되어졌다. 그것이 오늘날 《성경》으로 알려진 한 권의 책이 되었다. 이 책은 구약 39권, 신약 27권의 총 66권으로 이루어져있다. 《성경》의 첫 부분을 장식하는 '모세 5경'[4]부터 모두 집필자가 따로 있다. 이들은 모두 자신이 신을 직접 만나 대화를 했다든가 아니면 꿈에서 천사를 통해 신의 뜻을 전해 받았다고 고백하고 있다. 특히 신약의 상당부분은 최초의 기독교인으로 알려져 있는 바울의 글들로 채워져 있다. 이 바울에 대한 고민은 일찍부터 시작되었다. 예를 들어 《아침놀》에서 니체는 이런 말을 남겨놓았다. "이 사람이 최초의 기독교인이고, 기독교의 발명자다!"(아침, 80쪽)라고. 《안티크리스트》에 이르러 니체는 다시 한 번 이런 생각을 정리하고 있다.

> 여기서 어떤 결론이 도출되는가? 《신약성서》를 읽을 때는 장갑을 끼는 게 좋다는 것이다. 가까이 있는 그토록 많은 불결함이 그렇게 하도록 거의 강요하고 있다. 폴란드계 유대인과 교제를 할 마음이 별로 없듯이 우리는 '초대 그리스도교인'과의 교제도 내켜하지 않는다: 그들에 대한 반박을 하나라도 할 필요가 있다는 말이 아니다… 양자 모두 좋지 않은 냄새를 풍긴다. ─나는 《신약성서》에서 단 한 가지라도 공감 가는 점을 알아내려고 했지만 헛수고였다; 그 안에는 자유롭다거나 너그럽다거나 숨김없다거나 정직하다거나 할 만한 것은 아무 것도 없다. 거기서는 인간적인 것이 아직 시작조차 되고 있지 않다─깨끗함에 대한 본능이 결여되어 있다…《신약성서》에는 오로지 나쁜 본능들만이 있을 뿐, 이런 나쁜 본능들에 대한 용기조차도 없다. 그 안에 있는 모든 것이 비겁하고, 모든 것이 눈을 감아버리는 것이며, 모든 것이 자기 기만이다. 《신약성서》를 읽고 나면 온갖 책이 다 깨끗해 보인다. (안티, 282쪽)

신의 뜻을 대변한다는 믿음을 걷어내고 《성경》을 읽으면 전혀 다른 모습들이 보인다. 거기 있는 모든 글들이 여느 다른 책들과 마찬가지로 사람들에 의해 쓰였다는 것을 감안하게 되면 그 작가의 의도를 넘보게 되기 마련이다. 왜 이런 글을 썼을까? 또 왜 이렇게 글을 썼을까? 이런 의혹을 제기할 수밖에 없다. 니체는 《신약성서》를 읽을 때는 장갑을 끼는 게 좋다"고 말한다. '거리의 파토스'(안티, 275쪽)를 제대로 가져야 한다는 이야기다. 거리를 두고 읽어달라는 요구다.

'장갑을 낀다'는 것은 비유에 불과하다. 정신이 오염되지 않도록 주의하라는 말로 읽어내면 된다. "가까이에 있는 그토록 많은 불결함이 그렇게 하도록 거의 강요하고 있다." 불결함! 그것이 성경책에 대한 이미지다. 불결하다! 그것이 허무주의 철학자가 느끼는 감정이다. 거기에는 모두 '진리'를 전하고자 하는 소리들로 가득하기 때문이다. 오히려 니체는 "진리가 무엇이냐"(요한복음18:38)하며 회의적인 태도를 보였던 로마의 총독 빌라도를 '경외받아 마땅한 형상'(안티, 283쪽)으로 간주하기도 한다. 그렇다. 도대체 "진리가 무엇이란 말인가!"(같은 책, 284쪽) 빌라도의 말에 니체의 음성이 겹친다.

성경책에는 "인간적인 것이 아직 시작조차 되고 있지 않다"는 말에는 니체의 생각을 반추해볼 수 있게 해주는 요소가 있다. 니체에게 문제가 되는 것은 진리가 아니라 인간적인 것이다. 도대체 진리가 무엇이란 말인가! 오로지 인간적인 것만이 문제라는 인식은 허무주의 철학의 본질을 형성한다. 인간적인 것 외의 그 무엇을 진리라는 이름으로 부각시키는 것은 모두 불결하다. 오염되지 않도록 조심해야 할 것이다. 감염되지 않도록 마스크라도 껴야 할 것이다. 이것이 니체의 입장이다.

다시 진리의 문제에 발걸음을 멈춰보자. 신의 영역이 진리라고 했다. 진리만이 신의 뜻이라고 했다. 이런 성경적 대전제가 보여주는 것은 무엇일까? 진리를 궁금해 하는 혹은 궁금해 할 수밖에 없는 인간의 문제가 서서히 가시화된다. 인간은 알고 싶은 것이다. 그 대상이 무엇이 되었든 상관없다. 알고 싶은 욕망, 즉 지식욕은 인간의 본성과 연결되기도 한다. 그런데 성경책은 이런 욕망조차 죄로 연결시켜놓고 만다. 지식에 대해서 양심의 가책을 느끼게 만들어놓고 만 것이다.

> 내 말을 이해했을 것이다. 성서의 첫 부분은 사제의 심리 전체를 포함하고 있다.—사제가 알고 있는 단 하나의 큰 위험: 그것은 지식이다—건강한 원인과 결과 개념이다. 하지만 지식은 전체적으로 단지 운이 좋은 상황에서만 번성한다—'인식'하기 위해서는 시간과 정신이 넘쳐나야만 한다… "따라서 인간을 불행하게 만들지 않으면 안 된다."—이것이 언제나 사제의 논리였다.—이런 논리에 따라 이런 논리와 더불어 결국 무엇이 이 세상에 등장하는지는 미리 짐작할 수 있다:—그것은 '죄'이다… 죄와 벌의 개념, '도덕적 세계질서' 전체가 지식에 대항하여 고안되었다—인간이 사제에게서 분리되는 것에 대항하여… 인간은 자신을 넘어서 위를 보아서는 안 되고, 자기의 내부를 보아야 한다; 배우는 자로서 인간은 현명하게나 조심스럽게 사물을 들여다보아서는 안 된다. 도대체가 보는 것은 안 된다: 그는 고통받아야 한다… 게다가 그가 언제나 사제를 필요로 하게끔 괴로워해야 한다.—의사들은 없어져라! 필요한 것은 구세주다.—'은총'과 '구원'과 '용서'에 대한 교설도 포함해서 죄와 벌 개념은—그 어떤 심적 실재성도 갖고 있지 않은 철두철미한 거짓이며—인간의 원인 감각을 파괴하기 위해서 고안되었다: 그것들은 원인과 결과 개념에 대한 암살 행위인 것이다! (안티, 287쪽 이후)

진리는 지식의 문제고, 지식은 앎의 문제고, 앎은 인식의 문제다. 이 모든 문제는 생각하는 존재에게는 피할 수 없는 운명이 된다. 생각하는 존재에게 생각은 운명이라는 이야기다. 생각할 수 있는 능력을 타고난 인간에게 진리는 끊임없이 문제 상황으로 다가올 뿐이다. 이것은 끊임없이 인식이 문제된 다는 말이 되기도 한다. 인식욕구는 포기의 문제가 아니다. 그것은 죄와 무관하다. '태어난 게 죄'라면 모를까. 하지만 그런 죄의식은 삶을 무의미하게 만들 뿐이다. 정상적인 그러니까 건강한 인간이라면 인식은 삶의 전반적인 의미와 연결될 수도 있다. 그래서 누구는 삶의 목적을 깨달음으로 설정하기도 하는 것이다. 인식의 다른 말이 깨달음이기 때문이다. 그것이 종교적 차원으로 인정받는 데는 다 이런 연유가 있어서다.

그런데 기독교는 인식을 죄로 연결시켜놓는 데 천재적인 발상을 해낸다. 생각하는 존재에게 생각 자체를 죄의식으로 연결시켜놓은 것이다. 모세가 남겨놓은 에덴동산 이야기는 참으로 유명하다. 그 동산에는 '생명 나무'와 '선악을 알게 하는 나무'(창세기2:9)가 있었다고 한다. 알게 하는 나무! 그것이 바로 인식의 나무였던 것이다. 그런데 그 인식은 생명의 반대 개념으로 사용되고 있다는 것이 특징이다. 생명의 반대는 죽음이다. 인식은 죽음을 의미하는 것이다. 생명의 나무에 열리는 열매는 먹어도 되지만 인식의 나무에 열리는 열매는 먹지도 말라고 했다. 게다가 그것을 먹는 날에는 "반드시 죽으리라"(창세기2:17)라고 했다. 신의 말이다. 진실만을 이야기기한다는 신의 말이다. 거짓말을 하지 못하는 존재가 한 말이다.

그런데 그 인식의 나무에 열린 열매를 먹고 난 뒤 인간이 취한 최초의 행동은 성기를 가릴 행동이었다. "이에 그들의 눈이 밝아져 자기들이 벗은 줄을 알고 무화과나무 잎을 엮어 치마로 삼았더라."(창세기3:7) 이것을 어떻게 이해해야 할까. 홀딱 벗은 상황이 부끄럽다는 인식 자체가 죽음을 의미한다는 것이다. 신의 시각에서 그것은 죽은 것이나 다름이 없다는 이야기다.

인간이 자기 몸을 부끄러워한다는 것은 생철학적 입장에서는 있을 수 없는 일이 되고 만다. 오히려 그런 수치심에 저항하고자 하는 것이 니체의 허무주의 철학이다. 육체를 변호하고 그에 따른 욕망을 긍정적으로 평가하고자 한다. 이런 철학이 왜 욕을 먹어야 할까. 지극히 인간적인 것만을 요구하는 이런 사상이 왜 비난의 대상이 되어야 할까. 그것은 '신이 죽었다'는 소리를 들을 때 불편해지는 바로 그 마음에게 물어보면 된다. 다른 방법이 없다. 노예도덕에 구속된 정신에게 물어보라는 이야기다. 그 정신은 답을 잘 알고 있을 것이기 때문이다. 니체와 친해지고 싶으면 정신을 자유롭게 내버려두어야 한다. 온갖 진리의 환상으로부터 자유로워져야 그의 목소리가 온전히 들려올 것이다.

니체의 허무주의 사상은 밖의 상황을 주시하기보다는 내면을 주시하게 한다. 아니 두 가지 방향 모두를 아우르는 시각을 요구한다. 다만 지금까지는 밖의 상황을 너무 신경쓰다보니 내면의 문제가 본의 아니게 경시된 듯한 느낌이 들어서 내면을 주시하라는 말에 힘이 실릴 뿐이다. 니체는 정신의 문제를 해결함으로써 삶의 문제를 해결하고자 한다. 때로는 "자신을 넘어서 위를 보아"야 할 때도 있음을 가르쳐주고자 한다. 또 "배우는 자로서 인간은 현명하게나 조심스럽게 사물을 들여다보아야" 한다는 것도 잊지 않는다. 자기 자신을 들여다보고 또 사물을 들여다보라! 안을 들여다보고 또 밖을 내다보라! 여기서 말하는 밖을 내다봄은 사물의 내면을 들여다보라는 말로 이해하면 된다. 이 말이 그렇게도 이해하기 어렵단 말인가.

"도대체가 보는 것은 안 된다"는 말이 어디 있는가 하고 믿지 못하는 이들이 있을 것 같아 다시 인용해본다. "이에 그들의 눈이 밝아져 자기들이 벗을 줄을 알고 무화과나무 잎을 엮어 치마로 삼았더라."(창세기 3:7) 인식의 나무 열매를 먹지만 않았다면 눈은 밝아지지 않았을 것이다. 그러면 영생을 유지했을 것이다. 그런데 눈이 밝아지고 말았다. 선악을 알게 하는 열매를 먹었기 때문이다. 이제부터는 영생은 물 건너가고 말았다. 이제는 죽어야 할 운명이 되고 말았다. 선악을 알게 되어서 그런 거다. 안 됐다. 불쌍하다. 가련하다. 슬프다. 이를 어쩌랴. 죽음을 알게 되었기 때문이다. 이것이 성경의 논리다. 즉 보는 것 자체가 금지된 것이었다.

눈을 가지고 태어난 자에게 보는 것 자체를 부정적으로 평가한 것은 불합리한 처사가 아닐 수 없다. 생각할 수 있는 존재의 생각 자체를 부정적으로 평가한 것은 부당한 처사가 아닐 수 없다. 항상 정답을 추구하며 옳고 그름의 경계선에서 방황하는 정신을 부정적으로 평가하는 것은 말도 안 되는 억지가 아닐 수 없다. 이 모든 것은 "그 어떤 심적 실재성도 갖고 있지 않은 철두철미한 거짓이며—인간의 원인—감각을 파괴하기 위해서 고안"된 것일 뿐이다. "그것들은 원인과 결과 개념에 대한 암살 행위인 것이다!" 이러한 니체의 비판적 사고는 인간과 그의 삶을 변호하기 위한 조건이 될 뿐이다.

정신을 위해 건강할 용기와 진리를 위해 경멸할 용기

진리는 기정사실이 아니다. 모든 진리는 생각의 산물일 뿐이다. 진리의 내용은 시간과 공간을 달리하면서 달라질 수밖에 없다. "절대적 진리가 없는 것과 마찬가지로 영원한 사실도 없다."(인간적I, 25쪽) 이것만이 허무주의적 진리이며 사실이다. 절대적인 것도 없고 영원한 것도 없다. 이것만이 절대적이고 영원하다. 생각이 의존해야 할 진리 따위는 존재하지 않는다는 이야기다.

인간만이 진리를 문제 삼는다. 생각하는 존재에게 진리가 문제가 된다. 진리는 아는 것의 문제이다. 진리를 알고 싶은 게 인간이다. 삶은 진리의 덫으로부터 자유로울 수 없다. 동심의 세계에서 놀이터가 아이들의 이상향인 것처럼 진리에 대한 어른들의 생각은 그네에 대한 아이들의 집착과 버금간다.

"집만 나서면 그네를 향해 돌진했던 어린 시절의 모습을 떠올리면 그네의 존재에 대해 가볍게 생각할 수가 없다."[5] 생각을 통해 앎을 얻고 앎을 통해 진리에 도달할 수 있다는 것 자체가 삶의 의미로 연결될 수 있기 때문이다.

그런데 신앙이 생기면서 진리는 위기에 처하고 만다. 신앙과 진리는 정반대의 논리처럼 작동한다. 믿음에 의해 진리가 규정되고 말기 때문이다. 자유로운 생각을 가진 존재에게 규정된 진리는 비좁은 감옥과 같을 뿐이다. 자유를 박탈하는 역할만을 하기 때문이다. 다른 생각을 전혀 하지도 못하게 하기 때문이다. 구연동화를 듣고 있는 어린아이들처럼 이야기의 내용을 쉽게 믿어버린 결과다. 규정된 진리, 그것은 모든 것을 걸러 듣지 못하고 마냥 스펀지처럼 빨아들였기 때문에 생긴 것이다. 남의 말에 놀아나는 정신은 모두 이런 신앙심이 깊은 상태에 있다. "그러나 우리에게는 하늘나라에 들어갈 생각이 전혀 없다. 우리 성숙한 어른이 되었으니. 우리는 이제 지상의 나라를 원한다."(차라, 519쪽) 성숙한 어른의 생각은 어떤 것일까? 그것은 아무것도 허투루 듣지 않으려는 의지에서 생겨난다. 일종의 '엄격한 정신' 혹은 '심오한 기질의 정신'이 아닐까.

> 모든 엄격한 정신, 모든 심오한 기질의 정신은 그와는 반대로 가르친다. 진리는 한 걸음씩 애써서 쟁취되어야만 한다. 반면 삶에 대한 우리의 마음과 우리의 사랑과 우리의 신뢰가 의존하고 있는 다른 모든 것은 거의 포기되어야만 한다. 그러기 위해서는 영혼의 크기가 필요하다: 진리에 대한 봉사는 가장 어려운 봉사인 것이다. ― 그렇다면 정신적인 사항들에 있어서 정직하다는 것은 무엇을 의미하는가? 자기의 마음에 엄격하다는 것, 아름다운 감정을 경멸한다는 것, 모든 긍정과 부정을 일종의 양심으로 만든다는 것! (안티, 290쪽)

《선악의 저편》에서 니체는 이미 마음을 구속하는 것이 자유의 조건이 됨을 역설한 적이 있다. "만일 사람들이 자신의 마음을 엄격하게 묶어 잡아두면, 자신의 정신에 많은 자유를 줄 수 있다."(선악, 112쪽) 마음이 흔들리면 될 일도 안 된다. 마음이 동요되면 삶 자체가 갈피를 잡지 못한다. 살아도 사는게 아니다. '자기의 마음에 엄격하다는 것'은 허무주의 철학이 요구하는 삶의 지혜다. 마음을 가지고 살아야 하는 존재는 마음을 잘 다스려야 한다. 마음의 대가가 되어야 한다.

마음을 엄격하게 구속시킬 때 '엄격한 정신'이 구현된다. 모든 것이 분명해진 정신이다. 맑은 정신이다. '구름 한 점'(이 사람, 362쪽) 떠다니지 않는 쾌청한 하늘과 같은 정신이다. 진리를 분명하게 아는 정신이다. 그 어떤 동요도 없는, 즉 차라투스트라를 탄생시킨 '정적의 날들'을 경험하게 하는 정신이다. "이러한 경험을 한 후에야 그는 이 작품이 태어난 평온한 경지에, 그 태양빛 같은 밝음, 아득함, 드넓음, 확실함에 존경심을 지니고 참여하는 특권을 누릴 수 있을 것이다."(도덕, 347쪽) 이때는 학문조차 행복감을 느끼게 해준다. 모든 것이 기쁨과 즐거움의 조건이 될 뿐이다. 공자도《논어》의 첫 대목에서 기뻐하고 즐기는 것 자체를 또 그 어떤 원망의 마음도 없는 상태를 군자의 모습으로 가르쳤었다.[6] 군자와 차라투스트라는 같은 경지에 도달한 정신을 대변하고 있다.

건강할 용기 그리고 경멸할 용기를 갖고 있는 우리 다른 자들은 육체를 오해하라고 가르쳤던 종교를 어떤 식으로 경멸할 수 있는가! 영혼─미신을 제거하려 하지 않는 종교를! 충분하지 않은 영양 섭취를 '마땅한 것으로' 만드는 종교를! 건강을 일종의 적수로서, 악마로서, 유혹으로서 적대하며 싸우는 종교를! 죽은 시신 안에 '완전한 영혼'을 지니고 다닐 수 있다고 믿게 하고, 그러기 위해서 '완전성'이라는 새로운 개념을, 창백하고 병들고 백치처럼 열광하는 본성을, 소위 말하는 '신성함'을 준비해야 할 필요가 있었던 종교를! (안티, 291쪽 이후)

믿었던 사람을 경멸해야 할 때 마음은 정말 아프다. 사랑했던 사람을 증오해야 할 때 마음은 고통을 가르쳐준다. 정들었던 사람에게서 정떼기를 해야 할 때 마음은 한계를 인식하게 해준다. 게다가 종교는 없을 수 없다. 종교는 필연적이라는 이야기다. 생각하는 존재에게 믿음은 당연한 소리다. 하나를 알면 열을 알게 되는 게 인간이기 때문이다. 꼭 경험해야만 아는 게 인간인 것은 아니다. 지금 이 세상과는 전혀 다른 세상에 대한 생각은 어쩔 수 없이 할 수밖에 없다. 생각이 자유로운 존재에게 못할 생각이 어디 있겠는가. 천국도, 지옥도 모두가 생각이 만들어낸 세상이 아니던가. 생각이 가능한 세상이기에 믿음이 생기기도 하는 것이다. 그런 세상이 있을 것만 같은 느낌도 드는 것이다.

하지만 허무주의는 그런 종교에 대해서도 때로는 경멸할 것을 요구한다. 그동안 믿었던 것에 대해서 경멸의 태도를 취할 수 있기를 원하는 것이다. 그동안 좋아했던 대상에 대해서 그 어떤 양심의 가책도 없이 경멸할 수 있는가? 이것이 허무주의적 질문인 것이다. 그럴 용기가 있는가? 추억이 담긴 물건이기 때문에 버리지 못한 것이 얼마나 많은가. 믿고 사랑했던 사람조차 경멸하기가 여간 어렵지 않다. 그런데 그 대상이 신이라면 어떤 심정일까? 사실 괴테의 〈프로메테우스〉라는 시도 그 대상이 제우스이기 때문에 들어줄 만한 여유가 생기는 것이다. 신을 향한 거인의 무례한 발언들과 '거침없는 말들'(비극, 79쪽)이 그 어떤 것으로도 대체될 수 없는 자신이 믿는 신이라면 용납할 수 없는 상황이 벌어지고 말 것이다.

여기 앉아 나는 인간을 만드노라

내 모습 그대로

나처럼

괴로워하고 울고

즐기고 기뻐하며

그리고 너의 종족을 존경하지 않는

나를 닮은 종족을.[7]

보통은 신을 닮으려고 애를 쓴다. 신은 모범 자체이기 때문이다. 그저 신을 끊임없이 생각하는 것을 종교적인 생활로 간주해도 무방하다. 그런데 그런 신을 존경하지 않을 수 있는가? 그런 신을 믿지 않을 수 있는가? 신을 향한 마음을 버리고 자기 자신을 향한 마음을 가질 수 있는가? 신에게 저항하는 이런 내면의 움직임을 괴테는 질풍노도기로 설명했다. 니체라면 정신의 세 가지 변화 중 두 번째 단계에 해당하는 사자의 정신이 될 것이다. "정신은 이제 자유를 쟁취하여 그 자신이 사막의 주인이 되고자 한다."(비극, 39쪽) 사자의 정신은 '너는 마땅히 해야 한다'라고 하는 거대한 용을 때려잡고 스스로에게 '나는 하고자 한다'라고 말한다. 물론 허무주의 철학은 이 단계에서 마감하고자 하는 게 결코 아니다. 그것을 알고 싶으면 '세 변화에 대하여' 전체를 다시 한 번 읽어봐야 할 일이다. 낙타에서 사자를 거쳐 어린아이로 변하는 그 과정을 말이다.

허무주의 앞에 허무하지 않은 것은 아무것도 없다. 모든 것은 허무의 측면을 가지고 있다. 모든 것을 그 어떤 식으로든 경멸할 수 있기 때문이다. 그럴 용기를 갖고 있기 때문이다. 허무는 용기를 요구한다. 용기? 그렇다. 새로운 가치를 창조하기 위해 허무를 허용할 뿐이기 때문이다. 늘 경멸하고 싸우면서 진리를 쟁취해나간다. 늘 승리하며 쾌감을 만끽한다. 늘 웃으며 춤출 수 있는 건강을 유지하고자 한다. 허무한 마음이 들어야 그 다음을 생각할 수 있게 되는 것이다.

생각과 신앙의 대립 관계

모든 신앙은 어느 순간이 되면 미신이라는 허물로 변할 수밖에 없다. 모든 신성한 것은 어느 순간이 되면 조잡한 사건이 되고 만다. 모든 진지한 것은 어느 순간이 되면 웃지 못할 희극이 되고 만다. "짧은 비극은 결국 언제나 영원한 현존재의 희극에게 자리를 물려주거나 뒤로 물러난다. 아이스킬로스의 표현을 빌리면 '한없는 웃음의 파도'가 이 비극들의 가장 위대한 주인공들조차 압도해버린다."(즐거운, 68쪽) 기뻐하고 즐길 줄 아는 자가 군자임을 잊지 말자. 공자의 말에 수긍이 가면 니체의 말에도 고개가 끄덕여질 것이다.

> 그리스도교는 제대로 된 정신적인 성숙 전체와는 대립 관계에 있다.─그것은 단지 병든 이성만을 그리스도교적 이성으로 이용할 수 있었고, 온갖 백치들 편을 들며, '정신'과 건강한 정신의 드높음에 대해 저주의 말을 내뱉는다. 병이 그리스도교의 본질에 속하기에, 전형적인 그리스도교적 상태인 '신앙' 역시 병든 형태이지 않으면 안 된다. 인식을 향하는 바르고 정직하고 학적인 길은 교회에 의해 금지된 길로서 거부되지 않으면 안 된다. 의심도 이미 죄다… 사제에게 전적으로 결여되어 있는 심적 순수함은─그의 시선에서 보여지는─데카당스의 결과적 현상의 하나다.─우리는 히스테리증 여자들이나 곱사등이 어린

아이들의 본능적인 허위와, 거짓말을 위한 거짓말을 하는 즐거움이나, 똑바로 볼 수 없고 걸을 수 없는 무능력이 통상적인 데카당스의 표현이라는 것을 발견할 수 있다. '신앙'이란 무엇이 참인지를 알고자 —하지 —않는다는 것을 의미한다. (안티, 293쪽)

생각은 신앙과 싸운다. 때로는 신앙에 무릎을 꿇기도 하지만 때로는 그 신앙을 깨고 넘어서기를 바랄 때도 있다. 신앙이 없을 수는 없다고 했다. 생각하는 존재에게 1+1=2이라는 원리가 깨쳐졌다면 그 다음의 수와 계산은 자동적으로 가능해지고 만다. 이제부터는 무한한 수와 계산이 앞에 놓이게 된다. 어떤 내용을 정답으로 선택할 것인가, 그것이 문제가 되는 것이다. 이 더하기 이는? 삼 더하기 삼은? 억억억 더하기 억억억은? 생각은 한계를 모르고 발전을 거듭해간다.

'제대로 된 정신적 성숙 전체'는 신앙과 맞선다. 자유정신은 한계를 모르기 때문이다. "'신앙'이란 무엇이 참인지를 알고자 —하지 —않는다는 것을 의미한다." 참으로 많은 학자들이 인용했던 명언이다. 참, 진리, 정답, 그것은 알고자 하는 것을 본능으로 가진 존재에게 늘 태양처럼 선명하다. 하지만 그 내용은 시시각각으로 변할 수밖에 없다. 즉 그 태양의 의미가 시시각각으로 변할 수밖에 없다는 말이다. 때로는 피하고 싶고 때로는 한없는 웃음의 원인이 되기도 한다. 진리도 마찬가지다. 때로는 잔인하기도 하고 때로는 무한한 행복을 약속하기도 한다. 진리는 절대로 말 한마디로 결정될 수 있는 그런 것이 아니다. 정신은 늘 말 한마디로 결정될 수 있는 그런 간단명료한 진리를 원하지만 그런 것은 여명과 같을 뿐이다. 아침놀처럼 신선한 느낌일 때도 있고 저녁놀처럼 피곤한 느낌일 때도 있는 법이다.

그런데 신앙은 다르다. 하나에 얽매이게 하는 원리이기 때문이다. 일 더

하기 일은 이! 그 이만이 정답이라고 고집을 피운다. 다른 모든 경우의 수는 틀린 것으로 간주한다. 이런 상황을 두고 니체는 질병을 운운한다. 즉 이때 이성은 병이 들고 말았다는 것이다. 그것이 기독교의 이성이다. "그것은 단지 병든 이성만을 그리스도교적 이성으로 이용할 수 있었고, 온갖 백치들 편을 들며, '정신'과 건강한 정신의 드높음에 대해 저주의 말을 내뱉는다." 기독교는 건강한 정신에 대해 저주의 말을 내뱉는다. '질투하는 신'(나훔1:2)을 끌어들임으로써 이 저주를 정당하게 만들고 만다. 정답 이외의 것에 대해서는 예외 없이 "저주를 받을지어다"(갈라디아서1:9)를 내뱉는다.

하지만 니체는 이런 병든 이성에 건강한 이성으로 맞불을 놓고자 한다. 병이 들기를 자처하기보다는 오히려 그 어떤 양심의 가책도 없이 건강을 외쳐대고자 한다. 건강! 그것은 자기 자신이 원하는 대로 생각하고 행동하는 것을 양심으로 형성하는 것이다. 허무주의 철학의 다른 이름은 말하자면 건강철학이다. 허무주의 철학이 건강을 지향하는 이유는 여기에 있다. 이성을 병들게 하는 원리에 저항하고자 하기 때문이다.

불변이 행복을 약속한다? 믿음이 구원을 약속한다? "'믿으면 복을 받는다: 그러므로 믿음이 진리이다.'—여기서 먼저 반박할 수 있는 것은 바로 복되게 한다는 것이 입증되지 않았고, 단지 약속되어 있을 뿐이라는 점이다: 지복이 '신앙'이라는 조건과 결합되어 있다—믿기 때문에 장차 복을 받아야 한다…"(안티, 289쪽) 하지만 그 믿음이 자유를 박탈한다. 자유정신은 오히려 신앙 앞에서 불행만을 맛볼 뿐이다. 변화를 거부하는 모든 것에서 답답함을 느낄 뿐이다. 믿음이 약속한 구원은 생각 자체를 하지 못하게 할 뿐이다. "인식을 향하는 바르고 정직하고 학적인 길은 교회에 의해 금지된 길로서 거부되지 않으면 안 된다. 의심도 이미 죄다…" 의심도 죄다! 이 죄의식으로부터 자유로운 정신은 아무도 없다. 의심은 인간적이기 때문이다. 기독교가 말하는 영생의 논리는 그저 신앙뿐이다. 그저 신앙만이 살 길이다. 자유정신의 길과 정반대 방향으로 나아간다.

허무주의는 '심적 순수함'을 요구한다. 마음이 순수하다는 것, 이것은 "사제에게 전적으로 결여되어 있는" 것이다. 신앙인은 마음이 순수하지 못하다. 믿는 것이 기준이 되어 있기 때문이다. 순수한 마음, 그것은 그 어떤 선입견도, 편견도 없는 마음이다. 그것은 '관점주의'의 이념을 제대로 이해하고 받아들인 상태라고나 할까. "너는 모든 가치 평가에서 관점주의적인 것을 터득해야만 했다."(인간적I, 18쪽) 이것이 바로 니체 철학이 지향하는 바다. 관점에 따라 진리의 모습은 다양하게 바뀔 수 있다는 것을 허용한 시각이다. 모든 관점을 감당할 수 있다면 허무한 감정 앞에서 무너지지 않을 수 있다. 죽음 앞에서도 안타까워하지 않을 수 있다. 오히려 그 허무의 감정을 가지고 놀 수도 있다. 그때 머금게 되는 미소는 모든 것을 넘어선 초인의 것이 된다.

니체는 신앙인의 시각 앞에서 모든 것이 뒤바뀐 현상을 확인한다. 그것은 부정적 의미에서의 '데카당스' 형식인 것이다. "우리는 히스테리증 여자들이나 곱사등이 어린아이들의 본능적인 허위와, 거짓말을 위한 거짓말을 하는 즐거움이나, 똑바로 볼 수 없고 걸을 수 없는 무능력이 통상적인 데카당스의 표현이라는 것을 발견할 수 있다." 남의 행복은 나의 불행이라는 그런 논리가 적용된 것이다. "쾌에 대한 불쾌의 우세는 허구적인 도덕과 허구적인 종교의 원인이다: 그런데 그런 우세가 데카당스에 대한 공식을 제공하는 것이다…"(안티, 230쪽 이후) 부정적 의미에서의 데카당스 공식은 그러니까 "무엇이 참인지를 알고자─하지─않는다는 것을 의미"할 뿐이다. "그것의 본능은 건강한 자와 건강함에 적대적"(같은 책, 292쪽)일 뿐이다. 그냥 웃는 것도 기분 나쁘다. 이것이 바로 약자의 마음이다. 질투와 저주를 입에 달고 산다.

정신도, 마음도 모두 병이 든 상태다. 극복되어야 할 대상이다.

확신을 거부하는 회의주의자 차라투스트라

기독교는 '의심도 이미 죄'(안티, 293쪽)라고 했다. "오직 믿음으로 구하고 조금도 의심하지 말라."(야고보서1:6) 하지만 이성을 가진 존재는 의심을 본성으로 가질 수밖에 없다. 의심을 죄로 규정하는 순간부터 이미 태어남을 원망할 수밖에 없는 상황으로 끌고 갈 뿐이다. 니체는 이런 논리에 항거한다. 신을 비판하고 인간을 변호하고자 한다. 형이상학적 논리를 거부하고 실존적 영역을 대안으로 제시하고자 한다. 하지만 쉽지가 않다. 영생을 버려야 할 때 드는 실망감은 그 어떤 말로도 위로가 안 되기 때문이다. 천국을 포기해야 하는 순간에 엄습해오는 두려움은 그 어떤 말로도 극복이 안 되기 때문이다.

그래도 어찌하랴. 인간은 죽어야 할 운명이다. 인간은 대지에서 살다가 대지에 묻혀야 하는 운명이다. 생로병사는 모든 인간의 운명이다. 이것을 깨닫기가 왜 이리도 힘든 것일까. 태어나고 늙어가고 병들고 죽어간다. 그것이 지극히 인간적인 운명이다. 이것을 인식하기가 왜 이리도 어려운 것일까. 모든 인간의 지식은 오히려 이 모든 것에 저항하고자 한다. 생각으로 위로를 얻고자 한다. 태어남을 탓하면서 삶을 변호하고자 한다. 늙어감을 거부하면서 삶의 가치를 유지하고자 한다. 온갖 보험으로 질병에 저항하고자 한다. 자기 자신이 죽으리라고는 상상도 하지 않고 산다. 이래도 되는 것일까? 생의 마지막 순간에 우리는 모두 자기 자신의 삶에 대해서 정죄를 받아야 할 운명이기에 묻는 것이다.

어떤 것을 반박할 때 우리는 그것을 얼음 위에 정중히 놓으면서 반박한다—
신학자에게도 우리는 이런 식으로 반박한다… 모든 박해자들의 세계사적 우매
함은 바로 그들이 자기들의 적대자에게 명예로운 모습을 부여했다는 데 있다
—그들에게 순교의 매력을 선사했다는 데 있다… 여자는 오늘날에도 어떤 오
류 앞에서 무릎을 꿇는다. 누군가가 그 오류를 위해 십자가에서 죽었다고 이야
기되기 때문이다. 그렇다면 십자가가 논거란 말인가?——하지만 이 모든 것
에 대해서 오직 한 사람만이 이 천 년 동안 필요했을 말을 했다—차라투스트
라가. (안티, 296쪽)

반박하기 전에 얼음 위에 올려놓아라. 멋진 말이다. 냉정하게 검토하라는
말이다. 함부로 평가하지 말라는 것이다. 형이상학, 종교, 신앙, 이성, 이 모
든 것들은 인간적이다. 인간이기에 가질 수밖에 없는 운명적 문제들이다. 거
부한다고 거부될 수 있는 것도 아니다. 그래도 거부하지 않고 살 수도 없는
노릇이다. 인간은 형이상학적 존재이며 동시에 종교적 존재이며 또 신앙적
존재이며 그리고 이성적 존재일 수밖에 없다. "우리는 모든 사물을 인간의
두뇌를 통해 관찰하는 것이므로 이 머리를 잘라버릴 수는 없다."(인간적I, 30쪽)
인간은 두뇌를 통해 관찰하고 생각할 수밖에 없다. 모든 생각이 이루어지고
있는 이 머리는 자를 수 없는 것이다. 죽을 때까지 책임지고 살아야 한다.
　여기에 니체의 생철학이 직면한 문제가 있다. 어쩔 수 없는 상황 말이다.
인간이 인간이기를 거부하는 순간 모든 것은 꼬이고 만다. 죽어야 할 운명
을 거부하는 순간 모든 것은 얽히고 만다. 분명 인간은 문제적 존재다. 그 문
제가 싫어서 정답을 원한다면 그것은 비겁한 생각일 뿐이다. 그것은 용감한
행동이 아니다. 허무주의는 그런 것을 용납하지 않는다. 오히려 전사가 되
어주길 원한다. 전쟁이라도 치를 수 있는 그런 준비를 갖춰달라고 애원한다.

자기 삶에 주인이 되어달라고.

뭔가를 반박할 때 니체는 그것을 먼저 '얼음 위에 정중히' 놓을 것을 요구한다. "신학자에게도 우리는 이런 식으로 반박한다…" 니체는 왜 굳이 여기에 말줄임표를 남겨야 했을까? 잠시 쉬어가며 독서해야 할 부분이다. 니체는 신학자에 반박한다. 허무주의는 신학자의 주장에 저항하는 철학이다. 믿음의 내용에 항거한다. 하지만 신학자에게 반박한다는 것은 쉬운 일이 아니다. 반박해야 할 내용이 너무도 허무맹랑하기 때문이다. 믿음의 내용을 어떻게 반박한다는 말인가? 이것이 니체의 어려움이다. 또 독자가 따라가기 쉽지 않은 대목이기도 하다. '신은 죽었다'는 말에서부터 우리는 숨이 턱! 하고 막히는 느낌을 받고 있기 때문이다. 뭔가 '오류'가 있기는 한데 그것이 무엇인지 제대로 인식조차 하지 못하고 살아가고 있을 뿐이다. "누군가가 그 오류를 위해 십자가에서 죽었다고 이야기되기 때문이다. 그렇다면 십자가가 논거란 말인가?—— " 이번에는 또 다른 형태의 말줄임표를 남겨놓았다. 또다시 쉽게 넘어가지 말라는 신호다.

십자가가 논거란 말인가? 거기서 죽었기 때문에 신이란 말인가? 수많은 논쟁거리가 회오리치고 있는 부분이다. 수많은 전설과 신화가 얽히고설키어 있는 부분이다. 하지만 문제는 기독교가 하는 말에 너무도 익숙해져 있다는 것에 있다. 십자가 소리만 들어도 우리는 일종의 정형화된 생각을 가지고 만다. 다른 생각은 전혀 하지 않는다. 그런 것은 정답이 아니라고 생각하기 때문이다. 그러나 니체는 이 정답논리에 맞선다. 그것이 정답이라면 오답이라는 운명을 달게 받고자 한다. 신을 위한 삶을 살기보다는 인간을 위한 삶을 살고자 하는 것이다. 그동안 관심 밖에 있었던 인간에게 보살핌의 손길을 던지고자 한다. 그들에게 '필요했던 말'을 하고자 한다. 바로 그 말을 했던 차라투스트라의 말에 귀를 기울이고자 한다.

오도되게 놔두지 마라: 위대한 정신들은 회의주의자다. 차라투스트라는 회의주의자다. 정신의 강력함에서, 정신의 힘과 힘의 넘침에서 나오는 자유는 회의를 통해 입증된다. 확신하는 인간은 가치와 무가치의 문제에서 근본적인 것 전부를 전혀 고려하지 못한다. 확신은 감옥이다. 이것은 충분히 넓게 보지 않고, 발아래를 보지 않는다: 하지만 가치와 무가치에 대해 말참견할 수 있으려면, 오백 가지 확신들을 자신의 발 아래로 굽어보아야만 한다―자신의 뒤에 있는 것으로 보아야만 한다… 위대한 것을 원하고, 그것을 위한 수단을 원하는 정신은 필연적으로 회의주의자다. 온갖 종류의 확신으로부터의 자유는 자유롭게 ―볼―수 있는 강한 힘에 속한다… (안티, 297쪽)

　과연 누가 자유로운가? 누가 자유로운 정신의 소유자인가? 그것은 회의를 할 수 있는 능력에 의해 검증될 뿐이다. 인간은 선해야 할 때도 있고 또 악해야 할 때도 있다. "자유로운 인간은 선할 수도 악할 수도 있다."(반시대Ⅳ, 102쪽) 선만 고집한다면 그것은 정상적인 인간이 아니다. 착하기만 하다면 그것은 정신의 불구자에 지나지 않는다. 악할 수 있을 때 정신의 건강이 증명되는 것이다. 물론 평화가 좋다는 것은 누구다 다 안다. 하지만 전쟁을 치러야 할 때도 있는 법이다. 그때도 평화만 부르짖는다면 충분히 강하지 못한 약자이거나 비겁한 자임에 틀림이 없다. 니체는 이런 준비되지 못한 인간을 혐오한다.
　마찬가지로 그 어떤 확신도 지양되어야 한다. 모든 확신은 어떤 것을 확실하게 믿으면서 발생하는 정신의 행위다. 모든 확신은 정신의 자유를 앗아간다. 자유로운 발걸음에 족쇄를 채운다. "확신은 감옥이다." 허무주의 철학의 대전제다. 확신이 없을 수는 없다. 하지만 하나의 확신에 얽매여서는 안 된다. 확신의 다른 개념으로 신념도 있다. "진리의 적들―신념은 거짓말보다 더 위험한 진리의 적이다."(인간적I, 391쪽) 진리를 깨닫고 싶으면 신념은 경계해야 한다. 진리는 언제나 변할 수 있다. 신념은 거짓말보다 더 위험하다. 확신도 마찬가지다. '생각하는 존재를 감옥에 처넣을 수 있는 것은 확신'이라는 말에 귀를 기울여야 한다.

수많은 의혹과 논쟁거리가 맞물려 있는 개념이 사실 차라투스트라다. 전집을 다 읽고서도 '차라투스트라가 누구냐?'란 질문에 선뜻 답변을 내놓기가 어렵다. 니체는 여러 곳에서 다양한 정의를 내놓았지만 그래도 '그게 그러니까 누구란 말이냐?'하고 반문을 하게 만든다. '차라투스트라는 이동용이다!' 이렇게라도 말할 수 있으면 얼마나 좋으랴. 그러면 1+1=2라는 식을 확실하게 알 수 있기 때문이다. 하지만 사람이 끊임없이 '나는 누구인가?'라는 질문으로부터 자유로울 수 없듯이 허무주의 철학은 '차라투스트라가 누구냐?'라는 질문으로부터 자유로울 수 없다.

차라투스트라는 아직 단 한 번도 태어난 적이 없는 존재라고 했다. "위버멘쉬가 존재한 적은 아직 없다."(차라, 153쪽) 미래의 존재란 말이다. 어쩌면 우리 독자들이 만들어내야 할 존재이기도 한 것이다. 그러니까 '그게 누구냐'고 묻지 말고 오히려 우리 스스로가 '그는 이런이런 존재다!'라고 말할 수 있어야 하지 않을까. 니체는 아마 차라투스트라가 누구냐는 말에 이런 말로 즉답을 피하지 않았을까. '너 자신에게 물어보라! 너 자신을 들여다보라! 거기에 대답이 있을 것이다!'라고.

"차라투스트라는 회의주의자다." 의심하고 묻는 자다. 의혹을 제기하는 자다. 차라투스트라에게 금지된 질문이란 없다. 묻지 말아야 할 것도 없다. 모든 것은 물음의 대상이 된다. 마치 어린아이가 질문을 해대듯이 그렇게 생각을 진행할 수 있는 존재다. 언제부턴가 우리는 교육의 현장에 내몰리면서 오히려 이런 질문하는 능력을 포기하고 말았다. 외워야 할 것에 주눅든 채 살아가고 있다. 넘쳐나는 정보 앞에 무릎을 꿇고 산다. 현대인의 모습이다. 알아야 할 것이 너무도 많다. 시험공화국 속에서 명예로운 시민임을 자처하며 살아가고 있다. 성공지향주의 속에서 살아남은 엘리트임을 자처하며 당당하게 살아가고 있다. 법치주의 국가 안에서 법꾸라지처럼 살아가고 있다. 그러면서도 생로병사라는 간단한 자연의 섭리 앞에서조차 갈피를 잡지 못하고 쓰러지고 만다.

확신으로 자기 자신을 감옥에 처넣기보다는 회의주의를 인식하며 들판으로 나갈 줄 알아야 한다. 거기에 자유가 있다. 자유를 원한다면 그 정도의 위험은 감당해야 한다. 가치와 무가치를 함께 볼 줄 알아야 한다. 하나만 볼 줄 알면 위험하다. 일면만 알고 있기 때문이다. 그것이 근본을 이루면 대화에 참여할 수가 없다. 모든 근본주의자들은 참 말기를 못 알아듣는다. 자신이 알아듣는 말만 듣고자 하기 때문이다. 이에 반해 니체는 "오백 가지 확신들을 자신의 발 아래로 굽어보아야만 한다—자신의 뒤에 있는 것으로 보아야만 한다…"라고 말한다. 오백 가지 확신들! 그 많은 확신들을 잘 알고 있어야 한다! 이 말은 괴테의 인식과 닮아 있다. "3천 년의 역사에 대해 / 설명을 할 수 없는 자는 / 어둠 속에서 아무것도 알아내지 못한 채 / 하루하루를 살아갈 뿐이다."[8] 오백 가지 확신들과 3천 년의 역사, 이 모든 것을 굽어볼 줄 알아야 한다는 것이다.

정신이 자유롭기 위해 굽어보아야 할 것이 너무도 많다. 오백 가지 확신들과 3천 년의 역사가 말해주는 숫자는 비유에 불과하다. 그저 많이 알아야 한다는 말로 대체해도 좋다. 즉 자유는 그만큼 어렵게 주어진다는 뜻이기도 하다. 삶이 거저주어지지 않는다는 말로 이해해도 무방하다. "광야에는 칼이 있으므로 죽기를 무릅써야 양식을 얻사오니"(예레미야애가5:9) 하는 성경구절을 기억해내도 좋을 것 같다. 살고 싶으면 죽기를 무릅써야 한다. 죽기를 작정하고 달려들면 안 될 일이 무엇이 있을까. 자유의 발목을 잡을 일이 무엇이 있을까. 삶은 "가치와 무가치에 대해 말참견할 수" 있을 때에만 의미가 구현된다. 그때 삶의 위대함이 인식되기 때문이다.

기독교에 대한 탄핵을 이끌고 그 반대법을 제정한 철학자

니체는 평생 진리와 싸웠다. 이성과 싸웠다. 진리를 극복하고 진리를 세우고자 했다. 이성에 맞서 이성을 밝히고자 했다. 소위 "이성에 대한 이성의 투쟁"[9]이 허무주의 철학이었던 것이다. 신의 사망소식을 복음으로 들려주었다. 그러면서 새로운 신을 보여주고자 했다. 차라투스트라가 그 이름이었다. 중세 천 년 동안 신을 알고자 했던 것처럼 이제부터 우리는 천 년 동안 혹은 이천 년 동안 차라투스트라가 누군지 물어야 할지도 모른다. 깨달음은 쉽게 주어지지 않는다. 용맹정진의 수행 길을 걸어야 하기도 한다.

처녀작 《비극의 탄생》에서부터 니체는 이미 기독교에 대한 반박을 진지하게 시작했었다. "실제로, 이 책이 가르치는 바와 같은 순수하게 심미적인 세계 해석과 세계—정당화에 대해 기독교적 교리보다 더 커다란 대립도 없다."(비극, 17쪽) 기독교에 대한 니체의 인식과 입장은 확고했다. "기독교는 처음부터, 본질적으로, 그리고 근본적으로 삶에 대한 삶의 구토와 권태였다."(같은 책, 18쪽) 이후 지속적으로 진리나 이성의 전형으로 기독교를 언급했다. 그 이념에 저항하는 의미로 허무주의를 생각해냈던 것이다. 허무주의는 그러니까 삶을 긍정하는 철학으로 나아갔던 것이다.

그리고 《안티크리스트》의 마지막에는 '그리스도교 반대법'이라는 글이 실려 있다. 유고다보니, 즉 미완성으로 끝난 글이다 보니 이것이 진정으로 마감하는 글로 계획되었는지는 알 수가 없다. 어쨌거나 강렬하다. 법까지 제정하다니. 법이 있으면 죄도 있게 마련이다. 법을 따르지 않으면 벌을 받아야 한다는 상황도 벌어진다. 법치국가를 위한 조건으로 법을 만들고자 한다. 그것이 허무주의 철학의 마지막 단계라고나 할까. 자기가 사는 나라의 법을 제대로 알아야 건강한 시민으로 살아갈 수 있을 것이다. 니체는 이 반대법이라는 글을 시작하기 직전에 기독교부터 탄핵한다.

> 그리스도교에 대한 이런 영원한 탄핵을 나는 벽이 있는 곳이라면 어디든지 적으려 한다―눈먼 자도 볼 수 있게 하는 글자를 나는 가지고 있다… 나는 그리스도교를 단 하나의 엄청난 저주라고 부른다. 단 하나의 엄청난, 가장 내면적인 타락이라고 부른다. 단 하나의 엄청난 복수 본능이라고 부른다. 어떤 수단도 이것에 대해서는 독성과 은밀함과 지하적임과 비소함에 있어 충분할 수 없다―나는 그리스도교를 인류의 단 하나의 영원한 오점이라고 부른다… / 그런데 우리는 이런 액운이 시작되었던 그 불행한 날을 기점으로 시간을 계산한다―그리스도교가 시작한 첫날을 기점으로!―왜 차라리 그리스도교의 최후의 날을 기점으로 삼지 않는가?―오늘을 기점으로 삼지 않는가?―모든 가치의 전도! … (안티, 318쪽)

탄핵을 외쳐대는 소리가 들리는가. 촛불민심이 읽히는가. 기독교의 이념은 그동안 너무도 견고하게 버텨왔다. 신앙에 근거한 법을 만들어놓고 삶을 괴롭혔다. 삶의 가치를 앗아갔다. 법꾸라지들이 엘리트를 자처하며 판을 쳤다. 니체는 기독교를 세상을 향한 '저주'로 간주한다. "나는 그리스도교를 단 하나의 엄청난 저주라고 부른다. 단 하나의 엄청난, 가장 내면적인 타락이라고 부른다. 단 하나의 엄청난 복수 본능이라고 부른다." 기독교는 진리를 독점하고 말았다. "내가 곧 길이요 진리요 생명이니 나로 말미암지 않고는 아버지께로 올 자가 없느니라."(요한복음14:6) 이런 구절을 신의 목소리로 간주하게 만들었다.

이제 탄핵이다. 허무주의 철학은 기독교를 파면하고자 한다. 그동안 세상을 갖고 논 것에 대한 공정한 처벌을 하고자 한다. 그러기 위해서 법이 새롭게 제정될 필요성을 느낀다. 기독교를 처벌할 법이 필요했던 것이다. 그동안 잘못했으면서도 잘못했다는 의식조차 갖지 못했던 어리석음에 대해 새로운 잣대를 댈 수 있도록 하고자 하는 것이다. 잘못이 잘못임을 가르쳐주고자 하는 것이다. 이를 위해 니체는 '그리스도교 반대법'을 제정하고 있는 것이다.

그리스도교 반대법

제1년의 첫날, 구원의 날에(― 잘못된 시간 계산법으로는 1888년 9월 30일에) 선고되었다

범죄와의 사투: 그 범죄는 그리스도교다

제1조. ― 모든 종류의 반자연은 악덕이다. 가장 악덕한 인간은 사제다: 그는 반자연을 가르친다. 사제에게는 이유가 필요없다. 감옥이 있을 뿐.

제2조. ― 어떤 식의 예배 참여라도 모두 공중도덕에 대한 암살 행위다. 카톨릭 신자보다는 프로테스탄트 신자를 더 엄하게 대해야 한다. 맹신자보다는 급진적인 프로테스탄스 신자를 더 엄하게 대해야 한다. 그리스도교인에게 있는 범죄적 요소는 사람들이 지식에 다가가는 정도에 따라 증가한다. 따라서 범죄자

중의 범죄자는 철학자다.

제3조.—그리스도교가 나쁜 짓을 도모했던 저주받아 마땅한 곳은 완전히 파괴되어야 한다. 그리고 지상의 사악한 곳으로서 후세 전체에게 공포의 대상이 되어야 한다. 거기서는 독사를 사육해야 한다.

제4조.—순결에 대한 설교는 반자연을 공공연히 도발한다. 성생활에 대한 모든 경멸, 성생활을 '불결하다'는 개념으로 더럽히는 것은 삶의 성령을 거스르는 진정한 죄다.

제5조.—사제와 한자리에서 식사하면 제명당한다: 그렇게 하면 스스로 정직한 사회에서 탈피해버리는 것이다. 사제는 우리의 찬달라다.—그를 배척하고 굶겨서 온갖 종류의 사막으로 추방해야 한다.

제6조.—'성스러운' 역사를 그것이 마땅히 불리어야 할 이름인 빌어먹을 역사라고 명명해야 한다: '신', '구세주', '구원자', '성자'라는 말들은 욕설이나, 범죄자에 대한 표지로 사용해야 한다.

제7조.—이것들로부터 그 나머지 것들은 귀결된다.

안티크리스트 (안티, 319쪽 이후)

법조문이지만 읽히기 어려운 개념은 거의 없다. 모두가 쉽게 이해할 수 있는 문장으로 쓰여 있다. 그 시작은 이렇다. "제1년의 첫날, 구원의 날에 (—잘못된 시간 계산법으로는 1888년 9월 30일에) 선고되었다"고. 니체가 이 반대법을 쓰고 있는 날이 1888년 9월 30일이라는 이야기다. 그는 이날을 '제1년의 첫날'이라고 규정한다. 아노 도미니Anno Domini, 즉 '신의 해'[10]라고 말하며 지금까지 시간 계산을 해왔던 것처럼 니체는 그날을 첫날로 간주하고 싶은 것이다.

그리고 이 법이 선고된 날에 대한 명시 다음에 '범죄와의 사투: 그 범죄는 그리스도교다'라는 말을 적어놓았다. 살벌하다. 사투! 목숨을 건 싸움이다. 지면 죽음을 맞이해야 한다. 살고 싶으면 이 싸움에서 반드시 이겨야만 한다. 이것이 바로 허무주의 철학이다. 삶을 위한 철학이다. "삶의 사관학교로부터—나를 죽이지 않는 것은 나를 더욱 강하게 만든다."(우상.77쪽) 목숨을 건 훈련과정을 요구하는 것이 허무주의 철학이다.

이제 제1조다. "사제에게는 이유가 필요 없다. 감옥이 있을 뿐." 단호하다. 타협의 여지를 남겨놓지 않는다. 찔러도 피 한 방울 나오지 않을 것처럼 냉정하다. 자연을 거스르는 모든 발언은 악덕의 소치일 뿐이기 때문이다. 제2조는 '지식에 다가가는 정도'에 따라 처벌의 강도도 달라져야 함을 밝히고 있다. "따라서 범죄자 중의 범죄자는 철학자다." 법을 알고 법의 망을 빠져나가는 데는 도사가 된 법꾸라지들에 대한 처벌은 그 어떤 처벌보다 더 강해야 한다는 것이다.

제3조는 기독교의 온상이 되었던 교회에 대한 발언이다. 그곳을 니체는 '공포의 대상'이 되도록 해야 한다고 말한다. "거기서는 독사를 사육해야 한다"고도 말한다. 얼씬도 못하게 해야 한다는 것이다.

제4조는 성생활에 대한 옹호의 목소리를 담고 있다. 기독교가 말하는 순결 이데올로기는 발을 붙이지 못하게 하고 싶은 것이다. 인간이 육체를 가지고 태어난 데는 죄가 없다. 수치심은 "삶의 성령을 거스르는 진정한 죄"가 될 수 있다는 이야기다.

제5조는 사제와 함께 식사도 하지 말라고 한다. 이들이 없어져야 '정직한 사회'가 구현될 것이라고 니체는 믿는다.

제6조는 기독교가 말하는 '성스러운 역사'를 '빌어먹을 역사'로 명명하기를 바란다. 성스러운 어감을 갖고 있었던 온갖 개념들, 즉 '신', '구세주', '구원자', '성자' 등과 같은 개념들을 '욕설이나, 범죄자에 대한 표지로 사용'하

도록 권한다.

마지막 제7조는 "이것들로부터 그 나머지 것들은 귀결된다"고 한다. 앞에서 언급한 조항들을 모두 숙지했다면 그 다음은 스스로 알아서 할 것이라는 말이다. 니체에게 성령은 삶이고 그런 삶이 가능한 곳이 정직한 사회일 뿐이다.

제5장
고갈되지 않는 샘

아모르 파티,
위대한 인간에 대한
내 정식은
운명을 사랑하는 것이다.

역사상 가장 어려운 요구를 하는 철학자

《이 사람을 보라》는 니체의 자서전이다. 부제목은 '어떻게 사람은 자기의 모습이 되는가?'라고 의문문의 형식을 띠게 했다. 어떻게 지금 이 모습이 되었는가를 보여주고자 하는 글이라는 이야기다. 사실 철학자는 자서전이 필요 없을 때가 더 많다. 예를 들어 관념론자들, 즉 칸트나 헤겔이 어떤 사람인지는 그의 철학을 이해하는 데 있어 그리 중요한 것이 못 된다. 그의 사상과 이념은 책 속에서 구현된 것만으로도 충분히 이해될 수 있기 때문이다.

그런데 생철학의 경우는 이야기가 달라

니체가 작성한 《이 사람을 보라》의 표지 모습. 여기에 1889년이라 적혀 있다.

진다. 인생을 철학의 대상으로 삼았기 때문이다. 변곡점마다 어떤 계기가 있었을 것이고 그것을 밝혀놓지 않으면 오해의 여지가 생길 수도 있다. 한 사람만 건너뛰어도 오해가 발생할 수 있는 게 사람 사는 이야기가 아니던가. 그래서 니체는 지금 진지하게 자서전을 쓰고 있는 것이다. 게다가 '이 사람을 보라'면서 자기 이야기를 시작하고 있다는 게 여간 복잡한 사안이 아니다. 왜냐하면 이 말은 사실 티베리우스 시대에 유대지방의 총독으로 있던 빌라도가 예수를 지칭하며 한 말이기 때문이다.

'에케 호모Ecce homo'는 성경구절 "보라 이 사람이로다"(요한복음19:5)의 라틴어 어구로서 일반적으로 '이 사람을 보라'로 번역된다. 스스로 신이라고 말하는 그 자를 보라는 뜻의 이 말을 니체는 자서전의 제목으로 선택했다. 바로 여기에 그의 의도가 숨겨져 있다. 지금 자기 자신을 일컫는 말로 사용하고 있기 때문이다. '내가 신이다'라고 주장하는 것이나 다름이 없다. 신이 된 철학자! 정말 자기 자신에 대한 긍지가 하늘을 찌른다. 스스로를 신으로 간주하다니 말이다. 하지만 이게 바로 허무주의 철학이 원했던 것이 아닐까. 《즐거운 학문》에서 니체는 이렇게 말하지 않았던가.

> 신은 죽었다! 신은 죽어버렸다! 우리가 신을 죽인 것이다! 살인자 중의 살인자인 우리는 이제 어디에서 위로를 얻을 것인가? 지금까지 세계에 존재한 가장 성스럽고 강력한 자가 지금 우리의 칼을 맞고 피를 흘리고 있다. 누가 우리에게서 이 피를 씻어줄 것인가? 어떤 물로 우리를 정화시킬 것인가? 어떤 속죄의 제의와 성스러운 제전을 고안해내야 할 것인가? 이 행위의 위대성이 우리가 감당하기에는 너무 컸던 것이 아닐까? 그런 행위를 할 자격이 있으려면 우리 스스로가 신이 되어야 하는 것이 아닐까? (즐거운, 200쪽 이후)

신을 죽인 자유정신은 이제 위로를 얻을 곳이 없다. 이제는 스스로 위로의 원인이 될 수밖에 없다. 즉 스스로 신이 되는 수밖에. 그리고《이 사람을 보라》표지가 작성된 날짜를 보면 1889년이라고 적혀 있다. 그해 1월 3일 즈음에 광기의 세계로 접어들게 된다는 사실을 염두에 두면 불과 하루, 이틀을 남겨놓고 이것을 작성했다는 것을 알게 된다. 정말 긴박한 상황이 아닐 수 없다. 얼마나 치열하게 집필에 몰두했는지를 알 수 있는 대목이다. 마지막 순간까지 이성의 활동에 매진했던 철학자의 열정이 엿보인다. 일단 서문을 읽어보자. 자기 삶에 대해 진지했던 철학자의 목소리를 들어보자.

> 내가 조만간 인류에게 역사상 가장 어려운 요구를 해야만 한다는 생각이 들기에 내가 누구인지를 밝혀두는 것이 반드시 필요한 것 같다. 사실 사람들은 내가 누구인지 이미 알고 있을 수 있다: 나는 나를 '보여주지 않은 채 놔두지' 않았기 때문이다. 하지만 내 과제의 위대함과 동시대인의 비소함 사이에서 오는 오해는 사람들이 내 이야기를 들어보지도 않았고 나를 쳐다보지도 않았다는 사실로 나타난다. 나는 내 자신의 신용에 의거해서만 살아간다. 내가 살아 있다는 것이 한갓 편견일 수도 있지 않을까? … 내가 살아 있지 않다는 사실을 확신하기 위해서는 여름에 오버엥가딘으로 오는 '식자' 중 누구라도 붙들고 이야기해보면 된다… 이런 상황에서 근본적으로 내 습관이 거부하고 내 본능의 긍지는 더욱 거세게 저항을 해대지만, 말하자면 다음처럼 말할 의무가 있다: 내 말을 들으시오! 나는 이러이러한 사람이기 때문이오. 무엇보다도 나를 혼동하지 마시오! (이 사람, 323쪽)

무엇보다도《이 사람을 보라》는 니체가 자신과 자신의 철학이 혼동되지 않도록 하기 위해 써놓은 글임을 잊지 말아야 한다. "무엇보다도 나를 혼동하지 마시오!" 느낌표가 전하는 어감까지 읽어내야 한다. 세상 사람들이 자신의 책을 오해하지 않을까 하고 얼마나 걱정이 많았을까. 그의 걱정은 맞아떨어졌다. 아직도 중세의 빙하 속에 살고 있는 현대인들은 그의 생각 자체를 낯설어하기도 한다. 아직도 '신은 죽었다'는 소리를 들으면 마음이 편하지 못한 상황이다. 니체의 가르침은 여전히 겉돌고 있는 느낌이다. '인간적인 너무도 인간적인' 소리는 아직도 귓구멍을 통과하지 못하고 있는 듯하다.

니체는 지금 무엇을 준비하고 있는 것일까? 그의 마음속으로 들어가 보자. 그가 하는 말에 우리의 생각을 실어보자. "내가 조만간 인류에게 역사상 가장 어려운 요구를 해야만 한다는 생각이 들기에 내가 누구인지를 밝혀두는 것이 반드시 필요한 것 같다." 도대체 어떤 요구를 하겠다는 말일까? 그것도 조만간에. 그는 자신의 광기를 준비하고 있었던 게 아닐까? 미래의 일을? 그의 철학이 그토록 동경해왔던 그 경지를? 세상 사람들은 그의 허무주의를 이해나 할까? 인류에게 던져진 역사상 가장 어려운 요구를 받아들일 수 있을까? 여전히 광기라는 현상 앞에서 인류는 멍청한 표정만 짓고 있다. 그의 입장에 대해서는 한 걸음도 다가서지 못한 듯도 하다.

"내가 누구인지를 밝혀두는 것이 반드시 필요한 것 같다"는 그 말을 해야 할 때 그 느낌, 그 생각, 그 판단은 얼마나 절실했을까. 니체는 누구인가? 이 질문은 끊임없이 반복되어야 한다. 마치 어린아이가 '예수님은 누구예요?' 하고 끊임없이 질문하듯이, 이성으로는 도저히 다가설 수 없는 '역사상 가장 어려운 요구'를 대할 때 품고 있어야 할 질문이다. 니체는 '하나가 둘'(즐거운, 415쪽)이 된 존재다. "그리고 차라투스트라가 내 곁을 지나갔다…"(같은 곳) 니체와 차라투스트라는 하나이면서 둘이다. 동전의 양면이라고 할까. 같으면서도 같지 않다. 하나는 니체라 불려야 하고 다른 하나는 차라투스트라라고 불려야 한다. 그 경계를 인식하는가? 그 차이점을 알고 있는가?

"나와 내 작품들은 별개다."(이 사람, 375쪽) 약간 의역이 되었다. 원문을 직역하면 이렇다. "하나는 나 자신이고 다른 하나는 나의 글들이다."² 이 말은 아주 중요한 메시지를 담고 있다. 니체가 없으면 허무주의도 완성될 수 없다. 그의 철학은 또 다른 니체와 함께 해줄 때에만 빛을 발한다. 왜 그런 것일까? 니체와 그의 글. 철학자와 그의 철학. 이 두 가지를 모두 잘 알아야 한다. 왜 그래야 하는 것일까? 둘은 별개지만 그렇다고 다른 하나는 무시되어도 좋다는 그런 말이 아니기에 던져야 할 질문인 것이다. 대부분 '이것과 이것은 별개다'라고 말할 때 하나는 중요하지만 다른 하나는 중요하지 않다는 말을 하기 위해서 이런 표현을 쓰는 것이다. 그런데 니체의 말은 그런 뜻이 아니기에 복잡해진다. 아니 의역한 것이 오히려 니체를 오해할 여지를 남겨 놓지 않았나 의심을 하게 되기도 한다.

니체 전집을 읽으면서 끊임없이 던졌던 질문들. 특히 광기와 관련한 수수께끼 같은 질문과 설명들. 수수께끼 같은 광기에 대한 동경, 그리고 광기와 휴식의 상관관계 등, 모두가 소용돌이치고 있다. 그리고 어디론가 심연 속으로 빨려 들어가는 듯한 기분이다. 말로는 설명되지 않는 어두운 곳이다. 하지만 싫지 않은 어두움이다. 아늑하다고 해야 할까. 눈을 감으면서 무한한 공간을 체험한다고나 할까. 말을 잊으면서 모든 말들을 품게 된다고나 할까. 비우면서 우주를 껴안는다고나 할까. 허무주의가 이끄는 궁극적인 목적지가 바로 이런 곳인가 보다. 기독교 언어로 말하자면 구원이고, 불교 용어로 표현하자면 해탈이며, 니체의 말로 하자면 '정적'이다.

'위대한 정오'(이 사람, 415쪽), '위대한 건강'(같은 책, 422쪽), '긍정의 파토스'(같은 책, 420쪽), '황홀경', '무아지경', '행복감'(같은 책, 424쪽), '지복의 섬'(같은 책, 406쪽), '빛 속에 있는 태양의 고독'(같은 책, 435쪽), "이러한 경험을 한 후에야 그는 이 작품이 태어난 평온한 경지에, 그 태양빛 같은 밝음, 아득함, 드넓음, 확실함에 존경심을 지니고 참여하는 특권을 누릴 수 있을 것이다."(도덕, 347쪽) 여기서 말하는 이 작품은《차라투스트라는 이렇게 말했다》를 두고 한 말이긴 하지만 그게 중요한 건 아니다.

니체 철학을 이해하고 싶다면 그가 다뤘던 개념들을 몸으로 겪어봤어야 한다. 예술의 경지를 알고 싶으면 그 예술이 이끄는 곳까지 가 봤어야 한다. 영화의 한 장면을 제대로 설명하고 싶으면 그 영화를 처음부터 끝까지 봤어야 한다. 아니 그 영화를 만든 감독의 작품은 전부 봤어야 한다. 그래야 한 조각 퍼즐에 대해서도 제대로 된 해석을 해낼 수 있는 것이다. 허무주의 철학이 보여주는 색깔은 오색영롱하다. 오색찬란하다. 모든 색깔이 다 들어가 있다. 그것을 어떻게 말로 표현하랴. 참으로 '역사상 가장 어려운 요구'가 아닐 수 없다. 오르가즘을 말로 표현해달라는 것과 같다. 사실 그것을 체험해 본 자는 할 말이 없다. 할 말을 잊은 것이다.

삶은 무엇인가? 니체에게 삶은 어떤 의미였을까? 니체는 이렇게 대답한다. "나는 내 자신의 신용에 의거해서만 살아간다." 그는 신에게 묻지 않았다. 신을 필요로 하지도 않았다. 왜냐하면 그는 스스로 신이 될 필요성을 느꼈던 자이기 때문이다. 그를 두고 광기의 철학자라 불러도 할 말은 없다. 신을 필요로 하지 않는 자를 미쳤다고 말한다면 거부할 이유가 없기 때문이다. 다시 한번 외워보자. "나는 내 자신의 신용에 의거해서만 살아간다." 지극히 허무주의적이다. 지극히 인간적이다. 이런 발언을 두고 왈가불가해야 할 이유가 있을까? 뜻을 같이 할 수 없다면 서로를 존중하며 갈라설 수밖에 없듯이 서로 등을 돌리면 그만이다. 그것이 민주주의 사회의 미덕이 아니던가. 그런데 왜 군이 신을 언급할 때만 이토록 흥분을 하게 되는 것일까? '신은 죽었다'는 이 말에 왜 이토록 수많은 비판이 따라야 하는 것일까? 왜 자기 자신의 신용에 따른다는 그 소리는 듣지 못하는 것일까?

사티로스가 되고 싶은 디오니소스의 제자

《비극의 탄생》과 함께 니체는 철학자의 길을 걷기 시작했다. 그는 고대 신들의 세계를 동경하며 자신만의 철학 세계를 구축하기 시작했다. 신들이 활보하는 그 세계의 재현을 꿈꾸면서 '즐거운 학문'을 펼쳤다. 너도 나도 신들이 되어서 춤도 추고 웃고 즐기며 살 수 있는 그런 세계가 바로 허무주의 철학이 지향하는 신세계다. 일상이 축제의 현장인 그런 세계다. 그 어떤 죄의식으로부터도 도전을 받지 않는 세계다. 모두가 자신의 삶에 당당하다. 모두가 건강한 육체로 건강한 춤을 춘다. '비극의 탄생', 그 비결을 알 수만 있다면 얼마나 좋을까! 고대인들에게 있어서 비극은 우리가 흔히 알고 있는 그런 비극이 아니라서 문제다. 풀리지 않는 수수께끼가 따로 없다.

고대 그리스인들은 디오니소스 축제를 벌였다. 그 축제의 중심에는 비극 공연이 있었다. 극장 전체를 눈물바다로 만들어놓는 그런 슬픈 이야기가 공연의 내용이었다. 비극 공연은 디오니소스 신을 위한 제전이었다. 일종의 신에게 드리는 제사였다는 뜻이다. 즉 제사상이 차려졌어도 그 상을 받을 신은 눈에 보이지 않듯이 디오니소스도 이 공연에 단 한 번도 모습을 드러내지 않는다. 늘 공연 현장의 뒤에, 즉 '가면 뒤에 신이 숨어 있다'(비극, 84쪽)는 것이다. 그래도 누구나 다 안다. 이 제사는 디오니소스 신을 위한 것이라는 사실을. 할아버지께 절을 올리라고 말씀하시는 아버지의 뒤를 따라 절을 하는 어렸을 적 우리 자신의 모습을 떠올리면 쉽게 이해되지 않을까. 할아버지가 될 수는 없다. 하지만 그 제사를 드리고 있는 '아버지의 모습'³은 모범으로 보일 수 있다. 그때 사티로스에게 사로잡힌 니체의 시선을 이해할 수 있지 않을까.

나는 이를테면 허깨비인형도 아니고 도덕괴물도 아니다—더욱이 나는 이제껏 덕 있다고 존경받았던 인간 종류에 정반대되는 본성을 지닌 존재이다. 우리끼리 말하자면, 이 점이 바로 내 긍지의 일부분인 것 같다는 생각이 든다. 나는 철학자 디오니소스의 제자이다. 나는 성인이 되느니 차라리 사티로스이고 싶다. 하지만 이 책을 읽어보아야 할 것이다. 이 책은 그런 대립을 명랑하고도 박애적인 방식으로 표현하는 것 외에 다른 의미는 결코 없을 것이며, 이 책은 성공적으로 씌어졌다고 할 수 있으니. 인류를 '개선'한다는 따위는 나는 결코 약속하지 않을 것이다. 나는 어떤 새로운 우상도 일으켜 세우지 않는다; 옛 우상들은 진흙으로 만든 다리가 무엇인지를 알게 될 것이다. 우상('이상'을 표현하는 내 단어)의 파괴—이것은 이미 내 작업의 일부이다. 이상적 세계가 날조되었던 바로 그 정도만큼, 실재의 가치와 의미와 진실성은 사라져버렸다… '참된 세계'와 '가상 세계'—사실대로 말하자면: 날조된 세계와 실재… 이상이라는 거짓말은 이제껏 실재에 대한 저주였고, 이 거짓에 의해 인류의 가장 심층적인 본능마저도 부정직해지고 그릇되어버려—인류는 그들의 성장과 미래와 미래에 대한 고도의 권리를 보장해줄 수 있는 가치와는 정반대되는 가치를 숭배하기에 이르렀다. (이 사람, 324쪽)

아무리 좋은 이상이라도 때가 되면 우상이 된다. 아무리 좋았던 물건도 세월이 흐르면 흉물이 된다. 아무리 좋았던 사람이라도 시간이 변하면 싫증이 나게 마련이다. 아무리 좋은 장난감이라도 하루 종일 갖고 놀 수는 없는 법이다. 심심함은 끊임없이 '하루의 의미'⁴를 위협한다. 우상의 파괴, 그것은 허무주의의 목표다. 그것이 니체가 말하는 '내 작업의 일부'라는 이야기다. 철학이 해야 할 일이라는 것이다. '헤어지는 연습을 하며'⁵ 살아야 한다. 가장 사랑했던 사람과 정떼기를 해야 한다. 가장 믿었던 존재와도 정떼기에 돌입해야 할 때가 있다. 그게 신이라 해도 어쩔 수 없다. 그래야 '시원한 바람'[6]도 느낄 수 있는 것이다.

이성을 가진 존재는 숭배 행위를 멈출 수 없다. 이성은 늘 이상을 좇기 때문이다. 이상은 끊임없이 만들어진다. 생각을 멈출 수 없기 때문이다. 그런데 가끔 우리는 당연한 것을 놓칠 때가 많다. 생각이라는 그 과정 속에서 이상이 버려질 때를 놓칠 때가 많다는 것이다. 위의 인용문을 관통하고 있는 것은 '정반대'라는 개념이다. 좋아할 때도 있지만 혐오할 때도 있다. 우리는 그동안 좋은 게 좋은 거라며 너무도 좋은 면만 보고 살아왔는지도 모를 일이다. 이제부터는 나쁜 것도 볼 줄 알아야 하지 않을까. 신이 좋을 때도 있지만 신이 신답게 여겨지지 않을 때도 있는 법이다. 그것을 두고 신을 제대로 알지 못해서 그런 거라고 손가락질을 할 수는 없다. 아니 너무 잘 알아서 그렇게 보일 수도 있는 법이니까.

'정반대되는 본성을 지닌 존재', 그런 존재가 바로 니체다. 그것도 '이제껏 덕 있다고 존경받았던 인간 종류'에 정반대란다. '하지 말라'고 말하는 자의 생각에 정면배치되는 행동을 보이는 존재라는 말이다. 그런 철학이 바로 허무주의 철학이다. '허무하다'고 말할 때 드는 감정은 모든 것을 무너뜨리게 한다. 모든 희망을 앗아간다. 하지만 이런 상실감이야말로 그 다음을 생각하게 하는 전제가 아닐까. 목마른 자가 물을 마시고 넘어진 자가 일어서는 것이다. 물을 마시고 일어서는 것만 좋아했지 그것을 가능케 하는 조건을 무시해왔던 것이다. 허무를 받아들일 마음의 여유가 없어서 그랬는지도 모른다.

하나를 깨기 위해서는 다른 하나가 형성되어야 한다. 바로 이런 생각에서 니체는 이런 말도 한다. "이 책은 그런 대립을 명랑하고도 박애적인 방식으로 표현"하고 있다고. 그것만이 그의 철학이 해야 할 일이라고. 대립은 슬픈 것이 아니다. '즐거운 학문'이 허무주의 철학이다. 정떼기는 눈물을 흘려야 할 일이 아니다. 죽음조차 웃으며 박수를 쳐줘야 할 일이다. "신의 사랑을 받는 사람들은 일찍 죽는다."(비극, 154쪽) 그래서 일찍 죽는 사람에게는 사실 진심으로 축복을 해줘야 마땅하다. 신의 사랑을 받았다는 확신으로 말이다. 남의 삶이라고 함부로 말하고 있나? 그렇다면 이 말을 진심으로 내뱉어보자. "내 기꺼이 죽음을 맞으련다."(즐거운, 13쪽) 그것도 즐겁게! 행복한 마음으로! 살고 싶어 환장한 사람에게는 낯선 생각 낯선 소리가 아닐 수 없다.

사실 삶이 긍정적인 입장에서 보면 신에게 사랑받는 게 그리 달갑지만은 않다. 일찍 죽고 싶지 않아서다. 가끔은 신의 미움도 좋을 것 같다. 오래 살고 싶으면 말이다. 이 세상이 눈물의 바다, 즉 고해苦海라고 생각하는 게 신적이라면 의도적으로라도 눈물을 흘리며 뒤로는 미소 짓고 살고 싶은 것이다. 시지프스가 돌 굴리는 재미7로 그 형벌을 견디듯이 말이다. 이런 생각을 하게 하는 이유는 그 무의미한 일을 결코 포기하지 않기 때문이다. 그래서 이런 생각도 해본다. 그가 고개를 숙인 이유가 따로 있다고. 은밀한 미소와 자신의 웃음을 제우스에게 보일 필요가 없어서라고. 쓸데없이 또 다른 형벌을 자초할 일은 없어서라고. 이까짓 일로 삶을 비난하지 않겠다는 그 의지가 엿보인다. 적어도 내 눈에는! 이 모든 것은 그가 그 일을 포기하지 않아서 또 그 어디에서도 불평불만의 소리를 들을 수 없어서 생긴 생각

프란츠 폰 스툭(Franz von Stuck)의 〈시지프스〉(1920).

피리 아우로스를 들고 있는 사티로스.
(기원전 520~500년경.)

폼페이 베티의 집 벽화로 그려져 있는 디오니소스
의 아들 프리아포스.

들이다. 지극히 실존주의적인 인물이 아닐 수 없다.

물론 위의 인용문에서 가장 중요한 부분은 니체의 고백이다. "나는 철학
자 디오니소스의 제자이다. 나는 성인이 되느니 차라리 사티로스이고 싶
다." 대부분의 사람들이 어렸을 때 '훌륭한 사람'이 되려는 꿈을 가진다는
점을 감안하면 니체의 이러한 고백은 사뭇 낯설게 들릴 수도 있다. 이 또한
일반인들과는 다른, 아니 오히려 정반대의 꿈과 희망을 이야기하고 있기 때
문이다. 누구는 사티로스의 모습을 바라보며 '흉측하다'는 말도 망설이지
않는다. '그래서는 안 된다'는 인식이 전제된 발언이다. 그런 모습을 보면서
가지게 되는 생각은 그저 성적으로 문란한 분위기다. "축제가 열리는 거의
모든 곳에서 이 축제의 핵임은 과도한 성적 방종에 있었다."(비극, 37쪽) 축제
의 다른 말은 '놀다'이다. 노는 것을 긍정적으로 바라보지 않는 현대인에게
는 참으로 낯선 고백이 아닐 수 없는 것이다.

하지만 허무주의 철학은 사티로스를 긍정적으로 바라본다. 꿈과 희망의 대상이 되고 있다. 접시나 물병에 그려져 있는 사티로스의 그림들은 하나같이 '이튀팔로스Ithyphallos', 즉 '발기된 성기'[8]를 자랑스럽게 드러내고 있다. 디오니소스가 아프로디테와 사랑하여 낳게 하는 아들의 모습은 경악을 금치 못하게 한다. '아니 저래도 되는가!' 그것도 집안 벽화로 저런 그림을 그려놓고 살았던 고대인들은 도대체 무슨 생각을 가지고 있었을까?

삶의 증상은 무엇으로 표현될 수 있을까? 도덕? 그것으로는 도저히 상상도 못할 그 무엇이 있다. 도덕! 그것은 삶을 구속할 생각만 할 뿐 그것을 부추길 생각은 전혀 없다. 도덕적인 인간을 생각해야만 할 때 우리는 과연 어떤 표상을 갖게 되는 것일까? 그런 표상이 보여주는 일면은 도덕에 굴복하는 모습일 뿐이다. 그 도덕의 이름이 신이라면, 이쯤에서 니체의 자유정신은 이미 거부의 손짓을 보내게 된다. 제발 좀 그러지 말라고. 제발 좀 자유롭게 살고 싶다. 자유가 나쁜 게 아니라고 가르치고 싶은 거다. 이런 소리가 아직도 '낯선 목소리'(비극, 13쪽)로 들린다면 아직 니체를 모르고 있는 상황일 뿐이다.

"삶의 광학으로 본다면 도덕은 무엇을 의미하는가?"(비극, 16쪽) 이것은 니체가 이미 처녀작에서 내놓은 질문이다. 삶과 도덕은 적대적이다. 그 관계를 간파한 것이다. 도덕은 삶을 구속하려들고 삶은 도덕의 굴레에서 벗어나려 애를 쓴다. 삶은 끊임없이 자유를 갈망한다. 자유! 그것은 이성적 존재에게는 영원한 이상처럼 보인다. 이성은 끊임없이 굴레를 생각해내기 때문이다. 삶의 편에 선다는 것은 무엇을 의미하는 것일까? 이 세상의 두 가지 육체, 즉 남자와 여자라 불리는 이 두 가지 존재를 어떻게 평가할 것인가? 서로 다른 육체를 가졌다는 것에서 수치심을 느껴야 마땅할까? 다름을 부끄럽게 느껴야 할까? 육체를 사랑하는 것이 '반도덕적 경향'(같은 책, 17쪽)이라고 간주되어야 할까? "기독교는 처음부터, 본질적으로, 그리고 근본적으로 삶에 대한 구토와 권태였다."(같은 책, 18쪽) 니체의 생각은 처음이나 마지막이나 똑같다. 처음부터 기독교에 저항했고 마지막에도 삶을 선택하고 있다.

　"반기독교의 올바른 이름을 누가 알겠는가?", "나는 그것을 디오니소스적인 것이라 불렀다."(비극, 19쪽) 그리고 정신력의 막바지에 이른 니체는 자신이 '철학자 디오니소스의 제자'임을 고백하고 또 "성인이 되느니 차라리 사티로스이고 싶다"고 말한다. 노년에 이르면 삶이 아름답게 보여서일까. 젊은 사람만 보면 그저 '예쁘다'는 말밖에 생각이 나지 않는다. 우리 모두는 이런 나이에 도달하게 될 것이다. 세르반테스도 돈키호테를 젊은 처녀 둘시네아 Dulcinea를 사랑하게 했고, 괴테도 만년까지 수정작업을 했던 작품에서 파우스트를 14살 정도 돼 보이는 그레트헨 Gretchen을 사랑하게 했다. 이런 내용의 작품이 고전이 되어 읽혀지고 있다. "곧 여고 2학년이 된다"[9]고 하는 은교의 보드라운 살결에 꽂힌 이적요 시인의 시선을 두고 우리는 어떤 해석을 내놓고 있는가? "아, 나는 한은교를 사랑했다."[10] 늙은 시인이 했다는 이 고백 앞에 서 보자. 잠시 걸음을 멈추고 생각 좀 해보자.

　니체는 정반대의 길을 걷고자 한다. 도덕의 길은 그의 길이 아니었다. 처음부터 정반대의 길을 선택했었다. 이상이 우상임을 밝히고자 했다. "이상적 세계가 날조되었던 바로

영화 〈은교〉(2012)의 한 장면.

그 정도만큼, 실재의 가치와 의미와 진실성은 사라져버렸다…" 이것을 고발하고자 했다. 허무주의 철학은 그 사라진 '실재의 가치와 의미와 진실성'을 되찾고자 한다. 이런 철학이 그토록 문제시되고 욕을 먹어야 했던 이유는 세상이 그만큼 도덕적으로 변질되고 말았기 때문이 아닐까. 심각하게 고민을 해봐야 할 지점이다.

고갈되지 않는 샘과 같은 작가

니체는 문헌학에서 학문의 영역에 발을 들여놓았다. 그에게 문헌학은 일종의 독서의 기술로 인식되었다. "여기서의 문헌학은 아주 일반적인 의미로, 잘 읽는 기술로 이해되어야 한다 — 해석에 의해 왜곡시키지 않고, 이해하려는 요구로 인해 신중함과 인내와 정교함을 잃지 않으면서 사실들을 읽어낼 수 있는 기술로."(안티, 294쪽) 작가가 되려면 일단 '잘 읽는 기술'을 터득해야 한다. 그리고 모든 금지된 것에 대한 열망을 불태워야 한다. "우리는 금지된 것일수록 얻으려 애쓴다"(이 사람, 325쪽)는 말을 금과옥조처럼 알고 살아야 한다.

자유는 상대적 개념이다. 구속 없이는 자유도 없다. 일단 구속부터 배워야 한다. 일단 무엇이 되었든 간에 배워야 한다. 그 다음에 자유가 요구된다. 자유정신은 그래서 절대로 선물처럼 주어지는 게 아니다. 자유는 강한 정신력의 산물로 주어질 뿐이다. 싸워 쟁취해야 할 대상이기 때문이다. 자유는 고독을 가르쳐준다. 높은 곳에 오를수록 고독의 짐은 더욱 커질 뿐이다. 그래도 좋다. 그 고독이 가르쳐주는 내용은 마냥 행복의 길을 보여주기 때문이다.

고독은 엄청나다―그런데도 모든 것이 어찌나 유유자적하게 태양빛 아래 있는지! 어찌나 자유롭게 사람들은 숨 쉬고 있는지! 얼마나 많은 것을 사람들은 자기 발아래 두고 있다고 느끼는지!―내가 지금까지 이해하고 있는 철학, 내가 지금까지 실행하고 있는 철학은 얼음과 높은 산에서 자발적으로 살아가는 것이다―삶의 낯설고 의문스러운 모든 것을, 이제껏 도덕에 의해 추방당해왔던 모든 것을 찾아내는 것이다. (이 사람, 325쪽)

인간은 숨쉬는 존재다. 숨은 쉬어줘야 한다. 들숨과 날숨은 반복되어야 한다. 1분도 참기 힘든 것이 숨이다. 그래서 산스크리트어에서는 자아를 숨결 혹은 호흡 등의 뜻을 지니고 있는 '아트만Atman'[11]이라고 했는지도 모른다. 해탈을 위한 전제조건이 되기도 하는 것으로 말이다. 그런데 세상에는 온통 나쁜 공기만이 가득하다. 곳곳에서 교회의 분위기를 감지하기 때문이다. "순수한 공기를 마시고자 한다면, 교회에 가서는 안 된다!"(선악, 59쪽) 자유정신은 맑은 공기를 원한다. 결국 니체는 자유를 찾아 떠난다. 그리고 높은 산에서 영감을 얻는다. "그리고 차라투스트라가 내 곁을 지나갔다…"(즐거운, 414쪽 이후) 그의 대표작은 이렇게 탄생했다.

내 작품 중에서《차라투스트라는 이렇게 말했다》는 독보적이다. 이 책으로 나는 인류에게 지금까지 주어진 그 어떤 선물보다 가장 큰 선물을 주었다. 수천 년간을 퍼져나갈 목소리를 지닌 이 책은 존재하는 것 중 최고의 책이며, 진정 높은 공기의 책이다―인간의 만사가 그것의 밑에 아득하게 놓여 있다―그뿐 아니라 이 책은 가장 심오한 책으로서, 진리의 가장 깊숙한 보고에서 탄생했고, 두레박을 내리면 황금과 선의가 담겨 올라오지 않을 수 없는 고갈되지 않는 샘이다. (이 사람, 326쪽)

너무 감격스러워 더 이상 읽을 수가 없다. 가슴이 벅차서다. 흥분의 절정이라고 할까. 마치 윤동주가 〈서시〉의 2연에서 단 한 줄밖에 쓰지 못한 그런 상황에서 마감해야 하는 그런 느낌이다. 더 이상 인용할 수 없어 중단한 마음이 이런 것이다. 물론 여기서 인용이 중단된 상황은 시인이 느꼈을 그런 괴로움과는 전혀 상관없다. 오히려 정반대의 정서가 지배적이다. 즐겁다. 별에 매달린 행복한 기억 같다.

> ─그리하여 영원토록 이 행복의 기억을
> 유산으로 물려받아라
> 이 화관을 집어 올려라!
> 더 높이, 더 멀리 그것을 던져 올려라
> 하늘사다리로 폭풍을 몰아쳐
> 그것을─별에 매달아라! (즐거운, 414쪽 이후)

이 시는《즐거운 학문》을 마감하는 글이다. 철학적 메시지를 시의 형식에 담았다. 그만큼 여운도 길다. 그 정서가《차라투스트라는 이렇게 말했다》로 이어지는 것이다. 위의 인용문은 중단된 상황이지만 그래도 이미 니체의 의중은 다 보인다. 아니 너무도 명확하게 보인다. 너무도 솔직해서 그런 것이다. 호흡을 가다듬고 다시 천천히 읽어보자. 니체의 정신과 그 긍지를 느껴보자.

《차라투스트라는 이렇게 말했다》는 니체가 쓴 작품 중 하나에 지나지 않는다. 하지만 이 작품에 대한 그의 평가는 놀랍다. 후손들이 이 작품을 그의 대표작이라고 부르게 될 것을 미리 짐작이라도 했나 싶다. 정말 당당하다. 그리고 당당하게 말한다. 이 작품은 '독보적'이라고. 그 어떤 다른 작품과도 비교가 안 된다는 발언이다. 그는 이 작품과 함께 "인류에게 지금까지 주어진 그 어떤 선물보다 가장 큰 선물을 주었다"고 말한다. 자신감도 이런 자신감이 또 있을까. 하지만 작가의 입장에서 보면 부럽기도 하다. 이토록 긍지를 갖는 작품 하나 없는 작가라면 더욱 위축될 수밖에 없는 상황이다.

차라투스트라의 목소리는 앞으로 '수천 년간을 퍼져나갈 목소리'라고 한다. 이제 겨우 130년 정도 지났을 뿐이다. 천년도 아닌 수천 년간 울려 퍼질 목소리를 우리는 지금 듣고 있는 것이다. 차라투스트라가 어떻게 말했는지 공부하는 것은 곧 미래를 준비하는 것이나 다름이 없다. 그래서 그의 목소리에 귀를 기울여야 하는 것이다. 현대 이후를 준비하는 마음으로 말이다. 허무주의 철학은 현대를 극복해야 한다는 의무감으로 임해야 한다. 목숨을 건 전쟁에 동참하는 진지함으로 다가서야 한다. 하지만 즐거운 전쟁이다. 건강이 뒷받침되고 충분히 강하다면 전혀 문제되지 않는 전쟁이다.

> 무화과가 나무에서 떨어진다. 잘 익어 달콤하다: 떨어지면서 그 붉은 껍질을 터뜨린다. 나는 잘 익은 무화과에 불어대는 북풍이다.
> 나의 벗들이여, 무화과 떨어지듯 너희에게는 이 가르침이 떨어진다: 이제 그 열매의 즙을 마시고 그 달콤한 살을 먹어라! 온 사방이 가을이고 하늘은 맑으며 오후의 시간이다 — (이 사람, 326쪽)

《차라투스트라는 이렇게 말했다》를 시작하는 장면도 이와 비슷하다. "보라! 나는 너무 많은 꿀을 모은 꿀벌이 그러하듯 나의 지혜에 싫증이 나 있다. 이제는 그 지혜를 갈구하여 내민 손들이 있어야겠다."(차라, 12쪽) 그래서 차라투스트라는 빛이 없는 하계에 빛을 주려 몰락하는 태양처럼 하산한다. "이렇게 하여 차라투스트라의 몰락은 시작되었다."(같은 책, 13쪽) 그에게 몰락은 긍정적이다. 허무주의적인 방향 설정이다. 무화가가 나무에서 떨어지는 방향이다. 대지를 향한 마음이 실려 있다. '대지에 충실하라!'(차라, 127쪽) 이것이 허무주의 철학의 정언명법이다. 지상명령이다.

니체가 차라투스트라의 목소리로 가르침을 펼치는 순간은 행복감으로 충만하다. "온 사방이 가을이고 하늘은 맑으며 오후의 시간이다"라는 말에 긍정적인 모든 것이 실려 있다. 열심히 산 자가 느끼는 오후는 만족스럽다. 가을 분위기다. 하루의 성과를 즐기는 시간이다. 가을 축제가 따로 없다. 수확의 계절이다. 잘 익어 달콤하기까지 한 그 과일을 입에 물 때 전해지는 기운은 다름 아닌 '대지의 뜻'이다. "너희의 베푸는 사랑과 너희의 깨침으로 하여금 이 대지의 뜻에 이바지하도록 하라! 나, 이렇게 너희에게 당부하며 간청하노라."(차라, 127쪽) 허무주의 철학이 전하는 목소리가 들리길 바란다.

떠나라고 외쳐대는 고독의 철학자와 그의 이별여행

허무주의는 임마누엘의 신적 존재 따위는 언급하지 않는다. 함께 있어준다는 말도 없다. 오히려 떠나라고 윽박지른다. "차라투스트라는 유혹자인 걸까?…"(이 사람, 327쪽) 니체가 이 질문을 한 데는 다 이유가 있다. 제발 좀 오해하지 말고 제대로 이해해달라고 던지는 수사학적 질문이다. 대답은 이미 질문 속에 담겨 있다. 차라투스트라는 제자들을 자기 곁에 두고자 하지 않는다. 그 이유를 한번 들어보자.

나의 제자들이여 나는 홀로 가련다! 너희도 각각 홀로 길을 떠나라! 내가 바라는 것이 바로 그것이다.

나를 떠나라. 그리고 차라투스트라에 맞서라! 더 바람직한 것은: 그의 존재를 부끄러워하라! 그가 너희를 속였을지도 모르지 않은가.

인식하는 인간은 자신의 적을 사랑하는 것뿐만 아니라, 자신의 벗을 미워할 줄도 알아야 한다.

영원히 제자로만 머문다면 그것은 선생에 대한 도리가 아니다. 너희는 어찌하여 내가 쓰고 있는 월계관을 낚아채려하지 않는가?

너희는 나를 숭배한다: 하지만 어느 날 너희의 숭배가 뒤집히게 되면 어찌할 것인가? 신상에 깔려 죽는 일이 없도록 주의하라!

너희는 차라투스트라를 믿는다고 말하는가? 하지만 차라투스트라가 뭐 중요하단 말인가! 너희는 나의 신도다. 하지만 신도가 뭐 중요하단 말인가!

너희는 너희 자신을 아직도 찾아내지 않고 있었다: 그때 너희는 나를 발견했다. 신도들은 너 나 할 것 없이 이 모양이다; 그러니 신앙이란 것이 하나같이 그렇고 그럴 수밖에.

이제 너희에게 말하니, 나를 버리고 너희를 찾도록 해라; 그리고 너희가 모두 나를 부인할 때에야 나는 너희에게 돌아오리라… (이 사람, 327쪽 이후)

성경에는 자기를 부인하는 것이 구원의 조건으로 내세웠다. "누구든지 나를 따라오려거든 자기를 부인하고 자기 십자가를 지고 나를 따를 것이니라."(마태복음16:24) 이것이 십자가의 길이다. 이것이 기독교가 말하는 구원의 길이다. 허무주의 철학이 가르쳐주는 길은 정반대의 길이다. 자기 자신을 찾아가는 길이다. 그 어떤 진리도 용납하지 않는 길이다. 끊임없이 이상과 작별을 고하라고 가르친다. 헤어짐을 반복하라고 가르친다. 양심의 가책 없이 떠나보내라고 가르친다. 그 돌아섬에 대해서 양심을 가지라고 가르친다.

차라투스트라는 간청한다. "나를 버리고 너희를 찾도록 해라"라고. 허무주의의 목적이다. 모든 것을 허무하게 만드는 대신 자기 자신을 찾으라고. 그것만은 허무한 게 아니라고. 물론 스스로에 대해서도 극복이라는 미덕을 끌어들일 줄도 알아야 한다. "허물을 벗을 수 없는 뱀은 파멸한다."(아침, 422쪽) "먼저 너 자신의 오두막에 불을 질러라!"(인간적II, 415쪽) 허물은 벗어야 하고 살던 집은 떠나야 한다. 새로운 곳을 집으로 만들고자 하는 의지로 떠나야 한다. 습관이 삶을 지배하지 못하도록 끊임없이 변화에 직면해야 한다. 그것만이 삶을 삶답게 하는 것이라 믿어야 한다. 이것이 허무주의 철학의 신앙이다.

"나를 떠나라. 그리고 차라투스트라에 맞서라!" 진정한 스승은 작별의 순간에 매정하다. '너 자신의 길을 가라'고 가르치기 때문이다. 자기 자신을 향해 욕을 해대는 그 제자에게 오히려 이제야 "준비가 되었구나!"[12]고 말하는 바로 그 자가 진정한 스승인 것이다. 떠나는 자를 향해 스승은 등을 돌리고 앉아 있는 그런 느낌이다. 미련 없이 떠나라는 신호 같다. 차라투스트라는 유혹자가 아니다. 그 반대의 존재다. 유혹하여 곁에 두고자 하는 마음은 전혀 없다. 오히려 혐오감을 가지고 떠나라 한다. 그래야 미련 없이 떠날 수 있기 때문이다. 영원히 함께 살 수 없다면 일찌감치 이별을 맛보아야 한다.

이렇게 긴 서문을 쓴 뒤 니체는 자신이 누군지를 관찰하고 설명한다. 현명함, 영리함, 책을 쓰는 작가라는 관점에서 접근해 들어간다. 기억과 작별하기 위한 과거로의 이별여행이라고 할까. 총정리하는 기분이다. 시험을 앞두고 점검하는 그런 느낌이다. 정말 준비가 다 됐는지 묻고 싶은 거다. 왜냐하면 "조만간 인류에게 역사상 가장 어려운 요구를 해야만" 하기 때문이다. 불과 하루 혹은 이틀, 그 어느 지점에 니체의 정신은 진정한 자유를 찾아 떠날 것이기 때문이다. 토리노 광장에서! 위대한 정오 혹은 위대한 오후 그 어느 지점에서.

생을 마감할 때 우리는 한 순간에 모든 인생의 변곡점을 스쳐지나가게 될 것이다. 니체는 그 순간을 의식적으로 맞이하고 있을 뿐이다. 마치 예수가 마가의 다락방에서 최후의 만찬을 즐기듯이. 다만 준비해야 할 길이 다를 뿐이다. 마가는 "주의 길을 준비하라. 그의 오실 길을 곧게 하라"(마가복음 1:3)고 외쳤지만 니체는 우리 자신을 찾아 떠나라고 가르치고 있을 뿐이다. "그리고 너희가 모두 나를 부인할 때에야 나는 너희에게 돌아오리라…" 그날이 올까? 세상 사람들 모두가 차라투스트라를 부인할 때가 올까? 진정으로 돌아서면 차라투스트라가 곁에 있어준단다. 그때가 되어서야 그가 임마누엘의 기적을 보여준단다. 이별 준비를 하며 여행을 떠나보자.

> 포도가 갈색이 되었을 뿐 아니라, 모든 것이 잘 익은 이 완벽한 날에 다름 아닌 한 줄기 햇살이 내 삶을 비추었다; 나는 되돌아보았고, 멀리 내다보기도 했다. 내가 그처럼 많은 좋은 것들을 한꺼번에 본 적이 한 번도 없었다. 나의 마흔네 번째 해를 오늘 내가 묻어버리는 것은 헛되지 않다. 나는 그것을 묻어버려도 된다―이 한 해 동안 생명을 받았던 것이 구원을 받았으며 영구적이 되었으니까. 〈모든 가치의 전도〉,《디오니소스 송가》, 그리고 휴양을 위해 쓴《우상의 황혼》―이 모든 것이 이 해의 선물이고, 그것도 이 해의 마지막 석 달간의 선물이다! 어찌 내가 나의 전 삶에 감사하지 않을 수 있을까? 그래서 나는 나 자신에게 나의 삶을 이야기한다. (이 사람, 330쪽)

정신에게 주어진 마지막 석 달. 그 순간에 우리는 무엇을 하며 시간을 보내게 될까? 니체는 자신의 인생을 정리하고 있다. 자기 방을 정리하는 마음이다. 흐트러져 있는 물건들을 다시 제자리에 갖다놓는다. 정성스럽다. 이건 여기에, 저건 저기에 하면서 조심스럽게 정리정돈한다. 니체는《인간적인 너무나 인간적인》에서 '합리적인 죽음'에 대해 말을 한 적이 있다. 그때 그는 이런 질문을 던졌다. "어느 쪽이 더 합리적인가 / 우리가 그것에 요구했던 작업이 실행되었을 때 기계를 정지시키는 쪽인가―아니면 그 기계가 저절로 멈추어 설 때까지, 즉 고장이 날 때까지 작동하게 하는 쪽인가? 후자는 유지비의 낭비이며 사용자의 힘과 주의력의 남용이 아닐까?"(인간적II, 338쪽) 그때는 너무하다는 생각도 들었던 게 사실이다. 기계를 멈추게 할 수 있을까? 아마도 미련 때문에 도저히 그럴 수 없을 것만 같다. 그런데 니체는 그것을 요구한다. 허무주의 철학은 그것을 요구한다.

이런 합리적인 죽음에 대한 의미를 알고 위의 글을 읽으면 눈물이 나기도 한다. "모든 것이 잘 익은 이 완벽한 날"은 다름 아니라 기계를 멈출 순간이기 때문이다. 이제 "포도가 갈색이" 되었다. 이제 '무화과'가 나무에서 떨어질 때가 된 것이다. 대지에 떨어지고 묻혀 또 다른 삶의 시작을 준비해야 할 때가 된 것이다. 그래서 눈물이 나는 것이다. 하지만 니체는 이 순간을 그토록 기다렸다. 행복감으로 이 순간을 맞이하고 있다. "다름 아닌 한 줄기 햇살이 내 삶을 비추었다"는 고백이 그것을 말해주고 있다.

빛 속에 있다. "빛 속에 있는 태양의 고독"(이 사람, 435쪽)이 느껴진다. 행복한데 자꾸만 눈물이 난다. 자기 삶과 이별을 준비하는 자리라서 그런 거다. 니체는 빛 속에서 "많은 좋은 것들을 한꺼번에" 본다. 오색영롱하다고 말해야 할까. 모든 색깔의 축제 속에 있다고 해야 할까. 그는 글을 쓰면서 시간을 보낸다. "나의 마흔네 번째 해를 오늘 내가 묻어버리는 것은 헛되지 않다." 시간을 묻으며 시간을 보낸다. 그의 마흔네 번째 해를, 1888년을 보낸다. 이 한 해 동안 집필되었던 책들의 제목을 나열한다. 세상에 태어나 생명을 받은 작품들의 제목을.

제목만 보면 다작이 이루어지던 해다. "〈모든 가치의 전도〉, 《디오니소스 송가》, 그리고 휴양을 위해 쓴《우상의 황혼》"으로 이어지는 목록들. 긍지가 느껴진다. 그래서 1888년, 마흔네 번째 맞이하는 이 한 해를 묻어버리는 것은 헛된 일이 될 수 없다. "어찌 내가 나의 전 삶에 감사하지 않을 수 있을까?" 감사의 소리로 충만하다. "생의 한가운데에서. ―아니다! 삶은 나를 실망시키지 않았다"(즐거운. 293쪽)라고 외쳐대는 긍정의 소리가 가득하다. 시간을 묻는 행위에 실망이 끼어들 자리가 없다.

생명의 사다리와 데카당스의 주기성

시간을 의식하는 존재는 인간뿐이다. 시간이 문제되는 것이 인간뿐이라는 이야기다. 시간은 연속적이어야만 인식된다. 새벽 ―아침 ―오전 ―정오 ―오후 ―저녁 ―밤으로 이어지는 하루의 시간들. 그리고 한 주 두 주, 한 달 두 달, 봄 여름 가을 겨울 등 시간이 포괄하는 범위도 다양하다. 인간의 시간에 대한 인식은 자기 자신의 삶과 연결되기도 한다. 한 평생이라는 말이 이때 의미를 갖게 된다. 하지만 이성적 존재는 자기 자신의 인생만을 인식의 대상으로 두지 않는다. 인간은 역사를 공부할 수도 있고 또 미래를 예견할 수도 있다. 결국 시간은 무한한 과거와 무한한 미래를 담는 그릇이 되기도 한다.

생철학자 니체는 자기 자신의 이야기를 하기 위해 먼 시간 여행을 떠난다. 그리고 맞닥뜨린 첫 번째 여행지는 혈통이다. '나는 누구인가?'를 설명하기 위해 아버지, 어머니부터 설명할 수밖에 없는 것은 어쩌면 당연한 일이 아닐까. '나'의 존재 이유는 가족내력에서부터 찾아야 하기 때문이다. 그들에 대한 이해는 현실인식의 단초를 제공한다. '딸은 그 어머니를 보고 아들은 그 아버지를 보라'는 말이 있다. 결혼을 앞둔 예비부부들에게 해주는 조언이다. 부모를 보면 대충 그 자식의 미래도 보이기 때문이 아닐까.

생명의 주기가 짧은 것을 바라볼 때 인간은 존재의 이유를 단번에 그리고 쉽게 간파한다. 예를 들어 씨앗을 땅에 심으면 그것이 어떻게 자라는지 관찰할 수 있다. 때로는 그 씨앗의 형태를 통해 꽃으로 자랄지 아니면 나무로 성장할지를 미리 알 수도 있다. 그 부모가 누군지 알고 있는 경우라면 예상을 벗어날 수가 없다. 그것이 자연의 현상이다. 그런데 인간은 그렇게만 진행되는 게 아니다. 인간의 삶은 늘 예상 밖의 일들을 준비하고 있는 듯하다. 그래서 호기심을 품을 수밖에 없다. 니체는 자기 자신의 삶을 유일한 수수께끼 같은 형식으로 바라보며 다가선다. 조심스럽고 신중하다.

내 삶의 행복, 내 삶의 유일성은 아마도 내 삶의 숙명에 자리하고 있으리라: 수수께끼 형식으로 말하자면, 나는 내 아버지로서는 이미 사망했고, 내 어머니로서는 아직도 살아서 늙어가고 있다. 이런 이중적 혈통, 말하자면 생명의 사다리에서 제일 꼭대기와 제일 밑바닥으로부터의 혈통은 데카당이면서 동시에 시작이기도 하다—이러한 이중적 혈통은 중립성과 삶 전체의 문제를 편파적으로 보는 데로부터의 해방을 설명해주며, 이것은 아마도 나를 특징짓는 점들일 것이다. 나는 어떤 인간보다도 상승과 하강에 대한 예민한 후각을 갖고 있다. 나는 그것을 가르치는 교사 중의 교사이며—나는 양편 모두를 알고 있고, 나 자신이 양편 모두이다.—내 아버지는 36세로 타계했다: 그는 섬세하고 상냥했지만 병약했다. 마치 삶을 단지 스치고 지나가도록 규정된 존재와도 같았다—아니, 삶 자체를 살고자 한다기보다는 삶에 대한 좋은 기억만을 갖도록 규정된 존재와도 같았다. 그의 삶이 기울던 해에 나의 삶도 또한 기울었다: 36세에 나는 내 생명력의 가장 낮은 지점에 이르러버렸던 것이다—나는 여전히 살고 있었지만, 세 발짝 앞도 보지 못했다. 그 당시—1879년—나는 바젤 대학 교수직을 사임하고 여름을 성 모리츠에서 그림자처럼 보냈으며, 내 삶에서 태양 빛이 가장 적었던 그 다음 겨울을 나움부르크에서 그림자로 보냈다. (이 사람, 331쪽 이후)

아버지의 존재와 자기 삶이 오버랩된다. 아버지가 죽음을 맞이했던 36살에 니체는 교수직을 포기했다. 죽음만큼이나 삶이 힘들었다. 가끔 우리도 지금 이 나이 때 부모님은 무슨 일을 했던가 하고 회상하기도 한다. 아버지의 죽음, 그 나이 때 니체는 '그림자처럼' 살았다. 스스로가 "그림자로 보냈다"고 고백한다. "태양 빛이 가장 적었던" 때라는 것이다. 행복감이 그만큼 적었다는 얘기도 된다. 그 얘기는 그림자가 가장 크게 보였던 때이기도 하다. 어둠이 깔릴 즈음이라고 할까.

니체의 인생을 공부하다보면 특이사항 한 가지가 발견된다. 10년 주기로 변곡점이 형성되고 있다는 것이다. 1869년 바젤 대학에 교수가 되고, 정확히 10년 후에 그 교수직을 포기하고, 그리고 또 정확히 10년 후 1889년 광기의 세계로 접어든다. 도대체 이것을 어떻게 해석해야 할까. 마치 계획된 삶처럼 보이기도 한다. 철두철미하게 계산된 삶처럼 보인다는 이야기다. 예정된 길을 걸어갔다고나 할까. 방황의 흔적은 없다. 이렇게 살아야 할까 저렇게 살아야 할까를 고민한 흔적은 보이지 않는다. 물론 이것은 내면의 문제를 배제한 상황에서만 그렇다는 이야기다.

생철학자 니체는 한 순간도 허투루 보내지 않았다. 한 순간의 삶도 의미 없이 과거 속에 묻어버리지 않았다. 한마디로 치열하게 살았다. 해를 넘길 때마다 그 삶의 흔적으로 불후의 명작이 될 책을 세상에 내놓았다. 그러면서도 니체는 이렇게 고백한다. "나의 피는 서서히 흐른다"(이 사람, 332쪽)고. 빠르게 진행되는 인생의 롤러코스터 속에서 느끼는 느림의 미학이라고 할까. 빠르게 날아가는 화살의 생각이라고나 할까. 정신은 그렇게 서서히 성숙의 과정을 밟아나갔던 것이다. '아름다움이라는 느린 화살'(인간적I, 170쪽)은 절대로 시간을 재촉하지 않는다. 정상도 계단을 밟아야 밟을 수 있는 것이다.

'생명의 사다리', 멋진 표현이다. 삶의 사다리라고 번역했더라면 더 좋았지 않았을까 하고 아쉬움을 남긴다. '라이터 데스 레벤스Leiter des Lebens'13가 원문이다. 삶은 과정을 의미한다. 삶과 사람은 서로 연결되는 개념이다. 두 개념은 서로를 필요로 한다. 다른 하나가 없이는 무의미하다. 사람은 살아있어야 가치가 있는 것이고 삶은 사람을 통해서만 구현된다. 생철학자 니체는 자기 자신이 누군지를 알기 위해 삶을 들여다보고자 하는 것이며, 그때 그는 혈통을 발견하게 된 것이다. 그 혈통과 함께 싸고도는 문제들이 바로 '내 삶의 행복', '내 삶의 유일성', '내 삶의 숙명' 등이다.

무엇이 내 삶의 행복일까? 무엇이 내 삶의 유일성일까? 무엇이 내 삶의 숙명일까? 이런 질문이 형성되면 이미 많은 진보가 이루어진 셈이다. 남의 행복은 나의 행복의 이유가 될 수 없다. 행복한 삶을 염원한다면 자기 자신이 행복해 할 수 있는 지점을 발견하는 수밖에 없다. 또 자기 자신의 특성을 알기 위해 자기 자신만의 유일성을 인식하고 있어야 한다. 남과 다른 점이 무엇인지 확실하게 알고 있어야 한다는 이야기다. 이 모든 것이 분명해질 때 숙명은 모습을 드러낸다. 그때 운명은 한계를 드러낸다. 자기 삶이 도달할 수 있는 경계가 보인다는 말이다.

그리고 '생명의 사다리'를 바라보는 니체의 시각도 재밌다. 말하자면 그는 거기서 "제일 꼭대기와 제일 밑바닥으로부터의 혈통은 데카당이면서 동시에 시작이기도 하다"는 것이다. 데카당, 즉 퇴폐적이라는 이야기다. 모든 순간은 현재이면서 동시에 과거와 미래의 갈림길이 된다. 그 갈림길을 많이 경험할수록 변곡점도 많아진다. 그만큼 할 이야기도 많아진다. 인생 막바지에 이르러 태어난 게 엊그제처럼 느껴지는 공허감은 이런 갈림길에 대한 경험이 턱없이 부족했기 때문이 아닐까.

'이제 그만 됐다!', '여기까지!' 이런 말을 해야 할 때가 있다. 데카당을 인식하는 순간이다. 하지만 그 순간이 마지막이라는 것으로 끝나는 것은 진정한 데카당이 아니다. 그 다음을 준비할 줄도 알아야 한다. 새로운 시작을 할 수 있는 힘을 요구할 수 있어야 한다. 새로운 집념으로 삶을 응시할 줄 알아야 한다. 그것이 진정한 허무주의 철학의 이념이다. 허무! 이 말은 그래서 단순하게 받아들여서는 안 된다.《반야심경》에 나오는 말처럼 '색즉시공 공즉시색色即是空空即是色'이라는 시각으로 바라볼 줄 알아야 한다. 허무한 게 허무한 게 아닐 수도 있다는 것을 제대로 알게 될 때 진정한 인식이 온다.

인간에겐 모든 사물의 가치가 다양할 수밖에 없다. 눈에 보이는 게 다가 아니라는 이야기다. 비가 내려도 누군 싫어하고 누군 좋아한다. 누군 나쁜 날씨라고 말하고 누군 좋은 날씨라고 말한다. 어둠이 다가올 때도 누군 "미네르바의 올빼미는 다가오는 어둠과 함께 비상을 준비한다"[14]고 말하고 누군 불길한 예감 때문에 공포감에 휩싸이기도 한다. 누군 어둠 속에서 창작의 열을 올리고 누군 불을 켜놓아야 안심하고 잠이 들기도 한다. 모든 사물은 느낌이 다르다. 그것이 전하는 느낌은 똑같을 수가 없다는 이야기다. 똑같은 사물조차 시간과 공간을 달리하면 그 의미가 달라질 수도 있다. 사물이 이성이라는 거울에 비칠 때 그 표면의 상태에 따라 모든 것은 변하고 만다. 그 표면의 상태, 그것이 바로 자기 '삶의 유일성'이 아닐까. 이성적 존재에게 시각은 세상 사람들의 숫자만큼이나 다양하다고 말해도 틀린 말이 아니리라.

그래서 삶을 바라볼 때 '편파적'으로 바라보면 안 된다. 양쪽 부모를 모두

봐야 한다. 삶 전체의 문제는 이중적인 혈통 속에서 요리된 음식과 같다. 경우의 수가 너무도 많다. 거기에 시간과 공간이라는 필연이 될 우연도 가미가 된다. 니체는 삶을 바라보는 시각의 이런 '중립성'을 "아마도 나를 특징짓는 점들일 것"이라고 조심스럽게 주장한다. 이런 시각을 근거로 하여 '관점주의'라는 것이 탄생했을지도 모른다. 아니 분명하다. 니체의 생철학은 이런 관점을 무시하는 플라톤과 같은 철학에 대해서는 철두철미 반박의 목소리를 높인다. "플라톤이 그랬던 것처럼, 정신과 선에 대해 말한다는 것은 확실히 진리를 전복하고 모든 생명의 근본 조건인 관점주의적인 것을 스스로 부인함을 의미했다."(선악, 10쪽) 결국 생철학은 관념론과 정반대의 원리로 보면 되는 것이다.

생철학자 니체는 삶을 관찰한다. 삶 중에서도 자기 자신의 삶을 연구의 대상으로 삼는다. 거기서 "상승과 하강에 대한 예민한 후각"을 발동시킨다. 언제가 좋았던 기억이 되어 행복한 꽃으로 남아 있는지 또 언제가 나쁜 기억이 되어 상처로 남아 있는지 등을 관찰하고 있는 것이다. "나는 그것을 가르치는 교사 중의 교사이며 ─ 나는 양편 모두를 알고 있고, 나 자신이 양편 모두이다." 중요한 말이다. 니체는 어느 한쪽의 편에 서고자 하지 않는다. 선과 악이 있다면 그 모든 것을 아우르는 존재가 되고자 한다. 소위 선악의 저편에 진정한 삶이 있다고 말할까.

'마흔네 번째 해'를 보내면서 니체는 만감이 교차함을 느낀다. 아버지가 죽었을 때 교수직을 포기했고, 그때 "내 생명력의 가장 낮은 지점에 이르러 버렸던 것"이라고 기억한다. 그 지점으로 되돌아갈 수는 없지만 그것을 다시 떠올리는 것은 쉬운 일이 아니다. 가장 가슴 아팠던 순간이기 때문이다. 자기 인생에서 가장 깊은 상처를 남겼던 그 순간의 상황으로 되돌아가는 것은 간단한 일이 아니다. 예를 들어, 겁탈 당한 여자가 그동안 의도적으로 그 일을 망각하고 살아왔고 또 사랑이나 관계라는 어떤 특정 생각과 행동에서는 원만하지 못한 면을 보인다면 상황은 더욱 심각해진다. 극복하고 넘어서서 전혀 다른 삶을 경험하며 살 것인가 아니면 정신적 불구자로 남아 그렇게 살다가 삶과 작별할 것인가, 그것은 자기 자신이 선택해야 할 몫이다.

극복은 말처럼 쉽지가 않다. 극복해야 할 필요성을 느낄 때까지가 힘들다. 상처가 났다면 그 상처 지점까지 다가서야 한다. 그것이 힘든 것이다. 아버지가 사망했을 때 철학자는 생의 가장 깊은 심연 속으로 빠졌었다고 말한다. 자기 인생에서 가장 힘들었던 때라고. 어둡고 스산한 긴 터널을 상상해보자. 정신의 문제는 확인이 되어야 제대로 해결될 수 있다. 그 이후 필연이 되어버린 삶의 흔적을 전혀 다른 관점으로 바라볼 수 있는 기회는 오로지 극복을 통해서만 얻을 수 있다.

> 긴 세월, 너무나도 긴 세월은 내게는 회복을 의미한다―유감스럽지만 그것은 동시에 특정 유형의 재발과 붕괴라는 데카당스의 주기성을 의미하기도 한다. 이러함에도 내가 데카당스 문제에 관한 한 전문가라고 굳이 말할 필요가 있겠는가? […] 병자의 광학으로부터 좀 더 건강한 개념들과 가치들을 바라본다든지, 그 역으로 풍부한 삶의 충만과 자기 확신으로부터 데카당스 본능의 은밀한 작업을 내려다본다는 것―이것은 가장 오랫동안 나의 연습이었고, 진정한 경험이었다. 어디선가 내가 대가가 되었다면, 바로 여기서다. 이제 나는 관점을 전환할 근거를 가지고 있고, 관점을 전환할 도구를 가지고 있다: 왜 오로지 나에게만 '가치의 전환'이 도대체 가능할 수 있는지에 대한 첫 번째 이유이다. (이 사람, 333쪽)

'가치의 전환', 이것이 바로 니체가 말하는 '조만간 인류에게' 하겠다던 요구, 즉 '역사상 가장 어려운 요구'가 아닐까. 오로지 그에게만 일어날 수 있었던 '가치의 전환'은 무엇을 의미할까? 철학자 니체에게 있어서 유일한 것은 무엇일까? 이에 대한 대답은 분명하게 할 수는 없지만 위의 인용문에서 얻을 수 있는 확실한 것은 삶을 바라보는 니체의 시각이다. 니체는 분명히 이 '가치의 전환'이 '관점의 전환'을 통해 이루어질 수 있다는 것을 말하고 있다. 이것은 매우 중요한 사안이다. 니체 철학이 구원철학이라면 바로 여기에 열쇠가 놓여 있는 것이다. 관점을 바꾸면 가치가 바뀐다. 가치가 바뀌면 인생이 바뀐다. 이런 논리를 인식할 수 있는 단계까지 도달할 수 있게 되는 것이다.

데카당스, 삶에 대한 부정적인 인식은 극복을 위한 조건이다. 그것은 건강한 삶을 위해 필연적이다. "'삶은 인식의 수단'이다."(즐거운, 294쪽) 깨닫고 싶으면 삶을 이용할 줄 알아야 한다. 삶의 대가가 되어야 한다. 삶을 무기로 다룰 줄 알아야 한다. 생철학자 니체는 이것을 요구하고 있는 것이다. 그래서 훈련에 임하라고. "이것은 가장 오랫동안 나의 연습이었고 진정한 경험이었다." '데카당스의 주기성'은 삶의 본질이다. 그것에 진지하게 다가서는 것만이 삶에 대한 예의다. 끊임없이 파괴와 이별의 순간이 다가올 것이다. 삶을 창조적으로 살고자 하면 할수록 그런 순간은 더욱 강력한 괴물처럼 다가올 것이다. 그것을 회피하면 인생이 꼬이고 만다. 버리고 떠나야 할 시점을 인식하는 것도 능력이다.

건강을 운명으로 타고난 사람과 그의 마지막 시험

처음부터 사람이 좋았다. 처음부터 삶이 좋았다. 처음부터 사람 사는 세상이 좋았다. 그래서 '대지에 충실하라'는 말을 했던 것이다. 그래서 '태양처럼 몰락하라'고 외쳐댔던 것이다. "삶은 나를 실망시키지 않았다."(즐거운, 293쪽) 이 얼마나 긍정적인 평가인가. 삶은 늘 희망의 원인이 되어주었다. 하나의 길이 막히면 다른 하나의 길이 열린다고나 할까. 늘 길은 있었다. 그래서 여기까지 온 것이다. 그것이 삶을 홀대해서는 안 되는 이유다.

> 나는 내 자신을 떠맡아, 내 스스로 다시 건강하게 만들었다: 그럴 수 있었던 전제 조건은—모든 생리학자가 인정할 것이지만—사람들은 근본적으로는 건강하다는 사실이었다. 전형적인 병든 존재는 건강해질 수 없고, 자기 스스로 건강하게 만들기는 더욱 어렵다; 전형적인 건강한 존재가 그 반대인 반면에 말이다. 그에게는 심지어는 병들어 있는 것이 삶을 위한, 더 풍부한 삶을 위한 효과적인 자극제이다. (이 사람, 334쪽)

성경에 이런 구절이 있다. "빛이 어둠에 비치되 어둠이 깨닫지 못하더라."(요한복음1:5) 바보는 가르쳐도 안 된다. "전형적인 병든 존재는 건강해질 수 없고, 자기 스스로 건강하게 만들기는 더욱 어렵다." 하지만 건강한 이성을 가진 존재라면 이야기는 달라진다. 빛을 보면 인식할 수밖에 없다. 사람에 대한 신뢰는 허무주의 철학의 대전제다. "사람들은 근본적으로는 건강하다"는 인식이 허무주의를 가능케 한 것이다. 허무는 건강을 전제할 때에만 의미가 있는 것이다. 파괴는 창조에 대한 표상이 있을 때에만 긍정적인 의미를 지닌 행위가 된다. 무턱 대고 깨는 행위는 폭력성만 보여줄 뿐이다. 자기 삶에 대한 폭력이다. 자기 몰락의 길이다. 그것은 니체가 말하는 그런 몰락의 길이 아니다. 태양처럼 몰락하는 것은 그런 행위와는 거리가 멀다.

자기 삶을 떠맡아야 한다. 스스로 자기 삶의 주인이 되어야 한다. 허무주의 철학이 바라는 것이다. 삶에 대한 이런 주인 의식이 없다면 니체의 소리는 늘 겉도는 헛소리처럼 들릴 수밖에 없다. 예를 들어 신을 믿는 정신으로는 혹은 신에 의존하는 마음으로는 자유정신을 도저히 이해할 수 없다. "나는 내 자신을 떠맡아, 내 스스로 다시 건강하게 만들었다." 책임의식까지 전해진다. 건강한 삶은 자기 책임이라는 그런 소리로 들리기 때문이다. 스스로 책임져라! 그 길밖에 없다. 다른 해결책이 없다. 이것이 허무주의다. 건강한 정신에게 삶은 영원한 자극제가 된다. 가장 효과적인 자극제가 바로 삶이다. 살아 있다는 그 느낌보다 더 좋은 약은 없다. '살아 있네!'라는 유행어가 들려주는 것은 힘에의 의지가 아닐까.

> 제대로 잘된 인간은 우리의 감각에 좋은 일을 한다는 점: 그의 육체와 정신이 천성적으로 단단하면서도 부드러우며 동시에 좋은 냄새가 난다는 점에서 알아차린다. 그는 자신에게 유익한 것만을 맛있게 느낀다; 자신에게 유익한 것의 한계를 넘어서면 그의 만족감과 기쁨은 중지해버린다. 그는 해로운 것에 대한 치유책을 알아맞힐 수 있다. 그는 우연한 나쁜 경우들을 자기에게 유용하게 만들 줄 안다; 그를 죽이지 못하는 것은 그를 더욱 강하게 만든다. (이 사람, 335쪽)

인용문의 마지막 문장은 니체의 전형적인 사고방식을 드러내고 있다. 이와 관련하여 더 유명한 발언이라면 이것이 아닐까. "삶의 사관학교로부터—나를 죽이지 않는 것은 나를 더욱 강하게 만든다."(우상, 77쪽) 훈련을 해야 한다. 삶은 훈련의 장인 동시에 실전 무대이기도 하다. 반복될 수 없는 유일성으로 채워진 현장이다. 삶 자체는 영원회귀의 원리로 반복되겠지만 그 반복의 축을 형성하는 자기 자신만은 유일한 존재가 되는 것이다. 시간은 되돌릴 수 없다. 한 번 지나간 것은 그것으로 필연이 되고 만다. 기억의 창고에 저장되어 힘을 주기도 하고 힘을 앗아가기도 한다.

하지만 '제대로 잘된 인간'은 모든 게 좋을 뿐이다. 일이 잘 풀리는 사람의 얼굴은 행복으로 가득하다. 반대로 일이 잘 풀리지 않는 사람의 얼굴은 어둡기만 하다. 우울의 느낌으로 충만해 있기 때문이다. 그런 식으로 세월을 보내면 육체는 하염없이 망가지고 말 것이다. 몸이 망가지면 무엇이 좋고 나쁜지 감도 못 잡게 된다. 치명적으로 해로운 것에 대해서도 아무런 대처도 없이 당하고 말 것이다. 건강을 잃으면 모든 것이 위험하다. 속수무책이 따로 없다. 그러나 '제대로 잘된 인간'은 다르다. 그는 천성적으로 자신에게 좋은 것과 해로운 것을 알아차린다.

좋고 나쁨에 대한 분명한 인식이야말로 건강의 징표다. 건강한 사람에겐 모든 것이 건강을 위한 조건으로 작용된다. 바로 이런 측면에서 니체는 "나는 데카당의 반대이다"(이 사람, 335쪽)를 단정적으로 말하고 있는 것이다. 소위 '나는 건강한 사람이다'라고 말하는 것이나 다름이 없다. 썩어빠진 사람이 아니라고. 퇴폐적인 사람이 아니라고. 건강을 회복하려는 의지로 충만한 사람이라고. 그런데 그토록 건강한 사람에게 운명적으로 닥쳐올 마지막 시험으로 동정이라는 것이 있다.

> 동정을 극복하는 것을 나는 고귀한 덕목의 하나로 친다: 나는 "차라투스트라의 유혹"으로서 어떤 경우를 운문화했던 적이 있다. 즉 엄청난 비탄의 소리가 차라투스트라에게 들려오고, 동정이 최후의 죄처럼 그를 엄습하여 그에게 자신을 등지게 하려는 경우를. 이런 경우에 동정을 극복하는 것, 이런 경우에 자기 자신의 과제의 드높음을, 소위 사심 없는 행동들 안에서 작동하고 있는 훨씬 더 비천하고 단견적인 충동들로부터 스스로를 순수하게 유지하는 것. 이것이 시험이며, 아마도 차라투스트라가 치러야만 하는 마지막 시험일 것이다—

그의 힘에 대한 진정한 증거일 것이다… (이 사람, 339쪽)

마지막이다. 마지막에 대한 인식이 자꾸만 든다. '차라투스트라가 치려야
만 하는 마지막 시험', 그것은 니체가 직면한 시험이기도 하다. 모든 시험의
마지막 단계에 맞닥뜨리게 될 것은 동정이다. 생각하는 사람에게 주어진 마
지막 시험이다. 이성적 존재가 감당해야 할 뿐만 아니라 극복해내야만 하는
마지막 관문이다. 엄청난 비탄의 소리에도 불구하고 자신의 길을 갈 수 있
나. 등을 질 수 있나. 사랑했던 연인 에우리디케가 쏟아내는 비탄의 소리에
오르페우스는 돌아서지 말아야 할 미션을 완수해내지 못한 이야기가 떠오
른다. 결국 그는 세상에 슬픈 비가를 들려주는 자가 되었고 급기야 "디오니
소스의 추종자들에 의해 몸이 갈가리 찢기고 말았다."[15] 오르페우스와 디오
니소스는 정반대의 원리를 대변한다. 전자는 동정 때문에 한없는 슬픔 속에
빠져야 했던 인물인 반면 디오니소스는 모든 것을 잊고 황홀지경에 이르는
인물이다. 그리고 차라투스트라는 '사티로스'이고 싶어 하는 '철학자 디오
니소스의 제자'(이 사람, 324쪽), 즉 니체의 분신이다. 이쯤 되면 모든 계보가 분
명해지지 않았을까.

차라투스트라의 음성을 다시 들어볼까. "나는 연민의 정이 깊다는 저 무
리로부터 어렵사리 빠져나왔다. 오늘날 '연민이란 주제넘은 것이다'라고 가
르치고 있는 단 한 사람, 그대 차라투스트라를 찾아낼 생각에서! / 그것은
신의 것이든 인간의 것이든 연민은 수치심에 반한다. 돕겠다고 달려드는 덕
보다 돕기를 거부하는 행위가 더 고결할 수 있다."(차라, 435쪽) 니체는 여기서
무엇을 말하려고 했을까?

'연민의 정'이 깊은 자는 '더없이 추악한 자'다. 그가 바로 '신을 죽인 자'
(차라, 433쪽)다. 세상에서 가장 추악하고 신을 죽일 수도 있는 그런 위험천만

한 연민 앞에 차라투스트라가 선 것이다. 차라투스트라가 치러야 할 마지막 시험이다. 오르페우스는 연민의 정에 희생이 되었다. 차라투스트라는 디오니소스의 제자가 되어 그것을 물리쳐야 한다. "창조하는 자는 하나같이 가혹하며, 위대한 사랑은 하나같이 연민을 초월해 있다"(같은 책, 436쪽)고 말해야 한다. 연민을 초월해야 사랑이 실현된다. "사랑으로 행해진 것은 항상 선악의 저편에서 일어난다."(선악, 127쪽) 이래야 한다, 저래야 한다는 식의 발언이 무색해지는 곳에서 사랑이 이루어지는 것이다. 모든 것을 허락하고 모든 것을 감당하고 모든 것과 함께 하나가 될 수 있을 때 사랑이라는 기적이 일어난다. 누구는 그것을 구원이라 말하고, 누구는 해탈이라 말하며, 누구는 망아의 축제라 말한다.

연민의 정 앞에서 차라투스트라는 '얼굴을 붉혔'다. 그가 '보인 수치심'(차라, 434쪽)은 초인의 수치심이다. 본능적으로 싫은 거다. 하지만 연민은 이런 수치심에 대해서는 정반대의 원리로 작동한다. 부끄러운 줄을 모르고 도움의 손길을 내민다. 그 손길이 상대의 인생을 망칠 수 있다는 것은 상상도 하지 못한다. 사랑하니까, 부모니까, 자식이니까, 선생이니까, 학생이니까 등의 핑계거리를 당연한 의무처럼 여기고서 '주제넘은'(같은 책, 435쪽) 발언과 행동을 서슴지 않는다. 연민의 정을 접할 때는 제발 좀 부끄러운 줄을 알라! 오히려 그 연민에 대해 가혹한 태도로 저항하라! 이것이 초인의 소리다. "돕겠다고 달려드는 덕보다 돕기를 거부하는 행위가 더 고결할 수 있다." 그래도 달려들어야 한다면? "그러면 채찍을 잊지 말라!"(차라, 111쪽) 때려서라도 정신을 차리게 하라. 성경에도 이런 말이 있다. "매를 아끼는 자는 그의 자식을 미워함이라 자식을 사랑하는 자는 근실히 징계하느니라."(잠언13:24) 지극히 옳은 말이다. 하지만 이런 말이 성경에 실려 있는 이유는 대부분의 사람들이 이런 행동을 하지 못하기 때문이 아닐까. 초인은 달라야 한다.

그래서 내게 인간과의 교제는 내 인내심에 대한 적지 않은 시험인 것이다; 내 인간애는 사람들과 함께 공감하는 데 있지 않다. 오히려 내가 그들과 공감한다는 것을 참아내는 데 있다… 내 인간애는 끊임없는 자기 극복이다.—하지만 나는 고독이 필요하다. 내가 말하고자 하는 바는 내게는 회복, 내 자신에게로 되돌아옴, 자유롭고 가볍게 유희하는 공기의 숨결이 필요하다는 것이다… (이 사람, 346쪽)

사랑은 최고의 시험이다. 미치거나 미치지 않을 수 있는 그 경계에 서게 하기 때문이다. 가족에게 뭔가를 가르쳐야 하는 순간을 연상하면 된다. 아내에게 운전을 가르쳐야 하는 순간, 아들에게 산수를 가르쳐야 하는 순간, 이럴 때 분노가 치밀어오를 수 있다. 사랑하기 때문이다. 연민의 정이 주제를 넘기 때문이다. 하면 될 것 같은데 안 된다. 모든 게 마음대로 안 되어서 미칠 것만 같다. 그때 정신줄을 놓칠 수도 있는 것이다. 허무주의 철학은 인간애를 바탕으로 하여 세워진 금자탑이다. 그런데 인간애 그 자체가 가장 위험한 시험이다. 한계를 드러내는 인간을 향해서 도대체 무슨 말을 해야 할까. 그렇다고 돌아설 수도 없다. 사랑하기 때문이다.

상대의 한계는 자기 자신의 한계까지도 드러나게 한다. 사랑하는 사이라면 그렇다. 이때 허무주의적 미덕은 고독을 선택하는 것이다. 침묵으로 말하는 것이다. "내 인간애는 사람들과 함께 공감하는 데 있지 않다. 오히려 내가 그들과 공감한다는 것을 참아내는 데 있다." 사람 사이에 머물라. 공감하며 살아라. 그 공감을 견뎌내라. 그것이 자기극복이다. "내 인간애는 끊임없는 자기 극복이다." 상대가 눈치 채지 않도록 고독의 길을 걸어라. 하고 싶은 말을 칭찬의 소리에 담아라. 상대가 상처받지 않도록. 스스로가 한계에 달했을 때 취해야 할 삶의 지혜다. 스스로 한계에 직면했을 때, 그때는

'고독이 필요'한 상태임을 깨달아야 한다. "내가 말하고자 하는 바는 내게는 회복, 내 자신에게로 되돌아옴, 자유롭고 가볍게 유희하는 공기의 숨결이 필요하다는 것이다…" 숨결이 되돌아오면 다시 '인간과의 교제'에 임할 때다. 다시 태양처럼 몰락하면 되는 것이다. 하산하는 기분으로 다가서면 되는 것이다.

때로는 악역이 필요하다. 때로는 망치를 들고 때려 부숴야 할 때가 있다. 때로는 야단을 쳐야 할 때도 있다. "그런 한에서 나는 '죄 있는' 사람이 되어 버려야 했다."(이 사람, 349쪽) 악역을 담당해야 하는 사람은 고독할 수밖에 없다. 온갖 질투를 한 몸으로 받아야 하기 때문이다. 항상 좋은 말만 하고 산다는 것은 이상일 뿐이다. 그럴 수는 없다. 사랑은 변할 수 있다. 마음도 변할 수 있다. 그 변화에 달인이 되어야 할 뿐이다. 살고 싶다면 그래야 한다. 이성을 가진 자에게 생각이 그렇듯이, 영혼을 가진 자에게 마음이 그렇듯이, 육체를 가진 자에게 성기가 그렇듯이, 이 모든 것에 달인이 되어야 한다. 잘 다루면 이로운 도구가 될 것이고 잘못 다루면 인생 자체를 날려 버릴 수 있는 위험한 물건이 될 수 있다.

분명 사람은 세상에서 가장 영리한 동물임에는 틀림이 없다. 하지만 건강을 잃으면 모든 것을 잃는 존재이기도 하다. "건강한 거지는 병든 왕보다 행복할 수 있다."[16] 지극히 일리 있는 주장이다. 모든 것을 가지고도 건강을 잃으면 무슨 소용이 있을까. 삶에서 가장 중요한 것이 건강이다. 건강이 있어야 모든 것을 즐길 수 있는 것이다. 하지만 건강이 문제로 인식될 때에는 급기야 병에 시달릴 때라야 한다는 것이 문제다. 삶이 살 만한 가치가 있었다는 것을 인식하게 되는 때도 급기야 죽음이 눈앞에 다가설 때다. 너무 늦다. 그때 드는 감정이 허무로 치달으면 큰일이다. 그때 그 허무는 감당할 힘이 없기 때문이다. 늦지 않게 깨달아야 한다. 적당한 때에.

나는 완전히 다른 문제에 흥미를 느끼고 있는데, 그것은 '인류의 구원'이 신학자의 어떤 기묘함에 보다도 더 많이 의존하고 있는 문제이다: 영양 섭취라는 문제가 바로 그것이다. 이것을 사용할 수 있게끔 정식화시켜보면: "네 힘의 극대화에, 르네상스 양식의 덕의 극대화에, 허위도덕으로부터 자유로운 덕의 극대화에 이르기 위해서는 너는 어떤 영양 섭취를 해야 하는가?"—이 문제에 관한 내 경험은 최악이다; 나는 이 문제를 그토록 늦게 들었던 것에 대해 놀랄 뿐이며, 이런 경험을 통해 그토록 늦게 '이성'을 알게 되었던 것에 대해 놀랄 뿐이다. (이 사람, 350쪽)

너무 늦으면 답이 없다. 시간은 되돌릴 수 없기 때문이다. 인생은 단 한 번뿐인 기회다. 행복할 기회이며 즐길 기회이다. 그런데 너무 늦으면 이 모든 기회를 놓치고 만다. 생철학자 니체는 '영양 섭취'를 건강의 비결로 내세운다. 잘 먹고 잘 살라는 말이다. 몸에 좋은 것을 찾아 섭취하라는 것이다. 건강은 몸의 문제만이 아니다. 정신에도 건강이 문제가 된다. 정신 건강을 위해서는 무엇을 섭취해야 할까? 그것을 고민해야 한다. 그리고 섭취할 때는 맛있게 먹어야 한다. "든든한 식사가 너무 양이 적은 식사보다 소화가 더 잘된다."(이 사람, 353쪽) 무조건 소식, 즉 적게 먹는다고 건강하다는 생각은 편견에 지나지 않는다.

사람은 건강할 때 본능이 강하게 작동한다. 자기 이외에 그 어떤 명령권자도 존재하지 않기 때문이다. 오로지 "자기 방어 본능으로서 스스로를 가장 명료하게 드러내는 자기 보존 본능이 명령을 내린다."(이 사람, 366쪽) 말이 꼬인 느낌이 드는가? 간단히 말하면 건강해야 자기 보존 본능이 자기 삶에 대한 명령권자가 된다는 이야기다. 건강한 사람은 본능에 따른다. 그래도 될 정도로 건강하기 때문이다. 목숨을 건 모험여행도 마다하지 않는다. 오히려 그런 여행이 가져다줄 기쁨이 더 좋기 때문이다. 건강하지 못한 사람은 사랑조차 꺼린다. 그것이 남기게 될 상처가 두렵기 때문이다. 끊임없이 건강을 외쳐댄 허무주의 철학은 인간의 위대함을 역설하고 인간애를 정식으로 가르친다.

> 인간에게 있는 위대함에 대한 내 정식은 운명애다: 앞으로도, 뒤로도, 영원토록 다른 것은 갖기를 원하지 않는다는 것. 필연적인 것을 단순히 감당하기만 하는 것이 아니고, 은폐는 더더욱 하지 않으며 —모든 이상주의는 필연적인 것 앞에서는 허위다—, 오히려 그것을 사랑하는 것… (이 사람, 373쪽 이후)

인간은 위대하다. 인간이 아름답다. "어느 것도 아름답지 않다. 인간 외에는: 모든 미학은 이런 단순함에 기초하고 있으며, 이것이야말로 미학의 제1진리이다. 여기에 곧바로 제2의 진리를 추가해보자: 퇴락한 인간보다 더 추한 것은 없다 —이렇게 해서 미적 판단 영역의 경계가 지어진다."(우상, 158쪽) "세계의 실존은 오로지 미적 현상으로만 정당화된다."(비극, 16쪽) 세상은 아름답다. 이것이 '삶의 광학'(비극, 16쪽)으로 바라본 세상의 모습이다.

여기서 '운명애'로 번역한 원문은 그 유명한 '아모르 파티Amor fati'이다. 풀어서 번역하면 '운명을 사랑하라'가 가장 대표적이다. 극복할 여력이 있으면 수치심으로 얼굴을 붉힐 줄 알아야 하고 더 이상 극복할 여력이 없으면 그것이 한계인 줄 알고 끌어안을 줄 알아야 한다. 사랑할 줄 알아야 한다는 것이다. 한계는 넘어서거나 머물러야 하는 곳이다. 넘어설 때는 그 어떤 폭풍도 감당하겠다는 의지가 발동되어야 하고 머물러야 할 때는 그 어떤 바람에도 흔들리지 않는 날개를 펼칠 줄 알아야 한다. 정적의 날들은 그때 행복이 무엇인지 말없이 가르쳐줄 것이다.

혼동하지 말자. 극복할 여력이 남아 있다면 견디는 것이 다가 아니라는 사실을. "그러나 조심하라, 저들의 온갖 독살스러우며 부당한 짓거리를 참고 견디는 것이 네 운명이 되는 일이 없도록!"(차라. 87쪽) 파도는 끊임없이 오고 간다. 영원회귀의 원리로 닥치고 떠나갈 것이다. 하지만 그런 파도에 연연하지 말자. 그 파도 너머에 있는 바다를 보는 순간 모든 것은 평정을 되찾게 해줄 것이다. "이러한 경험을 한 후에야"(도덕. 347쪽) 니체는 친구가 되어줄 것이다. "너희에게 명하노니, 이제 나를 버리고 너희 자신을 찾도록 하라. 너희가 모두 나를 부인하고 나서야 나 다시 너희에게 돌아오리라."(차라. 130쪽) 이 말과 함께 차라투스트라도 임마누엘의 메시지를 남기고 있다.

제6장
남겨진 책들과 수수께끼

니체는

검을 빼든 검객이다.

망치를 든 장인이다.

모든 것을 불태우는 불꽃이다.

그의 철학은

허무주의라 불린다.

작가와 작품은 별개다

예를 들어 세르반테스Cervantes는 《돈키호테》를, 괴테는 《파우스트》를 집필
했다. 작가는 작품을 통해 자기 자신의 생각을 피력한다. 바로 여기에 해석
의 초보자들이 자주 실수를 범하는 문제가 도사리고 있다. 즉 작가와 그의
작품의 관계 설정이다. 특히 인물이 동성同性이거나 긍정적으로 표현되었을
때 이런 실수가 일어난다. 햄릿이나 오셀로처럼 인물이 부정적으로 표현되
면 작가의 의도를 생각하며 거리를 요구하는 게 쉬워진다. 그런데 긍정적일
때 그 거리의 요구는 쉽게 잊히고 만다. 즉 그가 한 말을 곧바로 작가의 생
각으로 연관 지을 때가 많다는 게 문제라는 말이다.

작품 속 인물은 픽션이다. 닮아 보일 수는 있지만 그것이 곧 작가의 모습
은 아닌 것이다. 물론 니체의 경우 그 경계를 정확히 나누는 것은 끊임없는
논쟁거리가 될 수 있다. 〈질스마리아〉라는 시에서 말하고 있듯이 "그때 갑
자기, 나의 여인이여, 하나가 둘이 되었다—/—그리고 차라투스트라가 내

곁을 지나갔다…"(즐거운, 415쪽)라는 구절을 말 그대로 받아들일 경우 차라투스트라는 곧 시적 자아의 분신이 되는 셈이다. 그리고 그 시적 자아를 니체로 간주할 경우 모든 것은 한 목소리로 합쳐지고 만다. 차라투스트라는 곧 니체요, 니체는 곧 차라투스트라가 되고 마는 것이다. 하지만 분명한 것은 작가와 작품은 별개라는 사실이다. 이 주장은 니체에게도 예외가 될 수 없다. 그 스스로도 이렇게 다음과 같이 말했다.

> 나와 내 작품들은 별개다.—내 작품들에 대해 말하기 전에 여기서 나는 그것들이 이해되고 있다는, 혹은 그것들이 이해되지 못한다는 문제를 다루어본다. 나는 이 문제를 여기에 적절한 만큼만 다루겠다: 왜냐하면 이 문제를 다루기에는 아직은 때가 아니기 때문이다. 나 자신의 때도 아직은 오지 않았다. 몇몇 사람은 사후에야 태어나는 법이다.—언젠가는 내가 이해하는 삶과 가르침을 사람들에게 살도록 하고 가르치게 될 기관들이 필요할 것이다; 심지어는《차라투스트라》를 해석해내는 일을 하는 교수직들이 만들어질지도 모른다. 하지만 지금 내가 내 진리들을 위한 귀와 손들을 벌써 기대한다면, 그것은 나와는 완전히 모순되는 것이리라. 오늘날 사람들이 내 말을 듣지 않는다는 것, 오늘날 사람들이 내게서 뭔가를 받아들일 줄 모른다는 것은 이해할 수 있는 일일 뿐 아니라, 내가 보기에는 정당한 것 같다. 나는 혼동되고 싶지 않다—나 자신에 의해서도. (이 사람, 375쪽)

작가가 이미 써놓은 자기 자신의 작품에 대해 말하는 것이 늘 껄끄럽다. 작품에 대한 이해는 작가의 몫이 아니기 때문이다. 하지만 독자가 그 작품을 이해하지 못하고 어려워할 때 작가는 아쉬움을 금치 못한다. 그때 도와주고 싶은 마음이 발동하기도 한다. 하지만 어디까지 도와줄 것인가? 그것이 문제다. 니체도 "여기에 적절한 만큼만 다루겠다"고 밝혔다. 적절한 만큼! 지극히 주관적인 표현이라 그것조차 논쟁거리가 될 수 있다. 하지만 이해를 돕기 위해 한마디 해야겠다는 그 생각 자체는 이 자서전을 쓰게 되는 동기가 된다. 그냥 아무 말도 하지 않고 있으면 오해를 받을 것 같아서 최소한의 정보만이라도 제공하고 싶은 마음이다. 그래야 한다는 책임감을 느끼고 있는 것이다.

니체는 잘 알고 있다. 자신의 책들이 수많은 문제점을 안고 있다는 사실을. 그리고 "그것들이 이해되지 못한다는 문제" 자체라는 사실을. "나의 승리는 쇼펜하우어의 승리와는 정반대다. — 나는 '나는 읽히지 않는다. 나는 읽히지 않을 것이다'라고 말한다."(이 사람, 376쪽) 이 또 무슨 수수께끼 같은 말인가. 예를 들어 쇼펜하우어는 자신의 책이 제대로 읽히고 또 제대로 이해되기를 바랐다. "내가 이 머리말을 계획한 것은 이 저서를 제대로 이해하려면 어떻게 읽어야 하는지를 일러주기 위해서다."[1] 《의지와 표상으로서의 세계》 서문 첫 번째 문장이다. '단 하나의 사상'[2]을 알려주기 위해 그토록 애를 썼다는 말이다. 하지만 염세주의에서 시작한 허무주의는 전혀 다른 문체를 사용한다. 읽히지 않는 문체가 그것이다. 니체의 책은 한마디로 읽히지 않는 책이다.

'훌륭한 저술가'의 특징으로 니체는 "신랄하고 지나치게 예민한 독자를 위해서 글을 쓰지 않는다"(인간적II, 91쪽)고도 말했다. 그의 책이 잘 차려놓은 밥상이라면 너무 "배고픈 손님은 사절한다 — 배고픈 사람에게는 아주 훌륭한 음식도 가장 형편없는 식사보다 더 나을 것이 아무것도 없기 때문에 까다로운 예술가는 배고픈 사람을 식사에 초대하려고 하지 않는다"(인간적II, 75쪽)는 것이다. 너무 허기진 채 니체가 요리해낸 음식을 먹고자 할 때는 조심해야 한다. 왜냐하면 그것은 너무도 딱딱하고 소화도 잘 안 되는 음식이기 때문이다. "튼튼한 이와 튼튼한 위장"(즐거운, 56쪽)은 니체의 글을 꼭꼭 씹어 먹고 소화시켜야 할 전제가 된다.

또 왜 이해와 관련한 "이 문제를 여기에 적절한 만큼만 다루겠다"는 것일까? 이유는 아직 때가 아니라는 것이다. "왜냐하면 이 문제를 다루기에는 아직은 때가 아니기 때문이다. 나 자신의 때도 아직은 오지 않았다. 몇몇 사람은 사후에야 태어나는 법이다." 니체는 말한다. 자기 자신의 때도 아직 오지 않았다고. 죽은 뒤에나 태어나는 사람도 있다고. 작가로서 니체는 아직 태어나지도 않았다는 말이다. "나의 날은 내일 이후이다."(안티, 213쪽) 그가 태어나려면 내일 이후, 즉 그 언젠가 모습을 드러내게 될 그 독자가 있어줘야 한다. 그의 작품을 이해해주는 독자가 생겨날 때, 그때가 되어서야 마침내 니체가 탄생하는 것이다. 작가와 작품이 별개라는 이야기는 바로 이런 의미에서 한 말이다.

허무주의 철학은 미래를 위한 철학이다. "위버멘쉬가 존재한 적은 아직 없다."(차라, 153쪽) 초인은 앞으로 태어날 존재다. 니체의 가르침은 현대 이후가 되어서야 제대로 이해될 것이다. 현대의 한계가 분명해지고 그 이후가 도래해야만 그의 사상이 인식의 대상으로 다가서게 될 것이다. 또 니체는 예견한다. 자신의 사상을 가르치게 될 '기관'이 생겨날 거라고. "심지어는 《차라투스트라》를 해석해내는 일을 하는 교수직들이 만들어질지도 모른다"고. 그의 예상은 맞아떨어졌다. 오늘날 서점과 도서관의 책꽂이를 채우고 있는 니체 철학 관련 서적들은 이에 대해 부인할 수 없는 증거가 되고 있다.

그래도 모르겠다. 얼마나 니체를 이해하고 있을까. '신은 죽었다'는 말 한 마디를 인용하며 악의에 찬 공격을 해대는 이도 적지 않다. 아직도 그의 사상은 요원한 듯하다. "오늘날 사람들이 내 말을 듣지 않는다는 것, 오늘날 사람들이 내게서 뭔가를 받아들일 줄 모른다는 것은 이해할 수 있는 일일 뿐만 아니라, 내가 보기에는 정당한 것 같다." 니체가 이 말을 했을 때나 지금이나 여전히 '현대'라는 시대 속에 갇혀 있다. 그때도 니체의 글은 쉽게 이해되지 못했다. 하지만 백삼십여 년이 지난 지금에도 상황은 그리 호전된 것 같지는 않다. 왜 그런 것일까? 도대체 문제가 무엇일까?

"나는 혼동되고 싶지 않다―나 자신에 의해서도." 수수께끼 같은 말이다. 니체는 여기서 무슨 말을 하려 했던 것일까? 나 자신에 의해서도 혼동되고 싶지 않다? 그게 무슨 말인가? 자기 자신이 혼동될 수 있다는 이야기다. 작가로서의 자기 자신을 말하고 있는 게 확실하다. 분명 니체는 작가로서의 자기 자신의 삶에 대해서도 고민을 하고 있었던 듯싶다. 그는 대부분의 사람들이 살았던 그런 삶을 살지는 않았나 보다. 그래서 오해를 받고 싶지 않았던 것인가 보다. 이 대목에서 또 다시《이 사람을 보라》의 서문 첫 구절이 떠오르는 것은 어쩔 수 없다. "내가 조만간 인류에게 역사상 가장 어려운 요구를 해야만 한다는 생각이 들기에 내가 누구인지를 밝혀두는 것이 반드시 필요한 것 같다."(이 사람, 323쪽) 광기의 순간을 2~3일 남겨놓은 시점에 한 말이기에 더욱 궁금한 것이다.

주목할 만한 방식으로―내 정곡을 못으로 찌르는 대신―나에 대해 정곡을 찌르는 말을 하기 위해서는 사람들은 근본적으로 '모든 가치의 전환' 외에 아무것도 할 일이 없다… 그래서 더 나는 설명을 하려고 시도하는 것이다.―결국 어느 누구도 책이나 다른 것들에서 자기가 이미 알고 있는 것보다 더 많이 얻어 들을 수 없는 법이다. 체험을 통해 진입로를 알고 있지 못한 것에 대해서는, 그것을 들을 귀도 없는 법이다. 가장 단적인 경우를 한번 생각해보자. 어떤 책이 자주 일어나거나 아니면 드물게라도 일어나는 경험의 가능성에서 전적으로 벗어나 있는 경험들에 대해서만 말하고 있다고 치자―일련의 새로운 경험들에 대해 처음으로 말하고 있다고 치자. 이런 경우에는 전혀 아무것도 들리지 않는다. 아무것도 들리지 않는 곳에는 아무것도 없다는 청각적 착각이 인다… 이것이 결국 내 평균적인 경험이며, 원한다면 내 경험의 독창적인 면이라고 불러도 좋다. 나에 대해 무언가를 이해했다고 믿던 자가 했던 일은, 나에게서 자기의 상에 맞는 무언가를 만들어내는 것이었다―나와는 반대되는 것을, 이를테면 '이상주의자'를 만들어내는 일도 드물지 않다; 내게서 아무것도 이해하지 못했던 자는 내가 도대체 고려할 만한 대상이라는 점을 부정해버렸다.―'위버멘쉬'라는 말은 최고로 잘 되어 있는 인간 유형에 대한 명칭이며, '현대'인, '선한' 자, 그리스도교인과 다른 허무주의자들과는 반대되는 말이다―도덕의 파괴자인 차라투스트라의 입에서 이 말이 나오면, 아주 숙고할 만한 말이 된다. 그런데 거의 모든 곳에서 그 말의 가치가 차라투스트라의 형상에서 드러나는 것과는 정반대의 의미로 순진하게 이해되고 있다. (이 사람, 377쪽 이후)

'모든 가치의 전환'은 니체 철학의 핵심인 동시에 모든 오해의 중심이 되기도 한다. 모두가 니체가 의도했던 그 의미와는 전혀 다른 소리를 내고 있다고 보아도 무방하다. 초인은 '최고로 잘 되어 있는 인간 유형'이라고 말했다. 니체의 이상형이라고 할까. '인간적인 너무나 인간적인' 인간이라고 할까. 모든 가치의 전환을 제대로 일궈낸 인간 유형이 초인이다. 하지만 니체가 이 인물을 통해 전하고자 했던 메시지는 과연 누가 얼마나 알아들었을까? "우리 청각의 한계.―인간은 대답할 수 있는 질문만 듣는다."(즐거운, 231쪽) 예상치 못한 것은 제대로 알아들을 수가 없다. 그것이 귀를 가진 자의 한계인 것이다. "결국 어느 누구도 책이나 다른 것들에서 자기가 이미 알고 있는 것보다 더 많이 얻어 들을 수 없는 법이다." 이성을 가진 자에게 이성의 한계를 보여주는 것은 어려운 과제다. 바다에 사는 물고기에게 바다가 무엇인지 가르쳐주기가 그토록 어려운 것이다.[3] 이성적 존재에게 이성은 당연한 것에 불과할 뿐이다. 그 의미와 가치를 따로 인식해내기란 결코 쉬운 일이 아니다.

이성은 끊임없이 가치를 운운한다. 하지만 그 이성이 절대적이지 않아서 문제다. 사람마다 그 이성의 힘은 다르게 나타난다. 누구에겐 $1+1=2$라는 식과 답이 중요하고, 또 누구에겐 $2+2=4$라는 식과 답이 중요하다. 누구는 백만 원으로 만족하고, 누구는 천만 원으로도 만족하지 못한다. 세상도 눈을 통해 들어온 모습 그대로 인식되는 것이 아니라 이성이라는 거울에 비친 것을 다시 인식하는 과정을 밟게 된다. 그 거울의 크기와 형태는 개인마다 다 다르다. 결국 자기가 아는 세상은 자기만의 세상일 뿐이라는 것이다.

인간에게 '앎'은 한계가 있게 마련이다. 자기가 아는 것에 절대성을 부여해서는 안 되는 이유가 여기에 있다. 죽을 때까지 공부해도 아는 것보다 모르는 게 더 많다. 그래서 공부는 죽을 때까지 해도 모자란다. 죽을 때까지 해야 하는 게 배움이다. 배움은 절대로 끝이 없다. "체험을 통해 진입로를 알고 있지 못한 것에 대해서는, 그것을 들을 귀도 없는 법이다." 누구는 '아는 만큼 보인다'고도 말한다. 또 누구는 '발 가는 만큼 안다'고도 말한다. 바꿔 말하면 보이는 게 다가 아니라는 것이다. 아는 만큼만 또 발 간 만큼만 보았을 뿐이기 때문이다.

니체 철학은 허무주의 철학이라 일컬어진다. 하지만 허무주의도 허무주의 나름이다. 기독교인도 허무주의자다. 신 이외에는 모두가 허무하다는 말을 하기 때문이다. 선한 자도 허무주의자다. 선한 것 외에는 아무것도 의미 또는 가치가 없다고 말하기 때문이다. 현대인도 허무주의자다. 하지만 우리 모두가 현대인이라서 무슨 말을 하고 살고 있는지 제대로 인식도 못하고 있다. 현대인이 누구인지는 자기 자신이 하고 사는 그 말을 관찰해야 할 일이다. 다른 누구에게 물어볼 게 아니다.

하지만 니체의 허무주의를 이해하고 싶으면 '다른 허무주의자들과는 반대되는 말'을 들으려 하면 되는 것이다. '신 이외에는'이라는 말보다는 '인간 이외에는'이라는 말을 더 선호하고, '선한 것 외에는'이라는 말보다는 '악한 것도 품을 줄 아는 것'이 니체가 말하고자 하는 그런 허무주의인 것이다. 좀 더 극단적으로 말하면 인간적인 것 외에는 모두가 허무한 것이고 또 악한 것 외에는 모두가 허무한 것이다. 그동안 선의 가치에 주목했다면 니체는 악의 가치를 주목하고 있을 뿐이다. 그동안 창조에 주목했다면 니체는 파괴에 주목하고 있을 뿐이다. 그 차이점을 인식하면 모든 것은 제자리를 찾아갈 것이고 또 잘 정돈된 방 안에 있는 것처럼 차분해질 것이다.

니체의 허무주의는 늘 차라투스트라Zarathustra라는 이름과 함께 거론된다. 그의 책은 차라투스트라가 한 말로 가득하다. 하지만 현대인에게 차라투스트라는 영원한 수수께끼와 같다. 왜냐하면 차라투스트라는 미래의 존재이기 때문이다. "앞으로 도래할 시대를 위해"(반시대II, 289쪽) 일하는 존재인 것이다. 지금 니체의 책을 손에 들고 읽고 있는 자는 아마도 현대인들로부터 손가락질을 받고 있을지도 모른다. 젊은층의 독자들은 '이제서야 니체를 읽고 있는가?'하고 핀잔을, 노년층의 독자들은 '아직도 니체를 읽고 있는가?'하고 안타까운 시선을 받고 있을지도 모른다. 이래저래 욕먹고 있는 게 니체 독자다. 또 누구는 그의 책을 '위험한 책'[4]이니 조심하라고까지 조언을 아끼지 않는다.

그럼에도 불구하고 니체의 책은 읽히고 있다. "내 책 한 권을 손에 든다는 것, 이것은 사람들이 할 수 있는 가장 진귀한 존경 표시의 하나라고 나는 생각한다."(이 사람, 376쪽) 니체는 잘 알고 있다. 자신의 책이 읽히는 것 자체가 놀라운 일이라는 사실을. 그는 자신의 책을 읽고 있는 독자를 향해 이런 말도 했었다. "우리 새로운 자, 이름 없는 자, 이해하기 어려운 자, 아직 증명되지 않은 미래의 조산아인 우리"(즐거운, 392쪽)라고. 차라투스트라가 미래를 위한 존재인 것처럼 니체의 책을 읽고 있는 자들 또한 미래를 준비하는 자들이라고 긍지를 가져보면 어떨까.

"나는 어쩔 도리가 없다. 신이여 도와주소서! 아멘."

종교개혁을 이끌었던 선구자 마틴 루터는 1521년 4월 17일 보름스 제국회의에 서서 재판을 받게 된다. 그때 그는 역사에 남는 위대한 말을 남긴다. "여기 제가 서 있습니다. 어쩔 도리가 없습니다. 신이여 도와주소서, 아멘" [5]하고. 양심에 거리끼는 행동을 할 수가 없어서 재판을 받기로 했다. 그의 당당함은 역사를 바꿔놓았다. 영웅적인 행동이었기에 가능했다. 그동안 당연하게 여겨왔던 교회의 모든 만행을 폭로하고 교회의 권력에 대해 저항했다. 교회라는 영역 안에서의 '국정농단'이라고나 할까. 루터는 목숨을 건 도전을 감행하고 있었던 것이다. 그런데 니체는 또 한 번의 도전을 시도한다. 이번엔 정반대의 방향으로 진행되는 도전이다.

보름스 제국회의에 참석하여 재판을 받고 있는 루터의 모습. "여기 제가 서 있습니다. 어쩔 도리가 없습니다. 신이여 도와주소서, 아멘"이란 글귀가 적혀 있는 채색된 판화(1557).

이에 대해 나는 어쩔 도리가 없다. 신이여 도와주소서! 아멘.— 우리는 모두 긴 귀를 가진 당나귀가 무엇인지 알고 있고, 심지어 몇몇 사람들은 경험을 통해 알기도 한다. 자, 나는 내가 가장 작은 귀를 갖고 있다고 감히 주장한다. 여자들은 이 점에 대해 적잖은 흥미를 느낀다—여자들은 내가 그들을 이해하면 기분이 더 좋은 것 같다… 나는 탁월한 반당나귀다. 그래서 나는 세계사적 괴물이다—그리스 말로는, 아니 비단 그리스 말로만이 아니다, 나는 안티크리스트이다… (이 사람, 380쪽)

고대가 퇴폐적일 때 중세인들이 등장했고 그들은 세상을 바꿔놓았다. 그리고 중세가 퇴폐했을 때 르네상스인들이 등장했고 그들이 또다시 세상을 바꿔놓으려 했다. 루터는 르네상스인이지만 기독교를 부활시킨 천재였다. 꺼져가던 불에 기름을 부은 영웅이었다. 기독교인들은 그를 성인으로까지 추앙한다. 하지만 니체는 이 사건을 곱게 보지 않는다. "루터는 교회를 재건했다: 교회를 공격하면서…"(안티, 316쪽) 죽어가던 중세를 되살려내고 말았기 때문이다. 결국 르네상스는 한계에 부딪히고 말았다. 교회라는 울타리를 벗어나지 못한 것이다.

이제 니체는 또 한 번의 르네상스를 시도하고 있다. 재도전이다. 인간의 승리를 위한 전쟁을 준비한다.《비극의 탄생》에서 디오니소스와 사티로스로 표현되었던 고대인의 행복과 황홀지경에 대해 고민을 했고,《반시대적 고찰》을 통해 사람을 '학문이라는 공장'(반시대II, 350쪽)에서 찍어내듯이 배출하고 있는 현대 사회를 비판했으며,《인간적인 너무나 인간적인》에서 삶에 대한 지혜를 잠언 형식으로 보여주었으며,《아침놀》에서 도덕에 충실하기 위해서 '도덕에 대한 신뢰를 철회'(아침, 15쪽)했고,《즐거운 학문》에서 그림자와도 싸워 이겨내야 하는 '새로운 투쟁'(즐거운, 183쪽)을 펼쳤고,《차라투스트라는 이렇게 말했다》에서 새로운 인간의 이상형을 보여주었으며,《선악의 저편》에서 인간적인 사랑이 무엇인지 보여주었고,《도덕의 계보》에서 "진리란 없다. 모든 것이 허용된다"(도덕, 525쪽)는 것을 보여주었으며,《우상의 황혼》에서 우상을 망치로 깨는 법을 가르쳤고,《안티크리스트》에서 우상을 만들어내는 "이런 신학자—본능과 나는 전쟁을 한다"(안티, 223쪽)고 주장했다. 평생을 한결같이 살아왔다.

그런데도 중세는 완전히 극복되지 못했다. "우리는 지금도 중세의 빙하 속에서 살고 있다."(반시대III, 427쪽) 춥다. 옴짝달싹하지 못하고 있다. 자유가 없어서다. 도덕의 목소리는 여전히 높기만 하고 인간은 아직도 주눅이 들어 있다. 허무주의 사상은 낯설기만 하다. 아직도 여기저기서 허무가 무엇인지 묻고 있다. 첫 걸음조차 떼지 못한 독자의 불만 섞인 질문이다. 이해가 안 된다고, 이해할 수가 없다고 아우성이다. 신을 향해 내민 손을 거둬들일 마음이 없어서다. 그의 창조물임을 인정하고 싶은 마음이 굴뚝같아서다.

제대로 홀로 서기 할 수 있을까? 자기 자신의 길을 갈 수 있을까? 신의 길을 포기하는 게 왜 이토록 힘든 것일까? "누구든지 나를 따라오려거든 자기를 부인하고 자기 십자가를 지고 나를 따를 것이니라."(마태복음16:24) 십자가를 벗어던지는 게 왜 이토록 힘든 것일까? 자기를 인정하는 게 왜 이토록 양심에 갈등을 일으켜야 하는 것일까? 신과의 싸움은 실로 불가능할 수도 있다. 왜냐하면 실체가 없는 존재와 싸워야 하기 때문이다. "인간의 방식이 그렇듯이, 앞으로도 그의 그림자를 비추어주는 동굴은 수천 년 동안 여전히 존재할 것이다."(즐거운, 183쪽) 그림자의 크기만 보면 주눅이 들 만하다. 너무도 엄청나게 커서다. 괴물이 따로 없다. 하지만 신이라 불리는 모든 것은 우상에 불과하다. 말로 설명해야만 알 수 있는 존재다. 말이 없으면 다가 설 수도 없는 존재다.

그래서 니체는 "나는 내가 가장 작은 귀를 갖고 있다고 감히 주장한다"고 말한다. 들어야 할 말은 듣지 않는다. 그에게 '너는 마땅히 해야 한다'(차라, 39쪽)는 소리는 의미가 없다. 오히려 그는 그런 소리를 때려 죽여야 할 용으로 간주하고 있을 뿐이다. 그는 "그 거대한 용과 일전을 벌이려 한다." 그는 '나는 하고자 한다'(같은 곳)고 말한다. 당나귀는 큰 귀를 갖고 있지만 들으려 하지를 않는다. 불통이다. 고집불통이다. 듣고 싶은 말만 들으려 한다. '임금님 귀는 당나귀 귀!'라는 말은 신화나 전설에서만 통할 수 있는 그런 이야기가 아니다. "심지어 몇몇 사람은 경험을 통해 알기도 한다." 어린아이도 촛불을 들지 않았던가.

하지만 반대 입장에서 보면 니체는 괴물처럼 보일 뿐이다. "나는 탁월한 반당나귀다. 그래서 나는 세계사적 괴물이다—그리스 말로는, 아니 비단 그리스 말로만이 아니다, 나는 안티크리스트이다." 니체의 자기 정의다. 생철학자의 자기소개다. 도덕의 편에 서면 "도덕의 파괴자인 차라투스트라의 입에서"(이 사람, 378쪽) 나오는 말은 전혀 들리지 않는다. 도덕 속에 살면 도덕이 무엇인지 감도 잡지 못한다. 물고기가 바다가 무엇인지 묻는 이유를 모르는 것처럼 도덕주의자는 도덕을 문제시하는 그 이유를 모른다. 그저 한때 주름잡았다는 이유만으로 윽박지르고 호통을 치려고만 한다. 그러나 니체는 이 모든 것에 허무주의로 맞선다. 니체는 불꽃이다. 수많은 촛불을 끌어 모으는 매력 덩어리다.

이 사람을 보라

그렇다! 나는 내가 어디에서 왔는지 안다!
불꽃처럼 탐욕스럽게

빛을 내며 스스로를 집어삼킨다

내가 손대는 모든 것은 빛이 되고

내가 버리는 모든 것은 숯이 되니

나는 불꽃임에 틀림없다 (즐거운, 60쪽)

이보다 더 멋진 자기소개는 찾을 수 없다. 이 시의 제목은 지금 읽고 있는 이 책의 제목이 되었다. 자기 삶을 정리하는 자서전의 제목으로 선택된 것이다. '나는 안티크르스트이다…' 안티크르스트인 바로 이 사람을 보라고 외쳐대고 있다. 빌라도가 이 말을 했을 때는 너희들이 신이라고 말하는 바로 이 사람을 보라는 뜻이었다. 신이라 불리는 사람! 니체는 빌라도의 말을 인용하면서 스스로 신의 반열에 올라서고 만다. 하지만 그가 신앙의 대상으로 제시하는 것은 오로지 삶뿐이다. "삶—이것이 우리의 모든 것이고, 우리가 빛과 불꽃으로 변화시키는 모든 것이며, 또한 우리와 만나는 모든 것이다."(즐거운, 28쪽) 삶을 삶답게 만들지 못하는 모든 것에 대해서는 허무주의가 '불꽃의 혀'(차라, 285쪽)로 깊은 상처를 주고자 한다.

삶의 변호사, 사람의 대변인, 세상을 옹호하는 자, 인간적인 사랑을 주장하는 자, 또 무슨 말을 해야 니체를 이해할까. 무슨 수식어를 더 보태야 그의 철학을 감당할 수 있을까. 아직도 마음의 문을 열지 못하는 독자에게 니체는 그저 어쩔 수 없이 한마디 던지고 있을 뿐이다. "이에 대해 나는 어쩔 도리가 없다. 신이여 도와주소서! 아멘." 애잔하다. 선두에 선 자의 운명일까. 고독하다. 곁엔 아무도 없다. 그저 미래 그 어느 때에 등장해줄 독자를 위해 글을 쓰고 있을 뿐이다.

도덕을 거부하고 사랑을 가르치는 좋은 문체

생철학자 니체는 끊임없이 문체를 문제 삼는다. 왜일까? 왜 문체가 문제 되는 것일까? 그것은 인간 자체가 이성적 존재라서 그런 거다. 말을 하는 존 재이기 때문이다. 말을 가지고 생각하는 존재여서 그런 거다. 모든 인간은 말을 하면서 생각을 한다. 생각이 잘 이루어지지 않을 때는 말이 제대로 형 성되지 않아서다. 말을 잘 하지 못하는 사람에게서 좋은 명쾌한 생각을 기 대할 수는 없는 법이다. 말을 할 수 있다면 이미 생각은 '존재의 집'[6]을 형성 하게 되는 것이다. 말을 섞을 때는 조심해야 한다. 남의 집에 갈 때 예의를 갖춰야 하는 것처럼, 함부로 말하면 상처를 줄 수도 있다.

남의 집에 갈 때는 만반의 준비를 하고 가야 한다. 그 어떤 낯선 상황이 펼쳐져도 당황하면 안 된다. 그것은 초대한 자에 대한 예의가 아니다. 모든 상황을 좋은 말로 표현할 줄 알아야 한다. 반대로 방문자의 입장에서도 상 처를 입을 수 있다. 기대했던 바가 아니면 그럴 수 있다. 남의 집에서 처음으 로 발견한 신이라 불리는 십자가에 못 박혀 있는 '이상한 물건 하나'[7] 때문 에 상처를 입을 수도 있는 법이다. 내면의 문제는 스스로 회복해내야 한다. 그것도 말을 통해서. 그것이 글쓰기라 불려도 좋다. 니체의 책을 읽을 때는 그 어떤 사물에 대해서도 상처를 받지 않는 내공으로 '자격'을 갖추고 있어 야 한다.

내 문체 기법에 대한 일반적인 이야기도 또한 언급해보겠다. 기호의 속도를 포 함해서 그 기호를 통한 파토스의 내적 긴장 상태를 전달하는 것—이것이 문 체의 의미이다; 그리고 나의 내적 상태들이 특출나게 다양하다는 점을 고려해 보면, 내게는 수많은 문체의 가능성이 있다—사람들이 사용할 수 있었던 것

중에서 가장 다양한 문체 기법들이 말이다. 내적 상태를 정말로 전달하는 문체, 기호와 기호의 속도와 제스처를—복합문^{Periode}의 규칙들은 모두 제스처 기법이다—잘못 파악하지 않는 문체는 좋은 문체이다. 내 본능은 여기서 실수하지 않는다.—좋은 문체 그 자체라고 하는 것—이것은 '아름다움 그 자체', '선 그 자체', '물 그 자체'처럼 하나의 순진한 우매함이자 '이상주의'에 불과하다… 문체가 언제나 전제하는 것은 문체를 들을 귀가 있다는 것—그와 동일한 파토스를 가질 수 있고 또 그 파토스에 적합한 자들이 있다는 것, 자기를 전달할 만한 자들이 있다는 것이다.—예를 들어 내 차라투스트라도 우선 그런 자들을 찾는다—아아, 그는 더 오랫동안 찾아야 할 것이다!—사람들이 우선 그의 말을 들을 자격을 갖추어야만 하기에… (이 사람, 382쪽 이후)

니체는 실수하지 않는다. 그는 분명하고 확실하다. 어디서? 문체에서! 그의 글은 일종의 '좋은 문체'의 모범답안이다. 문체가 전제하는 것은 오로지 공감할 수 있다는 가능성이다. "문체가 언제나 전제하는 것은 문체를 들을 귀가 있다는 것—그와 동일한 파토스를 가질 수 있고 또 그 파토스에 적합한 자들이 있다는 것, 자기를 전달할 만한 자들이 있다는 것이다." 아무리 '카프카에스크^{Kafkaesk} ^{8}식으로 낯설게 씌어진 글이라 해도 그것을 읽고 감동하는 독자들이 있게 마련이다.

그러나 니체의 문체는 여전히 독자를 찾고 있다. "나는 읽히지 않는다. 나는 읽히지 않을 것이다"(이 사람, 376쪽)라는 말을 좌우명처럼 간주하는 작가의 글을 어떻게 읽을 것인가? 그것 자체가 이미 문제다. 예를 들어 《차라투스트라는 이렇게 말했다》의 부제목은 '모든 사람을 위한, 그러면서도 그 어느 누구를 위한 것도 아닌 책'이라 했다. 팔방미인은 베스트셀러는 될 수 있어도 불후의 명작이 될 가능성은 낮다. 독일어로 쓰인 니체의 책들은 "유럽의 얕

은 지대인 독일에서는"(이 사람, 379쪽) 독자를 찾을 수 없었다. 하지만 "빈, 상
트페테르부르크, 스톡홀름, 코펜하겐, 파리와 뉴욕 ─ 어디에서든 나는 발견
되었다"(같은 곳)고 말하는 니체의 음성에는 자부심이 가득하다.

　허무주의 철학을 채우고 있는 문체는 고통을 아는 자의 몫이다. "상처에
의해 정신이 성장하고 새 힘이 솟는다"(우상, 73쪽)는 니체의 좌우명에 공감이
가는 자들의 위는 그가 무슨 말을 해도 다 소화시켜 알아들을 수 있을 것이
다. 예술은 언제나 '극소수에 속하는 사람들'(즐거운, 291쪽)을 위할 뿐이다. 하
지만 역사가 되는 현장에는 모두가 꾸는 꿈이 있다. 혼자서 꾸는 꿈은 정말
꿈으로 끝나면서 망상이 되지만 모두가 꾸는 꿈은 희망의 횃불로 밝히는 현
실이 되어줄 것이다. 이것이 니체의 꿈이기도 하다. 그는 자신의 책 속에 담
겨 있는 차라투스트라의 증언들을 읽어줄 독자를 찾고 있다. "아아, 그는 더
오랫동안 찾아야 할 것이다! ─ 사람들이 우선 그의 말을 들을 자격을 갖추
어야만 하기에…" 자격을 갖추었나? 니체가 이해되지 않는 독자는 이 질문
부터 해야 할 것이다. 니체가 말하는 독자의 자격은 무엇보다도 도덕으로부
터 길들여지지 않은 것에 의해 규명된다. 그 어떤 잣대로부터도 자유로워야
한다.

> 인류의 키르케인 도덕이 모든 심리적인 것들을 철저히 왜곡해버린 것이다 ─
> 도덕화시켜버린 것이다 ─ 사랑이란 것이 '비이기적'이어야 한다는 섬뜩한 난
> 센스에 이르기까지 말이다… 사람들은 강건하게 자기 자신을 잡고 있어야 한
> 다. 그리고 용감히 자신의 두 다리로 서야만 한다. 그렇지 않으면 결코 사랑할
> 수 없다. (이 사람, 384쪽)

　신화에서 '키르케Kirke'는 모든 남자들을 돼지로 만들어버리는 여인이다.

그녀의 힘은 '유혹의 기술'[9]에 있다. "도덕은 철학자들을 유혹하는 키르케로 입증"(아침, 12쪽)되었다고 니체는 말한다. 도덕은 어느 하나만을 원하게 만드는 최고의 기술이다. 다른 것은 전혀 원하지도 또 원할 수도 없는 존재로 만들어버리는 기술이다. '도덕의 유혹에 사로잡힌 상태에서' 인간은 모두가 '도덕적 광신'(아침, 13쪽)에 내몰리고 만다. 이런 상태에서는 자유정신이 내뱉는 말을 들을 귀는 존재하지 않는다.

도덕으로부터 자기 자신을 지켜라! 이것이 허무주의 철학의 명령이다. "사람들은 강건하게 자기 자신을 잡고 있어야만 한다. 그리고 용감히 자신의 두 다리로 서야만 한다." 아니 서는 것에 만족해서도 안 된다. "우리는 도덕 위에도 서 있을 줄 알아야 한다. 매 순간 미끄러져 넘어질 것을 두려워하는 경직된 두려움을 가지고 그 위에 서 있는 것이 아니라, 그 위에서 뛰놀 줄 알아야 한다!"(즐거운, 180쪽) 자기 자신의 두 발로 서는 것에도 용기가 필요하다. 그렇다면 자신의 두 발로 춤이라도 춰야 할 때는 도대체 어떤 용기가 필요할까. 도덕에 익숙해진 정신으로는 상상도 못할 용기다.

허무주의 철학은 사랑을 가르치는 철학이다. 그 사랑을 위해서 스스로 자신의 두 발로 서야 한다는 것이 전제조건으로 제시된다. 누가 누구에게 의존하고 있는 상황이라면 그것은 진정한 사랑이 아니다. 건강한 두 사람이 모여야 사랑이 이루어진다. 건강한 두 육체가 만날 때 사랑은 번개처럼 온다. "사랑으로 행해진 것은 항상 선악의 저편에서 일어난다."(선악, 127쪽) 선악의 저편! 그곳은 도덕의 저편이기도 하다. 이래야 한다, 저래야 한다 등의 잣대로부터 자유로운 곳이다. "사랑에 대한 내 정의를 들을 만한 귀를 갖고 있는가?"(이 사람, 385쪽) 니체는 묻고 있다. 이제 우리가 대답할 차례다.

《비극의 탄생》 – 비극적 철학자가 말하는 비극의 심리학

《이 사람을 보라》의 절반은 개별 작품들에 대한 설명으로 채워져 있다. 개별 작품들에 대한 각각의 사용설명서라고 할까. 일반적으로 초기初期 시대로 알려져 있는 《비극의 탄생》과 《반시대적 고찰》은 희망으로 가득하다. 니체는 그것을 '위대한 희망'(이 사람, 389쪽)이라 부른다. 특히 처녀작에서는 낙천적인 관념론에 대해서는 불쾌한 냄새를, 그리고 고대 예술, 특히 비극의 이념인 디오니소스적인 것과 아폴론적인 것에 대해서는 유쾌한 향기를 감지한다.

> 말하자면 어떻게 그리스인들이 염세주의를 잘 해결했는지를 최초로 알려주는 가르침으로써 ─ 무엇을 가지고 그들이 염세주의를 극복했는지에 대한 가르침으로써 말이다… 비극이야말로 그리스인들이 염세주의자가 아니었다는 점에 대한 증거이다: […] 이 책에는 결정적으로 두 가지 새로운 점이 있다. 그 하나는 그리스인들에게서 디오니소스적 현상에 대한 이해이다: 이 책은 그것에 대한 최초의 심리학이며, 그 현상을 그리스 예술 전체의 한 가지 뿌리로 본다. 또 다른 새로운 점은 소크라테스주의에 대한 이해이다: 이 책은 소크라테스를 그리스의 용해의 도구이자, 전형적인 데카당으로 최초로 파악해냈다. (이 사람, 390쪽 이후)

염세주의는 피할 수 없다. 삶이 힘들다는 사실은 누구나 다 알고 있다. 쇼펜하우어는 "모든 인생은 고통이다"를 자신의 철학을 위한 대전제로 삼았다. 하지만 힘들다는 이유만으로 삶에 등을 져야 할까? 이 질문을 철학적으로 고민한 철학자가 니체다. 그리고 염세주의를 극복하고 삶을 긍정하고자 했다. 그는 삶 자체를 사랑했다. 그는 《비극의 탄생》에서 "어떻게 그리스인들이 염세주의를 잘 해결했는지" 또 "무엇을 가지고 그들이 염세주의를 극복했는지"를 살펴보았다.

그리고 니체는 그리스인들에게서 두 가지의 독특한 이해 범주를 찾아냈다. 첫째는 '디오니소스적 현상에 대한 이해'이고, 둘째는 '소크라테스주의에 대한 이해'가 그것이다. 두 원리는 대립구조를 이루고 있다는 인식에 도달한 것이다. 즉 소크라테스주의에 대해서는 비판적 입장을, 그리고 디오니소스적 현상에 대해서는 긍정적 입장을 취하게 된다. 그리고 이 인식은 니체가 전 생애를 통해 세상을 바라보는 기본 틀이자 '통찰'이 되었다.

> 삶에 대한 가장 즐겁고도 가장 충일하면서도 들뜬 긍정은 최고의 통찰일 뿐만 아니라, 진리와 학문에 의해 가장 엄격하게 확인되고 유지되는 가장 심오한 통찰이다. 존재하는 것에서 빼버릴 것은 하나도 없으며, 없어도 되는 것은 없다 ─그리스도교인과 다른 허무주의자들에 의해 거절당한 삶의 측면은 그 가치 서열상 데카당스 본능이 승인하고, 승인해도 되었던 것들보다 무한히 높다. 이 점을 파악하려면 용기가 필요하고, 그런 용기를 위해서는 넘쳐나는 힘이 필요하다: 왜냐하면 용기가 과감히 전진해도 되는 꼭 그만큼, 꼭 힘의 정도만큼, 사람들은 진리에 다가가기 때문이다. 실재에 대한 긍정인 인식은 강자에게는 필연이다. (이 사람, 392쪽)

니체가 철학의 길을 걸으며 얻은 통찰은 삶이 즐겁다는 것이다. 삶에 대한 긍정은 허무주의적 인식의 현장이다. 그것은 '최고의 통찰'인 동시에 '가장 심오한 통찰'이다. "존재하는 것에서 빼버릴 것은 하나도 없으며, 없어도 되는 것은 없다." 이보다 더 긍정적인 표현이 또 있을까. '다른 허무주의

자들에 의해 거절당한 삶의 측면'을 부각시키고 그것이 지닌 가치를 인식시키고자 하는 것이 니체 철학의 과제다. 삶의 가치는 그 무엇보다 높다. 아니 "무한히 높다."

그런데 삶에 대한 가치 인식에는 용기가 필요하다. 왜냐하면 신을 포기해야 하기 때문이다. 천국을 포기해야 하기 때문이다. 영생을 포기해야 하기 때문이다. 그럴 용기가 있는가? 니체의 논리에서 용기는 힘과 정비례한다. 용기가 있는 만큼 힘도 자라난다. 힘이 있어야 용기도 부릴 수 있게 되는 것이다. 그리고 용기와 힘의 정도는 진리의 크기도 결정한다. 왜냐하면 오로지 그 정도만큼 "사람들은 진리에 다가가기 때문이다."

진리! 진리에 대해서는 조심해야 한다. 긍정적으로 말할 때도 있고 부정적으로 말할 때도 있기 때문이다. "진리란 없다. 모든 것이 허용된다"(도덕, 525쪽)고 말할 때 진리는 부정적인 의미를 지닌다. 하나로 규정된 그런 진리는 없다는 말이다. "'신앙'이란 무엇이 참인지를 알고자 — 하지 — 않는다는 것을 의미한다."(안티, 293쪽) 이런 말을 할 때 참, 즉 진리는 긍정적 의미에서 인식의 대상이 된다. 위의 인용문에서도 다가가기 위한 대상으로서의 진리는 '실재에 대한 긍정'의 인식을 두고 한 말이다.

그리고 삶을 긍정하기 위한 전제조건은 염세주의를 품을 수 있는 내공이다. 비극을 인정할 수 있는 마음의 여유다. 여기서 그리스인들의 독특한 심리학이 발견된다. 특히 '비극적'이라는 개념과 '비극의 심리학'(이 사람, 393쪽)은 삶을 긍정하는 열쇠로 작용한다. 니체는 삶에의 의지와 관련한 그 내면적 심리 상태를 '디오니소스적'이라고 말한다. 이와 관련하여 니체는《우상의 황혼》에서 했던 말을 다시 인용한다.

삶의 가장 낯설고 가장 가혹한 문제들에 직면해서도 삶 자체를 긍정한다; 자신의 최상의 모습을 희생시키면서 제 고유의 무한성에 환희를 느끼는 삶에의 의지 — 이것을 나는 디오니소스적이라고 불렀다. (이 사람, 393쪽)

디오니소스는 황홀의 신이다. 무아의 경지에 도달한 신이다. 포도주의 신으로서 그 '마법의 술'(비극, 106쪽)에 의해 경험하게 되는 최고의 긍정 형식이다. 쉽게 말하면 가장 행복한 기분을 느끼게 해주는 신이라고 할까. 허무주의는 삶을 긍정하는 철학이다. 신까지도 희생을 시키면서 얻게 되는 또 다른 신의 경지다. 망상은 사라지고 환상이 그 자리를 대체한다. 긍정의 의미로 충만한 그 이념이 삶을 삶답게 해준다. '아~ 좋다~'라는 탄성을 자아내게 해주는 그 황홀함이 허무주의가 이끈 경지다. 모든 '논리적 충동'(같은 책, 107쪽)으로부터 자유로워진 상황에서 자기 자신을 향하는 신비로운 경험이다. 일상적 자기를 버리고 축제의 현장에 있을 자기를 찾아가는 그런 경험이다.

"이런 의미에서 나는 나 자신을 최초의 비극적 철학자로서 — 말하자면 염세적 철학자에 대한 극단적인 대립이자 대척자로서 이해할 권리가 있다." (이 사람, 393쪽) 니체는 '최초의 비극적 철학자'다. 비극적 철학자는 염세적 철학자와 대립을 이룬다. 니체가 '비극의 탄생'을 염원했던 이유는 염세적 세계관을 극복하고자 했던 이유와 맞물린다. 그리스인들이 비극 공연을 보면서 삶을 즐겼던 이유는 거기서 삶에의 의지가 긍정이 되는 최고의 희열을 느꼈기 때문이다. 인생은 누가 뭐래도 고통이다. 지극히 당연한 소리다. 하지만 그 고통은 제거의 대상이 아니다. 아리스토텔레스가 말했듯이 그것은 카타르시스의 대상이 아니다. 배설되어야 할 대상이 아니라는 이야기다. 고통은 부정적인 요소가 아니다. "아리스토텔레스는 이런 식으로 오해하고 있었지만 말이다."

니체는 고통도 비극도 모두 긍정적으로 바라본다. 슬픔도 긍정적이다. 눈물도 좋다. 아니 그런 것이 인간적인 것을 인식하게 해준다. 니체는 여기서 '비극적 지혜'(이 사람, 393쪽)도 언급한다. 그것은 '삶 자체를 긍정하는 지혜'다. 즉 비극의 심리학이란 '삶의 광학'(비극, 16쪽)으로 인간의 심리를 들여다보고자 하는 것이다. 니체는 《비극의 탄생》과 함께 "어떤 비극적 시대를 약속하는 바이다"(이 사람, 394쪽)라고 단언한다. 그는 "그리스 정신의 회귀가 가까이 있다"(같은 책, 395쪽)는 것을 감지한다. 또 자신이 "체험하게 될 축제의 모습을"(같은 곳) 떠올리며 행복한 희망을 품는다.

《반시대적 고찰》 – 검을 빼든 호전적 철학

니체의 두 번째 책은 바젤 대학에서 교수로 재직하고 있던 시절에 집필된다. 《반시대적 고찰》이라는 제목이 말해주듯이 매우 호전적이다. 공격적이다. 시대에 반대한다. 모두가 한 목소리를 내고 있을 때 니체는 다른 목소리를 낸다. 모두가 똑같은 생각을 가지고 긍지를 느낄 때 니체는 오히려 혐오감을 느낀다. 모두가 남의 눈을 의식하며 허영심으로 일관할 때 니체는 자기 사랑과 자기 도야에 열을 올린다. 모두가 남의 말에 귀를 기울일 때 니체는 자기 내면의 소리에 귀를 기울인다.

> 네 편으로 된 《반시대적 고찰》은 전적으로 호전적이다. 이것들은 내가 몽상가가 아니라는 점, 내가 검을 빼는 일을 즐거워한다는 점을 입증하며 — 아마도 내 손목이 위험하리만큼 자유롭게 움직인다는 점도 역시 입증하고 있다. 첫 번째 공격(1873)은 내가 그 당시 이미 사정없이 경멸하며 얕보았던 독일 교양으

로 향했다. [...] 두 번째 반시대적 고찰(1874)은 우리의 학문 경영 방식의 위험한 요소, 삶을 갉아먹는 요소, 삶을 독살하는 요소를 백일하에 폭로하고 있다 — [...] 세 번째와 네 번째 반시대적 고찰은 고급한 문화 개념을 향한, '문화' 개념의 재건을 향한 힌트로서 가장 엄격한 자기 사랑과 자기 도야라는 두 가지 상을 제시한다. (이 사람, 397쪽 이후)

참 명쾌하다. 아무리 자기 자신이 쓴 책이라 해도 그 안에 무엇을 썼는지 스스로 말하기가 쉽지는 않다. 하지만 니체는 다르다. '검을 빼는 일을 즐거워'하는 철학자. 한때 《우상의 황혼》의 부제목으로 '어떻게 망치를 들고 철학하는지'라는 말을 하기도 했다. 검이나 망치 모두 제거의 도구가 된다. 석공이 망치를 들고 돌을 대하듯이 또 의사가 칼을 들고 환자를 대하듯이 철학자는 '반시대적 고찰'로 병든 시대를 대한다. 그의 허무주의적 시선 앞에 드러난 첫 번째 환부는 교양이었다. 그는 '교양의 속물'(반시대I, 190쪽)이라는 말을 했다. 정말 눈꼴사나운 존재가 아닐 수 없다.

두 번째 환부는 학문이었다. 니체는 '학문 공장'(반시대II, 350쪽)이라는 개념을 사용하기도 했다. 마치 현대 학문은 사람을 공장에서 찍어내는 제품처럼 배출해내고 있다는 이야기다. "컨베이어 벨트 위에 놓인 상품처럼"[10] 모두가 똑같은 모습을 하고 있다. 모두가 똑같은 생각을 하는 기계가 되어 있는 듯하다. 모두가 '정답' 이데올로기에 주눅이 들어 있다. 모두가 양심의 가책도 없이 '좋은' 생각만 하려고 한다. 다른 생각은 전혀 하지 못한다. 비판적 사고는 존재하지도 않는다. 시험 공화국에서는 시험 잘보는 놈이 최고다. 성적 좋은 놈이 최고다. 하지만 행복은 성적순이 아니다. 그게 문제다. 삶의 현장에서도 공장처럼 운영되는 학문의 획일적인 내용이 적용될지는 아무도 장담할 수 없다.

세 번째와 네 번째 고찰은 앞선 두 고찰과는 반대로 고급문화를 위한 모범을 제시한다. 니체의 말대로 "'문화' 개념의 재건을 향한 힌트"를 주고자 한다. 무엇보다도 "가장 엄격한 자기 사랑과 자기 도야라는 두 가지 상을 제시"하고자 한다. 그 예로 하나는 쇼펜하우어를, 다른 하나는 바그너를 제시한다. 이들은 '전형적인 반시대적 유형'(이 사람, 398쪽)으로 간주된다. 쇼펜하우어는 자기 사랑의 모범을 그리고 바그너는 자기 도야의 모범을 보여준다. '반시대적 고찰' 시대에 니체는 쇼펜하우어와 바그너를 모두 품고 있다.

《인간적인 너무나 인간적인》
– 나로의 귀환과 자유정신 위한 위기의 기념비

니체의 세 번째 책은 《인간적인 너무나 인간적인》이다. 이때부터 중기中期로 간주된다. 니체의 생철학이 모습을 갖추기 시작하는 시절이다. 그의 문체도 서서히 모습을 드러내고 있다. 잠언으로 쓰인 철학서! 이것이 세 번째 책이다. 삶을 위한 잠언으로 가득한 책이다. 개개의 잠언들은 짧은 호흡으로 작성되었지만 삶에 대한 깊은 통찰 앞에서는 빨리 읽을 수만은 없는 소중한 책이다. 이 책에 대한 니체의 소개도 한번 읽어보자.

> 《인간적인 너무나 인간적인》은 어떤 위기의 기념비이다. 이 책은 자유정신들을 위한 책이라고 자칭한다: 그 책의 거의 모든 문장이 승리를 표현하고 있다 ─나는 이 책을 통해 내 본성에 속하지 않는 것들에서 나를 해방시켰던 것이다. 내게 속하지 않는 것이란 이상주의다: 그 제목은 "너희가 이상적인 것들을 보는 곳에서, 나는─인간적인, 아아, 인간적인 것만을 본다"라는 말을 하고 있는 것이다… 나는 인간을 더 잘 알고 있다… '자유정신'이라는 말은 여기서 어

떤 다른 의미로도 이해되기를 바라지 않는다: 자유정신은 스스로 자기 자신을 다시 소유하는 자유롭게 된 정신인 것이다. 이 책에서는 어조나 목소리의 울림이 완전히 변했다: 이것이 명석하고 냉철하며 경우에 따라서는 가혹하고도 조소적이라고 느껴질 것이다. (이 사람, 404쪽)

니체는 검을 빼든 검객이다. 망치를 든 장인이다. 모든 것을 불태우는 불꽃이다. 그의 철학은 허무주의라 불린다. 그의 시선 앞에 허무하지 않을 수 있는 것은 아무것도 없다. 영원히 회귀하고 또 영원히 극복되어야 하는 것들뿐이다. 질병은 피할 수 없다. 최소한 감기라도 드는 게 인간이다. 병이 들면 드러누울 수밖에 없다. 하지만 건강하면 다시 일어설 수 있다. 정신에도 똑같은 상황이 벌어진다. 어떤 생각은 사람을 힘들게 한다. 어떤 생각은 삶 자체를 먹통으로 만들어놓기도 한다. 하지만 정신이 건강한 사람은 질병을 극복하고 쾌활함을 되찾을 것이다.

《인간적인 너무나 인간적인》에 담겨 있는 소리들은 모두가 '위기의 기념비'다. '승리의 표현'이다. 승리감으로 충만한 소리다. 건강한 소리다. 건강하지 못한 자가 읽을 때는 기분이 상할 수도 있다. 아니꼽고 같잖게 들릴 수도 있다. 질투심이 발동할 수도 있다. '니가 잘나면 얼마나 잘났다고!'하면서 핀잔을 줄 수도 있다. "경우에 따라서는 가혹하고도 조소적이라고 느껴질" 수도 있다. 하지만 그것이 진정한 니체의 음성이다. 《비극의 탄생》과 《반시대적 고찰》을 통해 그의 음성에 훈련된 상태라면 그의 변한 어조에 쉽게 적응할 수도 있으리라. 그와 함께 자유로운 공기를 만끽할 수도 있을 것이다. 이제부터 니체는 그 어떤 것에도 얽매이지 않는 자유인으로 철학의 길을 걷는다. 홀로 서기에 달인이 되어 당당하게 걸어간다. 그의 발걸음을 가로막는 것은 아무것도 없다. 신의 존재조차 조그만 돌부리에 불과할 뿐이다. 자유정신은 그것을 밟고 넘어간다.

"자유정신은 스스로 자기 자신을 다시 소유하는 자유롭게 된 정신인 것이다." 말이 꼬인 듯하다. 간단히 말하면 자유정신은 자기 자신이 주인이 된 정신이다. 자기 자신을 소유한 자기 자신! 또 말이 꼬였지만 그것을 이해할 수 있어야 한다. 인간은 자기 자신을 인식할 수 있는 유일한 존재다. 자기 자신의 생각을 생각할 수 있는 존재이며 또 '나는 누구인가?'를 물을 수 있는 존재이기도 하다. 인간은 생각하는 존재다. 생각은 현상계의 사물들처럼 규정된 형태가 아니다. 생각은 시시각각으로 변한다. 그 변화의 범위는 상상을 초월한다. 생각이 도달할 수 없는 곳은 없기 때문이다.

하지만 자유정신에서 분명한 것은 자기 자신이 주인이라는 의식 그 자체다. 그 어떤 진리도 정신을 지배할 수 없다. 허무주의는 이상주의와 싸운다. 모든 이상은 제거의 대상이 될 뿐이다. 허무주의 앞에서는 영원한 정답이란 있을 수 없다. '너는 마땅히 해야 한다'라는 식의 명령은 존재하지 않는다. 양심도 없다. 도덕도 없다. 아니 그 모든 '없다'를 다른 식으로 '있다'로 바꿀 수도 있다. 새로운 정답, 새로운 '너는 마땅히 해야 한다', 새로운 양심 등으로 말이다. 한마디로 "모든 것이 허용된다."(차라, 449쪽) 모든 것을 감당할 수 있다면 못할 게 하나도 없다.

《인간적인 너무나 인간적인》에 대한 설명, 여기서 눈에 띄는 부분은 바그너에 대한 글이다. 갑자기 감정이 북받치는 느낌이 든다. 이 글 끝까지 바그너로 채워져 있다. "바그너주의자가 바그너 위에 군림해버렸던 것이다!"(이 사람, 406쪽), "바그너주의자 사회의 실상은 머리털을 곤두서게 할 정도로 소름이 끼친다!", "불쌍한 바그너!"(같은 곳), "믿을 수가 없다! 바그너가 경건해지다니…"(같은 책, 411쪽) 등으로 이어지는 니체의 음성에서 읽혀지는 것은 실망감이다. 바그너주의자들에 의해 변질되어버린 바그너에 대한 실망감이다.

하지만 이 실망감은 특별히 바그너와 직접적으로 관련된 것도 아니다.

> 그 당시 내게 결정적이었던 일은 바그너와의 결별이 아니었다—나는 내 본능
> 이 총체적으로 길을 잃고 있다는 것을 느꼈으며, 바그너나 바젤의 교수직 같은
> 개별적인 실책은 그 총체적인 길 잃음에 대한 징후에 불과한 것이었다. 나 자
> 신을 참을 수 없다는 생각이 돌연 나를 엄습했다; 이때 나는 다시 내 정신으로
> 돌아오기에는 지금이 절호의 시기라고 생각했다. (이 사람, 407쪽)

'총체적인 길 잃음'! 그것이 문제였다. 자기 자신이 참을 수 없는 존재가
되고 말았다. "나 자신이 참을 수 없다는 생각이 돌연 나를 엄습했다." 바그
너고 교수직이고 뭐고 다 싫었다. 떠날 수밖에 없었던 상황이다. "내 본능이
총체적으로 길을 잃고 있다는" 느낌! 멘탈이 붕괴되었다는 느낌! 그것이 다
말해주고 있다. 이런 느낌이 돌아섬을 가능케 한다. 감당이 안 될 때는 떠나
는 게 상책이다. 싸움의 달인도 삼십육계三十六計를 최고의 단계로 치지 않
던가. 인생은 고해라 했다. 눈물의 바다에 빠져 있다는 느낌이 들 때는 일단
그곳으로부터 빠져나오는 게 상책이다. 그것이 전부라고 생각했던 삶으로
부터 빠져나와야 한다. "이때 나는 다시 내 정신으로 돌아오기에는 지금이
절호의 시기라고 생각했다." 이제 정신을 차리고 싶어진 거다. 콩깍지가 벗
겨진 상태다. 이때 '다시'라는 말이 입 밖으로 새어나오는 것이다.

길을 잃었다는 느낌은 허무주의의 시작이다. 하지만 이 허무주의는 극복
되어야 한다. 길은 다시 찾아져야 한다. 이별은 눈물을 쏙 빼놓지만 이별 후
에는 양심의 가책 없이 다시 일어서야 한다. 아무리 사랑하는 부모가 돌아가
셨어도 또 아무리 공자 말씀처럼 부모에 대한 효도의 자세로 '3년상三年喪'[11]
까지 치른 상황이라 해도 결국에는 그 부모를 잊고 다시 정신을 차려야 한

다. 산 자는 살아야 하니까. 일상을 눈물로 보낼 수는 없는 거니까. 성뗴기를 할 때는 양심의 가책 따위는 없어야 한다.

> 이러한 '나로의 귀환'이 무엇이었는지를 알려면《아침놀》이나 〈방랑자와 그의 그림자〉를 보면 된다: 그것은 최상의 회복 그 자체이다! … 다른 것들은 여기서 파생된 것들일 뿐이다. ― (이 사람, 410쪽)

그동안 '나' 자신을 잃고 살아왔다면《인간적인 너무나 인간적인》은 '나' 자신에 대한 증언이다. 그것은 '엄격한 자기 도야의 기념비'(이 사람, 410쪽)에 해당한다. 니체에게 인생은 자기 자신에게로 가는 길에 불과하다. 하지만 그 길은 절대로 폄하되어서는 안 된다. 그 길은 그 어떤 길보다 더 고귀하고 고상하다. 그 길에서 만나는 모든 것은 자기 삶의 이름으로 명명될 것이다. 그 길에서는 모든 것이 소중하다. "존재하는 것에서 빼버릴 것은 하나도 없으며, 없어도 되는 것은 없다."(이 사람, 392쪽) 나쁜 말도 좋다. 독毒도 약이 된다. 독을 주입하는 모든 예방주사는 오로지 건강을 위한 것일 뿐이다. 모든 것이 '나로의 귀환'을 돕고 있을 뿐이다.

《아침놀》– 도덕과의 전쟁 선포

니체는 싸워야 할 대상으로 '도덕'을 선택한다. '이래라, 저래라' 하는 정신을 선택한 것이다. 도덕의 정점에는 신이라 불리는 절대 이성이 자리 잡고 있다. 어쩌면 이길 수 없는 싸움을 하고 있는지도 모른다. 누가 뭐래도 인간은 도덕적 동물이기 때문이다. 작은 돌덩어리 앞에서도 무릎을 꿇을 수 있는 게 이 가련한 도덕적 동물이다. 마른하늘에 천둥이 쳐도 가슴을 쓸어 내리는 게 도덕적 동물이다. 그냥 '회개하라'고 윽박지르면 회개할 거리를 찾아내고야 마는 게 도덕적 동물이다. 도덕과의 싸움, 정말 위험천만한 싸움이다. 그렇다고 포기하고 돌아설 수도 없다. 생각을 포기할 수가 없어서다. 이성을 포기하고 살 수가 없어서다. '머리를 잘라버릴 수는'(인간적I, 30쪽) 없어서다. 머리는 죽을 때까지 챙겨야 할 소중한 것이다. 생각하는 존재에게 최정상에 있을 자격과 권리를 갖추고 있다.

'아침놀'은 하루의 시작을 알리는 신호다. 새로운 날에 대한 징후다. 동시에 니체 정신의 깨어남을 알려주기도 한다. 힘차다. 전의로 가득하다. 싸우고자 하는 의지로 불타오른다. 독서를 하면서도 그 힘이 전해지는 그런 책이다. 마치 무림의 고수가 등장하는 영화 한 편을 보고 나서 극장 밖으로 나오면 왠지 모르게 폐부에 바람을 채워 넣을 때가 있다. 가슴에 바람을 불어넣는 것이다. 근육으로 충만한 것처럼 보이면서. 누구를 만나도 다 이길 것만 같은 착각이 들기 때문이다. 하지만 좋은 착각이다. 지옥 같은 삶이라 해도 그런 전의만 있으면 무엇이 무서울까. 이를 두고 정신무장이라고 말해도 좋으리라. 자유정신 앞에 묻지 말아야 할 금기의 대상은 존재하지 않는다.

"아직도 빛을 발하지 않은 수많은 아침놀이 있다"—이 인도의 비문이 이 책 출입구에 적혀 있다. 이 책의 저자는 어디서 새로운 아침을, 다시 새로운 아침을 여는 이제껏 발견되지 않았던 은근한 붉은빛을 찾는가?—아아, 새로운 날들의 연속과 새로운 날들의 세상 전체를 여는! 그것은 모든 가치의 전도에서이다. 모든 도덕가치들로부터의 해방에서, 지금까지 부정되고 의심되며 저주받아왔던 모든 것에 대한 긍정과 신뢰에서이다. 이 긍정하는 책은 자기의 빛과 사랑과 부드러움을 순전히 나쁘기만 한 것들에 발산하여, 이것들에 '영혼'

과 가책받을 일 없는 양심과 삶에 대한 고도의 권리와 특권을 다시 되돌려준다. 도덕은 공격되지 않는다. 도덕은 단지 더 이상 고찰 대상이 되지 않을 뿐이다… 이 책은 '그렇지 않으면?'이란 말로 끝맺는다 — 이 책은 '그렇지 않으면?'이라는 말로 끝을 맺는 유일한 책이다… (이 사람, 414쪽)

지금까지 발견되지 않은 아침놀! 처음 경험하는 '은근한 붉은빛!' 이토록 상쾌하고 명랑한 아침은 없었다. 건강이 가르쳐주는 새날의 기분이다. 그런데 "아직도 빛을 발하지 않은 수많은 아침놀이 있다." 이 얼마나 희망찬 말인가! '앞날이 창창하다'는 말도 있다. 앞날이 많이 남아서 희망이 있다는 말이다. 아직도 이런 기분을 맛볼 기회는 무수히 많이 있다는 이야기다. 삶이 얼마나 좋은지! 사는 게 얼마나 기쁜 일인지! 환희가 쏟아진다. '아~ 좋다~'라는 말과 함께 두 팔을 벌린다. 가슴을 들어올린다. 겁날 게 하나도 없다. '이제 그만 울어!', '이제부터는 웃고 사는 거야!', '정신 차려 인마!' 여기저기서 삶을 위한 구호가 요동을 친다. 찬란한 아침햇살처럼.

아침에 느끼는 도덕감정은 지극히 긍정적이다. "도덕은 공격되지 않는다. 도덕은 단지 더 이상 고찰 대상이 되지 않을 뿐이다…" 할 말이 많이 남아 있다. 독자가 이것을 읽어나 줄까. 이 하지 못한 말들을. 예를 들어 더 이상 사티로스는 고찰의 대상이 되지 않는다. 스스로가 사티로스가 되어버렸기 때문이다. 이제부터 세상은 사티로스의 시각으로 보일 뿐이다. 지극히 황홀한 기분 속에서.

인생이 고해라 했다. 세상이 눈물의 바다라 했다. 하지만 자유정신은 항해를 준비한다. "거대한 침묵 속에서. —여기는 바다다."(아침, 331쪽) 그대는 바다 한가운데 있다. 끝이 보이지 않는 수평선이 두려울까. "무한한 수평선. —우리는 육지를 떠나 출항했다! 우리는 다리를 건너왔을 뿐만 아니라, 우리

뒤의 육지와의 관계를 단절했다! 그러니 우리의 배여, 앞을 바라보라! 네 곁에는 대양이 있다."(즐거운, 199쪽) 정신은 또 비상을 준비하기도 한다. '우리, 정신의 비행사들!'(아침, 422쪽)은 비상을 준비한다. 태풍이 무서우랴! "그러나 그것이 나와 그대에게 무슨 상관이 있는가!"(같은 책, 423쪽) 상관없다. 오히려 태풍에 감사할 일이다. 큰 바람일수록 비상은 더욱 높이 할 수 있기 때문이다.

《즐거운 학문》 – 따뜻한 나라 남방적 분위기

《아침놀》에서 시작된 삶의 기운은 정점을 향해 치닫는다. 즐거움은 모든 것을 품는다. 사랑이 모든 것을 견뎌내듯이, 악도 품을 수 있는 대상이 된다. 온갖 고통과 슬픔까지도 가시가 되지 못한다. 아프지 않다. 모든 것이 그저 즐거움의 원인이 될 뿐이다. 세상이 온통 잔치다. 축제다. 웃고 살 일만 남아 있다. 학문까지 즐겁다. 공부가 가장 재밌다. 생각하는 존재에게 생각이 즐거움의 원인이 되어주고 있다.

> 《아침놀》은 긍정의 말을 하는 책이며, 심오하지만 밝고 호의적이다. 이와 똑같은 말이 《즐거운 학문》에도 최고 의미에서 다시 적용된다: 이 책의 거의 모든 문장에는 심오함과 장난기 어린 좋은 기분이 정겹게 손을 맞잡고 있다. 내가 체험했던 가장 경이로운 1월에 대한 감사를 표현하고 있는 시구가—이 책 전체가 1월의 선물이다—어떤 심오함에 의해 '학문'이 여기서 즐거운 것이 된 건지에 대해 충분히 알려주고 있다: […] (이 사람, 417쪽)

그리고 시가 따라붙는다. 니체의 글에 익숙한 독자는 이제 눈치를 챘을 것이다. 정신이 가장 높은 곳에 이르면 시가 흘러나온다는 사실을. 사랑에 빠지면 누구나 시인이 된다는 사실을. 철학도 마찬가지다. 철학의 정점은 오로지 시를 통해서만 설명될 수 있다. 절제된 언어를 통해서만 절제할 수 없는 황홀지경이 설명될 수 있다. 사족을 쳐내야 한다. 과감해야 한다. 침묵을 통해서 말로 형용할 수 없는 지경이 표현된다. 절ㅒ에서나 할 수 있는 말ㅌ이라고나 할까. 그것이 시詩니까. 속이 '텅 빈 종'**12**이 들려주는 소리라고나 할까. 해탈의 소리는 그렇게 공空과 무無로 채워지고 넘쳐나면서 생겨나는 소리와 같다.

　니체는 《즐거운 학문》 전체가 '1월의 선물'이라고 고백한다. 1월에 쓰인 책이라는 뜻이다. 새해에 쓰인 책! 새해를 맞이하며 쓴 책! 대부분의 사람들은 1월을 맞이하며 새로운 계획을 세운다. 한 해 동안 도달하고자 하는 목표를 하나의 문장 속에 담아두기도 한다. '금연하자!', '다이어트하자!'면서. 하지만 니체의 정신은 한 권의 책에 담겨질 분량의 문장들을 쏟아냈다. 치열한 글쓰기의 현장이 느껴진다. 멈출 수 없는 열정이 전해진다. 미친 사람처럼 보였을 수도 있다. 삶을 위한 모든 시간이 글쓰기에 투여되고 있다. 정신의 삶이 구축되고 있다. 보이지 않는 것을 보일 수 있게 하는 힘든 작업이다. 하지만 힘들지 않다. 즐거움이 그 증거다.

《차라투스트라는 이렇게 말했다》 – 정상에 오른 자유정신

　정상의 맛은 그곳에 오른 자만이 안다. 그 외에는 아무도 모른다. 《차라투스트라는 이렇게 말했다》와 함께 니체의 정신은 그 정상에 오른다. 그래서 '모든 사람을 위한, 그러면서도 그 누구를 위한 것도 아닌 책'이라는 부제목

을 선택한다. 과감한 선택이 아닐 수 없다. 정상의 맛을 본 사람들을 위한 책
이라는 뜻이기 때문이다. 사랑을 해본 사람, 진정으로 아파 본 사람, 더는 쏟
아낼 눈물이 없었던 사람, 마음이 아파 가슴을 쳐본 사람, 견딜 수 없어 자기
머리를 잡초 뽑듯이 뽑아본 사람, 길 위에서 지쳐 쓰러져본 사람, 신을 죽여
본 사람, 모든 희망을 상실해본 사람, 이런 사람들을 위한 책이라는 말이다.

산은 하나가 아니다. 이런 산도 있고 저런 산도 있다. 단맛이 나는 산도 있
고 쓴맛이 나는 산도 있다. 정상의 맛은 다양하다. 삶의 현장만큼이나 다양
하다. 맛은 취향의 문제다. 하지만 취향이 있는 것 자체가 건강하다는 뜻이
다. 맛을 느낄 수 있다는 것 자체가 즐거운 거다. 사는 맛을 느끼며 그것을
원동력으로 삼고 사는 사람의 모습은 즐겁기만 하다. 그가 느끼는 행복감은
그 누구도 빼앗아갈 수가 없다. 이러한 지복의 순간에서 차라투스트라가 탄
생했다. 니체의 분신이 세상에 모습을 드러낸 것이다.

> 이제 나는 차라투스트라의 내력을 이야기하겠다. 이 책의 근본사상인 영원회
> 귀 사유라는 그 도달될 수 있는 최고의 긍정 형식은—1881년 8월의 것이다:
> 그것은 "인간과 시간의 6천 피트 저편"이라고 서명된 채 종이 한 장에 휘갈겨
> 졌다. 그날 나는 실바프라나 호수의 숲을 걷고 있었다; 수르레이에서 멀지 않
> 은 곳에 피라미드 모습으로 우뚝 솟아오른 거대한 바위 옆에 나는 멈추어 섰
> 다. 그때 이 생각이 떠올랐다. (이 사람, 419쪽)

장인은 휘갈겨 적었어도 하나의 작품이 된다. 한 장의 종이 위에 차라투
스트라가 탄생했다. "생각이 떠올랐다." 생각은 심연에서 떠올라와 주어야
한다. 보이지 않는 아득한 곳에서 와주어야 한다. 영감靈感은 그렇게 와줌으
로써 도와준다. 영감이 없으면 창조는 꿈도 꿀 수 없다. 삶도 마찬가지다. 영

감이 있어야 삶도 멋지게 살 수 있는 것이다. 생각하는 존재는 그 영감에 의해 의미를 부여받게 된다.

"거대한 바위 옆에 나는 멈추어 섰다. 그때 이 생각이 떠올랐다." 멈추어 서야 한다. 멈출 줄 알아야 한다. 그때 생각은 나래를 펼친다. 그때 떠오른 생각이 바로 '영원회귀의 사유'이다. 니체 철학의 핵심을 이루는 사상이다. 이 개념의 다른 말은 '도달될 수 있는 최고의 긍정 형식'이다. 그저 '아~ 좋다~'하는 소리로 대변될 수 있는 그 황홀지경이다. 망아의 상태다. 무아지경이다. 자기를 잊으며 만물 속에 있는 자기 자신을 인식한다. 물아일체다. 물아일여다. 세상과 하나가 된 느낌이다. '인간과 시간의 6천 피트 저편'이다. 선악의 저편이다. 니체가 말하는 이상향이다. 허무주의 철학이 목적으로 삼는 구원의 경지다.

차라투스트라의 다른 이름은 '위버멘쉬'이다. 일반적으로 초인이라고 불리는 존재다. 초인은 더러워지지 않기 위해 스스로 바다가 된 존재다. "실로, 사람은 더러운 강물이렷다. 몸을 더럽히지 않고 더러운 강물을 모두 받아들이려면 사람은 먼저 바다가 되어야 하리라."(차라, 18쪽). "나는 내 삶을 받아들였다—쉬운 일은 아니었다."(이 사람, 425쪽) 삶을 긍정하는 이 초인의 경지에서 '최고의 현실'(같은 책, 430쪽)이 인식된다. 이것이 《차라투스트라는 이렇게 말했다》를 완성시킬 수 있는 계기가 된 것이다.

《선악의 저편》 – 현대 이후, 그 이상에 대하여

니체는 현대 철학자이다. 니체 철학은 현대 철학이다. 하지만 그는 현대를 넘어서고자 한다. 그의 철학은 현대 너머를 바라보고자 한다. 현대 이후! 그것이 그의 이념이다. 어떻게 해야 현대 이후의 시대를 맞이할 수 있을까. 이것이 허무주의 철학의 고민이다. 현대인의 모습은 그저 데카당이다. 자기 자신을 챙기기보다는 신의 자리를 대신한 돈을 챙기기에 여념이 없다. 일자리를 꿰차는 게 인생의 최대 과제인 것처럼 여기고 살고 있다. 그 일상의 대열에 들어가고자 청춘을 다 바친다. 어떻게 살아야 하는가? 이 질문에조차 돈이야기가 포함되지 않으면 답이 없다. 이래도 되는가? 니체의 글을 읽으며 반성 좀 해보자.

> 이 책은(1886) 본질적으로 현대성에 대한 비판이다. 그 비판은 현대 학문, 현대 예술, 심지어는 현대 정치마저도 제외시키지 않으며, 그 밖에도 현대적이지 않은 현대의 반대 유형인 고귀하고도 긍정하는 유형에 대한 암시 또한 포함하고 있다. 후자의 의미로 보면 이 책은 일종의 귀족학교다. 지금까지 상정했던 것 중에서 가장 정신적이고도 가장 철저하게 상정된 귀족학교 개념으로서 말이다. 이 개념을 견뎌낼 수 있으려면 몸에 용기를 갖추어야만 하고, 외경하는 것을 배우지 말아야만 한다… (이 사람, 438쪽 이후)

귀족! 근대 이후, 특히 시민혁명을 거치면서 시민의 권리를 알게 되었고 또 그것을 부르짖으며 살아온 우리 현대인들에게 귀족은 거북한 개념이 아닐 수 없다. 그런데 갑자기 니체는 또 다시 이 개념을 자기 철학 속에 담았다. 오히려 자신의 책들이 '귀족학교'를 위한 교과서라고 주장이라도 하는 것 같다. 귀족의식을 갖고 있는 자가 얼마나 될까? 세상의 이념과 세상의 논리로부터 자유로운 정신이 얼마나 될까? 남의 눈치를 보지 않고 자기 뜻대로 당당하게 살아가는 자가 몇이나 될까? 니체의 '낚싯바늘'(이 사람, 438쪽)에 낚일 만한 물고기는 얼마나 존재할까? "아무것도 잡히지 않는다면, 그건 내 잘못이 아니다. 고기들이 없는 것이다."
(같은 곳) 모두가 현대인임을 긍지로 살고
있다. 아직도 현대 이후는 요원하기만 하
다. 《선악의 저편》과 함께 니체는 '미래
철학의 서곡'을 알린다. 이 책의 부제목
이다.

비트만Joseph Victor Widmann(1842~1911) 박사
는 독일의 지역신문 〈분트〉지에 《선악의
저편》을 일컬어 '니체의 위험한 책'(이 사
람, 376쪽)이라 칭하기도 했다. 니체는 이런
주장 앞에 흔들리지 않는다. 그것은 오로

《선악의 저편》을 '니체의 위험한 책'이라고 평한
비트만.

지 '오해'[13]일 뿐이라고 간주하면서 냉정을 지킨다. 현대는 완벽한 게 아니
다. 현대에도 분명 수많은 문제가 존재한다. 니체의 눈에는 현대의 데카당
적인 요소가 보일 뿐이다. 한계를 알면서도 묵과하는 것은 지식인의 자세가
아니다. 니체는 오히려 현대 철학자로서 책임을 느낀다. 현대라는 한계를 넘
어설 때 '선악의 저편'은 창조적 의미로 구현될 것이다. "이 현대보다 더 강
한 시대가 되면, 위대한 사랑과 경멸을 지닌 구원의 인간이, 자신이 미는 힘
으로 모든 것을 초월한 저편의 경지에서 언제나 되풀이하여 밀려오는 창조
적 정신이 우리에게 다가오고 말 것이다."(도덕, 447쪽) 니체가 '위험한 철학'을
펼치고 있다? 한편으로는 맞는 말이기도 하다. 현대를 넘어서고자 하기 때
문이다.

니체는 '귀족학교'라는 개념이 현대인의 귀에 거슬리는 말이라는 사실을
잘 알고 있다. 하지만 그것은 어쩌면 용기가 없어서 그런지도 모를 일이다.
그래서 그는 이렇게 말한다. "이 개념을 견뎌낼 수 있으려면 몸에 용기를 갖추어야만 하고, 외경하는 것을 배우지 말아야 한다…"고. 용기는 분명 미덕이다. "자신의 힘을 견주어볼 수 있는 상대인 적敵, 즉 가치 있는 적으로서 무서운 것을 갈망하는 몹시 날카로운 눈초리의 실험적 용기는? 자신이 '두려워하는 것'이 무엇인지를 배우고자 하는 적은 있는가?"(비극, 10쪽) 현대인이 용기를 필요로 할 만큼 두려운 존재는 무엇일까? 그것은 현대 그 자체가 아닐까. 현대인이 넘어서야 할 극복의 대상으로서 말이다.

《도덕의 계보》 – 양심이라는 잔인한 본능에 맞선 디오니소스의 제자

인간은 도덕적 존재다. 이성적 존재라서 그런 거다. 생각하는 존재에게 도덕은 떼려야 뗄 수 없는 문제가 된다. 인간은 도덕으로부터 자유로울 수 없다. 인간이 있는 곳에 도덕이 있다. 도덕이 부재한 곳에서 인간은 살 수가 없다. 문제는 '도덕의 가치'(도덕, 343쪽)다. 어떤 도덕이냐가 문제다. 주인의식에 의해서 형성된 도덕이냐 아니면 노예의식에 의해서냐, 그것이 문제라는 말이다. 전자는 주인도덕, 후자는 노예도덕이라 칭한다.

도덕은 생각의 틀을 제공한다. 그 틀 밖으로 나가지 못하게 한다. 놀아도 선을 그어놓고 그 안에서 놀라고 말한다. 틀은 구속의 원인이 된다. 다른 생각과 다른 행동을 하지 못하게 한다. 주인도덕은 주인답게 생각하고 행동하기를 원한다. 노예도덕은 그 반대의 원리로 생각하면 된다. 그런데 사람은 살아야 한다. 삶의 현장은 자연 속에 있다. 자연성과 도덕성은 정반대의 원리로 작용한다. 이것을 보여주고자 했던 것이 특히 《도덕의 계보》를 집필하게 된 동기다.

이《도덕의 계보》를 구성하고 있는 세 편의 논문들은 그 표현과 의도와 놀라게 하는 기술면에서 지금까지 쓰인 것들 중 가장 섬뜩한 것이다. 디오니소스는 알려져 있듯이 암흑의 신이기도 하다. ─각 논문들의 시작 부분은 매번 사람들을 오도해야 하기에, 냉정하고 학적이며 심지어는 아이러니컬하기조차 하며, 의도적으로 강조도 하고 의도적으로 질질 끌기도 한다. 그러고 나면 점차 동요가 커진다; 산발적으로 번개가 치기도 한다; 아주 기분 나쁜 진리들의 둔중한 으르렁거림이 멀리서부터 점차 커지고─결국에는 모든 것을 극도로 긴장시키며 앞으로 내모는 폭풍 같은 거친 속도에 이른다. 마지막에는 매번 지독하게 전율스러운 폭발이 일어나고, 두꺼운 구름 사이로 새로운 진리가 하나 눈에 보이게 된다. (이 사람, 441쪽)

니체는 자신의 책을 어떻게 읽어야 하는지 설명해놓았다. 특히《도덕의 계보》를 읽을 때는 '시작 부분'에 형성되고 있는 '기분 나쁜 진리들의 둔중한 으르렁거림'을 감지할 수 있어야 한다. 예민한 귀가 요구되는 부분이다. 먼 곳에서 들려오는 이 천둥소리는 번개의 산물이기도 하다. 먼저 번개를 감지하는 눈도 필요하다. 감각이 필요하다. 니체의 글을 이해하기 위해서는 귀와 눈이 모두 필요하다. 글이 글로 읽히는 것으로 만족해서는 안 된다는 것이다. 글 속에 실려 있는 어감을 느껴달라는 것이다. '×새끼!' '×발놈'하면서 욕을 해대면 그 말이 전하는 감정 상태를 느껴달라는 것이다. 그래야 실감나게 읽을 수 있다. 그래야 니체의 음성을 들을 수 있다.

니체는 진리를 보여주기 위해 치밀하게 글을 전개시켜나간다. 그는《도덕의 계보》의 부제목을 '하나의 논박서'라고 정했다. 세 편의 논문으로 이루어진 글이다. 논쟁을 하기 위해 또 그 논쟁에서 좋은 결과를 얻어내기 위해 니체는 지극히 논리적이다. 소크라테스가 대화 초반에 아포리아[Aporia], 즉 쉽게 대답할 수 없는 '난문難問'[14]을 내놓듯이, 니체는 초반부터 "사람들을 오도해야" 한다는 의식으로 임한다. 그러면서 그는 '기분 나쁜 진리들'의 구름을 끌어 모은다. 구름이 쌓이면 번개가 잉태되기 마련이다. 번개가 치면 천둥이 뒤따르게 마련이고. 결국에는 '폭풍 같은 거친 속도'가 글을 이끈다. "마지막에는 매번 지독하게 전율스러운 폭발이 일어나고, 두꺼운 구름 사이로 새로운 진리가 하나 눈에 보이게 된다." 눈이 인식한 것은 전율이 되어 온 몸으로 퍼져나간다. 진리를 본 느낌이다. 사건의 진상을 본 느낌이 이렇다. '기분 나쁜 진리들'에 의해 눈과 귀가 제대로 역할을 해내지도 못한 세월을 인식하게 된다. 깨달음이 전하는 전율은 잠자고 있던 감각을 깨어나게 한다.

《차라투스트라는 이렇게 말했다》에서 니체는 부지런한 꿀벌과 그가 모은 벌꿀의 지혜라는 비유와 함께 이야기를 시작했었다. 똑같은 비유와 함께 니체는 《도덕의 계보》를 시작한다. 우리는 날개달린 꿀벌의 존재가 되어 삶의 현장 속에서 살다가 자기 자신이라는 '벌통'을 찾아간다. "우리는 태어나면서 날개 달린 동물이자 정신의 벌꿀을 모으는 자로 항상 그 벌통을 찾아가는 중에 있다."(도덕. 337쪽) 헤세의 말로 표현하자면, "모든 인생은 자기 자신에게로 가는 길"[15]이다. 그리고 폭풍이 휘몰아치는 그 길 끝에서 우리는 모두 자기 자신을 만나게 된다. 그 삶의 길의 마지막에. 하지만 그 마지막 순간은 인식의 순간일 뿐이다. 세상과 하직하는 그런 순간이 아니다. 그래서 "끝까지 가 보라! 거기서 우리는 바로 자기 자신을 만나게 된다"[16]라는 말에 고개를 끄덕이게 되는 것이다. 그 끝에서 우리는 전혀 다른 세상을 접하게 될 것이다. 새로운 삶이 시작될 것이다. 주인도덕으로 삶을 즐기게 될 것이다.

《우상의 황혼》 – 망치를 들고 미소 짓는 악마

우상은 이성이 만든다. 이성은 환상과 우상 사이에서 널뛰기를 한다. 늘 갈림길에 서 있다. 생각하는 존재는 매순간 이 갈림길에서 선택을 해야 한다. 좋은 생각과 나쁜 생각은 실존의 문제가 된다. 물론 매순간 좋은 생각이라고 생각하면서 그것을 선택한다. 하지만 결과는 정반대의 것을 보여줄 때가 대부분이다. 생각하는 존재에게 후회라는 관문은 피할 수가 없다. 늘 가지 않은 다른 길에 대한 미련은 남게 마련이다. '그때 이 길을 선택하지 않고 저 길을 선택했더라면'하는 마음이 사람을 괴롭힌다.

지금과 여기를 보지 못하게 하는 것이 이성의 역할이라고나 할까. 이성은 늘 먼 곳을 응시한다. 태초도, 종말도 이성이 바라보는 곳이다. 지옥도, 천국도 마찬가지다. '내가 눈에 보이지 않는 존재라면', '시간이 멈춰주면', '시간 여행을 할 수 있다면', '공간 이동이 가능하다면' 등으로 생각은 한계를 모른다. 하지만 이성은 현재의 순간에는 무기력하기만 하다. 이성이 만들어내는 우상에 대해 어떻게 대처해야 할까?

> 150쪽이 채 안 되는 이 에세이는 쾌활하고 숙명적인 어조를 띠고 있으며, 미소 짓는 악마이다―. 내가 주저하며 그 수를 거론할 정도로 며칠 걸리지 않은 이 작품은 책들 중에서는 단연 예외적이다: 이보다 더 내용이 풍부하고 더 독자적이며 더 파괴적인 책은―더 악의 어린 책은 없다. 내 이전에 모든 것이 어느 정도로 뒤집혀 있었던지에 대해 간략하게 파악하고자 한다면, 이 에세이로 시작하라. 그 표지에 쓰여 있는 우상이 의미하는 바는 아주 간단하다. 그것은 이제껏 진리라고 불리어오던 것이다. 우상의 황혼―치장하지 않고 말하자면: 옛 진리가 종말로 다가간다이다… (이 사람, 443쪽)

모든 것이 뒤집혀 있었다. 이것이 허무주의적 인식이다. 이 인식과 함께 현재는 새롭게 평가된다. 길이 없던 곳에서 마침내 길이 보인다. 안개가 걷히는 느낌이다. '우상의 황혼', 이 말은 "옛 진리가 종말로 다가간다"를 의미한다. 그것을 감당할 수 있는가? 진리를 끝장낼 준비가 되어 있는가? 살아 있다고 믿었던 신의 존재까지도 죽음으로 몰고 갈 수 있는가? 솔직하게 물어보자. 자기 자신에게. 니체와 친해지지 못하고 있다면 이 질문에 아직도 제대로 된 대답 또는 그가 듣고자 하는 대답을 내놓지 못한 상태임에 틀림 없으리라.

모든 진리는 세월과 함께 변해간다. 오늘의 진리는 내일과 함께 옛 것이 되고 만다. 늘 신세대는 하지 말라는 것을 하면서 희열을 느낀다. 그런 행동을 하면서 성인이 되었다고 판단한다. 기성세대는 이런 태도를 버릇없다고 느낀다. 기분이 나쁘다. 세대 간의 갈등은 피할 수가 없다. 젊은이들이 자기 말을 들어주지 않는다면 반성을 해야 할 시점이다. '내가 꼰대가 된 게 아닌가' 하고 말이다. '선생이기를 그만두고 꼰대가 된 게 아닌가' 하고 말이다. 신세대도 '우리 과쳤다'라는 인식을 가지면 배울 준비를 갖춰준다. 눈을 열어 주목한다. 귀를 열어 집중한다. 대화가 통한다는 인식이 와주었기 때문이다.

진리를 우상으로 만들 수 있는 정신은 청춘의 것이다. 기존의 질서를 파괴해야 가능하기 때문이다. 니체의 허무주의는 손에 망치를 들려주는 철학이다. 그리고 악마처럼 미소를 지으라고 가르친다. 그런 미소로 삶을 대하라고. 아니 때에 따라서는 크게 웃으라고. "그대들, 보다 높은 인간들이여, 내게 배워라—웃음을!"(비극, 23쪽) 웃을 수 있는 자들이 '보다 높은 자들'이다. 웃지 못하는 자들이 '보다 저급한 자들'이다. 행복한 삶을 살고 싶으면 "노여움이 아니라 웃음으로써 살해를"(차라, 65쪽) 할 줄 알아야 한다. 삶을 괴롭히는 모든 적은 웃음으로써만 죽일 수 있기 때문이다.

《바그너의 경우》 - 사랑했던 사람과 하는 마지막 작별 인사

우상은 깨져야 한다. 사랑은 떠나간다. 아버지처럼 따랐던 사람, 바그너와 니체는 결별을 선언한다. 아니 선언했다. 이미 오래전에. 하지만 정신줄을 놓을 그때까지 감정의 끈은 이어지고 있었다. 마치 정떼기를 했지만 끝까지 정이 남아 있는 그런 상황 같다. 늘 생각나는 사람. 돌아가신 부모님 같은 느낌이랄까. 우리는 죽어갈 때 이들에 대한 생각을 어떻게 처리하게 될까. 아마도 이승과 하직하면서도 그들이 있는 그곳으로 가게 되어서 좋다고 다시 부모의 품속으로 들어가는 그런 행복한 느낌으로 죽음을 맞이하게 되는 게 아닐까. 모르겠다. 아무도 모른다. 죽음 이후의 사건에 대해서는.

그래도 산 자는 살아야 한다. 정 때문에 삶이 힘들어질 필요는 없다. 정신은 늘 자유를 갈망한다. 얽매이고 싶지 않은 거다. 자유정신, 그것이 허무주의 철학의 본령이 아니었던가. 니체는 바그너를 사랑했었다. "오직 그만을 사랑했다."[17] 다른 사람은 사랑하지 않았다. 니체에게 사랑이란 단어가 어울리는 사람은 오로지 바그너뿐이었다. 정신을 놓기 직전까지 니체는 바그너에 대한 감정을 정리하는 데 주력한다. 그만큼 이들의 애증의 관계는 깊은 상처를 남겼다는 반증이 아닐까. 그 상처를 회복시키는 것이 이성의 마지막 숙제처럼 느껴진다.

이 저술에 공정하려면 새 상처로 인해 괴로워하듯이 음악의 운명으로 인해 괴로워해야만 한다. ―음악의 운명으로 인한 괴로움이라고 말했는데, 과연 나는 음악의 어떤 운명 때문에 괴로워한 것일까? 음악이 세계를 미화하고 긍정하는 자기의 특성을 빼앗겨버리고 말았다는 점 ―음악이 데카당스 음악이며 더 이상은 디오니소스의 피리가 아니라는 점 때문이다… 하지만 이런 식으로 음악의 문제를 자기 자신의 문제로, 자기 자신의 고통의 역사로 느끼는 사람은, 이 저술을 사려에 가득 차 있고 비할 바 없는 온화다고 느낄 것이다. 그런 경우들에서 쾌활하다는 것 그리고 호의적으로 조소를 보내는 것—진리를 말하는 것이 아무리 심한 가혹함이라도 정당화시켜준다고는 하지만, 웃으면서 진지한 사항을 말한다는 것—이것은 바로 인간성 자체이다. 늙은 포병인 내가 바그너를 날카롭게 공박할 근거를 갖고 있다는 점은 누가 정녕 의심하겠는가?—나는 이 문제에서 결정적인 것은 저부 그냥 보류해버렸었다—내가 바그너를 사랑했었기에. (이 사람, 446쪽 이후)

가슴이 아프다. 가슴이 미어진다고 할까. 가슴에 구멍이 난 듯한 그런 느낌이다. 진정으로 사랑했던 사람을 잊어야 하는 순간에 드는 감정이다. 니체는 바그너와 함께 '음악의 운명'을 운운한다. 니체는《비극의 탄생》부제목에서 밝히고 있듯이 '음악의 정신으로부터의 비극의 탄생'을 확신하고 있었다. 그는 비극이 탄생할 수 있는 음악을 동경했다. 그리고 바그너의 음악이 그런 음악이라고 믿었다. 그런데 생애 마지막 작품에서 바그너는 신의 피를 담고 있다는 성배를 무대 위에 등장시키고 말았다. 신의 존재 앞에 영웅이 무릎을 꿇는다. 하물며 찬양가까지 불러댄다. 니체는 깊은 상처를 입고 만다.

니체는《바그너의 경우》서문을 "1888년 크리스마스에" 작성한다. 1월 3일에 광기의 세계로 들어갔다는 말이 맞는 거라면 이제 겨우 9일 정도 남은 시점이다. 이성의 마지막 힘을 모아 니체는 상처와 직면하고 있다. 그리고 공정하기를 바란다. "이 저술에 공정하려면 새 상처로 인해 괴로워하듯이 음악의 운명으로 인해 괴로워해야만 한다." 니체는 이 책으로 바그너를 욕보이고 싶은 게 아니다. 이 책으로 자기 자신을 변호하고자 하는 것도 아니다. 오히려 공정한 결말을 위한다는 것으로 집필 의도를 밝히고 있는 것이다.

음악의 정신으로부터 탄생할 수 있는 비극, 그 비극의 가치를 잘 알고 있었던 니체는 바그너에 의한 음악의 변질에 대해 괴로운 감정을 감추지 못한다. "음악이 세계를 미화하고 긍정하는 자기의 특성을 빼앗겨버리고 말았다는 점"이 그를 괴롭히고 있는 것이다. 바그너의 음악은 세계를 미화하지 않고 내세를 미화하고 있다. 이 세상을 긍정하지 않고 저 세상을 긍정한다. 고대 그리스의 비극 문화를 탄생시켰던 음악은 '자기의 특성'을 상실하고 말았다. 이제 고대인들의 세계관은 너무도 먼 옛날이야기가 되고 말았다.

바그너 음악이 남겨놓은 상처에도 불구하고 니체는 담담하다. 하염없이 눈물로 마지막을 장식하지 않는다. 그는 자신의 마지막 저서에 '온화하다'는 느낌, '쾌활하다는 것', '호의적으로 조소를 보내는 것'을 담았다고 말한다. 그는 "웃으면서 진지한 사항을 말한다는 것"을 성공적으로 해냈다는 긍지로 차 있다. 돌아서야 하는 마음은 아프지만 이제 더는 울지 않는다. 이제야 웃으면서 돌아설 수 있다. 헤어져야 할 운명이라면 그 운명도 사랑을 해줘야 한다. 헤어짐을 필연으로 받아들이는 것이다.

상처가 이제 더 이상 문제되지 않기에 니체는 "바그너를 날카롭게 공박할 근거를 갖고" 있으면서도 "결정적인 것은 전부 그냥 보류"해버린다. 사랑했던 사람을 그런 식으로 공박한다고 감정이 더 나아질 것도 없다. 오히려 좋은 기억만 가지고 가고 싶은 심정이라고 할까. "특히 바그너와의 교제를 제외하고는, 나는 독일인과는 한순간도 좋은 시간을 가져보지 못했다…" (이 사람, 453쪽) 오로지 '좋은 시간'만 기억난다. 이제 바그너와 관련한 모든 것은 보류 상태로 남긴다. 모든 것은 침묵 속에 남긴다. "내가 바그너를 사랑했었기에" 그런 거다. 마지막 순간까지 품고 가야 할 이야기다.

바그너에 대한 기억은 니체에게 눈물 없이는 다가설 수 없는 이야기와 같다. 그래도 그는 그것을 혐오하거나 역겨워하지 않는다. 오히려 그것이 운명이었기에 사랑으로 품고자 한다. 사랑하는 마음으로. "필연성은 나를 다치게 하지 않는다; 운명애는 내 가장 내적인 본성이다."(이 사람, 454쪽) 허무주의의 본성이다. 데카당까지도 품을 수 있는 바다다. 그 바다는 눈물의 바다가 아니라 새로운 태양을 떠오르게 하는 바다가 된다.

니체가 바그너와 '결별'(인간적II, 12쪽)을 선언을 했다는 것은 역사적 사실이다. 하지만 그의 진심을 헤아려주는 독자는 얼마나 될까? 사랑했던 사람들이 돌아설 때 혹은 부부가 이혼할 때 그 속사정은 아무도 모른다. 겉으로 드러난 말들만 가지고 판단하기도 좀 그렇다. 수많은 오해의 여지가 남아 있다. 그래도 니체는 바그너와의 관계에 대해 최대한 공정하고자 애를 썼다. 이미 1883년에 죽은 사람과 작별이라니. 1888년 크리스마스는 정말 외로웠을 것 같다. 사랑했던 사람을 생각하며 작별을 해야 하는 순간이었기 때문이다.

나는 다이너마이트다

이제 《이 사람을 보라》의 마지막 부분을 읽을 차례다. 여기서 니체는 '나는'이라는 말을 여러 차례 반복한다. 좀 과장을 하면 수도 없이. 그만큼 자기 자신에 대해 설명을 하고자 하는 열정과 의도가 엿보인다. "나는 내 운명을 안다."(이 사람, 456쪽) 공자의 말로 하면 지천명에 도달했다. 그리고 그의 운명은 파괴의 정신으로 연결된다. "나는 인간이 아니다. 나는 다이너마이트다." (같은 곳) "그래서 나는 파괴자 중의 파괴자인 것이다."(같은 책, 458쪽) 도대체 무엇을 파괴하겠다는 것인가? 또 왜 그래야만 하는가? 이것을 이해하겠는가?

니체는 늘 차라투스트라라는 이름과 함께 거론된다. 그의 철학을 이해하고 싶으면 이 철학적 인물에 대한 이해를 반드시 거쳐야 한다. 이 둘은 하나이면서 동시에 '하나가 둘'(즐거운, 415쪽)이 된 존재이기 때문이다. 또 다른 자아라고 할까. 차라투스트라에 대한 니체의 정의는 이렇다.

> 차라투스트라는 선과 악의 투쟁에서 사물의 움직임의 본연적인 바퀴를 처음으로 본 사람이며 —도덕을 형이상학적인 것으로, 즉 힘, 원인, 목적 그 자체라고 옮긴 것이 그의 작품이다. 하지만 이 문제가 본질적으로는 이미 이 문제에 대한 답이 될 수 있는 것이다. 차라투스트라는 가장 숙명적인 액운인 도덕이라는 오류를 창조해냈으며; 따라서 그는 그 오류를 인식한 최초의 사람이지 않으면 안 된다. (이 사람, 458쪽)

도덕은 인간의 '가장 숙명적인 액운'이다. 인간에게 도덕은 피할 수 없는 숙제다. 도덕은 생각하는 존재가 편하게 살 수 있는 집과 같은 것이다. 하지만 생각은 끊임없이 진행되어야 한다. 그것이 또 다른 문제를 일으킨다. 끊임없이 도덕이 무엇인지를 묻지 않을 수 없기 때문이다. 이성을 가진 인간에게 생각할 것이 없는 것보다 더 무서운 상황은 없다. 생각은 늘 이래야 하는지, 저래야 하는지와 같은 갈림길에 직면할 수밖에 없다. 늘 선택을 하며 실존에 임할 수밖에 없다.

피할 수 없으면 즐기라 했다. 도덕은 분명 생각을 구속하려는 '오류'에 해당한다. 하지만 생각은 그것조차 '창조'할 수 있는 원동력이 된다. 인간은 '선과 악의 투쟁' 속에서 자아를 실현해나가는 존재다. 악이었던 것이 선이되기도 하고, 선이었던 것이 악이 되기도 한다. 시간과 공간은 그 상황을 무한대로 제공하고 있다. 이 무한한 시간과 공간 속에서 삶의 달인으로 살아간다는 것은 쉬운 일이 아니다. 차라투스트라는 이 쉽지 않은 상황을 감당할 수 있는 내공을 가진 존재라고 보면 된다. 인간의 문제는 도덕의 문제와 얽혀 있다. 끊임없이 도덕은 변하고 또 변해야 한다. 생각은 그것에 대해 주도적으로 임해야 한다.

> 진실성에서 나오는 도덕의 자기 극복, 도덕주의자들의 자기의 대립물로의 자기 극복—내 안으로의 자기 극복—. 이것이 내 입에서 나온 차라투스트라라는 이름이 의미하는 바이다. (이 사람, 459쪽)

니체의 철학은 생철학이다. 살고자 하는 자에게 도움을 주고자 하는 철학이다. 이 세상에서 뿌리를 내리고자 하는 자들에게 현실적인 메시지를 전하고자 하는 철학이다. 삶은 생각을 통해 이루어진다. 이성은 삶을 삶답게 해주는 핵심이 된다. 늘 이성적인 것을 추구하며 살아야 하는 이유가 여기에 있다. 게다가 삶은 단 한 번의 출생으로 가능한 것도 아니다. 끊임없는 변화 속에서 적응하며 살아야 한다. 그래서 니체는 '자기 극복'을 가장 중요한 미덕으로 내건다. 그리고 모든 극복은 자기 안으로 향한 것이어야 한다. 자기 안에 수많은 꽃과 열매를 맺게 하는 정원을 가꿔나가는 것이다. '정원 같은 사람'(선악, 51쪽)이야말로 니체가 바라는 가장 인간적인 사람일 것이다.

극복은 과정이다. 과정에 충실해야 하는 것이다. 굳이 숫자를 요구한다면 '열 번'이라고 할까. "낮 동안 너는 열 번 네 자신을 극복해야 한다."(차라, 42쪽) 그냥 해본 소리가 아니다. 매순간 극복하려는 의지로 살라는 소리처럼 들린다. "이것이 내 입에서 나온 차라투스트라라는 이름이 의미하는 바이다." 차라투스트라가 누구냐고? 이제는 극복하는 존재라고 대답하면 되는 것이다. 주어진 상황에 최선을 다하는 존재라고. 끊임없이 오류를 인식하고 극복을 시도하는 정신이라고. 그래도 불안하기만 하다. '늙은'(같은 책, 446쪽) 철학자의 마음이다. 자신의 책을 세상에 남겨놓고 떠나야 하는 자의 마음이다.

나를 이해했는가―나를 구별짓고, 나를 나머지 인류 전체에 대한 예외로 만드는 것은 바로 내가 그리스도교적 도덕을 알아차렸다는 점이다. 그래서 나는 모든 이를 도발하는 의미를 포함하는 말 하나가 필요했다. 그리스도교 도덕에 대해 미리 눈을 뜨지 못했다는 것이 내가 보기에는 인류를 책임져야 하는 비할 바 없는 불결이고, 본능이 되어버린 자기 기만이며, 모든 생기와 인과성과 현실성을 보려 하지 않는 철저한 의지이자, 심리적 사항에 대한 위조 짓거리이다. 이 위조 짓거리는 범죄가 되어버린다. 그리스도교에 대한 맹목은 범죄 중의 범죄이다―삶에 대한 범죄인 것이다… (이 사람, 464쪽)

삶에 대해 죄를 짓지 말라고 하지만 너무도 쉽게 범죄자가 되고 있다. 양심의 가책도 없이 삶에 해코지를 해대고 있다. 구원이라는 미명 아래 대지를 버릴 준비를 하고 하늘을 쳐다본다. 영생이라는 미명 아래 현실적 삶을 포기할 준비를 하고 메시아에게 손을 내민다. 이 모든 행위는 '삶에 대한 범죄' 행위에 해당한다. 처음과 끝을 보여주는 모든 것은 기독교 사상으로 대변된다. 태초와 종말 이론이 그것이다. 하지만 삶의 현장은 그런 논리로 위로되지 않는다. 오히려 삶을 오해하게 하고 '인과성과 현실성을 보려 하지 않는 철저한 의지'로 일관할 뿐이다. 그런 생각은 '위조 짓거리'다. 해서는 안 되는 생각이다.

니체는 부정적 도덕을 인식한 철학자다. 그는 새로운 도덕으로 세상을 바꾸고자 애를 쓴다. 계명을 정해놓고 거기에 삶을 끼워 맞추려는 의도는 그의 것이 아니다. 그는 자유정신을 요구한다. 모든 자유는 책임이 뒤따른다. 그래서 쉽게 다가설 수도 없는 철학이다. 누가, 예를 들어 신이라도 존재해서 이 모든 것을 책임져주면 좋을 것만 같다. 그런 생각이 가져다주는 유혹은 실로 치명적이다. 믿음 하나만으로 모든 것이 간단하게 해결된다는 말보다 더 솔깃한 이야기는 없다. "그것은 전혀 사실이 아니지만 극히 유혹적으로 들리기 때문에"(아침, 39쪽) 양심의 가책도 없이 삶의 현장을 외면하고 만다.

허무주의 철학은 이 모든 '위조 짓거리'에 저항한다. 부정적 도덕에 '눈을 뜨지 못했다'는 것을 불결하게 느껴주기를 바란다. 자기도 모르게 자기 삶에 범죄행위를 일삼지 말라는 것이다. 《이 사람을 보라》의 후반부는 '나를 이해했는가?'라는 질문을 세 번이나 반복한다. 횟수는 중요하지 않다. 이렇게 좀 과장해서 말하면 어떨까. 끊임없이 반복하고 있다고. 사실 책을 다 읽고 난 뒤 남는 여운은 이 소리뿐이다. '나를 이해했는가?' 마치 후렴구 같다. 끊임없이 다시 들어야 하는 질문 같다. 그리고 문장 하나가 책을 마감한다.

— 나를 이해했는가? — 디오니소스 대 십자가에 못 박힌 자… (이 사람, 468쪽)

'이 사람을 보라'고 외쳤던 자서전 작가는 이제 최종적으로 다시 묻는다. 하나의 장을 문장 하나로 작성해놓았다. 다른 모든 장을 읽어내야만 했던 그만큼의 시간을 여기서 보내야 한다. 17년 동안 진행되어온 니체의 집필 인생을 마감하는 문장이다. '나를 이해했는가?', '차라투스트라는 이렇게 말했다', '비극의 탄생'을 염원했던 이유를 이해하는가? 그가 한 말들을 이해했는가? 아직도 잘 모르겠다고? "그럼 처음부터 시작해보자."(도덕, 452쪽) 다시 시작한다는 것은 모르는 자에겐 특권이자 의무이기도 하다. 모르는 것은 결코 죄가 아니다. 모르면서도 독서에 게으를 때가 문제일 뿐이다.

제7장
디오니소스와 초인의 언어

그대가 진리의 구혼자라고?
한갓 바보일 뿐이다!
한갓 시인일 뿐이다!
알록달록한 말만을 하고,
바보탈 속에서 알록달록한 말만을 늘어놓는
한갓 바보일 뿐이다!
한갓 시인일 뿐이다!

디오니소스적 괴물의 언어

니체의 처녀작은 《비극의 탄생》이다. 거기서 니체는 디오니소스 축제에 대한 수수께끼를 풀어보려고 애를 썼다. 디오니소스, 비극, 극장 등은 사실의 문제에 속하면서도 그 본질에 대해서는 밝혀진 게 그리 많지 않다. 고대 그리스 시대의 비극은 우리가 알고 있는 그런 비극이 아닐 것이라는 의혹을 제기하면서 니체는 철학의 길을 걷기 시작했다. 문헌학적 방법론을 적용시킨 철학이었다. 그리고 긴 여정을 거쳐 자신의 자서전격으로 집필한 《이 사람을 보라》의 마지막 문장으로 "나를 이해했는가? ―디오니소스 대 십자가에 못 박힌 자…"라는 말을 남겨놓았다. 이해의 문제는 여전히 수수께끼 같다. 어쩌면 영원히 풀리지 않은 문제인지도 모른다.

디오니소스의 정반대의 인물이 십자가에 못 박힌 자다. 구세주라 불렸던 나사렛 예수가 그다. 그의 가르침은 기독교라는 종교사상으로 정립된다. 기독교의 교리는 "도덕으로서 믿어져왔다!"(이 사람, 468쪽) 그 도덕의 속성을 알아차린 자가 니체다. 그의 사상은 차라투스트라라는 이름으로 인물화된다. 마치 비극의 무대 위에 등장한 주인공 같다. 그는 수많은 말들을 쏟아내며 떠나기도 하고 돌아오기도 한다. 울기도 하고 웃기도 한다. 하지만 그가 보여주는 모든 행위는 무대 위에 단 한 번도 등장하지 않은 디오니소스 신을 위한 것일 뿐이다. 니체와 차라투스트라 그리고 디오니소스, 이들은 모두가 하나의 정신으로 통일을 이룬다. 음악의 정신으로. 자유정신으로. 니체 철학의 삼위일체라고나 할까.

그동안 니체 철학의 주인공 차라투스트라는 무엇이 비극의 원인인지를 밝히고자 애를 썼다. 삶은 힘들다고. 삶의 이야기는 눈물 없이는 들을 수 없다고. 삶의 현장은 전쟁터라고. 그래서 진정한 삶의 전사가 되어달라고. 그런데 재미난 것은 그가 쏟아낸 모든 말들이 음악의 정신을 표현해내는 노래가 되기를 바랐다는 점이다. "혹은 차라투스트라라고 불리는 저 디오니소스적 괴물의 언어"(비극, 22쪽)가 노래 그 자체라는 것이기도 하다. 철학자 니

춤을 추고 있는 힌두교의 여신 시바.
파리의 기메 박물관(Musée Guimet) 소장.

체는 자신의 책 속에 노래가 된 언어로 채우기를 원했다. "이 새로운 영혼은 노래했어야 했다 — 말하지 말고! 내가 그때 말해야 했던 것을 과감하게 시인으로서 표현하지 못한 것은 얼마나 유감스러운가."(같은 책, 13쪽 이후) 이런 유감은 처녀작만의 문제가 아닐 것이다.

디오니소스가 괴물이다? 무서운 존재? 왜 무서운 것일까? 왜 디오니소스가 괴물이어야 할까? 도

대체 무엇 때문에 무섭다는 이야기인가? 고대인들이 형상화해놓은 디오니소스는 우리가 알고 있는 그런 괴물의 모습이 아니기에 묻는 것이다. 낯설다. 니체가 말하는 디오니소스의 이미지가 낯설다는 이야기다. 그런데 기분은 나쁘지 않다. 오히려 즐겁다고 할까. 그 맛은 오묘하기까지 하다. 예를 들어 힌두교의 '트리무르티Trimurti', 즉 '삼위일체'[1] 중 파괴의 신으로 불리고 있는 시바의 모습을 보고 있을 때 전해지는 전율 같은 것이 느껴진다. 파괴하는 신이지만 아름다운 여인의 모습을 하고 있기 때문이다. 그것도 춤을 추고 있는 그 흥겨운 모습으로 말이다. 디오니소스만큼이나 낯설다.

낯설음은 인식의 문제다. 디오니소스는 괴물이다. 그래도 매력적이다. 마치 나쁜 남자의 이미지라고나 할까. 그의 매력에 한번 빠지면 벗어날 수가 없다. 잊을 수가 없다. 끊임없이 다시 생각하게 되는 그런 존재 같다. 왜 그런 것일까? "무엇이 디오니소스적인가?"(비극, 14쪽) 이 질문과 함께 니체는 철학적인 고민을 하기 시작했다. 그 반대의 원리에 대해서는 온 인류가 이미 2천 년 동안 길들여져 왔다. 니체 철학은 그 2천 년에 저항한다. "2천 년 간의 취미가 나에게 반대하고 있다."(도덕, 517쪽) 우리의 귀는 2천 년 동안 같은 소리를 들어왔다. "그것은 언제나 거창한 도덕적인 말, 정의, 지혜, 신성함, 미덕 따위의 시끄러운 북소리다."(즐거운, 357쪽) 그리고 그 '북소리로 귀가 무더진'(반시대I, 271쪽) 상태다. 북소리 외에는 아무것도 듣지 못하는 귀가 되어버린 것이다. 시끄럽게 떠들어대는 소리에 신경은 날카로워지고 말았다. 현대인은 모두가 분노조절장애를 겪고 있는 듯하다.

그래도 니체는 포기하지 않는다. 오히려 절망 속에서 희망을 본다. "내가 아무것도 희망할 수 없는 곳, 모든 것이 너무나 명백하게 종말을 가리키는 곳에서 희망을 걸었다."(비극, 20쪽) 그의 눈은 인간을 향한다. 인간이 희망이다. "어느 것도 아름답지 않다. 인간 외에는."(우상, 158쪽) 아름다움을 볼 수 있는 것은 젊음의 징표가 된다. 사람을 보고 가슴이 설렐 수 있다면 아직 젊은 것이다. 사람이 무섭지 않다면 아직 가능성은 있는 것이다. 그런 사람들이 모이고 모여 마침내 축제를 벌일 수 있게 되는 것이다. 디오니소스 축제를. 사랑의 축제를.

1889년 1월 니체는 광기의 세계로 접어든다. 1888년 여름부터 시작된 집필 상황은 말 그대로 다작의 순간이다.《바그너의 경우》,《우상의 황혼》,《안티크리스트》,《이 사람을 보라》,《디오니소스 송가》그리고《니체 대 바그너》가 한꺼번에 쏟아진다. 무엇이 먼저 쓰였는지는 중요하지 않은 것 같기도 하다. 거의 동시다발적이라고 말하는 게 맞을 것 같다. 거의 7, 8개월 동안 이들이 탄생했기 때문이다. 이들 작품 모두가 '마지막' 작품이라고 말해도 틀린 게 아니다.

마지막 작품들의 문체를 살펴보면 이전의 그것과는 사뭇 다른 것이 발견된다. 공부의 마지막 단계에서 접하게 되는 단원정리, 요점정리, 핵심정리 등으로 일관하는 선생님의 목소리가 들리는 것 같기도 하다. 시간이 얼마 남지 않았다는 압박감 때문일까, 비유는 절제되고 문장은 더욱 선명해지고 확실해졌다. 마음이 급했나보다. 호흡도 무척이나 짧아졌다. 자유정신은 급기야 진정한 자유의 경지에 도달한 것 같다. 이성과 비이성을 넘나들면서 생각하는 존재의 최고 경지를 보여주는 듯도 하다.

'디오니소스 송가'! 말 그대로 디오니소스를 기리는 노래다. 디오니소스 축제 때 불렸다는 노래다. 기록에 의하면 디튀람보스Dithyrambos 형식으로 불렸다고 한다. 찬양 형식이었을 것은 분명하다. 찬양가! 찬송가! 송가! 그것은 결코 슬픈 노래가 아니다. 그것은 결코 이성적으로 해석이 가능한 노래도 아니었을 것이다. 술의 정령만이 가능케 하는 그런 노래였을 것이다. 이성이 배제된 정신이 부르는 노래! 황홀지경에서 쏟아지는 말들로 이어지는 노래! 무아지경에 도달한 인식의 언어! 군이 해석을 요구하지 않는 노래! 그래도 감동적인 노래! 비극적 이념을 담고서 이어지는 감정을 감당하는 노래! 이국적인 노래![2] 도대체 이천오백 년 전에 디오니소스 극장에서는 어떤 노래가 불렸을까?

기원전 7세기경에 쓰인 것으로 추정되는 아르킬로코스Archilochos의 자료에 의하면 '디튀람보스는 아리온 폰 레스보스Arion von Lesbos에 의해서 완성되었다'고 한다. 그리고 '그리스 비극은 바로 이 디튀람보스에서 유래했을 것'[3]이라는 설이 지배적이다. 하지만 구체적으로 어떤 노래인지에 대해서는 전해진 바가 없다. 그저 디오니소스라는 신의 속성을 통해서만 유추해볼 수 있을 뿐이다. 특히 '걱정을 없애주는 자'라는 뜻의 '뤼오이스Lyäus'[4] 혹은 '풀어주는 자'라는 뜻의 '뤼지오스Lysios'[5]라고 하는 디오니소스의 별명처럼 생각을 구속하는 모든 것으로부터 해방된 정신만이 불러낼 수 있는 그런 노래가 아니었을까. 이성으로는 도저히 접근할 수 없는 노래, 어쨌거나 망아忘我의 축제에 걸맞은 노래였을 것은 분명하다. 엑스타제Ekstase, 즉 황홀함을 소리로 표현해낸 그런 노래 말이다.

그런데 '영혼은 노래했어야 했다'(비극, 13쪽)는 유감을 표명했던 철학자는 이제 정신의 마지막 힘을 모아 '디오니소스 디튀람벤Dionysos-Dithyramben'을 작성한다. 디튀람벤은 디튀람보스의 복수형을 나타내는 말이다. 다수의 노래를 만들어놓았다는 뜻이기도 하다. 니체 스스로는 '디튀람보스의 창시자'로 평가했고, 또 이것을 '초인의 언어'[6]로 간주했다. 이천오백 년이 지난 지금 니체는 그 당시 불렸을 노래를 글로 남겨놓고 있다. 평생을 디오니소스 연구에 매진해온 정신이 불러대고 있는 것이다. 그 소리를 들으며 또 그것을 기록하며 니체는 마지막 순간을 준비하고 있다. 정신의 마지막 순간을 정리하면서. 이는 마치 정신을 놓기 직전까지 잡고 있는 아리아드네의 실 같다.

《디오니소스 송가》전체는 하나의 노래다. 모두 9개의 시들이 담겨 있다. 노래를 부르며 광기의 세계로 넘어가는 그 황홀한 순간이다. 어깨춤을 추며 흥얼대는 자유정신의 멋과 흥이 담긴 소리들이다. 지극히 성스러운 순간이다. 시가 된 철학의 소리다. 디오니소스의 제전이 철학과 문학이라는 형태로 이루어지고 있다. 그것이 허무주의라 불리는 철학적 여정의 마지막 기록으로 선택되고 있는 것이다.

시인으로서 정신적 생애를 마감하는 철학자

하고자 하는 말을 노래로 표현해내려면 시인이 되어야 한다. 하지만 시인은 아무나 되는 게 아니다. 되고자 마음먹는다고 되는 것도 아니다. 세상에는 마음만으로 안 되는 일이 너무도 많다. 마음은 굴뚝같아도 안 되는 일이 너무 많다는 이야기다. 하지만 니체는 다르다. 그는 꾸준히 글쓰기에 매진했다. 성실한 작가였다. 잠언이라는 형태로 글을 쓰려고 노력했다. 잠언, 그것은 그가 도전했던 글의 형태였다.

> 시간이 헛되이 이빨을 들이대는 것들을 창조해내는 것; 형식과 실질에서 하나의 작은 영원성을 추구하는 것 —이보다 더 조금 나 자신에게 요구할 만큼 겸손해본 적이 나는 한 번도 없다. 독일인 중에 내가 최고의 대가가 되는 아포리즘과 잠언은 '영원'의 형식들이다; 나의 야심은 다른 사람들이 책 한 권으로 말하는 것을 열 문장으로 말하는 것이다 —다른 사람들이 한 권의 책으로도 말하지 않는 것을… (우상, 194쪽)

니체는 글을 쓰는 철학자였다. 이념이 중요하다는 인식과 함께 그것을 형상화해내는 글의 형식에도 관심이 많았다. 그는 글을 통해 창조해내고자 했다. "시간이 헛되이 이빨을 들이대는 것들을 창조해내는 것"을 목표로 삼았다. 시간을 따르면서도 시간에 구속되지 않은 정신의 산물이라고 할까. 그의 철학서는 모두 하나의 창조된 예술 작품과 같다. 성급한 시간의 이빨로부터 자유로운 영혼이 일궈낸 작품이 니체의 철학서들이다. 그래서 감동이 뒤따른다. 철학서에서도 감동을 느낄 수 있다는 것을 증명해낸 것이다.

'디오니소스 송가'는 시의 형식을 빌렸다. 시를 읽을 때는 모든 것을 내려놓아야 한다. 흥얼거리며 음악의 정신에 몸을 맡겨야 한다. 그때 시는 읽힌다. 철학자 니체는 영원한 수수께끼가 되어버린 디오니소스의 송가를 들으며 시를 쓴다. 이천오백 년이란 세월을 통과하면서 들려오는 아득한 소리 같다. 시와 잠언으로 훈련되고 그 원리를 이해한 자에게는 그저 '과감'(비극, 14쪽)해질 필요가 있다. 서툴 수는 있다. '시란 이런 것이다'라고 말할 수 있는 모범이 있는 것도 아니다. 이천오백 년 전에 불렸던 그 노래의 흔적은 온데간데없다. 사실 아무나 아무렇게 불러대도 그것이 디튀람보스가 아니라고 말할 수 있는 상황도 아니다. 바로 이런 상황에서 니체는 과감해진 것이다.

첫 번째 시는 바로 '시인'에 대한 노래다. 〈한갓 바보일 뿐! 한갓 시인일 뿐!〉이라는 비방조의 주장이 그 제목이다. 이 시에는 '그들'과 시적 자아의 서로 다른 입장이 대립구조를 이룬다. '그들'은 '조롱'한다. "진리의 구혼자라고─그대가?"(디오, 471쪽) 그들의 주장은 그러니까 '넌 진리의 구혼자가 아니다'를 말하고 싶은 거다. 시적 자아는 하루 종일 그런 비방에 시달렸다. 그는 이 지긋지긋한 하루가 빨리 끝나주기를 갈망했다. 어서 빨리 저녁 이슬이 내렸으면 하는 마음이었다. 그리고 이슬이 대지 위에 내릴 때 결국 위안을 얻는 이야기다. 그러니까 이야기가 시작되는 지점은 저녁이다. 하루를 되돌아보게 되는 시간이다. 그리고 깨달음이 온다. 확신에 차서 다른 의미로 '한갓 바보일 뿐! 한갓 시인일 뿐!'이라고 외치면서 마감한다.

한갓 바보일 뿐! 한갓 시인일 뿐!

맑게 갠 대기에,

이미 이슬의 위안이

눈에 띄지도 않고, 귀에 들리지도 않게

대지 위에 내릴 때,

—마음을 달래주는 이슬은 온화한 위안자 모두가 그러하듯

보드라운 신발을 신고 있기 때문에 —

그대 뜨거운 가슴이여, 이때 생각나는가. 생각이 나는가,

일찍이 그대가 얼마나 갈망했었는지가

천상의 눈물과 이슬방울을,

햇살에 그을리고 지친 채 얼마나 갈망했던지가,

그때에 노란 풀밭길로

악의에 찬 저녁 햇살이

눈부신 태양의 이글대는 눈길이, 불행을 즐기는 눈길이

그대 주변의 검은 나무들 사이로 달렸다.

"진리의 구혼자라고 — 그대가?" 그들은 이렇게 조롱했었지

아니! 한 사람의 시인일 뿐이지!

한 마리의 짐승, 간교하고 약탈이나 하며 몰래 접근하고,

속이지 않으면 안 되고

알면서도 고의로 속이지 않으면 안 되며

먹이를 탐하고

알록달록한 가면을 쓰고는,

그 자신이 가면이 되고

그 자신이 먹이가 되는

그런 것이 — 진리의 구혼자란 말인가? …

한갓 바보일 뿐이다! 한갓 시인일 뿐이다!

알록달록한 말만을 하고,

바보탈 속에서 알록달록한 말만을 늘어놓으며,

거짓말의 다리 위를

거짓의 무지개 위를 이리저리 돌아다니고

거짓 하늘들의 사이를

이리저리 떠돌아다니고 이리저리 기어다니는—

한갓 바보일 뿐이다! 한갓 시인일 뿐이다! …

그런 것이 — 진리의 구혼자라고? …

말없이, 단단하고, 매끄럽고, 차가운,

형상이 되지 않고

신의 기둥이 되지 않으며,

신전 앞에 세워지지도 않는다,

신의 문을 지키는 자로서:

아니! 이 같은 덕의 입상에 적대적이고

신전에서보다는 그 어떤 황야에서라도 더 편안해하며

고양이의 방자함으로 가득 차

온갖 창문으로부터

휙! 온갖 우연 속으로 뛰어들고,

모든 원시림의 냄새를 맡는다.

그대는 원시림들 속에서

화려한 얼룩의 맹수들 사이를

죄가 될 정도로 건강한 모습으로 아름답고 다채롭게 달린다.

갈망하는 입술을 하고는,

기쁘게 조소하고, 기쁘게 지옥이 되며, 기쁘게 피에 목말라 하면서,

약탈하고, 살금살금 기어다니며, 속여가며 달린다…

아니면, 오래오래 꼼짝 않고 심연을 응시하는,

자기의 심연을 응시하는 독수리와도 같이…

─오오, 어떻게 여기서 그들이 저 아래로

저 밑으로, 저 속으로

점점 깊어지는 깊이로 소용돌이치며 떨어지는지! ─

그러더니

갑작스럽게

날개를 바로 세워 일직선으로

재빨리 날아

어린 양들에게 달려든다.

갑작스럽게 아래로, 몹시 굶주린 채,

어린 양들을 탐한다.

어린 양의 영혼 같은 것을 모두 원망하고,

덕과 양의 온화함과 곱슬곱슬한 털을 지닌,
바보 같으며, 양젖과 같은 호의로 바라보는
모든 것에 대해 격분해야 한다…

이렇듯
독수리 같고 표범 같다.
시인의 동경은
천 개의 가면 뒤에 있는 그대의 동경은,
그대 바보여! 그대 시인이여! …

그대는 인간을 신으로, 양으로 본다―
인간 속에 있는 양을 찢어버리듯
인간 속에 있는 신을 찢어버린다
그리고 찢어버리면서 웃는다―

이것, 이것이 그대의 지복이다
표범과 독수리의 지복이다
시인과 바보의 지복이다! …

맑게 갠 대기에,
이미 낫 같은 초승달이
자홍색 노을 사이를 파랗게
시샘하며 살금살금 가면,
―낮을 미워하면서

한 발짝 한 발짝 은밀하게

장미꽃 그물침대가

가라앉기까지 낫질하며

밤하늘 속으로 창백하게 내려앉는다:

나 자신도 예전에 그렇게 가라앉았다

내 진리에 대한 광기에서

내 낮의 동경에서

낮에 지치고 빛에 병든 채,

—아래쪽으로, 저녁 쪽으로, 그림자 쪽으로 가라앉았다.

하나의 절대 진리에 의해

불태워지고 목말라하면서

—그대 뜨거운 심장이여, 아직도 생각나는가, 생각이 나는가,

그때 그대가 얼마나 갈망했었는지를?—

내가 모든 진리에서 추방되기를!

한갓 바보일 뿐! 한갓 시인일 뿐! … (디오, 471쪽 이후)

시적 자아는 하루 종일 갈망했었다. '이슬의 위안'을 갈망했다. '마음을 달래주는 이슬'이 내려주기를. '천상의 눈물과 이슬방울'을 기다렸던 것이다. 이유는 하루 종일 '햇살에 그을리고 지친 채' 쓰러질 것만 같았기 때문이다. 아니 "내 진리에 대한 광기에서 / 내 낮의 동경에서 / 낮에 지치고 빛에 병든 채" 쓰러졌었다. "하나의 절대 진리에 의해 / 불태워지고 목말라하면서".

그들은 시적 자아를 '바보'라고 또 '시인'이라고 조롱했다. 그저 '알록달록한 가면'을 쓰고서 '알면서도 고의로 속이지 않으면' 안 되는 그런 존재로 살아가고 있다고 비방했다. "알록달록한 말만을 하고, / 바보탈 속에서 알록

달록한 말만을 늘어놓으며" 살고 있다고. 하지만 하나의 문장으로 이루어진 3연과 함께 시적 자아의 반격이 시작된다. "그런 것이 — 진리의 구혼자라고? …" 이 말과 함께 세상 사람들의 편견에 저항하기 시작한다. 그리고 전혀 다른 해석을 내놓는다.

시적 자아는 신과 관련한 모든 것에 반기를 든다. '형상'이 되지 않고, '신의 기둥'도 되지 않으며, '신전' 앞에 세워지기를 거부하며, '덕의 입상'에 적대적이다. "신전에서보다는 그 어떤 황야에서라도 더 편안해하며 / 고양이의 방자함으로 가득 차 / 온갖 창문으로부터 / 휙! 온갖 우연 속으로 뛰어들고, / 모든 원시림의 냄새를 맡는다." 자연이 좋다. 우연이 좋다. 황야가 좋다. 이것이 대지의 뜻을 향한 마음이다. "형제들이여, 너희의 정신과 덕으로 하여금 이 대지의 뜻에 이바지하도록 하라. 그리고 모든 사물의 가치를 새롭게 정립하도록 하라! 그러기 위해서 너희는 투쟁하는 자가 되어야 한다! 창조하는 자가 되어야 한다!"(차라. 128쪽) 창조에 동참하려면 투쟁할 줄 알아야 한다. 싸우지도 않고 창조를 기대할 수는 없다. 그래서 창조를 원하는 자는 스스로 이렇게 물어야 할 것이다. 황야를 견딜 수 있겠는가? 우연을 감당할 수 있겠는가?

힘과 의지가 있다면 정신은 다시 일어설 것이다. 쓰러지는 것 자체를 막을 수는 없다. 문제는 다시 일어설 수 있느냐 하는 것이다. '방자한 고양이'처럼 걸을 수 있는가? 신전을 등지고 황야를 선택한 정신은 마치 "독수리 같고 표범 같다." 그리고 진정한 '진리의 구혼자'의 모습을 보여준다. 그는 "죄가 될 정도로 건강한 모습으로 아름답고 다채롭게 달린다.", "약탈하고, 살금살금 기어다니며, 속여가며 달린다…" 하지만 이런 모습을 두고 '그들'은 낮 동안 "속이지 않으면 안 되고 / 알면서도 고의로 속이지 않으면 안 되며 / 먹이를 탐하고 / 알록달록한 가면을 쓰고는, 그 자신이 가면이 되고 /

그 자신이 먹이가 되는" 그런 행위로 조롱했었다. 하지만 그것은 오해였다.

독수리는 높이 떠 있다. "아니면, 오래오래 꼼짝 않고 심연을 응시하는, / 자기의 심연을 응시하는 독수리와도 같이…" 독수리는 자기 심연 위에 떠 있다. 그리고 그 심연을 응시한다. 자기 자신을 응시하고 있는 것이다. 자기 내면을. 그것이 바로 독수리의 눈이다. 매섭기 짝이 없다. 자기 자신 속의 자기 자신을 먹어치우려는 기세로 살벌한 비행을 하고 있는 것이다. 건강을 해치는 온갖 것에 대해서는 날카로운 부리로 여지없이 공격을 해댈 요량으로. 전사의 눈빛이 따로 없다.

시적 자아도 인정한다. 자신이 '바보'라고, 또 '시인'이라고. "이렇듯 / 독수리 같고 표범 같다. / 시인의 동경은 / 천 개의 가면 뒤에 있는 그대의 동경은." 이 구절은 릴케의 묘비명을 떠올리게도 한다. "장미, 오 순수한 모순, 욕망, / 어느 누구의 잠도 아닌 이토록 많은 / 눈꺼풀들 아래에." 시인 릴케는 평생을 두고 수수께끼 같은 욕망의 불을 태웠다. 존재는 모순 덩어리다. 잠 속의 잠의 욕망이라고 할까. 영원한 수면을 향한 동경이라고 할까.

영면을 향한 욕망과 비슷한 동경은 시인이 되고자 했던 철학자의 글에도 등장한다. 하지만 휴식과 건강 회복이라는 동경으로 나타나고 있을 뿐이다. 그는 쉬면서 스스로 신으로 거듭난다. 건강한 신으로. "그대는 인간을 신으로, 양으로 본다— / 인간 속에 있는 양을 찢어버리듯 / 인간 속에 있는 신을 찢어버린다 / 그리고 찢어버리면서 웃는다—" 니체의 글을 읽을 때마다 들려오는 웃음소리 같다. 어린아이가 웃고 있는 듯하다. 해맑게. 그 어떤 형상으로도 겁을 줄 수 없는 그런 어린아이 같다.

낮 동안 스스로 '불태워지고 목말라하면서' 지치게 했던 '하나의 절대 진리' 혹은 '신의 형상' 앞에 쓰러지기에 삶은 너무도 아깝다. 삶은 신전에서 위로를 얻기보다는 황야에서 방자하게 사는 게 더 편안하다. 대지와 함께 하는 이런 삶이 실현될 때 저녁 이슬은 위안을 가져다준다. 이때 "악의에 찬 저녁 햇살이 / 눈부신 태양의 이글대는 눈길이, 불행을 즐기는 눈길이 / 그대 주변의 검은 나무들 사이로 달렸다." 염세주의적인 어두운 나무들 사이로 악의에 찬 저녁 햇살이 달린다. 저녁의 인식이 방자하게 움직여댄다. 고양이 같고 표범 같다. 시선은 독수리의 그것처럼 높은 곳에서 내려다보고 있다.

공자도 "조문도 석사가의"라 했다. 니체의 자유정신도 저녁이 되어 죽어도 여한이 없는 지복의 지경에 도달했다. 아침에 도(道)를 들은 것은 아니지만, 낮 동안 온갖 조롱에 시달려야 했지만 그래도 저녁이 되어 위안의 소리를 듣고 있다. 하루 종일 잘못된 삶을 살지는 않았다는 확신이 선 것이다. '하나의 절대 진리'를 찢어버리며 또 '신'을 찢어버리며 삶을 즐긴다. "찢어버리면서 웃는다—" 이보다 더 행복한 웃음이 또 있을까.

사막의 딸들이 벌이는 흥겨운 축제 한마당

사막은 축제의 현장이다. 자유정신에게 '황야'는 '더 편하게'(디오, 473쪽) 살 수 있는 공간이다. 어떤 구속도 없다. 외롭다고? 그런 쓸데없는 소리로 스스로 무너지지 말라. 길 위에 쓰러지지 말라. '초승달'(같은 책, 475쪽)처럼 여윈 채 낫질하며 가라앉지 말라. 삶을 비방하지 말라. 삶은 살 권리가 있다. 삶은 정당하다. 허무주의 철학은 삶 속에서 맞닥뜨릴 수 있는 온갖 허무를 보여주고 감당하게 하는 훈련장이다. 아직까지도 목소리에 힘이 실리지 않는다면 스스로 질책할 일이다.

이제 〈사막의 딸들 틈에서〉를 읽을 차례다. 《차라투스트라는 이렇게 말했다》제4부에 실렸던 시다. 니체는 이 시를 정신 여정의 마지막 순간에 다시 꺼내 온다. 그만큼 애착이 가는 시였나 보다. 니체가 개인적으로 가장 좋아했던 시라고 단언해도 될 것 같다. 여기엔 허무주의 사상이 멋진 비유와 함께 아름답게 어우러져 있다. 시적 자아는 여인들 속에 있다. 춤추는 여인들이다. 명랑하기 짝이 없다. 깔깔대는 소녀들 같다. 춤을 만들어내는 발걸음은 가볍기만 하다. 사는 게 사막 같다고? 그러면 그 사막이 어떤 곳인지 이 시를 통해 확인해봐야 한다. 그것이 허무주의 철학자 니체가 바라는 바일 것이다.

> 이곳을 떠나지 말라! 우리 곁에 머물러 달라! 그때 차라투스트라의 그림자라고 자칭하던 방랑자가 말했다. ─그렇지 않으면 그 낡고 숨 막히는 비탄이 또다시 우리를 덮칠지도 모를 일이오.
>
> 이미 저 늙은 마술사가 자기의 고약하기 짝이 없는 것으로 우리를 극진히 대접했소. 그리고 보시오. 저 선량하고 경건한 교황이 눈물을 머금은 채 또다시 우울의 바다로 배를 띄우지 않았는가.
>
> 그 왕들은 아직은 우리 앞에서 태연자약한 표정을 지을 것이오: 그런데 보고 있는 자가 없다면 그들에게도 사악한 짓거리가 다시 벌어지리라는 것은 내기해도 좋소.
>
> ─흘러가는 구름, 눅눅한 우울, 구름에 가리운 하늘, 도둑맞은 태양, 울부짖는 가을바람이 벌이는 사악한 짓거리가.
>
> ─우리의 울부짖음과 구조를 간청하는 외침이 벌이는 사악한 짓거리가: 차라투스트라여! 우리 곁에 머물러 달라! 여기에는 이야기하고 싶어 하는 감추어져 있는 수많은 비참과 수많은 저녁과 수많은 구름과 수많은 숨 막히는 대기가 있소! (디오, 476쪽)

허무주의가 도래해야 한다. 그래야 이 '숨 막히는 대기'를 이겨낼 수 있다. 정신에게 "나쁜 공기"(도덕, 375쪽)는 자유를 허용하지 않는 것 자체다. '하나의 절대 진리'(디오, 475쪽)가 지배하는 곳에서 자유정신은 숨도 제대로 쉴 수 없다. 그래서 니체는 이렇게 말하기도 했다. "순수한 공기를 마시고자 한다면, 교회에 가서는 안 된다!"(선악, 59쪽)고. 교회에는 하나의 절대 진리만이 존재할 뿐이다. 그 하나 외에는 모든 것이 무의미하다. "헛되고 헛되며 헛되고 헛되니 모든 것이 헛되도다."(전도서 1:2) 이래도 되는가? 세상에 대해 이런 막말을 해도 되는가? 생철학자 니체는 당황스럽다.

〈사막의 딸들 틈에서〉는 대화 형식을 빌렸다. 하지만 그 대화에 참여하는 자는 차라투스트라와 그의 '그림자라고 자칭하던 방랑자'다. 말하자면 자기 그림자와 대화하는 이야기라는 것이다. 독백이다. 아무도 없다. 혼자가 된 상황이다. '사막 같은 현실'[8]이다. 그런데도 '이곳'에 대한 애착이 남다르다. 허무주의 철학이 선택한 곳이다. 운명의 현장이다. 사랑을 해야만 하는 곳이다. "이곳을 떠나지 말라! 우리 곁에 머물러 달라!" 얼마나 간절한 목소리인가. 함께 하고 싶은 심정이다. 그런데 그 소리는 그림자를 자칭하는 방랑자의 소리다. 자기가 자신에게 하는 소리다. 제발 이곳을 떠나지 말라고. 이곳에서 함께 지내자고. 둘만 있으면 사랑이라는 기적이 일어난다.

하지만 '이곳'을 떠나면 상황은 바뀌고 만다. "그렇지 않으면 그 낡고 숨 막히는 비탄이 또다시 우리를 덮칠지도 모를 일이오." 사막은 떠나서는 안 된다. '모든 인생은 고통'이라 했다. 인생은 고해라 했다. 눈물의 바다라고 했다. 바다가 됐건 사막이 됐건 그것은 비유에 불과하다. 인생이 그만큼 힘들다는 말을 하고 싶을 뿐이다. 그래도 인생은 떠날 대상이 아니다. 의도적으로 그럴 필요는 없다. 운명이 선사해준 시간만큼은 열심히 살아야 한다. 삶에 등 돌릴 때 비탄은 어김없이 찾아든다. 숨도 못 쉬게 할 것이다. 삶이 삶에 공격을 해댈 때 저항할 수 없는 맹공이 시작된다. 자기 자신이 자기 자신을 공경해댈 때 암 덩어리가 생겨난다. 그 누구도 도와줄 수 없는 상황이 벌어지고 만다. 늘 대지에 가장 가까이 있는 그림자의 소리에 귀를 기울여야 하는 이유가 여기에 있다. 허무주의 철학은 '대지의 뜻'에 귀를 기울이고자 한다.

교회의 우두머리 '저 선량하고 경건한 교황'은 유혹의 손짓을 보낸다. 천국 가자고. 영생 얻으려 가자고. 구원받으러 가자고. 이리 오라고. 교회로 오라고. 인간을 향한 동정으로 애타게 손짓한다. 그는 죄의식으로 충만하다. 모든 이들에게 복음을 보내지 못했다는 안타까운 심정으로 우울을 받아들인다. 비탄을 입에 담는다. "눈물을 머금은 채 또다시 우울의 바다로 배를 띄우지 않았는가." 눈물로 호소한다. 우울의 바다는 자꾸만 커져갈 뿐이다. 세상을 눈물의 바다로 만들고 또 만든다. 그럴수록 천국의 의미는 자꾸만 거대해질 뿐이다. '사악한 짓거리'다. 대지를 버리고 천국으로 가자고 하는 모든 손짓과 언행은 사악하다. 삶에 해코지를 하는 짓일 뿐이다.

결국 그림자는 차라투스트라에게 도움을 청한다. 곁에 있어 달라고. 곁에 머물러 달라고. 그는 자유정신이며 초인이며 모든 것을 발아래 두고 볼 수 있는 눈을 가졌다. 모든 것을 비극에서 희극으로 바꿀 줄 아는 정신이다. "짧은 비극은 결국 언제나 영원한 현존재의 희극에게 자리를 물려주거나 뒤로 물러난다. 아이스킬로스의 표현을 빌리면 '한없는 웃음의 파도'가 이 비극들의 가장 위대한 주인공들조차 압도해버린다."(즐거운, 68쪽) 세상을 웃음소리로 채우면 된다. 그것이 허무주의 철학의 목적이다.

차라투스트라가 우리 곁에 있어줘야 하는 이유는 간단하다. 왜냐하면 이곳에는 '숨 막히는 비탄'이 도사리고 있기 때문이다. "여기에는 이야기하고 싶어 하는 감추어져 있는 수많은 비참과 수많은 저녁과 수많은 구름과 수많은 숨 막히는 대기가 있소!" 모든 공기가 교회의 공기 같다. 이곳의 공기를 바꾸고 싶다. 정신이 사는 세상의 공기를 바꾸고 싶은 것이다. 누구는 '뇌 호흡'이라고 말하기도 한다. 정신이 숨 쉬고 싶다. 정신이 맑은 공기를 요구하고 있다. 그 어떤 '절대 진리'도 품지 않는 공기를.

그런데 재미난 것은 그 사막이 자란다는 데 있다. 그것까지 감당해야 한다. 인생은 고해다. 그 눈물의 바다가 더욱 자랄 것이다. 더욱 커질 것이다. 그 화禍까지 감당해내야 한다. "사막은 자라고 있다: 화 있을지어다. 사막을 감추고 있는 자에게…"(디오, 478쪽) 모래가 씹힐 수도 있다. 마실 물은 한 방울도 존재하지 않는다. 모든 것은 고통으로 이어진다. 그것이 삶의 현장이다. 그래도 견뎌내라는 것이다. 그것이 사는 것이라고. 《안티크리스트》 서문에 언급되었던 문구가 떠오른다. "나의 진지함과 나의 열정도 견뎌낼 수 있기 위해서는, 사람들은 정신적인 문제에 냉혹할 정도로 정직하지 않으면 안 된다."(안티, 213쪽) 허무주의 철학은 삶을 쓸데없이 미화하지 않는다. 착각하게 하지 않는다. 오히려 삶의 현장이 전쟁터임을 가르치고자 한다. 그래서 혹독한 훈련도 감당해야 한다고 가르친다. "삶의 사관학교로부터 ― 나를 죽이지 않는 것은 나를 더욱 강하게 만든다."(우상, 77쪽) 니체의 좌우명도 다시 외워보자. "상처에 의해 정신이 성장하고 새 힘이 솟는다."(우상, 73쪽) 삶은 힘을 필요로 한다. 허무주의 철학은 살고 싶은 욕망으로 충만해 있다.

고통은 운명이다. 정신적 고통은 생각하는 존재에게 필연적이다. "머리를 잘라버릴 수는 없다."(인간적I, 30쪽) 형이상학은 피할 수 없다. 이상형, 진리, 정답, 옳음, 좋음, 신, 천국, 영생 등은 이성적 존재에게 영원한 숙제가 된다. 정반대의 이념에도 전문가가 되어야 한다. 거짓, 증오, 혐오, 오답, 틀림, 나쁨, 악마, 지옥, 죽음 등에 대해서도 마음의 준비를 하고 살아야 한다. 한쪽만 선택할 때 우리는 가장 잔인한 행동을 양심의 가책도 없이 해댈 수 있다.

카인이 동생 아벨을 죽인 이유는 신이 하나의 제사만을 인정하고 받아들였기 때문이다. 형제 사이에 살인이라는 잔인한 짓거리를 끌어들이게 되는 원인은 신의 판단 때문이었다. 평화주의자 헤세는 왜 그랬냐고 묻는다. 진지하게. "그러니까 성서의 신이 올바른 신, 유일신이 아니라 틀린 신"[9]일 수도 있다고. 이런 주장을 허무맹랑한 것으로 치부하기에는 지나친 감이 없지 않다. 왜냐하면 "여기에는 이야기하고 싶어 하는 감추어져 있는 수많은 비참과 수많은 저녁과 수많은 구름과 수많은 숨 막히는 대기"(디오, 476쪽)가 있기 때문이다.

그러나 이 세상을 천국으로 만드는 것은 자기 몫이다. 자기 책임이다. 정신이 세상을 만든다. 세상을 보는 눈이 세상을 규정짓는다. 사막에서도 축제를 벌일 수 있다. 고독의 축제도 가능하다. 이토록 커져만 가는 사막을 품고서도 터지지 않고 버틸 수 있는 정신이라면 삶은 그 어디서도 축제의 현장이 되어줄 것이다. 화는 감당할 일이다. 고통은 견뎌낼 일이다. "질병은 인식의 수단이며 인식을 낚는 낚싯바늘로서 반드시 필요하다."(인간적I, 14쪽) "인식은 삶을 전제로 한다."(반시대II, 385쪽) 인식은 고통으로 충만한 삶을 필요로 한다. 삶이 전제되지 않은 인식이야말로 허무맹랑한 망상에 불과하다. 인식이 오면 모든 게 행복하다. 삶의 현장을 조망할 수 있는 독수리의 눈을 가지게 되면 길이 보인다. 없던 길도 보인다. 한마디로 도(道)가 튼다. 삶의 달인이 따로 없다.

이 더없이 아름다운 대기를 마시면서,
술잔처럼 부풀어 오른 콧구멍을 하고는,
미래도 추억도 없이
나 여기 앉아 있노라, 그대

사랑스럽기 그지없는 여자 친구들이여.

그리고 종려나무를 바라본다.

그 나무가 춤추는 여인처럼,

어떻게 몸을 구부리고, 비틀며, 허리를 흔드는지를.

— 오랫동안 바라보고 있노라면, 따라하는 법이다…

내게는 그렇게 보이는데, 춤추는 여인처럼

종려나무는 이미 너무도 오랫동안, 위험할 정도로 오랫동안

언제까지나 다리 하나로만 서 있지 않았는가? (디오, 481쪽)

종려나무는 사막에 살고 있으면서도 비탄하지 않는다. 다리도 하나밖에 없으면서 한탄 한번 하지 않는다. 오히려 오랫동안 위험한 자세로 버티며 서 있다. 그냥 서 있는 게 아니라 춤을 추는 여인처럼 "몸을 구부리고, 비틀며, 허리를 흔들어" 댄다. 섹시하다. 생명력으로 충만하다. 살려면 이렇게 살아야 한다. "술잔처럼 부풀어오른 콧구멍을 하고" 살아야 한다. 맑은 대기를 가슴 속에 채우며 살아야 한다. 그것이 삶에 대한 예의다.

시간 속에 사는 이성적 존재지만 시간에 얽매일 필요는 없다. "미래도 추억도 없이" 그저 '순간의 말뚝'(반시대II, 290쪽)에 묶여 춤을 추면 된다. 춤도 최소한의 구속은 필요하다. 지금 이 순간만이 구속의 자격을 갖추고 있을 뿐이다. 미래도, 과거도 삶을 괴롭히게 내버려둬서는 안 된다. 과거의 족쇄도 미래의 창칼도 모두가 생각이 만들어낸 것일 뿐이다. 생각으로 시간의 공격을 막아낼 줄 알아야 한다. 그러기 위해 허무주의가 가르쳐주는 삶의 비결을 훈련해내야 한다. 사막에서도 축제를 벌일 수 있는 그 비결을. 그 철학이 들려주는 위로의 소리도 한번 들어보자.

오오, 울지 말라

여린 심장이여!

울지들 말라, 그대

대추야자 열매 같은 심장이여! 젖가슴이여!

그대들 감초의 심장을 가진 —

작은 주머니여!

사나이다워져라, 줄라이카! 용기를 내라! 용기를!

더 이상 울지 말라!

창백한 두두여! (디오, 482쪽 이후)

　인간은 모두 심장을 갖고 산다. 심장이 뛴다는 느낌은 좋다. 모든 설렘은 이런 느낌에서 온다. 삶의 느낌이다. 살아 있다는 느낌이다. 심장은 뛰어야 한다. 그게 삶이다. 심장이 힘차게 뛰어줄 때 삶은 즐거운 것이 된다. 《즐거운 학문》 제5부의 모토로 인용된 문구도 떠올려보자. "육체여, 너는 떨고 있는가? / 내가 너를 어디로 데리고 가는가를 안다면 / 너는 더욱 떨게 되리라."(즐거운, 317쪽) 그렇다. 심장은 뛰어야지 떨면 안 된다.

　'대추야자 열매 같은 심장'을 알아야 한다. 가슴도 마찬가지다. 그 안을 눈물로 채우지 말라. 그 안을 젖으로 채워라. 젖으로 충만한 가슴이라야 창조의 어머니가 될 수 있다. 삶을 창조적으로 살고 싶다면 그런 가슴을 원해야 한다. 그것조차 세상의 그 어떤 것보다도 작을 수 있겠지만 그래도 달콤한 '감초' 같은 가슴임을 알아야 한다. 마음이 아프면 괜찮다 위로하고 무엇을 했든 잘했다 칭찬하라. 살고자 발버둥치는 자에게 저주는 하지 말라. 삶을 위한 모든 것은 정당하다. 그 모든 것은 양심이 되어야 한다.

삶의 과정에서 가져야 할 마지막 의지와 죽음의 의미

모든 인생은 죽음이라는 관문을 통과하게 된다. 죽음은 인류에게 던져진 모든 문제들 중 가장 어려운 것이 아닐까 싶다. 삶의 달인은 있어도 죽음의 달인은 있을 수 없다. 죽음 이후, 그 순간에 대해서는 아무것도 알려진 바가 없다. 몰라서 무서운 것이다. 아는 게 없어서 해괴망측해 보인다. 죽음의 얼굴을 그려보면 안다. 자기 생각 속에 암암리에 자리 잡고 있는 죽음에 대한 선입견이 어떤 것인지를. 하지만 니체의 생철학은 끊임없이 죽음을 인정하라고 가르쳤다. 그의 정신이 감당하는 마지막 순간에도 이 죽음의 문제를 다루고 있다. 물론 메시지는 분명하다. 죽음에의 의지는 긍정적이라는 것이다. 〈최후의 의지〉를 읽어보자.

> 언젠가 내가 본 내 친구의 죽음처럼 —,
>
> 그렇게 죽는다
>
> 그 친구의 번개와 시선은
>
> 신처럼 내 어두운 청년기에 던져졌다.
>
> 방자하고도 깊이 있게,
>
> 전쟁터에서 춤추는 자 —,
>
> 전사들 중에서 가장 쾌활한 자,
>
> 승리자들 중에서 가장 어려운 자,
>
> 자기의 운명 위에 하나의 운명으로 서서
>
> 엄격하고, 앞뒤를 깊이 생각하며 —:

자기가 승리한 것에 대해 전율하고

자기가 죽어가면서 승리한 것에 대해 환호하면서—:

자기의 죽음으로 명령하고

—파괴하라고 명령했다…

언젠가 내가 본 내 친구의 죽음처럼:

그렇게 죽는다.

승리하면서, 파괴하면서… (디오, 485쪽 이후)

"사람들은 오디세우스가 나우시카와 이별했을 때처럼, 그렇게 삶과 이별해야만 한다.—연연하기보다는 축복하면서."(선악, 114쪽) 삶에 연연하지 말라. 삶과 이별을 해야 할 때 미련 없이 양심의 가책 없이 발길을 돌릴 줄 알아야 한다. 태어났을 때처럼 죽을 때도 박수를 쳐줘야 한다. 죽음은 결코 불행한 일이 아니다. 삶이 죽음으로 끝난다고 해서 슬퍼할 일도 아니다. 인식의 변화가 와줘야 할 부분이다. 생철학이 넘어야 할 가장 힘든 산이다. 풀어야 할 가장 어려운 문제다. 죽음! 그것에 대해 아무도 모른다. 죽어본 사람이 없기 때문이다. 정말 죽었다면 되살아날 수가 없다. 부활은 생철학이 고민할 문제가 아니다. 어떤 형태로든 되살아남은 니체의 희망사항도 아니다.

삶을 인정하고 받아들인다는 것은 바로 죽음을 인정하고 받아들인다는 말과 같다. 그것이 어떻게 가능한가? 모두가 묻는다. 어떻게 죽음을 인정할 수 있냐고. 죽음에 대한 물음에는 양심의 가책도 없다. 삶이 양심이라 판단하기 때문이다. 하지만 삶의 다른 면은 죽음이 있을 뿐이다. 이것을 인식해야 한다. 그것을 깨달아야 한다. 삶은 좋고 죽음은 싫다는 식의 이분법으로는 생철학을 감당할 수 없다. 니체는 분명 끔찍한 것을 보여주고자 한다. 그래서 묻는다. "육체여, 너는 떨고 있는가?"(즐거운, 317쪽) 하고.

죽음과의 싸움은 가장 두려운 싸움임에 틀림없다. 죽음에 대한 두려움과 싸워야 하기 때문이다. 알 수 없는 적과 싸워야 한다는 것이 가장 부담스러운 일이다. 그래도 싸워야 한다. 물러설 수 없는 싸움이다. 그 죽음만 넘어서면 행복이 펼쳐진다. "죽음 너머에―우리의 삶과 우리의 행복이 있다…"(안티, 215쪽) 이 말을 제대로 이해했던가? 다시 한 번 검증을 해야 할 때다. 니체는 죽고 나서 행복해진다는 그런 뜻으로 한 말이 아니다. 저 세상에 가야 행복해질 수 있다는 그런 말이 아니다. 그런 소리는 그저 내세관을 선택한 종교적 발상일 뿐이다. 하지만 니체의 철학은 생철학이다. 삶을 옹호하는 입장에서 이 글을 읽어내야 한다. 그가 말하는 '죽음 너머'는 어디일까? 그것은 바로 '선악의 저편'처럼 바로 이 세상이다. 지금과 여기가 최고의 순간이며 공간이다.

죽음을 앞두고 가져야 할 의지가 있다면 바로 이것이다. '전쟁터에서 춤추는 자'처럼 마지막을 준비하는 것이다. '방자하고도 깊이 있게' 춤을 춰야 한다. 주눅이 든 모습은 춤추는 자의 것이 아니다. "자기가 승리한 것에 대해 전율하고 / 자기가 죽어가면서 승리한 것에 대해 환호하면서" 마지막을 인정하는 것이다. 불교에서는 마지막의 고통을 단말마斷末摩의 고통이라 부른다. 그 고통이 어떤 것인지 아무도 모른다. 죽어봐야 아는 것이다. 숨이 끊어질 때의 마지막 고통. 그냥 몰라서 무섭기 짝이 없다. 게다가 아무도 이 고통을 피해갈 수가 없다. 누구나 죽어야 할 운명이다. 그래도 눈물로 삶과 이별해서는 안 된다. 그 고통 때문에 삶을 회피해서도 안 된다. 삶이 주어졌을 때 기쁘게 두 손으로 거머쥔 것처럼 헤어질 때 기쁘게 놓아줄 줄도 알아야 한다. 살면서 거둬들인 승리를 기억하며 승리의 춤을 춰야 한다. 전율하고 환호하면서 마지막을 맞이해야 한다.

"자기의 죽음으로 명령하고 / — 파괴하라고 명령"해야 한다. "그와 같이 죽음을 맞이하는 법을 배워야 한다."(차라, 119쪽) 죽음의 정복은 허무주의의 완성이라고 할까. 마지막 파괴의 의지를 불태우며 삶과 이별을 고하는 순간이다. 그때조차 명령권을 포기해서는 안 된다. 자기 삶의 주인의식을 끝까지 가지고 가야 한다. 그 누구도 삶을 대신 살아줄 수 없는 것처럼 누구에게도 죽음을 맡겨서는 안 된다. 죽어야 한다면 스스로 명령권자가 되어 죽어야 할 일이다. 두려움에 벌벌 떨기보다는 행복한 마음으로 설레면서 죽어야 할 일이다. 그때 삶은 스스로 "승리하면서, 파괴하면서…" 죽음을 맞이하게 되는 것이다. 니체가 원하는 죽음은 바로 이런 것이다.

축복하면서 죽어라! 이 명령을 따를 수 있을까? 매 순간 가장 사랑했던 순간을 떠올리며 헤어지는 연습이라도 해야 할 것 같다. 버리면서 채우는 지혜를 배워야 할 것 같다. 텅 빈 종이 맑은 소리를 내는 범종처럼 변신해야 할 때다. 모든 것을 잊은 정신이 해탈의 춤을 출 수 있게 해주는 것이다. "너의 영혼은 너의 신체보다 더 빨리 죽어갈 것이다."(차라, 28쪽) 영혼의 죽음을 먼저 받아들일 줄 알아야 한다. 그리고 육체는 자연에 맡길 일이다. 마지막 의지는 영혼의 삶이 직면한 죽음을 책임질 줄 아는 것이다.

심연을 응시하는 독수리의 눈빛

니체에게 독수리는 자기 자신을 조망하는 새에 대한 비유다. "그 자신의 심연을 응시하고 있는 독수리와도 같이"(차라, 492쪽) 그렇게 자기 자신을 바라보라는 것이다. 차라투스트라가 십 년이란 세월 동안 똑같은 태양을 맞이하면서도 또 동굴 속에서 지치지도 않고 버틸 수 있었던 것은 독수리와 뱀 때문이었다고 한다. "너는 지난 십 년 동안 여기 내 동굴을 찾아주었다. 내가, 그리고 나의 독수리와 뱀이 없었더라면 너는 필경 너의 빛과 그 빛의 여정에 지쳐 있으리라."(차라, 12쪽) 하늘을 나는 새와 대지를 온몸으로 느끼며 기어다니는 뱀에게서 삶의 지혜를 얻고자 했던 것이다.

이번 디튀람보스 시의 제목은 〈육식조 사이에서〉라고 붙였다. 엄밀히 말하면 '육식조들 사이에서'이다. 즉 복수형태다. 차라투스트라의 날개들과 시선들이라고 생각해도 된다. 그의 정신을 비상하게 하고 깊은 곳까지 이르게 하는 도구들이다. 하지만 그 정신과 심연 사이에 존재의 의미가 있다. 한없이 높은 곳에서 한없이 깊은 곳까지, 그 사이에 존재의 의미가 있다는 이야기다. 시를 읽어보자.

여기서 내려가려는 자,
어찌나 빨리
깊이가 그자를 삼켜버리는지!
―하지만 그대 차라투스트라는
아직도 심연을 사랑하는구나
전나무 숲도 똑같이 그러한가?―

그것은 뿌리를 내린다
바위마저 전율하며
심연을 바라보는 곳에―
그것은 심연에서 머뭇거린다.
주위의 모든 것이

그 아래로 내려가고자 하는 곳에서:

거친 자갈더미와 쏟아져 내리는 시냇물의

성급함 사이에서

인내하며 기다리고, 엄격하고, 말없이,

고독하게… (디오, 487쪽)

심연이 내려가려는 자를 어찌나 빨리 삼켜버리는지, 시적 자아는 경악을
금치 못한다. 심연. 깊은 곳. 어두운 곳. 속을 알 수 없는 곳. 들어가면 빠져나
올 수 있을까? 걱정부터 되는 곳. 그런데 차라투스트라는 바로 그곳을 사랑
한다. 심연이 빨리 그 자를 삼켜버리는 게 아니라 차라투스트라가 그 심연
속으로 너무도 빨리 들어가고 있는 곳이다. 그 속으로 몰락하고 있는 것이
다. 아무것도 보이지 않는 곳으로 스스로 의도적으로 빠져들고 있는 것이다.
그것도 너무도 빠르게. 심연을 향한 그의 사랑은 그토록 뜨겁다.

그런데 바닥이 없다. 심연은 끝이 없다. 그곳으로 향하는 모든 '빠름'과
'성급함'은 그곳을 바라보는 곳에 머뭇거리는 것처럼 보인다. 마치 전나무
의 뿌리 같다. 대지를 사랑하여 뿌리를 깊이 내리지만 그 끝에는 도달할 수
가 없다. "주위의 모든 것이 / 그 아래로 내려가고자 하는 곳"에 머물고 있
을 뿐이다. '여기서 내려가려는 자'의 욕망은 "거친 자갈더미와 쏟아져 내리
는 시냇물의 / 성급함 사이에서 / 인내하며 기다리고, 엄격하고, 말없이, /
고독하게…" 머물고 있을 뿐이다. 하지만 그 모든 머무름은 머무름이 아니
다. 아래로 또 아래로 내려가고 있는 과정 그 자체일 뿐이다.

도대체 그 심연은 어딜까? 그 심연 속에 무엇이 있기에 그토록 열망하며
몰락을 자처하는 것일까? 게다가 "심연을 사랑하는 자는 날개를 가져야만
한다…"(디오, 488쪽)고 말한다. 독수리 같은 존재가 되어야 한다는 말이다. 먹

잇감을 찾아 비상하는 새가 되어야 한다. 그것을 찾아내면 쏜살 같이 날아 낚아채야 한다. 실수는 용납될 수 없다. 독수리의 눈빛은 그 어떤 것도 놓치지 않는다. 높은 곳에서 심연 깊은 곳까지 이르는 것이 그의 시야다. 그의 눈빛은 차라투스트라와 연결된다.

오오, 차라투스트라여,
더없이 잔혹한 님로트여!
최근에는 여전히 신의 사냥꾼이었고,
모든 덕을 포착하는 그물이자
악의 화살이었던!
이제는—
그대 자신에 의해 사냥되고
그대 자신의 수확물이 되며
그대 안으로 스스로 뚫고 들어간다…

이제는—
그대와 더불어 고독하고,
고유의 앎에서는 둘이고,
백 개의 거울 사이에서
그대 자신 앞에서는 거짓이며,
백 개의 추억들 사이에서
확신하지 못한 채
온갖 상처로 지쳐 있고
온갖 서리에 차가워지며

자기의 끈에 목이 졸린다.

자신을 아는 자!

자신의 목을 매는 자!

그대의 진리의 끈을 가지고

그대는 그대의 무엇을 묶었는가?

늙은 뱀의 낙원으로

그대는 그대의 무엇을 유혹했는가?

그대 안으로 — 그대 안으로

얼마나 그대는 몰래 숨어들었는가? …

뱀의 독 때문에 병들어 있는

병자가 이제;

가장 어려운 제비를 뽑은

포로가 이제;

자기의 굴에서

허리를 구부려 일하면서,

그대 자신 안으로 굴을 파,

그대 자신을 파묻자,

어쩔 도리 없이

움직일 수 없게 된

하나의 시체 —.

백 가지 무거운 짐의 탑에 짓눌리고,

그대 자신이라는 무거운 짐을 진,

지자知者!

자기를 아는 자!

현명한 차라투스트라여! …

그대는 비할 바 없이 무거운 짐을 찾았었다:

그때 그대는 그대 자신을 발견했었다—

그대는 그대 자신을 그대에게서 벗어던지지 않는다… (디오, 488쪽 이후)

    누군가 차라투스트라가 누구냐고 물어오면 이 시를 들려주면 어떨까. 여기에는 다양한 정의가 내려져 있다. 차라투스트라는 '님로트Nimlot'이며 '신의 사냥꾼'이고 '모든 덕을 포착하는 그물'이며 '악의 화살'이다. 그의 모든 행위는 자기 자신으로 향한다. 자기 자신 앞에서 차라투스트라는 '더없이 잔혹한 님로트'가 된다. 성경식의 이름으로는 '니므롯Nimrod'이다. "그는 세상의 첫 용사"(창세기10:8)라고 한다. "그가 여호와 앞에서 용감한 사냥꾼이 되었으므로 속담에 이르기를 아무는 여호와 앞에 니므롯 같이 용감한 사냥꾼이로다 하더라."(창세기10:9) 또 그는 "세상에서 첫 영걸"(역대상1:10)이라는 말도 있다. 세상에 나타난 첫 번째 영웅호걸이라는 것이다. 이 세상에서 힘을 획득한 첫 번째 사람이라는 뜻이기도 하다.

    니체는 이런 성경 속 인물을 자신의 철학으로 옮겨온다. 그 인물이 차라투스트라의 이름으로 불리고 있다. 그는 최근까지 '신의 사냥꾼'이었다고 말한다. 차라투스트라는 '모든 덕을 포착하는 그물'이자 '악의 화살'이 되어 잔혹한 사냥을 해왔다는 것이다. 그런데 '이제는' 그 사냥의 방향이 자기 자신으로 바뀌었다. "그대 자신에 의해 사냥되고 / 그대 자신의 수확물이 되며 / 그대 안으로 스스로 뚫고 들어간다…" 심연, 그곳은 바로 자기 자신이었다. 뚫고 들어가야 할 정도로 단단한 곳이다. 날개가 없으면 빠져나올 수 없을 정도로 깊은 곳이다. 아무것도 보이지 않는 어두운 곳이다. 보이지 않아 무서운 곳이다. 그래도 사냥을 해야 한다. 자기 자신을 찾기 위해서.

육식조들, 즉 독수리들이 찾고 있는 것은 먹잇감이다. 자기 자신 안에 '하나의 시체'가 되어버린 존재를 찾고 있다. '똑바로 설 수 없는 자', '무덤과 하나로 자라버린' 자, '기형의 정신'(디오, 490쪽)을 찾고 있다. 자기 자신을 찾은 정신은 '진리의 끈'이라 불리는 '자기의 끈'으로 자신의 목을 묶는다. '자신을 아는 자'가 해야 할 일이다. "지자知者! / 자기를 아는 자! / 현명한 차라투스트라"가 해야 할 일이다. "그들은 벌써 그대의 '해결책'을 먹고 싶어 한다"(같은 책, 491쪽)는 욕망에 충실한 것일 뿐이다.

차라투스트라의 정신은 사냥꾼이 되어 자기 자신을 찾아들어간다. "그대는 그대의 무엇을 묶었는가? / 늙은 뱀의 낙원으로 / 그대는 그대의 무엇을 유혹했는가? / 그대 안으로—그대 안으로 / 얼마나 그대는 몰래 숨어들었는가? …" 몰래 들어가야 했던 곳은 자기 자신이다. 눈치를 채면 잡을 수 없을 정도로 영리한 놈이다. 들키면 무슨 일을 당할지도 모른다. 자기 자신에게 접근할 때는 몰래 숨어들어야 한다. 눈치 채지 못하게 다가서야 한다. 자기 자신을 속일 줄도 알아야 한다. 그래야 자기 자신을 잡을 수 있는 것이다.

포로가 된 것은 병자다. 자기의 굴에서 어쩔 도리 없이 움직일 수 없게 된 자다. "백 가지 무거운 짐의 탑에 짓눌리고, / 그대 자신이라는 무거운 짐을 진" 자다. 자기 자신을 짐으로 느끼는 자다. 자기 자신 때문에 살기 힘들어하는 자다. 삶 자체가 고통이 되는 자다. 자기 자신이라는 무거운 짐을 지고 사는 자다. 차라투스트라는 이런 자를 찾아 '진리의 끈'으로 포박한 것이다. '자기의 끈'으로 자기 목을 조르고 있다. 자기가 자기를 괴롭히고 있는 것이다. 자기가 나약해진 자기를 꼼짝 못하게 길들이고 있는 것이다.

자기 자신은 '무거운 짐'이다. 이보다 더 무거운 짐은 없다. 하지만 이 짐은 떠안고 살아야 하는 짐이다. 이 짐을 벗어던질 수는 없다. "그대는 그대 자신을 그대에게서 벗어던지지 않는다…" 그것이 차라투스트라의 삶이다. 초인의 삶이다. 모든 것을 극복한 자의 삶이다. 자기 자신과 함께 끝까지 살아야 한다. 짐은 짐이다. 인생이 짐이다. 때로는 귀찮은 짐이 될 수도 있다. 그래도 비탄이나 한탄은 하지 말아야 한다. 그것은 바로 자기 자신의 삶이기 때문이다. 때로는 코볼트^{Kobold}를 위한 힘의 여유도 갖고 살아야 한다. 왜냐하면 그 요괴는 힘들다고 말할 때 등 뒤에 올라타는 못된 습성을 갖고 있기 때문이다. "그것은 인간이 이미 가장 무거운 짐을 지고 있을 때 또 인간의 등에 뛰어오른다."(인간적I. 404쪽) 짐을 지더라도 여유롭게 지고 살아야 할 일이다. 그것이 삶에 대한 예의다. 짐을 지고 쓰러지지 않을 수 있는 지혜다.

등대가 된 차라투스트라의 정신

차라투스트라는 자기 자신을 아는 자다. 깊은 심연으로 들어가 자기 자신을 찾아낸 자다. 자기 자신을 사냥하는 사냥꾼 중에서도 최고의 수준에 도달한 자다. 그는 자기 자신을 알고 자기 자신을 진리라는 자기의 끈으로 포박한 자다. 그는 자기 자신의 주인이 되었다. '해결책'을 포박하여 손에 거머쥔 자다. 이제 그는 자기 자신을 통제하에 둔 정신이 된 것이다. '너 자신을 알라!'라는 아폴론의 가르침을 완성한 자다. "'너 자신을 알라'는 학문의 전부"(아침. 62쪽)임을 아는 자다.

그리고 자기 자신을 알게 된 차라투스트라는 세상 사람들에게 이정표가 되기를 바란다. 어둠이 깔린 곳에서도 길을 밝혀주고자 한다. 길도 없는 바다에서도 길을 찾을 수 있도록 등대의 불빛이 되기를 바란다. 없던 길도 보이도록 해주고 싶은 것이다. 차라투스트라는 길을 잃고 방황하는 일이 없도록 해주고 싶은 거다. 그것이 자기가 가르친 이념임을 강조한다. "나를 따르는 것―너 자신을 따르는 것. // 나의 방식과 말에 유혹되어 / 나를 따르고 추종하려 하는가? / 오직 너 자신만을 충실히 추종하라― / 그것이 나를 따르는 것이다―여유롭게! 여유롭게!"(즐거운, 39쪽) 생철학이 이끈 여정의 끝에는 바로 자기 자신이 있음을 알려주고 싶은 거다. 이번 시의 제목은 〈횃불 신호〉다.

여기, 바다 사이에서 섬이 생겨난 곳,
희생된 바위 하나가 가파르게 우뚝 솟아 있다
여기 검은 하늘 아래
차라투스트라가 자기의 높은 횃불을 밝힌다.
흩어진 뱃사람을 위한 횃불 신호,
대답을 갖고 있는 자들을 위한 횃불 신호…

회백색 배를 가진 이 불꽃
―차가운 먼 곳으로 그 욕망의 혀를 날름거리고,
더욱더 순수한 높은 곳 쪽으로 그 목을 구부리는―
초조하여 몸을 바로 쳐든 한 마리의 뱀:
이 신호를 나는 내 앞에 세운다.

내 영혼 자체가 이 불꽃이다
물릴 줄 모르고 새로운 먼 곳으로

그 조용한 작열은 위로, 위로 불타오른다.

차라투스트라는 무엇 때문에 짐승과 인간한테서 도망쳤던가?

그는 무엇 때문에 돌연 모든 육지에서 달아났던가?

여섯 가지 고독을 그는 이미 알고 있다—

하지만 바다마저도 그에게는 충분히 고독하지 않다

섬이 그를 오르게 하여, 산 위에서 그는 불꽃이 되었다

일곱 번째 고독을 찾아

그는 지금 낚싯바늘을 자기 머리 위에 던진다.

흩어져버린 뱃사람들이여! 옛 별들의 파편이여!

그대들 미래의 바다여! 알려지지 않은 하늘이여!

모든 고독을 향해 나 이제 낚싯바늘을 던진다:

초조한 불꽃에 대답하라,

높은 산 위의 어부인 내게 붙잡혀라,

내 일곱 번째 최후의 고독이여! ——(디오, 492쪽 이후)

　인간을 향한 니체의 목소리가 담겨 있는 시다. 인간애의 깊은 뜻이 읽힌
다. 자기 자신을 잃고 살아가는 뭇영혼들에게 던지는 메시지처럼 들리기도
한다. 이 시의 모든 어조는 "나는 세상의 빛이니 나를 따르는 자는 어둠에
다니지 아니하고 생명의 빛을 얻으리라"(요한복음8:12)고 하는 예수의 말과 닮
아 있다. 스스로 희망의 불꽃이 되어 세상을 밝히고자 한다. "내 영혼 자체
가 이 불꽃이다"에서 전해지는 감정은 격렬하다. 이 불꽃은 "차라투스트라
가 자기의 높은 횃불을 밝힌다"로 거슬러 올라간다. 인물을 통해서 말했다
가 지금은 시적 자아가 전면에 나선다. 그 전환은 감동을 자아낸다. '하나가

둘'(즐거운, 415쪽)이 된 정신이라고 할까. 아니면 둘이 하나가 된 정신이라고 할까. 둘 다 맞는 소리다.

예수가 인류를 위해 스스로 희생했던 것처럼, 차라투스트라는 "여기, 바다 사이에서 섬이 생겨난 곳, / 희생된 바위 하나가 가파르게 우뚝 솟아" 있는 곳에 홀로 불을 밝힌다. 스스로를 태우며 세상을 밝힌다. 스스로 희생의 기반 위에 서 있다. "흩어진 뱃사람을 위한 횃불 신호, / 대답을 갖고 있는 자들을 위한 횃불 신호…"를 보내면서. 끝이 없는 바다에서 방향 감각을 잃고 방황하는 뱃사람들을 위한 횃불이 되어 신호를 보내고자 한다. 대답을 갖고 있는 자들을 위해 횃불이 되어 신호를 보내고자 한다.

잠시 걸음을 멈춰야 할 대목이다. '대답을 갖고 있는 자들'은 누굴까? 이 질문에 대답을 분명하게 해야 한다. 같은 위치에 놓인 구절은 '흩어진 뱃사람'이다. 이들 둘의 관계는 무관하지 않을 것이다. 대답을 갖고 있는 자들이 바다 위에 흩어져 방황하고 있다고 보아도 된다. 각자가 길을 잃고 있다는 것이다. 이들을 한데 모으고 싶은 것이다. 차라투스트라가 있는 곳으로. '대답을 갖고 있는 자들'은 그러니까 각자 나름대로 자기 인생에서 얻은 대답이 아닐까. 모든 인간은 이성적 존재니까. 자기 이성으로 도달한 대답은 각양각색일 테니까. 모두가 이리저리 흩어져 방황하고 있다. 각자 나름대로 안다고는 하지만 궁극적으로는 아는 게 없는 존재가 되어 살아가고 있는 것이다. 이런 인간들을 위한 횃불이 되고 싶은 거다. 나아가야 할 방향을 제시하고 싶은 거다.

'불꽃'은 "그 욕망의 혀를 날름거리고" 있다. 모든 것을 불태워버릴 요량으로 사악하게 작열하고 있다. '한 마리의 뱀'처럼 "더욱 더 순수한 높은 곳쪽으로 그 목을 구부리는" 모습은 지혜에 대한 갈망을 연상케 한다. 탐욕스럽다. '육식조'가 심연을 응시하는, 즉 아래로 향한 독수리의 시선을 표현하는 데 주력했다면, 햇불은 "여기 검은 하늘 아래"서 위를 향해 솟아오른다. 위에서 아래로 향했던 시선은 여기서 아래서 위로 향하게 된다. 또 그것은 어디서도 볼 수 있도록 높이 솟아올라 차라투스트라의 이정표가 되어준다. 인간을 사랑했던 철학의 길잡이가 되어준다. 여기가 '선악의 저편'이라고 알려주고, 여기가 '새로운 양심'과 '자신에 대한 존경', '자신에 대한 사랑', '자신에 대한 무조건적 자유'(안티, 214쪽)가 있는 곳임을 알려주고 있는 것이다.

게다가 불꽃은 꺼질 줄을 모른다. "풀릴 줄 모르고 새로운 먼 곳으로" 향할 뿐이다. 생각하는 존재의 운명이라고 할까. 생각은 멈출 수 없다. 죽을 때까지. 생각은 이성의 산물로서 필연이 된다. 생각의 끝자락에서 생각은 어떤 모습을 보일까? 오르고 올라 더 이상 오를 수 없는 곳까지 몸부림치며 솟아올랐을 때 생각은 무슨 생각을 하고 있을까? 생각하는 존재라서 궁금하다. 늘 그 끝에는 무엇이 기다리고 있을지가 궁금한 것이다. 그 끝에는. 삶의 끝에는.

"차라투스트라는 무엇 때문에 짐승과 인간한테서 도망쳤던가?" 극복하고 극복하여 결국에는 초인이 되고 싶어서. "그는 무엇 때문에 돌연 모든 육지에서 달아났던가?" 새로운 대지를 찾기 위해서. 혹시 돌아오고 싶은 마음이 생길까봐 살던 오두막까지 불사르고 떠났었다. "먼저 너 자신의 오두막에 불을 질러라!"(인간적II, 415쪽) 그리고 그는 미련 없이 항해를 떠났다. "그러고는 문을 등 뒤로 힘껏 닫아버렸던 것이다."(차라, 211쪽) 돌아갈 수 있는 모든 길을 차단하고 싶었던 것이다. "무한한 수평선. ─ 우리는 육지를 떠나 출항했다! 우리는 다리를 건너왔을 뿐만 아니라, 우리 뒤의 육지와의 관계를 단절했다! 그러니 우리의 배여, 앞을 바라보라! 네 곁에는 대양이 있다."(즐거운, 199쪽) 네 곁에 대양이 있다. 네 곁에 바다가 있다. 이제 할 일이라고는 항해하는 것뿐이다.

"거대한 침묵 속에서. —여기는 바다다."(아침, 331쪽) 침묵의 바다! 거기서 자유정신은 끊임없는 항해에 매진했었다. "하지만 바다마저도 그에게는 충분히 고독하지 않다 / 섬이 그를 오르게 하여, 산 위에서 그는 불꽃이 되었다 / 일곱 번째 고독을 찾아 / 그는 지금 낚싯바늘을 자기 머리 위로 던진다." 마치 흔들리는 불꽃의 마지막 구부러짐은 죽음이라는 문제를 향한 '최후의 의지'(디오, 485쪽)처럼 보인다. 마지막 모험 여행지다. 일곱 번째 고독을 찾아 떠나야 하는 여행이다. 불꽃은 이제 일곱 번째 고독을 낚는 낚싯바늘이 된다.

'일곱 번째 고독'은 신비롭기 짝이 없다. 아무도 가보지 못한 곳이다. 자기 자신을 횃불 삼아 태우고 또 태워서 마지막 그 여린 불꽃의 구부러짐으로써만, 그 낚싯바늘로써만 낚아채져 올라갈 수 있는 곳이다. 하늘에서 동아줄이 내려오는 것이 아니라 자기 자신이 스스로 낚시질을 해야 한다. 하늘을 향한 낚싯바늘을 준비해야 한다. 하늘로 던져질 낚싯바늘이다. "알려지지 않은 하늘이여!", "초조한 불꽃에 대답하라", 이제 그대가 대답할 차례다. 자유정신은 이제 귀를 열고 기다린다. 그리고 간절하게 염원한다. 제발 좀 잡혀달라고. 어부가 던지는 이 낚싯바늘에 제발 좀 낚여달라고. "높은 산 위의 어부인 내게 붙잡혀라, / 내 일곱 번째 최후의 고독이여! ——" 삶이 도달할 수 있는 마지막 죽음의 경지는 이토록 간절하다. 최후의 고독이 되어, 낚여야 할 대상이 되어 우리를 내려다보고 있다.

제8장
나는 너의 미로다

나는 너의 진리다.
나는 너의 미로다.
두 개의 말은
서로 꼬리를 물고 돌고 돈다.
영원회귀 사상처럼.

태양처럼 몰락하기를 바라는 마음

《차라투스트라는 이렇게 말했다》의 첫 번째 이야기는 태양과의 대화였다. 태양이 저녁이 되면서 서쪽 하늘로 몰락해간다. 차라투스트라는 그것을 보면서 이런 인식을 내놓는다. "나 저 아래 깊은 곳으로 내려가야 한다. 네가 저녁마다 바다 저편으로 떨어져 하계에 빛을 가져다줄 때 그렇게 하듯, 너 차고 넘치는 천체여!"(차라, 12쪽) 몰락은 유익한 것이었다. 빛이 없는 곳에 빛을 주려고 있기 때문이다. 그런 몰락이라면 충분히 감당할 만한 유익한 희생이라는 것이다. "나 이제 사람들을 만나기 위해 저 아래로 내려가려 하거니와, 나 또한 저들이 하는 말대로 너처럼 몰락하지 않을 수 없는 것이다."(같은 책, 13쪽) 그런 몰락은 차라투스트라의 운명처럼 다가온다. 사람들을 위한 빛줄기가 되는 것은 초인의 길이기 때문이다. 어쩔 수 없다. 다른 방도가 없다. "이렇게 하여 차라투스트라의 몰락은 시작되었다."(같은 곳) 이것이 차라투스트라의 이야기가 시작되는 부분이다.

태양처럼 몰락하기를 바라는 철학이 니체의 허무주의다. 어둠 속에 빛을 선사하고 싶은 욕망에서 철학이 시작되는 것이다. 그래서 태양은 긍정적 이미지의 집합체다. '아침놀' 때처럼 뜨는 태양을 바라보며 희망에 찬 하루를 준비하기도 하지만, 태양이 지는 모습을 바라보는 마음 또한 평온하기만 하다. 특히 여정의 막바지에 달한 니체의 정신은《디오니소스 송가》에서 지속적으로 죽음에 대한 생각을 이어나간다. 이번에는 〈해는 지는데〉라는 제목으로 죽음과 관련한 시적 정서를 이어가고 있다.

머지않아 갈증도 없어지리라 그대,
불타버린 가슴이여!
약속이 대기 속에 있어,
미지의 입에서 내게 불어오네
— 대단히 차가운 기운이 다가오네…

내 태양이 정오에 내 위에 따갑게 있네:
잘 왔네, 그대
갑자기 부는 바람
그대 오후의 차가운 영들이여!

대기는 낯설지만 맑게 불고 있네.
곁눈질하는 유혹자의 눈길로
남몰래
밤이 나를 훔쳐보고 있지 않는가? …
강하게 있어라, 내 용감한 심장이여!

묻지 말라: 왜냐고 ― (디오, 494쪽 이후)

해가 지고 있다. 하루가 저물고 있다. 저녁이 다가오고 있다. 날이 어두워지고 있다. 하루를 열심히 살아온 시적 자아는 자신의 가슴에게 말한다. "머지않아 갈증도 없어지리라 그대, / 불타버린 가슴이여!" 하고. 얼마나 갈증으로 애를 태웠을까. 지난 하루의 시간들이 엿보인다. 얼마나 갈증으로 시달렸을까. 갈증은 하루 종일 괴롭혔던 일이었다. 또 그 갈증 때문에 가슴이 다 타버렸다고 말한다. 더 이상 탈 것도 없다는 것이다. 뜨거웠던 하루가 지나가고 있다. 이제 휴식의 시간도 멀지 않았다.

"약속이 대기 속에 있어, / 미지의 입에서 내게 불어오네 / ― 대단히 차가운 기운이 다가오네…" 약속이 대기 속에 있다? 어떤 약속일까? 다시 위쪽으로 눈길을 돌릴 수밖에 없다. "머지않아 갈증도 없어지리라 그대"가 약속일까? 일단 문맥상으로는 그것밖에 없다. 그 위로의 말이 대기를 통해 전해지고 있다. 알 수 없는 "미지의 입"이 전해주는 소리다. "대단히 차가운 기운이 다가오네"로 번역된 구절은 좀 불만스럽다. 왜냐하면 원문에서는 "디 그로쎄 퀼레die große Kühle", 즉 직역하면 '위대한 서늘함'이 되기 때문이다. 느낌이 나쁘지 않다는 이야기다. 나쁜 느낌의 기운이 아니라는 것이다. 그렇다고 틀린 번역도 아니기에 그대로 남겨놓았다. 왜냐하면 '불타버린 가슴'과 대립되는 구조를 돋보이게 하기 위해서는 정반대의 개념을 사용하는 것도 나쁘지 않기 때문이다. 차가운 느낌은 불타는 느낌과 맞물리면서 마치 음양이론처럼 들려오기도 한다. 서로가 달래주는 그런 역할을 하고 있는 존재로 이해될 수도 있다는 것이다.

둘째 연의 첫 구절은 좀 더 불만스럽다. 시제가 틀렸기 때문이다. 과거다. 태양이 머리 위에 떠 있던 시간은 정오였다. 그런데 "내 위에 따갑게 있네"

로, 즉 현재시제로 오역을 해놓았다. 그래도 그냥 내버려두었다. 오역된 상태로도 특별한 내용상의 문제는 발생하지 않기 때문이다. 그냥 내용에 집중해보자. 정오에 태양은 "내 위에 따갑게" 떠 있었다. 그것 때문에 '갈증'도 났었고 또 그것 때문에 가슴까지 '불타고' 있었다. 그런데 오후를 지나 저녁이 되어가고 있는 시점이다. 미지의 입에서 차가운 기운이 담긴 약속이 불어온다던 소리는 여기서 "갑자기 부는 바람 / 그대 오후의 차가운 영들이여!"로 바뀌며 연결고리를 형성해주고 있다. 시간의 변화가 전해주는 의미에 집중한다. 여기서도 '서늘한 영들'이 직역이다. 나쁘지 않은 느낌의 영들이라는 이야기다. 뜨겁게 타버린 가슴을 식혀주는 영들이 아늑하게 불어오고 있다는 것이다.

그리고 셋째 연은 "대기는 낯설지만 맑게 불고 있네"로 시작한다. 하루 종일 맛보지 못했던 공기가 세상을 지배한다. 그런데 그 낯설음이 불쾌하지가 않다. '불어오네', '부는 바람'은 '불고 있네'로 이어지고 있다. 이제 저녁은 어두운 밤으로 이어진다. "곁눈질하는 유혹자의 눈길로 / 남몰래 / 밤이 나를 훔쳐보고 있지 않는가? …" 밤이 유혹하고 있다. 괜찮다고 다가오고 있다. 겁먹지 말라고 달래주고 있다. 조심스럽게 곁눈질하며 다가오고 있다. 놀래지 않게 '남몰래' 다가서고 있는 것이다. 마치 담벼락에 매달려 훔쳐보는 시선 같기도 하다. "밤이 나를 훔쳐보고 있지 않는가? …" 밤의 시선에 푹 빠졌다. 말줄임표와 함께 긴 여운이 전해진다. 그 밤의 시선을 소리로 바꾸면 마치 피아노의 마지막 건반이 전해주는 들릴까 말까 하는 끝음 같다.

조용한 가운데 불타버린 가슴에게 위로의 말을 전해주던 '미지의 입'이 또 다른 삶의 지혜를 들려준다. "강하게 있어라, 내 용감한 심장이여! / 묻지 말라: 왜냐고 —" 밤? 그것은 결코 무서워할 일이 아니다. 오히려 모험 여행을 떠나야 할 시간이기도 하다. 강해야 하고 또 용기까지 요구되는 시간이다. 왜 그래야 하는지 묻지 말라. 의심하지 말라. 그게 삶이기 때문이다. 미래의 일을 안다고 현실의 문제가 더 쉽게 풀리거나 더 나아지지는 않을 것이다. 그냥 매 순간 최선을 다하며 사는 수밖에. 그저 '묻지 말라'를 지상명령으로 삼고 살아가는 수밖에.

> 내 삶의 날이여!
> 해가 지고 있다.
> 잔잔한 만조는 이미
> 황금빛으로 물들었다.
> 바위는 따뜻하게 숨쉰다:
> 행복이 정오에
> 그 바위 위에서 낮잠을 즐기지 않을까?
> 녹색의 빛 속에서
> 갈색의 심연이 여전히 행복을 불러 올리고 있다.
>
> 내 삶의 날이여!
> 저녁을 향해 나아가라!
> 이미 그대의 눈은
> 반쯤 빛을 잃었고,
> 이미 그대 눈물의
> 이슬이 넘쳐흐른다
> 이미 흰 바다 위를 말없이 달리고 있네
> 그대의 사랑하는 진홍빛이,
> 그대의 머뭇거리는 최후의 지복이… (디오, 495쪽)

두 번째 시다. 살아온 하루와 작별을 고하는 시다. 인생에서는 뭐든지 집착하고 연연하면 힘들어진다. 늘 끝내고 다시 시작하는 마음으로 살아야 할 일이다. 늘 새날을 맞이하는 지혜로 살아야 할 일이다. 매순간 얽매임이 없을 때 춤을 출 수 있는 것이다. 정오에 행복이 낮잠을 자고 있었고, 저녁이 되어서 그 행복이 녹색의 빛 속에서 갈색의 심연에 의해 불러 올려지고 있다. 행복하다! 이 말을 하고 싶어 이 시를 쓰고 있는 것이다.

하루를 마감하는 시간, 저녁은 한탄할 일이 아니다. 저녁의 눈, 황혼빛으로 물든 태양, "반쯤은 빛을 잃었지만" 그래도 "흰 바다 위를 말없이 달리고" 있는 모습은 아름답기만 하다. '최후의 지복'이 이런 빛이리라 확신하고 있는 것이다. 태양이 바다 위를 달리듯이 삶은 다시 그 행복한 저녁을 향해 달려야 한다. 빛은 오고 간다. 마치 시간이 오고 가는 것처럼, 그렇게 사물과 하나가 되고 있다. 물아일체의 경지가 따로 없다.

> 황금빛의 쾌활이여, 오라!
> 그대, 죽음을
> 비할 바 없이 은밀하고 달콤하게 맛보는 것이여!
> ─내가 너무 빨리 내 길을 달린 것인가?
> 발이 지쳐버린 이제야 비로소,
> 그대의 시선이 나를 따라잡고
> 그대의 행복이 나를 따라잡는다.

> 사방은 물결과 유희뿐.
> 이전에 힘들었던 것은,
> 푸른빛 망각으로 가라앉는다

이제 내 조각배는 한가롭게 흔들거린다.

폭풍우와 항해―내 조각배가 이것을 잊어버리다니!

소망과 희망은 가라앉고,

영혼과 바다는 잔잔하다.

일곱 번째 고독이여!

한 번도 나는 느껴보지 않았다

내 몸 가까이 이 감미로운 안전을,

더 따뜻한 태양의 눈길을.

―내 산정의 얼음이 아직도 불타고 있지 않은가?

은빛으로, 가볍게, 한 마리의 물고기처럼

이제 내 조각배는 헤엄쳐간다… (디오, 496쪽)

아직도 불타고 있나? 그렇지 않나? 이 질문이 전하는 어감은 릴케의 생애 마지막 시의 그것과 비슷하다. "오라 너, 너 마지막이여, 내가 인정하는, / 육체의 조직 속에 있는 불치의 고통: / 내가 정신 속에서 탔던 것처럼, 보라, 나는 탄다 […] / 아직도 나인가, 저기 알아볼 수 없게 타고 있는 자가? / 기억들을 나는 이쪽으로 끌어들이지 않는다. / 오 인생, 인생: 바깥의 존재여."[1] 백혈병으로 삶을 마감해야 했던 시인은 얼마나 큰 고통과 직면하고 있었을까? 삶 자체가 고통이었던 시인의 삶을 증명하는 마지막 시다. 불 속에서 타는 듯한 그 고통을 시로 승화시켜놓은 것이다.

릴케보다 앞선 세대 니체는 이미 비슷한 시를 남겨놓았다. 하지만 즐겁기만 하다. 행복감으로 충만해 있다. 알프스 산꼭대기에 있는 만년설이 불타고 있다? 저녁놀에 빛나는 만년설을 두고 한 말 같다. 산꼭대기가 불타는 것처럼 보인다는 것이다. 그런 불타는 행위로 하루를 살았던 것이다. 그런 뜨거운 열정으로 하루의 시간을 보냈던 것이다. 모든 순간이 '유희'였을 뿐이다. 그리고 하루를 마감하는 순간 외쳐댄다. "황금빛의 쾌활이여, 오라!"고. 그 쾌활함은 죽음을 맛보고 있다. "그대, 죽음을 / 비할 바 없이 은밀하고 달콤하게 맛보는 것이여!" 죽음을 맛보는 쾌활함! 이것이 죽음과 직면한 니체의 정서다.

황혼빛의 태양이 시적 자아를 따라잡고 있다. 태양의 시선이 그를 사로잡는다. "그대의 시선이 나를 따라잡고 / 그대의 행복이 나를 따라잡는다." 태양의 행복이 그를 따라잡았다? 감정이입으로 읽어내면 된다. 즉 시적 자아가 행복하다는 이야기를 하고 싶을 뿐이다. 사물은 그저 행복의 소리를 전해주고 있을 뿐이다. 그 행복한 소리들 중심에 자아가 있을 뿐이다. '최후의 지복'(디오, 495쪽) 한가운데 있을 뿐이다.

시적 자아의 시선은 수평선 너머로 자취를 감춰가는 황혼의 빛줄기를 따라간다. 태양의 모습은 '조각배'와 흡사하다. 물 위에 떠 있는 작은 배와 같다. 태양이 가라앉듯이 "이전에 힘들었던 것은, / 푸른빛 망각으로 가라앉고" 있다. 망각의 순간은 '감미로운 안전'의 감정으로 이어진다. 잊음이 편안한 감정으로 이어지고 있는 것이다. 그것은 '달콤한 죽음'과도 같다. 다른 말로 하자면 '일곱 번째 고독'이다. 단 "한 번도 나는 느껴보지 않았다"는 말이 전하는 낯설음에도 불구하고, 그 고독의 맛은 달콤하기만 하다.

하루를 마감하듯이 니체는 자신의 정신과 작별을 고하고 있는지도 모를 일이다. 두려움이라고는 찾아볼 수 없다. 한 번도 느껴보지 못한 감정이지만 그래도 당당하기만 하다. 아니 오히려 설렘으로 충만하다고 할까. 조각배를 타고 모험 여행이라도 하고 있는 듯하다. 고대의 유물 속에 남겨져 있는 디오니소스의 모습 같기도 하고. 사방은 잔잔하다. 돛의 모양새로 봐서는 바람이 거세다는 것을 알 수 있지만 그것이 문제되지는 않는다. 주변에는 돌고 래들이 점프를 하며 춤을 추고 있다. 그 또한 위협적인 요소로 작용하고 있지 않다. 지극히 편안하고 행복한 순간일 뿐이다.

배 위에 비스듬히 앉아 있는 디오니소스.

"은빛으로, 가볍게, 한 마리의 물고기처럼 / 이제 내 조각배는 헤엄쳐간다…" 내가 네가 되고 네가 내가 된 것 같다. 태양은 "흰 바다 위를 말없이 달려" 왔다. 그리고 '나'는 조각배가 되어 헤엄쳐간다. 해가 지고 있듯이 자기 자신도 지고 있다. "내가 너무 빨리 내 길을 달린 것인가? / 발이 지쳐버린 이제야 비로소, / 그대의 시선이 나를 따라잡고 / 그대의 행복이 나를 따라잡는다." 힘들게 달릴 때는 행복을 몰랐다. 하지만 저녁이 되어 지쳐버린 뒤에야 행복이 찾아든다. 쇼펜하우어가 위로를 얻었다던 "하루 종일 달리다가 저녁이 되어 목적지에 이르면 그것으로 족하다"[2]라는 말도 생각난다. 최선을 다해 산 사람만이 느끼는 행복감이다. 성취감이 가져다주는 '최고의 지복'이다.

미궁에 빠진 아리아드네에게 해준 디오니소스의 말

이제 다음 시를 읽을 차례다. 일곱 번째 시다. 《디오니소스 송가》의 종반을 향해 가고 있다. 읽을 시의 제목은 〈아리아드네의 탄식〉이다. 탄식이 기조를 이루고 있다는 것이다. 슬프다. 아프다. 고통이 소리에 실린다. 탄식이 전하는 느낌은 부정적이기만 하다. 숨이 막힐 정도다. 그 어떤 것으로도 막을 수 없는 슬픈 마음을 이해할 수 있어야 읽혀지는 시다. 슬픔으로 시동을 걸어보자. 슬픔의 파도가 밀려오고 있다고 믿어보자. 그리고 그런 슬픔이 어떤 소리를 쏟아내는지 관찰을 해보자. 눈에 눈물을 담고 사물을 바라보자. 그리고 그런 시선이 보여주는 것은 무엇인지 주목해보자.

> 누가 나를 따뜻하게 하는가, 누가 아직도 나를 사랑하는가?
> 뜨거운 손을 주오!
> 심장의 화로를 주오!
> 쓰러져 덜덜 떨면서,
> 사람들이 발을 덥혀주고 있는 반쯤은 죽은 자처럼
> 아아, 알 수 없는 열에 몸을 떨고,
> 예리하며 차디찬 서리의 화살에 맞아 몸을 떨면서,
> 그대에게 쫓겼네, 사유여!
> 형언키 어려운 자여! 베일에 싸여 있는 자여! 소름끼치는 자여!
> 그대, 구름 뒤의 사냥꾼이여!
> 그대의 번개에 맞아 쓰러졌네,
> 어둠 속에서 나를 지켜보는, 그대 조소의 눈동자여!
> 나 이렇게 누워있네
> 몸을 굽히고, 몸을 뒤틀며,
> 온갖 영원한 고문으로 고통당하면서
> 그대 잔인하기 이를 데 없는 사냥꾼의
> 화살에 맞아,
> 그대 미지의 ─ 신이여… (디오, 497쪽 이후)

생각에 쫓겼다. 사랑하는 마음에 쫓겼다. 아리아드네는 자신의 생각과 마음에 희생이 되고 만 것이다. 버림받은 여자의 마음이다. 아테네로 가고 싶어 테세우스에게 구애를 펼쳤다. 한 남자의 아내가 되겠다고 다짐했던 그 마음이 불결했던 탓일까. 버림받은 이유에 대해서는 알려진 바가 없다. 그저 해석만 난무할 뿐이다. 예를 들어 "무턱대고 모든 것을 희생하고 사랑을 구걸하는 아리아드네가 부담"[3]스러웠을 수도 있다는 해석도 있다. 하지만 이런 뒷이야기들은 시를 이해하는 데 별 도움이 되지 못한다. 진정으로 의

에라스무스(Erasmus Finx)의 〈지옥의 프로테우스 (Der Höllische Proteus)〉.

미 있는 독서는 니체가 남겨놓은 말들로 그 마음을 추적해보는 것뿐이다.

남자를 이용해서 소기의 목적을 달성하고자 하는 여자는 매력적이지 않다. 아니 이런 태도 자체가 매력적이지 않다. 굳이 여자로 제한하는 것 자체가 문제일 수도 있다. 하지만 니체는 이런 태도를 여성적인 본성으로 보았다. "프로테우스의 본성: 여성들은 사랑으로 인해 그들을 사랑하고 있는 남성들의 표상 속에 살고 있는 것과 완전히 동일한 존재가 되어 간다."(인간적I, 328쪽) 프로테우스Proteus는 남이 듣고 싶은 말만 하는 바다의 신이다. 남이 원하는 소리만 말하는 그런 존재를 여성성으로 간주했던 것이다.

니체는 예를 들어 남이 원하는 대로 살아가는 그런 속성으로 여성성을 설명한다. "남자의 본성은 의지요, 여자의 본성은 응낙이다."(즐거운, 134쪽), "사

내의 행복은 '나는 원한다'는 데 있다. 여인의 행복은 '그는 원한다'는 데 있다."(차라, 110쪽) 의존적인 삶의 형태는 부정적이다. 니체에게 이런 삶은 병이 든 것이나 다름이 없다. 이에 반해 그는 건강한 여성을 원했다. '모든 건강한 여성들'(즐거운, 324쪽)은 동경의 대상이 될 만 하다고 본다. 이런 의미에서 니체는 '완전한 여성'을 언급한다. "완전한 여성은 완전한 남성보다 더 높은 인간 유형이다: 또한 훨씬 더 드문 그 무엇이다."(인간적I, 323쪽) 이런 여성이라면 충분히 매력이 있는 존재에 해당한다. 인식을 위한 잉태의 능력이 있는 존재로 평가되는 것이다.

아리아드네의 탄식은 다섯 쪽에 달한다. 숨이 차다. 원망하는 마음은 끝을 모르고 이어진다. 버려진 이유도 모른다. 그녀는 오로지 누가 자신을 사랑하는지만을 묻고 있을 뿐이다. "누가 나를 따뜻하게 하는가, 누가 아직도 나를 사랑하는가?" 그녀에겐 그것만이 관심의 대상이다. 원하는 것도 많다. "뜨거운 손을 주오! / 심장의 화로를 주오!" 사랑에 목말라 하는 마음이다. 사랑받고 싶은 마음이다. 간절함이 보인다. 그런데 니체는 이 아리아드네의 탄식을 통해 절묘한 반전을 꾀한다. 그것은 "그대에게 쫓겼네, 사유여!" 하는 대목이다. 아리아드네도 여기선 일종의 철학자가 된다.

사유에 쫓겼던 아리아드네! 니체가 만들어내는 이미지다. 생각에 쫓기는 존재! 마치 시간에 쫓기는 신세와 같다. 생각이나 시간은 인간의 문제다. 생각하는 존재의 운명적 틀이다. 현상에 얽매인 생각은 늘 쫓길 수밖에 없다. 눈에 보이는 것만 쫓을 때 스스로 쫓기는 존재가 되고 만다. 이것이 삶의 수수께끼다. 생각하는 존재로 살아야 하는 우리 모두가 풀어야 할 숙제다. 도대체 사는 게 무엇인가? 어떻게 살아야 하는가? 그것은 삶을 통해 의미를 구현해야 하는 사람에게는 영원한 숙제가 된다.

"모든 인생은 고통이다"라고 쇼펜하우어는 말했다. 그 고통의 원인은 "눈을 가리고 세계를 보게 하는 기만의 베일"⁴, 즉 '마야의 베일'에 싸여 있기 때문이다. 본질을 보지 못하면 고통은 삶을 옥죈다. 삶의 현장을 감옥처럼 느끼게 한다. 가려진 눈으로 세상을 보겠다는 그 의지 자체가 문제다. 그런 눈으로는 아무것도 보지 못한다. 그런 혼란 속에서 전해지는 모든 고통은 의미를 상실하고 만다. 그 어떤 인식도 도출해내지 못하기 때문이다. 무의미한 고통만이 삶을 지배한다. 탄식은 끝이 없다. "온갖 영원한 고문으로 고통당하면서"도 그 이유를 알지 못한다. 말 그대로 가련한 인생이다.

> 더 깊이 맞히시오!
> 다시 한 번 맞히시오!
> 이 심장을 찌르고 파헤치시오!
> 무딘 이빨의 화살로 하고 있는
> 이 고문은 대체 뭐란 말인가?
> 그대는 다시 무얼 보고 있는가
> 인간의 괴로움에 권태를 느끼지 않는,
> 불행을 즐기는 신들의 번갯불 같은 눈초리로
> 그대는 죽이려 하지 않고,
> 단지 고문을, 고문만을 가하려 하는가?
> 뭐 하려고—나를 고문하는가?
> 그대 불행을 즐기는 미지의 신이여. (디오, 498쪽)

미지의 신은 사유로 연결된다. 생각이 미지의 신이다. 알 수 없는 존재라고 할까. 아무리 추궁해도 생각 그 자체는 알 수 없다는 이야기도 된다. 생각은 추궁하면 할수록 그 생각이 끊임없이 고문을 해댄다. 고문은 운명이다.

생각하는 존재에게 이 고문은 필연이다. 생각이 쫓고 또 생각에 쫓긴다. 이성을 가진 존재에게 생각은 포기할 수 있는 그런 대상도 아니다. 쉽게 등 돌리고 떠날 수만 있다면 아무런 문제도 없을 것이다. 그런데 인간의 인생은 그런 것이 아니다.

알 수 없는 존재, 이 미지의 신은 생각하는 존재의 '불행'을 즐긴다. 생각이 행복하면 즐겁지 않다. 묘한 관계가 형성된다. "모든 인생은 고통이다"라는 염세주의적 발상과 맥락을 같이 하는 대목이기도 하다. 생각이 더 깊은 곳으로 향할수록 생각의 더 깊은 곳을 찔러댄다. 심장을 찌르고 파헤친다. '무딘 이빨의 화살'로. 서투른 생각이 더 고통스럽다. 깔끔하지 못한 뒷맛을 남기기 때문이다. 미지의 신은 생각하는 존재의 죽음을 원하는 것은 아니다. 죽으면 즐겁지 않다. 생각은 진행되어야 한다. 그래야 고문도 의미가 있는 것이다. 생각은 멈출 수 없다. 그 생각의 깊이만큼 고통의 깊이 또한 필연적이다. 돌고 돈다. 악순환이다. 이런 논리로는 탄식을 끝낼 수 없다.

독서를 건너뛰어 마지막 연으로 가보자. 디오니소스가 등장한다. 사실 고대 그리스의 비극 텍스트에서는 단 한 번도 등장하지 않은 신이다. 늘 무대 인물들 뒤에 숨어 있었다. 자신을 위한 축제이면서도 그곳에 모습을 드러내지 않은 신이다. 신비로운 현장이 아닐 수 없다. 그의 말에 귀를 기울여보자. 긴 탄식에 대한 응답이기도 하다. 그의 대답 속에 니체의 생각이 담겨 있기도 하다. 생철학적 메시지가. 한 평생 추궁해왔던 디오니소스의 음성을 송가의 형식으로 직접 들려주고 있는 것이다.

신화에 의하면 낙소스 섬에 버려진 아리아드네를 아내로 삼은 것은 디오니소스다. 슬픔에 빠져 있는 그녀를 "위로하며 아내로 삼았다"⁵고 한다. 동정심이 발동한 것이다. 그녀를 향한 디오니소스의 사랑은 또 다시 마음의 숨바꼭질 같다. 왜 그랬을까? 정답은 없다. 신화는 자세한 이유를 밝혀놓지 않았다. 하지만 니체는 디오니소스의 정령 속에 푹 빠져 있다. 그러면서 그들이 하는 이야기를 엿듣고 있다. "철학자들이기도 한 그 신들, 이를테면 내가 낙소스 섬의 그 유명한 대화에서 만났던 그 신들"(안티. 268쪽)의 이야기를 듣고 있는 것이다.

번갯불. 디오니소스는 아름다운 에메랄드 빛으로 나타난다.

디오니소스:

현명해라, 아리아드네! …
너는 작은 귀를 가졌으며, 너는 내 귀를 갖고 있으니:
그 안에 현명한 말 하나를 꽂아 넣으라! —
자기에게서 사랑해야 하는 것을 먼저 미워해서는 안 되지 않겠는가? …
나는 너의 미로이다… (디오. 501쪽 이후)

니체는 이 송가에서 디오니소스에게 대사를 하나 만들어줬다. 그의 등장은 예사롭지 않다. '번갯불'과 함께 등장하고 있기 때문이다. 사실 번개에 대한 이야기는 자주 등장했었다. "너희를 혀로 핥을 번갯불은 어디에 있는가? 너희에게 접종했어야 할 광기는 어디에 있는가? / 보라, 나 너희에게 위버멘쉬를 가르치노라. 그가 바로 번갯불이요 광기다!"(차라. 20쪽). "추상이라는 회색 하늘에 번개가 번쩍이며 지나간 듯합니다; 사물의 온갖 금사 세공을 비추기에 그 빛은 충분히 강합니다; 큰 문제들이 거의 포착됩니다; 세계가 마치 산 위에서 내려다보듯 내려다보입니다."(바그너. 19쪽) 번개는 인식의 문제와 연결되고 있다. 차라투스트라가 누구인지와 관련한 문제와도 연결된다.

세상을 내려다보는 경지! 번개는 단 한 번만 번쩍여주면 된다. 그러면 모든 상황은 정리된다. 모든 것은 인식의 대상이 되고 만다. 아무리 어려웠던 문제도 알고 나면 너무도 간단해진다. 삶의 문제가 바로 이런 것이다. 생각의 문제가 바로 이런 것이다. 생각 때문에 삶이 힘들어질 뿐이다. 생각하는 존재가 생각에 발목 잡혀 있을 때 가장 고통스러운 것이다. 자기 자신이 스스로를 고문한다. 가장 아픈 곳을 가장 잘 아는 자기 자신이 고문을 해댄다. 피할 수도 없다. 생각을 포기할 수도 없다. 하지만 '번갯불이요 광기'라 일컬어지는 차라투스트라의 정령이 인식되면 모든 것은 "마치 산 위에서 내려다보듯 내려다"볼 수 있게 되는 것이다. 모든 것이 한꺼번에 해결된다.

디오니소스가 '번갯불', '아름다운 에메랄드 빛'으로 등장한 것도 신비롭지만 그가 한 말도 예사롭지 않다. 니체의 귀에 들려온 수많은 환청의 소리들은 그의 철학을 시작 지점에 서게 했고 또 완성하는 열쇠가 된다. "이 책을 집으로 가져가라"[6]라는 소리를 들으며 쇼펜하우어의 독자가 되었고, 그 생각과 함께 "새로운 샛길과 무도회장으로 인도"(비극, 13쪽)되었다. 극장에서 들려온 소리는 낯선 소리였다. "하나의 낯선 목소리가 말했다. 아직 '알려지지 않은 신', 즉 한때 학자의 두건 아래, 독일인의 무거움과 변증법적 무뚝뚝함 아래, 심지어 바그너주의자들의 무례한 태도 속에 자신을 감추었던 신의 사도가 말했던 것이다. 여기에는 아직 이름이 없는 낯선 욕구를 가진 어떤 정신이 있었다. 디오니소스라는 이름이 하나의 물음표처럼 붙어 있는 물음들, 경험들, 비밀들로 충만한 기억이 있었다."(비극, 13쪽) 《비극의 탄생》에서부터 시작된 디오니소스에 대한 기억들, 그것이 니체 철학의 거대한 강물을 형성하고 있다. 이제 디오니소스의 말에 귀를 기울여보자. 그 거대한 철학의 강물이 어디로 향하고 있는지 주목해보자는 것이다.

"현명해라, 아리아드네! …" 영리하게 굴어라, 똑똑하게 등으로 다양하게 번역이 가능하다. 마치 어른이 어린아이에게 하는 말 같다. 훈계하듯이 내뱉은 말처럼 들리기 때문이다. 동등한 입장에서 하는 말로는 들리지 않는다. 사랑을 받고 싶지만 사랑을 받지 못하는 여인의 아픔을 바라보며 남편이 한 말이라는 점을 감안하면 상황이 복잡해진다. 도대체 이들의 결혼 생활은 어떠하단 말인가? '위로'해주겠다는 그 마음은 어떻게 해석되어야 할까? 사랑? 그런 감정과는 거리가 멀어서 하는 소리다.

다음 구절이다. "너는 작은 귀를 가졌으며, 너는 내 귀를 갖고 있으니: / 그 안에 현명한 말 하나를 꽂아 넣으라! — " 귀에 말을 꽂아 넣는 것은 자기 책임이다. 어떤 말을 들을 것인가? 그것이 관건이다. 그런데 귀가 말썽이다. 디오니소스는 수수께끼 같은 말을 한다. 너의 귀는 나의 귀라고 말하고 있다. 너와 나는 하나이면서 둘인 그런 존재로 드러난다. 즉 아리아드네는 디오니소스의 귀를 갖고 있으니 그 귀를 잘 활용하라는 이야기도 된다. 현명하기 위해 현명한 말을 들을 줄 알아야 한다는 것이다. 그리고 그 현명한 말이 무엇인지 직접 들려준다. "자기에게서 사랑해야 하는 것은 먼저 미워해서는 안 되지 않겠는가? … / 나는 너의 미로이다…" 수수께끼의 절정이다.

"나는 너의 미로이다…" 디오니소스는 아리아드네의 미로이다. 그녀가 갇혀 있는 미궁 그 자체가 디오니소스이다. 미로가 디오니소스다. 디오니소스를 알고 싶으면 그 미로를 인식해내야 한다. 비록 디오니소스의 귀는 작지만 그 귀를 통해 들어야 할 내용은 어마어마한 분량이다. 한도 끝도 없는 미궁에 대한 깨달음이다. 사랑받으려고 애를 썼던 아리아드네, 자신을 사랑해주지 않는다고 미워했던 아리아드네, 그녀를 향해 디오니소스는 이렇게 말한 것이다. "자기에게서 사랑해야 하는 것은 먼저 미워해서는 안 되지 않겠는가? …"라고. 한참을 머물러 있어보자. 이 말이 전하는 소리가 제대로 들려올 때까지.

아리아드네가 괴로워했던 것이 무엇이란 말인가? 그녀를 고문했던 것은 결국 자기 자신이었다? 디오니소스는 생각하는 존재 모두의 미로다. 생각으로 다가서면 미로 속에 있음을 확인할 뿐이다. 모든 인생은 고통이다. 하지만 결국에는 사랑해줘야 할 대상이다. 고통스러워도 미워해서는 안 된다. 결국에는 사랑을 해줘야 하기 때문이다. 결국에는 끌어안고 함께 살아야 하기 때문이다. 결국에는 자기 자신밖에 없다. 그것을 아는 데 평생이 걸릴 수도 있다. 가급적 일찍 깨닫는 게 행복한 삶의 관건이 된다. 니체의 생철학은 이 소리를 하고 싶은 것이다.

사랑의 대상으로서의 명성과 영원

모든 인간은 죽어야 한다. 그래서 거의 모든 종교는 영생을 이야기한다. 죽음 다음의 삶에 대한 이야기로 가득하다는 이야기다. 종교는 그래야 한다. 내세관이 없으면 종교가 아니다. 죽음으로 삶을 마감해야 하는 인간에게 종교는 피할 수 없는 관문과도 같다. 인간은 종교적 존재라고 단언해도 무방하다. 이성을 가지고 살아야 하는 한 종교적 논리로부터 자유로울 수는 없다. 즉 '형이상학적 위로'(비극, 127쪽)는 필연적 요소가 되는 것이다. '말 한마디로 천 냥 빚을 갚는다'는 게 인간의 관계라는 것이다. 말하는 존재에게 말이 지닌 의미는 상상을 초월한다. 무한하다고 해도 상관없다. 모든 희망은 말을 할 수 있는 존재에게 의미가 있는 것이다. 이성, 생각, 말, 이들은 모두가 같은 능력에 대한 다른 개념들일 뿐이다. 복잡하게 생각하지 말자.

이제 여덟 번째 시다. 제목은 〈명성과 영원〉이다. 네 개의 개별적인 시들로 이루어진 시다. '명성과 영원', 여기에 모든 인간의 본심이 담겨 있다고 할까. 누구나 다 명성을 원하고 또 영원을 동경한다. 나이가 들수록 이런 욕망은 더욱 커져갈 뿐이다. '누구를 아는가?'로 시작하는 것이 나이든 사람들의 전형적인 대화 내용이다. '난 그 사람을 안다!'는 말로 어깨를 으쓱거리기도 한다. 아는 것을 통해 권세를 얻기도 한다. 아는 것 자체가 그만큼 중요하다는 뜻이기도 하다. 누가 나를 알아줘도 기분이 좋다. 어쩔 수 없다. 그것이 인간의 마음이기 때문이다. 하지만 이런 현세적 논리에만 얽매이게 될 때 삶은 고달파진다. 다른 삶도 있음을 깨달아야 한다. 첫 번째 시다.

얼마나 오랫동안 그대는 이미
그대의 불운 위에 앉아 있는가?
주의하라 그대는 내게
알 하나를,
나쁜 의도의 바질리스크의 알을,
그대의 오랜 고뇌에서 품어 부화시켰다.

무엇이 차라투스트라에게 산을 따라 살금살금 걷게 하는가?—

불신하고, 곪아 있으며, 음산한
오래 매복하고 있는 자—
그러다가 갑자기 번개로,
밝고 무서운 벼락으로,
심연에서 하늘로 향한다:
—산마저도 그 내장이 흔들린다…

증오와 번갯불이

하나가 되어, 저주가 되었던 곳―,

이제 산 위에 차라투스트라의 분노가 머물고,

뇌운으로서 그는 자기의 길을 살금살금 걷고 있다.

마지막 덮개를 가진 자들이여, 기어들라!

내 침상으로, 그대 허약자여!

이제 둥근 천장 위에 천둥이 울리고,

이제 기둥과 벽은 떨며,

이제 번개와 유황빛 진리가 번쩍인다―

차라투스트라가 저주하고 있다… (디오, 503쪽 이후)

차라투스트라의 저주, 그것은 진리다. 하지만 그 진리의 빛은 유황빛이다. 지진이 나고 땅이 흔들리고 급기야 갈라져서 그 속살을 보여준다. 때로는 화산으로 폭발하기도 한다. "불신하고, 곪아 있으며, 음산한 / 오래 매복하고 있는 자― / 그러다가 갑자기 번개로, / 밝고 무서운 벼락으로, / 심연에서 하늘로 향한다"면서. 용암이 흘러나와 모든 것을 불태우고 모든 것을 바꿔놓는다. 모든 것을 잿더미로 뒤덮이게 하고 새롭게 시작하지 않으면 안되게 한다. 때가 되면 맞이해야 하는 저주의 순간이다. '차라투스트라의 분노'가 세상에 드러나는 순간이다.

니체는《차라투스트라는 이렇게 말했다》를 통해 무엇보다도 초인사상을 피력했다. 그리고 그 초인이 바로 대지의 뜻임을 수도 없이 밝혔다. "보라, 나는 너희에게 위버멘쉬를 가르치노라! / 위버멘쉬가 이 대지의 뜻이다. 너희 의지로 하여금 말하도록 하라. 위버멘쉬가 대지의 뜻이 되어야 한다고!" (차라, 17쪽 이후) "지난날에는 신에 대한 불경이 가장 큰 불경이었다. 그러나 신은 죽었고 그와 더불어 신에게 불경을 저지른 자들도 모두 죽어 없다. 이 대지에 불경을 저지르고 저 알 길이 없는 것의 뱃속을 이 대지의 뜻보다 더 높게 평가하는 것, 이제는 그것이 가장 두려워해야 할 일이다!"(차라, 18쪽). "형제들이여, 너희의 덕의 힘을 기울여 이 대지에 충실하라! 너희의 베푸는 사랑과 너희의 깨침으로 하여금 이 대지의 뜻에 이바지하도록 하라! 나, 이렇게 너희에게 당부하며 간청하노라."(차라, 127쪽). "형제들이여, 너희의 정신과 덕으로 하여금 이 대지의 뜻에 이바지하도록 하라. 그리고 모든 사물의 가치를 새롭게 정립하도록 하라! 그러기 위해서 너희는 투쟁하는 자가 되어야 한다! 창조하는 자가 되어야 한다!"(차라, 128쪽) 소처럼 되새김질을 하기 위해 다시 읽어봐야 할 구절들이다. 그리고 인식이 올 때까지 먼 곳을 바라보며 무를 기다려보자. 때가 되었다 싶으면 두 번째 시를 읽어보자. 여기서는 명성을 쫓으며 살았던 삶을 비판한다.

> 온 세상이 값을 치르는 이 동전,
> 명성―,
> 장갑을 끼고서 나는 이 동전을 잡는다
> 구역질하며 내 밑의 동전을 밟는다.
>
> 값이 치러지기 바라는 자는 누구인가?
> 팔릴 수 있는 자들…
> 팔리고 내놓아진 자,
> 살진 두 손으로
> 온 세상의 깡통 소리 명성을 거머쥔다!

—그대는 그자들을 사고자 하는가?

그들은 모두 팔 것들이다.

하지만 값을 많이 불러라!

불룩한 지갑을 흔들어라!

—그렇지 않으면 그대 그들을 강하게 하고,

그렇지 않으면 그대 그들의 덕을 강하게 한다…

그들 모두는 덕이 있다.

명성과 덕—이것은 운이 맞는다.

세상이 삶을 잇는 한

그들은 덕의 요설의 값을 치른다

명성의 요설로—

세상은 이런 소음에 의해 삶을 잇는다…

온갖 덕 있는 자 앞에서

나는 죄인이고자 한다

온갖 중대한 죄를 지은 죄인!

온갖 명성의 나팔 앞에서

내 야심은 벌레가 되어버린다—

그런 자들 사이에서,

나는 가장 천한 자가 되고 싶다…

온 세상이 값을 치르는 이 동전,

명성—,

장갑을 끼고서 나는 이 동전을 잡는다

구역질하며 내 밑의 동전을 밟는다. (디오, 504쪽 이후)

참 할 이야기가 많다. 현대인의 모습이 담겨 있어서다. '돈이면 다 된다'는 생각을 가진 자들이기 때문이다. 자본주의가 판을 치는 세상에서, 모든 유행과 시대 이데올로기에 적당하게 익숙해진 채, 그것도 모자라 모범시민까지 되어서, 또 그런 삶의 모습에 무한한 긍지를 갖고 사는 자들이기 때문이다. 도대체가 무엇이 진정으로 중요한지를 전혀 감도 잡지 못하고 살아가고 있다. 열심히 살면 꿈이 이루어질 것이라는 막연한 희망으로 스스로를 위로하며 하루하루를 연명하고 있다. 미생未生이 따로 없다.

'하면 된다! 하자!' 부끄럽게도 이런 게 구호이기도 한 세상이다. 하지만 생각이 잘못되어 있으면 될 일도 그르친다. 《억척어멈과 그 자식들》(1941)에서처럼 평생을 장사했지만 얻은 것은 하나도 없다. 전쟁 통에 마차를 끌고 먹고 살려고 발버둥쳤지만 자식들만 하나둘씩 사라져갔다. 《세일즈맨의 죽음》(1949)에서처럼 평생을 멈추지 않고 출장을 다녀왔지만 얻은 것은 상실뿐이었다. 평생을 팔아먹은 것은 자기 자신뿐이었다. 《노인과 바다》(1952)에서처럼 평생의 꿈을 이루었지만 알아주는 사람은 아무도 없다. 가진 것이라고는 그저 형체를 알 수 없는 물고기 뼈뿐이다. 본질을 파악하지 못하고 현상에만 얽매인 삶의 마지막 모습들이다. 모든 게 허무하다.

허무함에 대한 인식은 잔인하다. 현실이 무너지는 감정이기 때문이다. 딛고 일어서야 할 바탕을 없애버리기 때문이다. 하지만 알고 나면 다 쉽다. 아니 오히려 의지가 발동한다. 그 정도 가지고 쓰러질 수 없다는 자존심까지 발동한다. '동전'을 긁어모으려고 평생을 바쳐 일하는 게 현대인이다. 도대체 그것으로 무엇을 하려는가? '명성'을 얻으려 한다. 하지만 그 명성조차

'온 세상의 깡통 소리'일 뿐이다. 세상은 이런 텅 빈 소리로 생명을 유지하고 있을 뿐이다. "세상은 이런 소음에 의해 삶을 잇는다…" 말줄임표까지 읽을 시간을 허락하자. 잠시 숨고르기를 해야 할 때다. 현대의 한계를 보여주는 대목이기 때문이다. 자기 자신을 거울 앞에 세워야 할 때이기 때문이다. 살려고 발버둥치는 현대인의 모습이 보이는가? 보이지 않는다면 우리의 시인처럼 "밤이면 밤마다 나의 거울을 / 손바닥으로 발바닥으로 닦아보자."[7] 그리고 지난날의 욕된 삶에 대한 '부끄런 고백'을 담은 자기 자신만의 '참회록'을 써보자.

시적 자아는 현대인들 앞에서 당당하다. 그는 그들이 그토록 안달하는 동전을 장갑을 끼고 잡고 또 그것을 발아래 두고 밟아버린다. 그 동전은 '명성'과 동격이기도 하다. 그러니까 명성을 밟는 것이다. 명성에 결코 주눅 들지 않는 모습이다. 현대인들이 '덕 있는 자'라면 "나는 죄인이고자 한다"고. "온갖 명성의 나팔 앞에서 / 내 야심은 벌레가 되어버린다"고. "그런 자들 사이에서, / 나는 가장 천한 자가 되고 싶다"고. 가치가 바뀌면 그런 상실쯤이야 상관없다. 오히려 그런 상실감은 긍지로 바뀐다. 현대에 대한 죄인, 그가 바로 초인이다. 그의 이름이 바로 차라투스트라이다. 그의 생각이 니체의 사상이다. 이제 세 번째 시다.

조용히 하라! ―
위대한 것에 대해서는 ― 나는 위대한 것을 보고 있다! ―
침묵해야 하거나
아니면 크게 말해야 한다:
크게 말하라, 내 환희하는 지혜여!

나는 우러르고 있다—

거기에는 빛의 바다가 넘실거린다:

—오오, 밤이여, 오오, 침묵이여, 오오, 죽음처럼 고요한 소음이여! …

나는 하나의 표시를 보고 있다—

아득히 먼 곳에서

별자리 하나가 서서히 타오르며 내게로 침강한다… (디오, 506쪽)

　동전, 명성 따위에는 차라투스트라의 분노가 적당하다. 그런 것에는 차라투스트라의 저주로 맞서야 한다. 그리고 다른 것에 대한 귀를 가져야 한다. 귀를 닫고 귀를 열어야 한다. '제3의 귀'(선악, 247쪽)가 필요하다. 눈을 닫고 눈을 열어야 한다. '제3의 눈'(아침, 380쪽)이 필요하다. 인식이 오면 모든 게 다르게 들려온다. 그때가 되면 모든 게 다르게 들린다. 텅빈 종이 들려주는 소리에서도 해탈의 소리를 듣게 된다. 그때가 되면 모든 게 다르게 보인다. 밤하늘에 별이 보이듯이 그렇게 찬란한 밤을 맞이하게 되는 것이다. 그때 마침내 소리가 보인다는 관음觀音의 경지가 열린다.

　"조용히 하라! —"동전과 명성으로 시끄러운 '온 세상의 깡통 소리'가 잦아질 때까지 기다려보자. 그러면 초인이 들었던 그 소리를 듣게 될 것이다. 차라투스트라가 누구냐고? 그때가 되면 스스로 알게 될 것이다. 그때가 되면 이런 소리도 쉽게 알아들을 수 있게 될 것이다. "위대한 것에 대해서는 —나는 위대한 것을 보고 있다! —/ 침묵해야 하거나 / 아니면 크게 말해야 한다: / 크게 말하라, 내 환희하는 지혜여!"'너 정도라면 크게 말해도 된다'는 것이다. 위대한 것. 동전과 명성의 논리로는 도저히 알 수 없는 것이다. 세상 사람들이 이성적이라고 판단하는 그 모든 가치관으로는 도저히 도달할 수 없는 경지다.

환희하는 지혜의 소리, 그것이 니체가 들려주고 싶은 소리다. '즐거운 학문'의 길을 가르쳐주고자 했다. 삶은 결코 고통의 현장이 아니라는 사실을 알려주고 싶었다. 삶을 긍정하고 삶을 변호하고자 했다. 어둠으로만 알았던 밤하늘도 "거기에는 빛의 바다가 넘실거린다"는 것을 보여주고자 했다. 그런 공간을 채우고 있는 것은 '침묵'이라는 이름의 온갖 소리들이다. "오오, 밤이여, 오오, 침묵이여, 오오, 죽음처럼 고요한 소음이여! …" 해탈의 순간이다. 구원의 순간이다. "인식이 생기자마자 욕망은 사라져 버렸다"[8]고 말하는 물아일여의 순간이다. 차라투스트라의 탄생을 가능하게 했던 '할퀴오니쉐 타게', 즉 '정적의 날들'[9]이다.

'침묵'으로 이어지는 '죽음처럼 고요한 소음'은 동전과 명성으로 인한 깡통 소리 혹은 삶을 잇게 하는 소음과는 전혀 다른 느낌의 소음이다. 소음이면서도 소음처럼 들리지 않는 소리다. "기억의 시끄러운 소음을 들으며 침묵의 새벽을 맞기도 했다"[10]는 고백이 이런 소리가 아닐까. 태풍의 눈 속에서 태풍을 바라보는 시선이라고 할까. 세상을 바꿔놓는 유황빛을 바라보는 시선 말이다. "나는 하나의 표시를 보고 있다—아득히 먼 곳에서 / 별자리 하나가 서서히 타오르며 내게로 침강한다…" 시선을 사로잡았던 '위대한 것'은 지금 '하나의 표시'가 되어 다가온다. 그리고 그것은 '별자리 하나'가 되어 내면으로 '침강'해 들어간다. 아트만과 브라만이 하나가 되는 느낌이다. 운명을 알게 된다는 지천명이 이런 순간일 것이다. 알면 혼란 속에 있던 모든 것은 자기 자리를 찾아간다. '대지의 뜻'을 향해 아래로 아래로 침강해 들어가는 느낌이다. 이제 마지막 네 번째 시를 읽을 차례다.

존재의 최고 성좌여!

영원한 조각의 서판이여!

그대가 내게로 왔는가? ─

아무도 바라본 적 없는,

그대 말없는 아름다움이 ─

뭐라고? 이것은 내 시선을 피하지 않는다고?

필연의 방패여!

영원한 조각의 서판이여!

─하지만 진정 그대는 알고 있다:

모든 이가 증오하는 것이 무엇인지,

나만이 사랑하는 것이 무엇인지,

그대가 영원하다는 것을,

그대가 필연이라는 것을!

내 사랑은 환희한다

영원히 오직 필연에서만.

필연의 방패여!

존재의 최고 성좌여!

─어떤 소망도 미치지 못하고,

어떤 부정도 더럽히지 않은,

존재의 영원한 긍정,

나는 영원히 그대의 긍정이다:

내가 그대를 사랑하기에, 오오, 영원이여! ──(디오, 506쪽 이후)

삶은 긍정할 때 의미가 구현된다. 모든 의미 있는 순간들이 모여 풍성한 삶을 만들어내는 것이다. 삶은 긍정과 함께 최고의 경지에 도달한다. 니체는 일찍부터 긍정의 철학에 몰두했다. "무엇보다 나는 언젠가 긍정하는 자가 될 것이다!"(즐거운, 255쪽) 이런 의지는 《차라투스트라는 이렇게 말했다》에서 어린아이 이미지와 함께 봇물처럼 터진다. "어린아이는 순진무구요, 망각이며, 새로운 시작, 놀이, 제 힘으로 돌아가는 바퀴이며 최초의 운동이자 거룩한 긍정이다."(차라, 40쪽) 그리고 자신의 저작들을 되돌아보며 철학적 여정을 정리하는 자리, 즉 《이 사람을 보라》에서 "실재에 대한 긍정인 인식은 강자에게는 필연"(이 사람, 392쪽)임을 확인하게 된다. '차라투스트라'와 함께 도달한 '최고의 긍정형식'은 '영원회귀 사유'(같은 책, 419쪽)라는 이름으로 구축된다.

진정으로 의미 있는 인식은 긍정하는 것이다. 모든 것을 받아들일 수 있는 단계다. 모든 것을 파괴시켜 모래로 만들 수 있는 사막이기도 하고 모든 썩은 것을 받아들이고도 스스로는 썩지 않는 바다이기도 하다. 고독을 통해 심연 속에 있는 자기 자신에게로 다가서기도 하고 항해를 통해 새로운 변화를 꿈꾸며 모험 여행을 감행하기도 한다. 긍정하는 마음만 있다면 바람도 훼방꾼이 아니라 비상의 동력이 되고 산도 갈 길을 가로막는 벽이 아니라 정상을 밟는 쾌감의 원인이 되어줄 뿐이다.

이런 인식이 오면 또 다른 질문이 고개를 든다. 긍정해야 할 것은 무엇인가? 삶이라고? 대답이 너무 광범위하다. 현상계에서 실존의 형식으로 살아가고 있는 모습은 너무도 다양하고 복잡하다. 이런 듯하면서도 저런 듯하기도 하다. 이런 것 같기도 하면서도 저런 것 같기도 하다. 아는 것 같으면서도 아는 게 하나도 없는 듯도 하다. 현실은 너무도 변화무쌍하다. 인식이 왔는가 싶다가도 금방 새로운 난관에 부딪히고 만다. 하지만 언젠가는 마지막 인식이 온다. 모든 것을 아우를 수 있는 그런 인식이 온다. 그때 그것은 '필연'이란 이름으로 불릴 만하다. 필연의 다른 이름은 운명이다. 운명은 긍정되어야 한다. 니체는 운명애라고 말했다. "인간에게 있는 위대함에 대한 내 정식은 운명애다: 앞으로도, 뒤로도 영원토록 다른 것은 갖기를 원하지 않는다는 것."(이 사람, 373쪽 이후) 인간은 위대하고, 그 위대한 인간을 위한 니체의 정식은 운명애다. 그 유명한 '아모르 파티'를 번역한 말이다. '운명을 사랑'하는 것이다. 운명을 만나면 사랑하는 마음으로 보듬어주어야 할 일이다. 운명을 만나면 '환희하는 지혜'(디오, 506쪽)로 크게 응답해야 한다.

'위대한 것'은 밤하늘의 '별자리'(디오, 506쪽)와도 같다. 그리고 그 별자리는 '최고 성좌'이며 동시에 '영원한 조각의 서판'이 된다. 그 서판에 어떤 글자를 새겨 넣을지는 자기 몫이다. 자기 책임이라는 이야기다. 운명을 알면 '필연의 방패'를 손에 들고 있는 것이나 다름이 없다. 그 어떤 괴물을 만나도 모두 막을 수 있다. 자기 운명이 최고의 방패가 되어줄 것이기 때문이다. 자기를 아는 자보다 더 강한 자가 또 있을까. 심연 속에서 빛을 인식하는 바로 그런 눈으로 세상을 바라보면 모든 것이 아름답게만 펼쳐질 것이다.

세상의 모든 사람은 운명을 한탄으로 바라본다. 그게 한계라며 눈물을 머금는다. 범인凡人들은 운명 앞에서 속수무책이다. 하지만 니체는 다르다. 그는 "모든 이가 증오하는 것이 무엇인지, / 나만이 사랑하는 것이 무엇인지"를 잘 알고 있는 것이다. 그리고 그가 인식한 것을 독자들에게 가르쳐주고 싶은 것이다. 마치 지혜의 꿀을 너무나도 많이 모은 꿀벌처럼 내미는 손을 향해 다가선다. 빛이 없는 곳에 빛을 선사해주려는 태양의 마음으로 다가서고 있는 것이다.

나는 너의 진리다

이제 마지막 시다. 《디오니소스 송가》를 마감하는 아홉 번째 시다. 제목은 〈가장 부유한 자의 가난에 대하여〉다. 모순이다. 다 가진 자에게 가진 게 하나도 없다는 그런 말이기 때문이다. 허무주의다. 데카당이다. 퇴폐. 한계에 도달한 것이다. 가진 것 다 버릴 때다. 메마름이 삶을 옥죈다. 갈증이 정신을 지배한다. 니체는 자신의 마지막 작품을 어떤 노래로 만들어내고 있는지 주목해보자. 정신을 놓기 직전에 했을 법한 말이기에 더더욱 소중한 메시지를 담고 있을 것만 같다. '제3의 귀'(선악, 247쪽)로 들어보자. 귀를 닫고 귀를 기울여보자.

> 십 년이 흘렀다—
> 물방울 하나 내게 떨어지지 않았다
> 습기찬 바람도, 사랑의 이슬도
> —비가 내리지 않는 땅…
> 이제 나는 내 지혜에 간청한다
> 이 메마름을 너무 탐하지 말기를:
> 스스로 흘러넘치고, 스스로 이슬을 떨구기를
> 스스로 누렇게 병든 황야의 비가 되기를!
>
> 언젠가 나는 구름에게
> 내 산에서 떠나라고 일렀다—
> 언젠가 나는 말했다 '더 많은 빛을, 그대 어둠이여!'
> 오늘 나는 구름이 몰려오도록 유혹한다:

내 주위를 어둡게 하라, 그대의 젖가슴으로!

—나 그대들의 젖을 짜리라,

그대 높은 곳의 암소들이여!

젖처럼 따뜻한 지혜를, 사랑의 달콤한 이슬을

나 땅 위에 쏟아 붓는다.

가거라, 떠나가라, 그대 진리들이여,

그대 음산한 시선을 던지는 자들이여!

나는 내 산 위에서

쓸쓸하고 참을성 없는 진리들을 보고 싶지 않다.

미소에 의해 황금빛이 되어

진리가 오늘 내 가까이 있다.

태양에 의해 감미로워지고, 사랑에 의해 갈색이 되어서—

잘 익은 진리 하나를 나는 나무에서 딴다.

나 오늘 손을 뻗는다

우연의 고수머리에,

우연을 어린아이처럼 이끌고 속일 만큼

충분히 현명해져.

나 오늘 손님에게 친절하고자 한다

달갑지 않은 손님에게,

운명에 대해서조차 가시를 세우지 않고자 한다

—차라투스트라는 고슴도치가 아니니.

내 영혼 물리지도 않은 채 그 혀로,

온갖 선하고 악한 것들을 이미 맛보았고,

온갖 심연으로 가라앉지만.

하지만 코르크처럼

언제나 다시 위로 떠오른다

내 영혼은 기름처럼 갈색 바다 위를 흔들거리며 떠다닌다:

이 영혼 때문에 나는 행복한 자라고 불린다.

누가 내 아버지요 어머니인가?

내 아버지는 충일의 왕자,

내 어머니는 고요한 웃음이 아닐까?

이 두 분의 혼인이

나 수수께끼 짐승을,

나 빛의 괴물을,

내 모든 지혜의 낭비자 차라투스트라를 낳은 것이 아닐까?

오늘 애정에 병들어,

따뜻한 바람이

차라투스트라를 기다리며 앉아 있다.

그 산 위에서 기다리면서 ―

자신의 체액으로

달콤해지고 무르익어,

그의 산 정상 아래에서,

그의 얼음 아래에서,

지쳤지만 기쁨에 가득 차,

천지창조 제7일째 날의 조물주가.

—조용히 하라!

진리 하나가 내 머리 위에 흘러간다

구름과도 같이 —

보이지 않는 번갯불로 나를 맞춘다.

넓고 여유로운 계단 위로

진리의 행복이 내게로 올라온다:

오라, 오라, 사랑하는 진리여!

—조용히 하라!

내 진리가 이것이다!

주저하는 눈으로

우단 같은 전율로

그 시선은 나를 맞춘다

사랑스럽고 악의 있는 소녀의 시선이…

그것은 내 행복의 근원을 알아차리고,

그것은 나를 알아차린다 — 하! 무슨 생각을 하고 있을까? —

보랏빛 용 한 마리가

진리의 소녀 같은 시선의 심연을 엿보고 있다.

—조용히 하라! 내 진리가 말을 하니! —

가엾어라, 차라투스트라!

그대는 마치 황금을 집어삼킨 자처럼

보이는구나:

그대의 배를 가르려고 할 것이다. 사람들이! …

그대 너무 풍부하다,

그대 많은 것을 망쳐버린 자여!

그대 너무 많은 이를 시샘하게 하고,

그대 너무 많은 이를 가난하게 한다…

내게마저 그대의 빛은 그림자를 던진다―,

나 한기를 느낀다: 가라, 그대 부유한 자여,

가라, 차라투스트라, 네 태양에서 비켜라! …

그대는 그대의 충일을 선사하고 싶고, 다 선사해버리고 싶어 한다

그런데 그대 자신이 가장 충일한 자이다!

현명해져라, 그대 부자여!

너 자신을 먼저 선사하라, 오오 차라투스트라여!

십 년이 흘렀다―

그리고 물방울 하나도 네게는 떨어지지 않지 않는가?

습기 찬 바람도, 사랑의 이슬도

그런데 누가 그대를 사랑하겠는가,

그대 지나치게 부자인 자를?

그대의 행복은 주변을 메마르게 하고,

사랑을 부족하게 한다

— 비가 내리지 않는 땅…

이제는 누구도 그대에게 감사하지 않는다

하지만 그대는 모두에게 감사한다

그대에게서 받는 모두에게:

여기서 나는 그대를 알아본다,

그대 지나치게 부자인 자여,

그대 모든 부자 중에서 가장 가난한 자여!

그대는 그대를 희생한다, 그대의 부가 그대를 괴롭힌다—,

그대는 그대를 주어버리고,

그대는 자신을 돌보지 않으며, 그대를 사랑하지 않는다:

큰 고통이 그대를 언제나 강요한다

넘쳐나는 곳간의 고통, 넘쳐나는 심장의 고통—

하지만 누구도 이제는 그대에게 감사하지 않는다…

그대는 더 가난해져야 한다

현명한 어리석은 자여!

사랑받고자 한다면.

오직 괴로워하는 자만이 사랑받고,

사랑은 오직 배고픈 자에게만 주어지는 법이니:

너 자신을 먼저 선사하라, 오오 차라투스트라여!

— 나는 너의 진리다… (디오, 508쪽 이후)

총 열일곱 개의 연으로 이루어진 긴 시다. 그래도 전부를 인용해보았다. 굳이 해석이 필요 없을 것만 같아서. 해석을 하면 진의를 더 해칠 것 같아서. 그냥 노래를 전부 온전히 듣고 싶었던 것이다. "절대적 진리가 없는 것과 마찬가지로 영원한 사실도 없다."(인간적I, 25쪽) 이것이 건강한 생각이다. 그 어떤 것에도 얽매임이 없어야 자유정신이다. 하지만 자유를 위해서는 구속을 전제하지 않을 수 없다. 늘 정신은 구속과 해방을 반복할 수밖에 없다. 그것이 생각의 운명이다. 하나의 생각으로 "십 년이 흘렀다 ─ " 참으로 많은 말들이 생략된 듯하다. 십 년의 과정을 채워내야 하기 때문이다.

'십 년' 하니까 《차라투스트라는 이렇게 말했다》의 첫 번째 구절도 생각난다. "차라투스트라는 그의 나이 서른이 되던 해에 고향과 고향의 호수를 떠나 산 속으로 들어갔다. 그곳에서 자신의 정신과 고독을 즐기면서 보내기를 십 년"이라고 말하면서 자신의 대표작을 써내려가고 있다. 그는 이 작품과 함께 "인류에게 지금까지 주어진 그 어떤 선물보다 가장 큰 선물"(이 사람, 326쪽)을 주고 있다고 확신했었다. 그리고 그 십 년 동안 지혜의 꿀을 너무 많이 모은 정신은 이제 그것을 나눠줄 정신을 필요로 한다. 넘쳐나는 지혜에 싫증이 나서, 사람들에 대한 동경으로 하산을 택한다.

오만함일까. 아니 평생을 치열하게 살아온 자는 어쩌면 이런 말을 할 자격이 있지 않을까. 피로와 회복을 반복하며 끊임없이 생각했다. 방황과 정적을 반복하며 끊임없이 집필했다. 서두름은 없었지만 그렇다고 태만하지도 않았다. '단 일 분의 태만이라도 벌을 초래하리라는 초조'에 빠져 사는 현대인의 불안감과는 비교도 안 되는 또 다른 감정이다. 니체는 평생을 자기 자신의 삶에 대한 의무감으로 살았다. 단 일 분의 태만도 심각한 죄책감으로 느끼면서 말이다.

비가 내리지 않을 때는 스스로 비가 되려고 했다. "구름이 몰려오도록 유혹"하면서까지. 마치 신을 죽이고 나서 어디서도 위로를 받을 수 없게 되자 스스로 신이 되고자 했던 발상과 맞물린다. "그런 행위를 할 자격이 있으려면 우리 스스로가 신이 되어야 하는 것이 아닐까?"(즐거운, 201쪽) 싫증난 진리는 필요 없다. "가거라, 떠나가라, 그대 진리들이여." 진리가 여성이라면 적당히 신비로워야 한다. 진리를 향해 폭력을 행사하면 안 된다. "결국 진리는 여성이다: 우리는 진리에 폭력을 행사해서는 안 된다."(선악, 203쪽) 진리를 대할 때는 조심해야 한다. 그로부터 사랑을 받아내야 하기 때문이다. 쇼펜하우어도 "진리란 자신을 갈망하지 않는 자에게 치근대는 창녀가 아니라, 오히려 자신의 모든 것을 다 바친다 해도 그녀의 호의를 확신할 수 없는 쌀쌀맞은 미인과 같다"[11]고 하지 않았던가. 진리는 아무한테나 자신을 허락하지 않는 몹시도 까칠한 여인이다.

그런데 그 진리가 말을 하기 시작한다. 온 신경이 곤두선다. 심연으로 가라앉았던 영혼은 마치 '코르크'처럼 다시 떠오른다. 바로 "이 영혼 때문에 나는 행복한 자라고 불린다." 영혼을 갖고 있다는 것에 대해 모두가 부러움을 감추지 못한다. 세상 사람들 모두가 '너는 행복한 자'라고 말한다. 그렇게 말할 수 있는 근거는 영혼의 존재 여부에 있다. 그 사실을 또한 스스로도 너무 잘 안다. 영혼에 대해 무한 긍지가 읽힌다. 이제 진리의 메시지를 전하는 영혼의 소리에 귀를 기울이고자 한다. 심연까지 가라앉았다가 떠오른 영혼이 그 깊은 곳의 상황을 말로 전하고 있다. '조용히 하라!' 세 번이나 반복되는 요청이다. "조용히 하라! 내 진리가 말을 하니!" 세 번째 요구는 하나의 연으로 독립을 시켜놓았다. 그만큼 간절하다. 시끄러우면 결코 들을 수 없는 소중한 이야기라서 그런 거다.

그리고 시적 자아는 스스로를 '차라투스트라'로 인식한다. 자신을 낳은 아버지는 '충일의 왕자'였고 어머니는 '고요한 웃음'이었다. 차고 넘치는 자가 아버지였고 조용히 웃기만 하던 자가 어머니였다. 이들을 부모로 한 차라투스트라, 그는 '수수께끼 짐승'과 같고 '빛의 괴물'이며 또 '모든 지혜의 낭비자'이기도 했던 것이다. 시적 자아의 자기 인식이다. 그리고 '바람'이 차라투스트라를 기다린다. '천지창조 제7일째 날의 조물주가' 기다리고 있다. 그때 행복이 올라온다. 진리는 영혼 자체였다. 영혼이 진리였다. 영혼이 들려주는 소리는 진리의 소리였다. "그것은 내 행복의 근원을 알아차리고, / 그것은 나를 알아차린다 — 하! 무슨 생각을 하고 있을까?" 바꿔 말하면 '내가 무슨 생각을 하고 있을까'를 물어보고 있는 것이다. 자기 자신의 생각을 묻고 있는 것이다. 내면을 들여다본다.

내면의 소리를 듣기까지 "십 년이 흘렀다 — " 심신이 메말랐다. 고독했다. 스스로 '비가 내리지 않는 땅'이 되어 견뎠다. 창조의 일에 아무런 보탬도 되지 못했다. 생명을 낳을 수 있는 터전이 되지 못했다. 하지만 이제 안다. 스스로 '지나치게 부자인 자'라는 사실을 또한 동시에 '모든 부자 중에서 가장 가난한 자'라는 사실을. 선과 악의 경계에서 춤을 춘다고 할까. 빛과 어둠의 축제 속에서 황홀지경을 맛보고 있다고 할까. "오직 괴로워하는 자만이 사랑받고, / 사랑은 오직 배고픈 자에게만 주어지는 법이니: / 너 자신을 먼저 선사하라, 오오 차라투스트라여! // — 나는 너의 진리다…" 자기 자신을 알고 싶으면, 자기 자신의 생각을 알고 싶으면 자기 자신을 먼저 선사하라는 것이다. 가장 배고픈 자이지만 자기 자신을 알고 있는 자는 '황금을 집어삼킨 자'라는 것을 아는 자에 해당한다. 모든 지혜는 품지 않고 베풀기만 하니 차라투스트라는 가진 게 없는 가장 가난한 자에 해당하지만 끊임없이 행복은 다시 떠오른다. 황금은 부담스럽다. "부가 그대를 괴롭힌다 — " 그러면 "더 가난해져야 한다"는 명령을 따라야 한다. 영혼의 소리다. "나는 너의 진리다…" 마지막 문구다. 그림자와 대화하던 방랑자의 마지막 발언이다. 허무주의라는 생철학의 여정에서 남겨놓은 마지막 말이다.

"나는 너의 진리다…" 이 말은 다시 디오니소스의 말과도 연결이 된다. "나는 너의 미로이다…" (디오, 502쪽) 두 개의 말은 서로 꼬리를 물고 돌고 돈다. 영원회귀 사상처럼. 미로는 진리가 되고 진리는 다

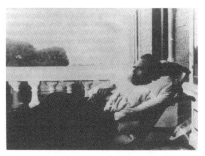

광기에 빠진 니체. 먼 곳을 바라보고 있는 그의 시선은 수많은 수수께끼를 품고 있는 듯 심오하기만 하다.

시 미로가 된다. 어둠은 빛이 되고 빛은 다시 어둠이 된다. 하지만 심연에 빠졌던 영혼은 코르크처럼 영원히 다시 떠오른다. 그 영혼은 반복해서 진리를 전한다. 행복의 소식을 전한다. 복음을 전하는 행복 전도사처럼 웃음을 가득 머금고서. 그렇게 온갖 비극을 압도하는 '한없는 웃음의 파도'(즐거운, 68쪽)는 쉬지 않고 돌아온다. 영혼이 심연을 향해 아래로 내려가고 있을 때 표정은 병든 자처럼 어둡고 시선은 안으로 향하겠지만 언젠가는 다시 진리를 끌고 올라와 온 얼굴에 행복한 웃음이 피어나게 해줄 것이다.

심연과 미궁으로
향하는
허무주의적 발걸음

발 가는 만큼 알게 되고, 아는 만큼 보이고, 본 만큼 믿는다. 사람은 모두 각자의 믿음으로 산다. 그 믿음을 통해 자신이 사는 이유를 묻고 의미를 찾기 때문이다. 삶은 의미와 함께 꽃으로 피어난다. 그 꽃을 갖기 위해 의미를 찾아 평생이라는 세월을 보내기도 한다. 그나마 누구는 의미를 발견하고 환한 미소를 머금고 지는 태양을 바라보는 행복감에 젖어보기도 한다. 하지만 대부분은 의미라는 늪에 빠져 허우적대다가 깊이를 알 수 없는 심연 속으로 빨려 들어간다. 이런 불행을 피하고자 공부를 하는 것이다.

17년의 집필 생활, 치열했던 삶이다. 허무를 막지 않았다. 밀려오는 파도를 거부하지 않았다. 하지만 늘 다시 떠오르는 코르크처럼 본능과 열정은 철학에 머물게 했다. 생각하게 했다. 삶에 대한 의미를 찾으려 애를 썼다. 철학자 니체의 삶은 그 의미를 찾고 구현하는 데에만 몰두했다. 이성이 보여주는 인간의 꿈과 희망, 그리고 그 이성이 만들어내는 틀에서 벗어나려는 몸부림은 지속적으로 반복되어야 했다. 생각은 멈출 수 없다. 죽을 때까지 생각은 꼬리를 물고 늘어진다. 참 끈질기기도 하다. 목숨이 끝날 때까지 끊어지지 않는 끈이다. 이 끈이 필연을 엮고 운명을 만든다.

11년의 광기 인생. 정신은 먼 곳으로 떠나버렸다. 하지만 그의 마지막 눈빛이 보여주는 세상은 심오하기만 하다. 정적의 순간과도 같다. 평온한 날들이 담겨 있다. 바깥 세상에 대해서는 관심조차 없는 부처의 시선 같다. 오로지 자기 자신으로 향하는 내면의 길을 찾고 또 걷고 있는 시선이라고 할까. 깊기만 하다. 먼 곳을 향하는 만큼 깊은 내면으로 빠져들고 있는 듯도 하다. 미궁 속으로 들어가는 용기 있는 눈빛이 이런 게 아닐까. 괴물이라도 마주치면 일전을 벌일 태세가 이런 게 아닐까. 흔들림이 없다.

삶은 선물이다. 열어보고 그 안에 무엇이 있는지 확인하는 기쁨이 있어서다. 삶은 기회다. 행복하게 살 수 있는 기회다. 삶은 의무다. 끝까지 챙겨야 하기 때문이다. 삶은 짐이다. 하지만 지고 가야 할 만한 가치가 있는 짐이다. 짐의 무게만큼 성취감이 주어질 것이다. 그 무게감 때문에 행복을 느낄 수 있다. 도전한 만큼 승리감이 주어질 것이다. 생철학은 삶이 가져다줄 수 있는 지혜의 꿀로 어깨가 무겁다. 그것을 나눠주고자 하지만 내미는 손이 없으면 미련 없이 거둬들인다. 양심의 가책 없이 돌아선다. 그 지혜는 준비된 자에게만 의미가 있기 때문이다.

모든 발걸음은 춤을 춰야 한다. 사는 게 즐거워야 한다. 삶이 즐겁지 않으면 자기 책임이다. 삶은 어떤 상황을 준비하고 있는지 모른다. 모든 것은 우연처럼 다가오지만 그것을 필연으로 만드는 것은 자기 몫이다. 심연? 아무리 깊어도 바닥은 있게 마련이다. 바닥을 찰 때까지 견뎌야 한다. 미궁? 아무리 복잡해도 길은 있는 법이다. 겁먹을 필요는 없다. 괴물? 아무리 흉측해도 먼저 사랑해야 할 괴물이다. 자기 안의 자기 자신이기 때문이다. 힘들다고? 아무리 힘들어도 그 힘든 일들이 모여 멋진 인생을 만든다. 힘들다고 인식하는 존재가 있어 다행이다.

미궁 속에 괴물이 산다고? 그것은 별거 아니다. 자기 자신이 괴물이기 때문이다. 하지만 자기 자신보다 더 강한 괴물은 없다. 가장 이기기 힘든 괴물이다. 자기 자신이 자기 자신의 약점을 가장 잘 알기 때문이다. 자기 약점을 가장 잘 아는 그 괴물이 미궁 속에 있다. 자기 자신에게 져서는 안 된다. 무조건 이겨야 할 싸움이다. 세상에서 제일 재밌는 싸움이다. 허무주의 철학으로 무장된 자유정신은 자기 자신을 놀이터쯤으로 간주할 뿐이다. 삶은 즐겁게 놀 수 있는 원인이 될 뿐이다.

디오니소스는 말한다. '나는 너의 미로'라고. 차라투스트라는 말한다. '나는 너의 진리'라고. 니체는 말한다. "나를 따르지 말고 너 자신을 따르라"고. 모든 말들은 자기 자신을 향한 길 위에서 잔치를 벌인다. 그것이 허무주의 철학의 이념이다. 모든 말은 자기 자신이라는 높은 성을 쌓는 벽돌이 된다. 신이 산다는 이상향이다. 스스로 신이 된 자들의 안식처다. 미로를 견뎌낸 정신은 진리라 불리는 자기 자신을 맛본다. 이보다 더 행복한 게 또 있을까. 지천명? 이것은 행복이란 말로는 다 담을 수 없는 내용이다.

주

제1장 | 망치를 든 철학자

1 쇼펜하우어,《인생론》, 육문사 개정판, 2012, 312쪽.

2 법률과 미꾸라지의 합성어로서 2017년에 등장한 신조어이다. 법률에 능통한 자가 법을 지키기보다는 오히려 법
망을 피해 악행을 저질러 사회의 병폐를 조장한다는 뜻으로 사용된다. 미꾸라지 한 마리가 사회를 흙탕물로 만
들고 있다는 비유이기도 하다.

3 Schopenhauer,《Die Welt als Wille und Vorstellung》, Stuttgart, 1990, 439쪽; "alles Leben [ist] Leiden ".

4 아리스토텔레스식으로 설명하자면 엘레오스와 포보스가 카타르시스의 전제가 된다는 논리다. 연민과 공포라는
쓰라린 감정이 쾌감을 느끼게 해준다는 것이다.

5 https://de.wikipedia.org/wiki/Heureka; 'Heureka'는 고대 그리스어로서 '나는 찾았다' 혹은 '나는 알아냈다'라는
뜻이다.

6 이동용,〈자전거 버리던 날〉,《한국산문》, 2017년 2월호 vol. 130, 21쪽.

7 Goethe,《Gedichte. Sämtliche Gedichte in zeitlicher Folge》, hg. v. Heinz Nicolai, Frankfurt am Main 1992, 163쪽;
"Und dein nicht zu achten, / Wie ich!"

8 같은 책, 38쪽: "Doch jetzt ist's Zeit fortzugehen: für mich, um zu sterben, für euch, um zu leben. Wer von uns
dem besseren Los entgegengeht, ist uns allen unbekannt – das weiß nur Gott."

9 생텍쥐페리,《어린 왕자》, 더클래식, 2012, 59쪽.

10 같은 책, 65쪽

11 Heidegger,《Über den Humanismus》, Frankfurt am Main 25, 1975, 5쪽; "Die Sprache ist das Haus des Seins."

12 쇼펜하우어,《의지와 표상으로서의 세계》, 을유문화사 개정증보판, 2015, 162쪽.

제2장 | 숯이 다이아몬드에게

1 한스 요아힘 노이바우어 엮음,《염세 철학자의 유쾌한 삶: 쇼펜하우어에게 배우는 삶의 여유》, 문학의문학, 2012,
61쪽; "근육은 쓰면 쓸수록 더욱 강해지지만 신경은 반대로 많이 쓸수록 점점 약해진다."

2 https://de.wikiquote.org/wiki/Romantik; "Das Klassische nenne ich das Gesunde und das Romantische das

Kranke."

3 베케트, 《고도를 기다리며》, 민음사 50쇄, 2012, 148쪽 이후.

4 쇼펜하우어, 《의지와 표상으로서의 세계》, 위의 책, 507쪽.

5 플라톤, 《향연》, 문학과지성사, 18쇄, 2011, 51쪽.

6 https://de.wikipedia.org/wiki/Platonische_Liebe

7 플라톤, 《향연》, 위의 책, 141쪽 이후.

8 플라톤, 《향연》, 위의 책, 117쪽.

9 https://de.wikipedia.org/wiki/Populismus

10 https://de.wikipedia.org/wiki/Der_vierte_Stand

11 이동용, 《새끼 물고기, 쓸모없어도 괜찮아》, 동녘, 2015, 81쪽.

12 이동용, 《쇼펜하우어, 돌이 별이 되는 철학》, 동녘 2쇄, 2015, 268쪽.

제3장 | 미궁으로 향하는 운명

1 https://de.wikipedia.org/wiki/Der_Antichrist; "Er schrieb die polemische Abrechnung mit dem Christentum im Spätsommer und Herbst 1888."

2 Wagner, 《Siegfried》, Stuttgart, 2002, 42쪽.

3 Die Bibel, übers. v. Martin Luther, 《Stuttgart》, 1985, 266쪽.

4 Ivo Frenzel, 《Friedrich Nietzsche》, Reinbek bei Hamburg 32, 2002, 151쪽; "Georg Brandes hält an der Universität Kopenhagen Vorlesungen 'über den deutschen Philosophen Friedrich Nietzsche'".

5 Richard Oehler ausgew., 《Nietzsche Briefe》, Frankfurt am Main, 1993, 344쪽; "Und die ersten guten Nachrichten, Ihre Nachrichten, verehrter Herr, aus denen mir bewiesen ward, dass ich lebe…"

6 https://de.wikiquote.org/wiki/Wille; "Wo ein Wille ist, ist auch ein Weg."

7 https://de.wikipedia.org/wiki/Pensées

8 파스칼, 《팡세》, 동서문화사, 2016, 12쪽.

9 같은 책, 11쪽.

제4장 | 그리스도를 탄핵한 철학

1 https://de.wikipedia.org/wiki/Christ

2 쇼펜하우어, 《의지와 표상으로서의 세계》, 418, 566쪽.

3 https://de.wikipedia.org/wiki/Kanon

4 https://de.wikipedia.org/wiki/Tora; 모세가 쓴 책으로 알려진 것은 일반적으로 〈창세기〉, 〈출애굽기〉, 〈레위기〉, 〈민수기〉, 〈신명기〉를 일컫는다.

5 이동용, 《내 안에 코끼리》, 이파르, 2016, 157쪽.

6 참고; 공자, 《공자의 논어》, 스마트북, 재판, 2013, 27쪽; "배우고 때때로 익히면 또한 기쁘지 아니한가! 벗이 먼 곳에서 찾아오면 또한 즐겁지 아니한가! 사람들이 알아주지 아니하여도 원망하지 않는다면 또한 군자답지 아니한가!"

7 Goethe, 《Gedichte; Sämtliche Gedichte in zeitlicher Folge》, hg. v. Heinz Nicolai, Frankfurt am Main, 1992, 163쪽.

8 Goethe, 《Gedichte, Sämtliche Gedichte in zeitlicher Folge》, 위의 책, 855쪽; "Wer nicht von dreitausend Jahren / Sich weißRechenschaft zu geben, / Bleib im Dunkeln unerfahren, / Mag von Tag zu Tag leben."

9 재인용, Rüdiger Safranski, 《Nietzsche; Biographie seines Denkens》, Frankufrt am Main 5, 2010, 138쪽; "der Kampf mit der Vernunft gegen die Vernunft".

10 https://de.wikipedia.org/wiki/Anno_Domini

제5장 | 고갈되지 않는 샘

1 https://de.wikipedia.org/wiki/Ecce_homo; "Siehe, der Mensch".

2 Nietzsche, 〈Ecce homo〉, in; 《Sämtliche Werke. Kritische Studienausgabe》, Band 6, München, 1980, 298쪽; "Das Eine bin ich, das Andre sind meine Schriften."

3 이동용, 〈나만의 제사〉, 《내 안에 코끼리》, 위의 책, 213쪽.

4 이동용, 〈하루의 의미〉, 《문예바다》, 2016년 가을호, 통권 제12호, 318쪽.

5 조병화, 〈헤어지는 연습을 하며〉, 《조병화: 사랑이 가기 전에》, 시인생각, 2013, 22쪽.

6 이동용, 〈자전거 버리던 날〉, 《한국산문》, 2017년 2월호, vol. 130, 21쪽.

7 이동용, 〈돌 굴리는 재미〉, 《에세이문학》, 2017년 여름호, 통권 제138호, 35쪽

8 https://de.wikipedia.org/wiki/Ithyphallos

9 박범신, 《은교》, 문학동네 18, 2012, 52쪽.

10 같은 책, 11쪽.

11 https://de.wikipedia.org/wiki/Atman

12 이동용, 〈화강암 같은 사람〉, 《내 안에 코끼리》, 위의 책, 187쪽.

13 Nietzsche, 《Ecce homo》, Köln, 2007, 13쪽.

14 Hegel, 《Grundlinien der Philosophie des Rechts》, Frankfurt am Main 5, 1996, 28쪽; "Die Eule der Minerva beginnt erst mit der einbrechenden Dämmerung ihren Flug."

15 https://de.wikipedia.org/wiki/Orpheus; "So wurde Orpheus, wie Ovid berichtet, in seiner Heimat von, Mänaden, berauschten Anhängerinnen des Dionysos, zerrissen."

16 쇼펜하우어, 《인생론》, 육문사, 개정판, 2012, 234쪽.

제6장 | 남겨진 책들과 수수께끼

1 쇼펜하우어, 《의지와 표상으로서의 세계》, 을유문화사, 개정증보판, 2015, 9쪽.

2 같은 곳.

3 참고; 이동용, 〈새끼 물고기〉, 《쓸모없어도 괜찮아》, 철학동화, 동녘, 2015, 80쪽 이후.

4 논문 제목에 등장하는 개념. "〈분트〉지에 실린 비트만(J. V. Widmann) 박사가 《선악의 저편》에 대해 쓴 '니체의 위험한 책'이라는 제목의 논문"(이 사람, 376쪽).

5 https://de.wikipedia.org/wiki/Martin_Luther; "Hier stehe ich, ich kann nicht anders, Gott helfe mir, Amen."

6 생철학의 전통을 이어가며 실존철학을 주장했던 하이데거의 명언. "언어는 존재의 집이다(Die Sprache ist das Haus des Seins)."(Heidegger, 《Über den Humanismus》, Frankfurt am Main 25, 1975, 5쪽).

7 이동용, 〈싯다르타와 예수〉, 《내 안에 코끼리》, 위의 책, 47쪽.

8 https://de.wikipedia.org/wiki/Kafkaesk; 프란츠 카프카의 묘사 방식을 일컫는 말로서 대체적으로 그 무엇인가로부터 엄청난 압박을 받고 있는 듯한 수수께끼 같은 서술 형태를 의미한다.

9 https://de.wikipedia.org/wiki/Kirke; "Verführungskünste Kirkes".

10 이동용, 〈학문의 자율성〉, 《교육독립선언》, 현암사, 2017, 87쪽.

11 참고; 공자, 《공자의 논어》, 스마트북, 재판, 2013, 40쪽; "아버지가 살아 계실 때에는 그 뜻을 살펴보고 아버지가 돌아가신 뒤에는 그 행적을 살펴야 하니 3년간은 아버지가 걷던 길을 바꾸지 않아야 효라고 할 만하느니라."

12 이동용, 〈종소리〉, 《내 안에 코끼리》, 위의 책, 182쪽.

13 https://de.wikipedia.org/wiki/Joseph_Victor_Widmann; "Nietzsche selbst fühlte sich darin aber zumindest teilweise missverstanden."

14 https://de.wikipedia.org/wiki/Aporie

15 Hermann Hesse, 《Demian. Die Geschichte von Emil Sinclaiers Jugend》, Frankfurt am Main, 1974, 8쪽; "Das Leben jedes Menschen ist ein Weg zu sich selber hin".

16 이동용, 《쇼펜하우어, 돌이 별이 되는 철학》, 위의 책, 195쪽.

17 Kerstin Decker, 《Nietzsche und Wagner: Geschichte einer Hassliebe》, Berlin, 2014, 9쪽; "Ihn allein habe ich geliebt."

제7장 | 디오니소스와 초인의 언어

1   https://de.wikipedia.org/wiki/Trimurti; 힌두교의 삼위일체를 이루는 신들은 다음과 같다. 1. 브라마(Brahma)(창조의 신), 2. 비쉬누(Vishnu)(보존/유지의 신), 3. 시바(Shiva)(파괴의 신).

2   참고, https://de.wikipedia.org/wiki/Dithyrambos; 일설에 따르면 디튀람보스는 비그리스적인 문화에서 유래했을 것이라고도 말한다.

3   같은 곳.

4   https://de.wikipedia.org/wiki/Dionysos

5   https://de.wikipedia.org/wiki/Dithyrambos; "In seiner Urform soll er ein formloser, aus einem einfachen Zuruf bestehender Kultschrei an den Dionysos gewesen sein, möglicherweise auch an Dyonisos Lysios, den 'Lösenden'." 디오니소스의 별명에 대한 보다 자세한 정보 참조, 이동용,《니체와 함께 춤을》이파르, 2015, 265쪽.

6   https://de.wikipedia.org/wiki/Dithyrambos; "Sehr bekannt sind schließlich die Dionysos-Dithyramben von Friedrich Nietzsche, der im Dithyrambus, als dessen „Erfinder"er sich bezeichnete, die Sprache des Übermenschen sieht."

7   Rilke,《Sämtliche Werke》, Band II, Frankfurt am Main 1992, 185쪽; "Rose, oh reiner Widerspruch, Lust, / Niemandes Schlaf zu sein unter soviel / Lidern."번역 및 해석 참조; 이동용,《나르시스, 그리고 나르시시즘》, 책읽는 사람들, 2001, 393쪽 이후.

8   이동용,《내 안에 코끼리》, 위의 책, 37쪽.

9   헤세,《데미안》, 민음사, 1997, 63쪽.

제8장 | 나는 너의 미로다

1   재인용; 이동용,《나르시스, 그리고 나르시시즘》, 위의 책, 378쪽.

2   쇼펜하우어,《의지와 표상으로서의 세계》, 위의 책, 36쪽.

3   윤일권 외,《그리스 로마 신화와 서양 문화》, 알렙, 2015, 461쪽.

4   쇼펜하우어,《의지와 표상으로서의 세계》, 위의 책, 49쪽.

5   윤일권 외,《그리스 로마 신화와 서양 문화》, 위의 책, 461쪽.

6   Ivo Frenzel,《Friedrich Nietzsche》, Reinbek bei Hamburg 32, 2002, 31쪽; "Nimm dir dieses Buch mit nach Hause."

7   윤동주,《죽는 날까지 하늘을 우러러》, 시인생각, 2쇄, 2013, 23쪽.

8   재인용; 쇼펜하우어,《의지와 표상으로서의 세계》, 위의 책, 440쪽.

9   참고; 이동용,《니체와 함께 춤을》, 위의 책, 309쪽 혹은 이동용,《춤추는 도덕》, 이담, 2017, 54쪽.

10 이동용,《내 안에 코끼리》, 위의 책, 6쪽.

11 쇼펜하우어,《의지와 표상으로서의 세계》, 위의 책, 23쪽.

색인